Monika Schmittner

„... befindet sich hier eine Anzahl staatsfeindlicher Elemente "

Verfolgung und Widerstand
1933-1945 in Stadt und Land
Aschaffenburg

D1725943

Impressum

© 1985
Fachhochschule Frankfurt am Main
Fachbereich Sozialarbeit – Fachbereich Sozialpädagogik
Limescorso 5, 6000 Frankfurt am Main 50

Satz und Druck: GGL-Druck, 6230 Frankfurt 80

ISBN 3-923098-15-4

Bezugsbedingungen: Bestellungen werden erledigt, sobald der Unkostenbeitrag von 19,50 DM je Exemplar zuzüglich einer Versandkostenpauschale von 1,50 DM unter dem Stichwort „Band 15" auf folgendem Konto eingegangen ist: Sonderkonto Schriftenreihe der FH Frankfurt/M., Konto-Nr. 1255-607, Postgiroamt Ffm., BLZ: 500 100 60

WER ABER VOR DER VERGANGENHEIT
DIE AUGEN VERSCHLIESST,
WIRD BLIND FÜR DIE GEGENWART.
WER SICH DER UNMENSCHLICHKEIT
NICHT ERINNERN WILL,
DER WIRD WIEDER ANFÄLLIG
FÜR NEUE ANSTECKUNGSGEFAHREN.

Richard von Weizsäcker
Bundespräsident
8. Mai 1985

Dankesworte

Nach dem Abschluß der vorliegenden Dokumentation möchte ich all jenen Menschen danken, die durch ihr Interesse, ihre Anregung und Unterstützung die Erstellung der Arbeit ermöglicht haben.

Zu ganz besonderem Dank bin ich Prof. Ulrich Stascheit und Prof. Dr. Hans Mausbach von der Fachhochschule Frankfurt am Main, Fachbereich Sozialarbeit, verpflichtet, die die Arbeit wissenschaftlich betreuten und jederzeit zu inhaltlicher Beratung bereit waren. Desgleichen schulde ich Dr. Barbara Bromberger vom Studienkreis zur Erforschung und Vermittlung der Geschichte des deutschen Widerstands 1933–1945 e.V. in Frankfurt am Main großen Dank für ihre zeitaufwendige wissenschaftliche Betreuung und unermüdliche Unterstützung.

Mein Dank gebührt auch Carsten Pollnick und Renate Welsch vom Stadt- und Stiftsarchiv Aschaffenburg. Ihre Ratschläge waren vor allem bei der Klärung lokalgeschichtlicher Detailfragen eine wertvolle Hilfe. Ihnen verdanke ich einen Großteil des Fotomaterials, das sie mir uneigennützig zur Verfügung stellten. Ebenso danke ich Studiendirektor Helmut Winter von der Arbeitsgemeinschaft für Heimatforschung und Heimatpflege Kahlgrund e.V. mit Sitz in Alzenau, der mich großzügig bei der Materialsammlung unterstützte.

Mein besonderer Dank gilt auch Dr. Siegfried Wenisch, Archivoberrat im Staatsarchiv Würzburg, für seine Informationen und unentbehrliche Unterstützung bei der Bereitstellung des Quellenmaterials, Dr. Eichler vom Hessischen Hauptstaatsarchiv in Wiesbaden und Dekan Friedrich Löblein, der mir Einblick in die Archivbestände im evangelischen Pfarramt in Aschaffenburg gewährte. Dipl. Theol. Erik Soder vom Diözesanarchiv des Bischöflichen Ordinariats in Würzburg sei ebenfalls ein herzliches „Vergelt's Gott" ausgesprochen.

In diesen Dank schließe ich auch alle meine Interview- und Korrespondenzpartner ein, ohne deren bereitwillige Mithilfe wesentliche Informationen unentdeckt geblieben wären.

Mein ganz spezieller Dank gilt meinem Mann Hans-Joachim. Er weiß warum.

Monika Schmittner

Inhalt

1	Einleitung	9
1.1	Zum Widerstandsbegriff	10
1.2	Zur Quellenlage	11
2	"Der Spessart, ein Armenhaus bis ins 20. Jahrhundert" – Soziokulturelles Umfeld und ökonomische Rahmenbedingungen am bayerischen Untermain	18
3	"Wir haben hier auf das Schwerste zu kämpfen" – Begleitumstände der NS-Machtübernahme	28
3.1	Aschaffenburg	28
3.2	Landkreis Aschaffenburg	34
3.3	Altlandkreis Alzenau	38
4	Beispiele von Verfolgung und Widerstand	46
4.1	Verfolgung und Widerstand der Sozialdemokratischen Partei Deutschlands (SPD)	46
4.1.1	"Der Nationalsozialismus hat die Arbeiterschaft noch nicht in vollem Umfang erfaßt" – Die Zerschlagung der Gewerkschaftsbewegung	49
4.1.2	"Die geballte Faust in der Tasche" – Repressionen nach dem SPD-Verbot	56
4.1.3	"In Dachau grün und blau geschlagen" – Georg Dewald	61
4.1.4	"Für das Wohl der arbeitenden Masse" – Jean Stock	63
4.1.5	"Von einem Einsatz für diesen Staat spricht Ihr Verhalten nicht" – Nonkonformität und Alltagsopposition	68
4.1.6	Einzelfälle und Episoden	75
4.2	Verfolgung und Widerstand der Kommunistischen Partei Deutschlands (KPD)	77
4.2.1	"Alles rächt sich" – Die Zerschlagung der KPD im Frühjahr 1933	78
4.2.2	"Die kommunistische Partei scheint ihre Anhänger wieder zu sammeln" – Der Widerstand organisiert sich	83
4.2.3	"Mit keiner Milde mehr zu rechnen" – Oskar Hermani	85
4.2.4	"Ein ganz zäher Kommunist" – Alois Hummel	87

4.2.5　"Die Fäden der Verschwörung reichen bis nach Alzenau" –
　　　　Die Hanauer Hochverratssache　　90
4.2.6　"Bei uns immer noch Rot Front!" –
　　　　Die Hösbacher KPD-Gruppe　　94
4.2.7　"Schlagt den Faschismus, wo ihr ihn trefft" –
　　　　Philipp Hoffmann　　96
4.2.8　"Zur Nachahmung geeignet" – Arbeitsverweigerung bei
　　　　kriegswichtigen Bauvorhaben in der Kriegsindustrie　　98
4.2.9　"Arbeitskleidung auf Gemeindekosten" – Lorenz Repp　　101
4.2.10　Einzelfälle und Episoden　　102

4.3　　Verfolgung und Widerstand im katholischen Milieu　　107
4.3.1　"Wühlarbeit gegen die jetzige Regierung" – Die
　　　　Zerschlagung des politischen Katholizismus　　108
4.3.2　"Nicht müde werden, 'Ave Maria' zu rufen" –
　　　　Pfarrer Dr. Weigand　　111
4.3.3　"Die Seele des Kahler Widerstands" – Kaplan Otto Fritz　　115
4.3.4　"Den empörten Herzen Luft machen" – Die Goldbacher
　　　　Katholiken um Pfarrer Josef Weidenbörner　　117
4.3.5　"Vor dem Zugriff der braunen Machthaber gerettet" –
　　　　Die Geschichte der Goldbacher "Jugendkapelle"　　123
4.3.6　"Die Freiheit des Gewissens wahren" – Die sieben
　　　　katholischen Pfarrämter in Aschaffenburg　　125
4.3.7　"Damit endlich dieser Hetzkaplan verschwindet" –
　　　　Kaplan Franz Krug und die Schweinheimer Pfadfinder　　129
4.3.8　"Ein Dauerzustand, der dem Ansehen der Staatspolizei
　　　　nicht zuträglich ist" – Die Pfarrgemeinde von Mömbris　　134
4.3.9　"Die Stimmung verschlechtert sich zusehends" –
　　　　Die katholische Landbevölkerung im Kahlgrund　　144
4.3.10　"Der grüßt in Teufels Namen" – Der "Deutsche Gruß"　　150
4.3.11　"Noch nichts von einem Nationalsozialismus gehört" –
　　　　Die "kirchliche Front der Frauen"　　151
4.3.12　Einzelfälle und Episoden　　154

4.4　　Verfolgung und Widerstand im "evangelischen Milieu"　　158
4.4.1　"Eine Zusammenarbeit ist unter diesen Umständen nicht
　　　　mehr möglich" – Der Kampf im Kirchenvorstand des
　　　　evangelischen Dekanats Aschaffenburg　　161
4.4.2　"Wir wehren uns gegen die ungeistlichen Gewaltmethoden" –
　　　　Die bekenntnistreue Kirchengemeinde im Dekanat
　　　　Aschaffenburg　　165
4.4.3　"Das grenzt schon an eine kleine Revolution, was dieser
　　　　Herr hier macht" – Vikar Hans Reutner　　173

4.5　　"Der Arbeiter ist beschissen dran" –
　　　　Sogenannte Heimtückereden　　175

4.6   Ausgewählte Einzelfälle von politischem Mut   183
4.6.1   "Ein hohes Maß an ausgleichender Gerechtigkeit" –
        Die Bezirksamtmänner in Alzenau   183
4.6.2   "Eigenhändig antisemitische Plakate entfernt" –
        Gendarmerie-Kommissär Friedrich Walter   187
4.6.3   "Sie sind uns als Gegner bekannt" –
        Zigarrenhändler Karl Weber   191

4.7   Verfolgung und Widerstand im Zweiten Weltkrieg   198
4.7.1   "In Großostheim trägt kein Pole ein 'P'" – Zur
        Situation der Zwangsarbeiter in der Landwirtschaft   198
4.7.2   "Alle Kräfte sollen zunächst arbeitsfähig bleiben" – Zur
        Situation der Zwangsarbeiter und Kriegsgefangenen in
        der Kriegswirtschaft   206
4.7.3   "Der Hitler soll mich am Arsch lecken" – Sogenannte
        Heimtückereden im Zweiten Weltkrieg   217
4.7.4   "Ein abschreckendes Beispiel, weil keiner mehr kämpfen
        wollte" – Der Zusammenbruch und die Befreiung von
        Faschismus und Krieg   224

Abkürzungsverzeichnis   239
Interview- und Korrespondenzverzeichnis   241
Quellen   242
Literatur   243
Abbildungsverzeichnis   247
Namensregister   250
Ortsregister   259

1. Einleitung

Bild, Bewertung und Gewichtung des deutschen Widerstandes im Nationalsozialismus haben sich im Laufe der Nachkriegsjahre erheblich gewandelt. Lange Zeit behandelten Politiker und Historiker die Geschichte des Widerstandes fast ausschließlich als die Geschichte herausragender Widerstandskämpfer. „Totalitarismus und Märtyrertum stellen vielfach, und besonders in den schulbuchartig vereinfachten und verkürzten Darstellungen der NS-Zeit die beiden tragenden Säulen des Geschichtsbildes dieser Zeit dar ...“[1] So wurde exemplarisch als Widerstand meist das Attentat auf Adolf Hitler am 20. Juli 1944 durch Claus Graf Schenk von Stauffenberg zitiert, allenfalls noch die Widerstandsaktionen der Münchener Studentenorganisation „Weiße Rose" um die Geschwister Hans und Sophie Scholl erwähnt und entsprechend ihrer großen Bedeutung gewürdigt.

Um aber ein vollständiges Bild der Geschichte zu erhalten, muß a l l e n Kräften Rechnung getragen werden, die dem Nationalsozialismus widerstanden. Die in der Bundesrepublik Deutschland erst spät in Gang gekommenen Forschungen zeigen, daß der Abwehrkampf gegen die nationalsozialistische Gewaltherrschaft schon frühzeitig von großen Teilen der deutschen Arbeiterbewegung getragen wurde. Weitgehend unerforscht hingegen blieb bis in die jüngste Zeit das Alltagsverhalten der deutschen Bevölkerung unter der NS-Diktatur. Diese Geschichte „von unten" findet erst in den letzten Jahren verstärkt das Interesse der Geschichtsschreibung.

Die Studie will einen Beitrag leisten zur Erforschung der Verfolgung und des Widerstandes während der NS-Zeit auf lokaler Ebene. Sie befaßt sich mit den Eingriffen in und den Auswirkungen auf das alltägliche Leben der Bevölkerung im Aschaffenburger Raum, unter weitgehender Ausklammerung der „großen" Politik. Sie dokumentiert das breite Spektrum der Regimegegnerschaft und des Widerstandes, unter Berücksichtigung der Milieubedingungen dieser ländlich geprägten Region und ihrer Menschen.

Mit der Beschränkung der Untersuchung auf den lokalen Raum, den überschaubaren Bereich der Heimatstadt und ihrer Umgebung, verbindet sich die Hoffnung, den Zugang zu und das Interesse an einer Auseinandersetzung mit der eigenen Geschichte zu fördern.

---

1) Broszat, Martin / Fröhlich, Elke / Grossmann, Anton (Hrsg.), Bayern in der NS-Zeit; Band IV: Herrschaft und Gesellschaft im Konflikt, München / Wien 1981, S. 691

1.1. Zum Widerstandsbegriff

Widerstand wird traditionell verstanden als organisierter und systematischer Kampf gegen ein Gewaltregime, um dessen Sturz herbeizuführen. Dieser Begriff erfaßt aber nur unzureichend die vielfältigen, den Nationalsozialismus ablehnenden Denk- und Verhaltensweisen vieler NS-Gegner. Ich vertrete – in Anlehnung an Martin Broszat[2] – einen weiter gesteckten Begriff von Widerstand, der Widerstand bereits in Form einer bestimmten „Resistenz" einschließt, wobei Resistenz bedeutet: „wirksame Abwehr, Begrenzung, Eindämmung der NS-Herrschaft oder ihres Anspruchs, gleichgültig von welchen Motiven, Gründen und Kräften her".[3]

Solche Resistenz konnte sich äußern in Kritik an bestimmten Anordnungen, in non-konformistischem Protest oder zivilem Ungehorsam gegenüber bestimmten Verboten, allgemeiner in Aktivitäten zur Verteidigung eigener Interessen, in Widersetzlichkeiten, die nicht unbedingt politisch motiviert sein mußten.

Es ist grundsätzlich zu fragen, was von den verschiedenen Gruppen oder einzelnen an Widerstand oder Protest geleistet werden konnte und was – je nach Voraussetzungen oder Situation – eben nicht jedem möglich war. Ein Attentat auf Hitler oder einen Militärputsch zum Beispiel konnte ein relativ begrenzter Personenkreis in Nähe zum Zentrum der Macht ernsthaft in Erwägung ziehen. Ein mit dem System unzufriedener Bauer hingegen konnte auf lokaler Ebene, z. B. durch Nichtakzeptieren agrarwirtschaftlicher Lenkungsmaßnahmen, dem NS-Machtanspruch entgegenwirken und so sichtbar machen, daß die NS-Herrschaft nicht unbegrenzt ist. Eltern konnten ihre Kinder den nationalsozialistischen Kindergärten entziehen, Frauen eine nationalsozialistische Hebamme boykottieren, die Bevölkerung durch massenhafte Austritte aus NS-Organisationen die örtlichen Nazis unter Druck setzen. Arbeiterinnen und Arbeiter wie Angestellte konnten Flugblätter weiterleiten oder durch fehlerhafte Arbeit, Arbeitsbummelei und Arbeitsverweigerung die Rüstungsproduktion sabotieren, die Geistlichkeit sich – gemeinsam mit ihren Pfarrgemeinden – gegen nationalsozialistische Eingriffe in kirchliche Angelegenheiten zur Wehr setzen und NS-Spendenaktionen unterlaufen, die landwirtschaftliche Bevölkerung sich mit den bei ihnen eingesetzten Zwangsarbeitern und Kriegsgefangenen solidarisieren, jeder einzelne den Hitlergruß verweigern. Bei solchen Aktionen spielten soziale und politische Traditionen eine ausschlaggebende Rolle.

---

2) ebd., S. 691-709
3) ebd., S. 697

Diese nicht prinzipiell politischen Anti-Haltungen, die der eigenen Identitäts- und Interessenwahrung dienten, konnten – bedingt und verstärkt durch Ein- und Übergriffe der Machthaber in und auf die persönliche Sphäre des einzel- nen – durchaus politische Qualität erreichen und die Form von offener Opposi- tion oder Widerstand annehmen. Ab diesem Punkt setzte zumeist die massive Verfolgung ein; – wobei der Ausbau der Überwachung wiederum vielfach zu neuen Protest- und Widerstandsformen führte.

Deshalb fallen all die Kräfte, Personen und deren Verweigerungs- wie Wider- standsverhalten unter den Widerstandsbegriff, die dazu beitrugen, die Macht des NS-Regimes zu untergraben. Diese Ausweitung des Widerstandsbegriffs soll nicht zu einer ‚inflationären' Entwertung des originären Widerstandsbe- griffs führen; die Unterscheidung zum ‚großen' Widerstand hebt sich aller- dings auf in der Frage nach dem, was der einzelne riskierte. Gerade im klein- städtisch-ländlichen Milieu, das jeder Anonymität entbehrte, wo jeder jeden kannte und beobachtete, erforderte die Auflehnung gegen den Terrorstaat ein besonderes Maß an Zivilcourage und Mut. Dieser selten spektakuläre, aber oft riskante Widerstand war hart und zäh und für viele Regimegegner von jahre- langen Bespitzelungen, Diffamierungen, Verfolgungen und Entbehrungen begleitet.

1.2. Zur Quellenlage

Die Recherche war schwierig: Organisierte, illegale Widerstandsaktionen ge- gen ein terroristisches Regime haben naturgemäß weitgehend geheimen Cha- rakter und finden erst durch Denunziation oder Aufdeckung und Verfolgung Niederschlag in den Akten der Machtinstanzen. Ähnliches gilt auch für weni- ger organisierte Widerstandsformen, vor allem für das vielfältige, individuelle Resistenz- und Oppositionsverhalten in der Bevölkerung. Auch dieses wird häufig nur durch Unvorsichtigkeit, Verrat und Verfolgung aktenkundig.

Von seiten der Regimegegner konnten also keine schriftlichen „Tätigkeitsbe- richte" aus jenen Jahren als Forschungsgrundlage herangezogen werden. So manche regimefeindliche Betätigung war nur schwer zu rekonstruieren; we- sentliche Stütze hierbei war das überlieferte Quellenmaterial der NS-Kontroll- organisationen, Gestapo-Akten, SD-Berichte etc. Die Materialbasis wurde aus den Beständen des Staatsarchivs in Würzburg (StAWü), des Diözesanarchivs des Bischöflichen Ordinariats in Würzburg (DAW), des Hessischen Haupt- staatsarchivs in Wiesbaden (HHStAW) sowie des Archivs des evangelischen Pfarramts in Aschaffenburg (AdePA) erhoben, wobei denen des Staatsarchivs in Würzburg die größte Bedeutung zukam; hier ist im wesentlichen der Schriftverkehr der staatlichen Dienststellen auf mittlerer und unterer Ebene im jetzigen Regierungsbezirk Unterfranken[4] archiviert. Die umfangreichen, allerdings zeitlich lückenhaften Halbmonats- bzw. Monatsberichte der örtlichen Gendarmeriestationen bzw. der Bezirksämter Aschaffenburg und Alzenau berichten u. a. über die „allgemeine politische Lage" und registrieren oppositionelle Regungen und regimefeindliche Aktivitäten in den Dienstbezirken.

Im Staatsarchiv Würzburg befindet sich außerdem eine der umfangreichsten Gestapo-Aktensammlungen in der Bundesrepublik. Mehr als 5000 der etwa 18000 Personenakten umfassenden, alphabetisch geordneten Bestandskartei sind auf mögliche Widerstandsaktivitäten hin durchgesehen worden; annähernd 100 Akten wurden eingehend durchgearbeitet.

In diesen Personenakten der Gestapostelle Würzburg – deren Zuständigkeitsbereich den Regierungsbezirk Unterfranken (seit 1938 Mainfranken genannt) umfaßte – fanden sich alle diejenigen Personen wieder, die von den Nationalsozialisten als tatsächliche oder potentielle Gegner eingestuft wurden. Leider fehlen in diesen Personenakten die Buchstaben A bis G und V, die den Kriegswirren, der Vernichtung durch NS-Stellen oder der Beschlagnahme durch die Amerikaner zum Opfer fielen.

„Niemals wurden... in vergangenen Zeiten amtliche Akten bei ihrem Weg von den Registraturen in die Archive derart gestört wie viele Unterlagen aus der NS-Zeit, die – zumeist von der amerikanischen Besatzungsmacht beschlagnahmt – nicht nur oft einen weiten Weg zurücklegen mußten, um an ihren Bestimmungsort im Staatsarchiv zu gelangen, sondern in vielen Fällen auch – bis zu einzelnen Schriftstücken hin – bezüglich ihrer Provenienz bunt durcheinandergemischt wurden."[5]

Die Qualität der Gestapo-Akten ist zum Teil recht unterschiedlich. Manche von ihnen enthalten nur einen Bogen zur „strafrechtlichen und politischen Beurteilung", andere dagegen umfassende Korrespondenzen, vor allem dann, wenn gegen eine Person wegen Verdachts regimefeindlicher Betätigungen von der Bayerischen Politischen Polizei – der Geheimen Staatspolizei (Gestapo) in

---

4) Der Regierungsbezirk Unterfranken umfaßte 1933 22 Bezirksämter und 5 kreisfreie Städte: Aschaffenburg, Bad Kissingen, Kitzigen, Schweinfurt und Würzburg; vgl. Wittstadt, Klaus (Bearbeiter), Die kirchliche Lage nach den Regierungspräsidentenberichten 1933-1943, Band VI: Regierungsbezirk Unterfranken 1933-1944; in: Veröffentlichungen der Kommission für Zeitgeschichte, Reihe A: Quellen, Bd. 31, Mainz 1981, S. XXXVIII
5) Wenisch, Siegfried, Quellen zur Zeitgeschichte im Staatsarchiv Würzburg; in: Mainfränkisches Jahrbuch zur Geschichte der Kunst, Bd. 32, o. O. 1980, S. 33

Bayern[6] – ermittelt wurde. Je nach Stand der Ermittlungen bricht hier der Schriftverkehr oftmals abrupt ab, insbesondere dann, wenn sich bestimmte Verdachtsmomente erhärteten und der Fall (möglicherweise) von den Gerichten, insbesondere den Sondergerichten, weiterverfolgt wurde. Relativ detailliert erfaßt sind persönliche Daten der registrierten Personen, so daß ein guter Einblick in das soziale Umfeld der Betroffenen möglich ist.

Im Stadtarchiv in Aschaffenburg befinden sich ebenfalls Unterlagen aus der NS-Zeit; diese sind jedoch bislang archivarisch nicht aufbereitet und somit als Forschungsgrundlage noch nicht verwertbar.

Die vorgenannten Dokumente der NS-Behörden sind jedoch nur bedingt aussagekräftig, da sie systematische Verzerrungen enthalten. Die Angaben der Beschuldigten in Ermittlungs- und Vernehmungsprotokollen waren von dem Interesse gesteuert, sich und andere nach Möglichkeit nicht zu belasten. „Der Forscher hat in der Retrospektive nur zu oft das Problem, nicht entscheiden zu können, ob ein Tatverdächtiger sich bei einer Vernehmung geschickt herausreden und der Gestapo einen Bären aufbinden konnte oder ob er seine Beteiligung so herunterzuspielen vermochte, daß er lediglich als verführter Mitläufer eingestuft wurde, was das Strafmaß beim späteren Urteilsspruch drastisch reduzieren konnte."[7]

Bei den monatlichen Lageberichten der Polizei- und Bezirksämter muß bedacht werden, daß die Verantwortlichen – je nach eigenem (Karriere-)Interesse und/oder politischer Gesinnung – oftmals die allgemeine politische Stimmung in ihrem Dienstbezirk als gut oder zufriedenstellend „nach oben" melde-

---

6) Am 1. April 1933 wurden die bayerischen Polizeidirektionen der Politischen Polizeikommandatur im bayerischen Staatsministerium des Innern unterstellt. Im Sommer 1936 wurde die gesamte deutsche Polizei dem Reichsführer-SS, Heinrich Himmler, unterstellt – und Reinhard Heydrich zum Leiter der Sicherheitspolizei ernannt. Hierdurch kam es zu einer Reorganisation der Gestapo. Die den Aschaffenburger Polizeiämtern übergeordnete „Geheime Staatspolizei – Staatspolizeileitstelle Würzburg" war als staatspolitische Mittelbehörde unmittelbar dem Geheimen Staatspolizeiamt (Gestapa), ab 1939 dem Reichssicherheitshauptamt (RSHA) in Berlin unterstellt, wenngleich die Gestapoleitstelle München, als Landeszentralbehörde der Gestapo in Bayern, gewisse Zuständigkeiten beibehielt. Ihre staats- und abwehrpolizeiliche Zuständigkeit erstreckte sich auf den gesamten Regierungsbezirk Unterfranken und Aschaffenburg; siehe hierzu Broszat, Martin / Mehringer, Hartmut (Hrsg.), Bayern in der NS-Zeit, Band V: Die Parteien KPD, SPD, BVP in Verfolgung und Widerstand, München 1983, S. 328f.
7) Mann, Reinhard, Was wissen wir vom Widerstand? Datenqualität, Dunkelfeld und Forschungsartefakte, Vortrag auf der am 3. und 4. Juni 1978 vom Zentrum für Interdisziplinäre Forschung (ZIF) an der Universität Bielefeld durchgeführten Tagung „Widerstand gegen den Nationalsozialismus"; vervielfältigtes Manuskript, Köln 5/1978, S. 8

ten, so daß auch von daher die Objektivität der Angaben in Frage gestellt werden muß.

Ebenso ist quellenkritische Vorsicht bei der im Diözesanarchiv in Würzburg eingelagerten Materialsammlung des Bischöflichen Ordinariats zu dieser Thematik geboten. Dieses Dokumentationsgut betrifft ausschließlich das „katholische Milieu" in Unterfranken und setzt sich in erster Linie aus Fragebögen zusammen, in welchen die katholischen Geistlichen (Fragebogen A) oder Laien (Fragebogen B) nach 1945 ihre persönlichen Erfahrungen und Konfrontationen mit dem Nationalsozialismus katalogisiert wiedergeben. Aufgrund der meist nur vagen Zeitangaben konnten diese Quellen lediglich als Zusatzinformation dienen.

Auch die Berichte des Sicherheitsdienstes (SD) müssen in bezug auf ihre Aussagekraft kritisch beurteilt werden, mag sich doch manch ein V-Mann durch besonders eifrige Berichterstattung einen Vorteil für die eigene berufliche oder politische Karriere versprochen haben. Die SD-Außenstelle Aschaffenburg, die u. a. den Landkreis Alzenau umfaßte, unterstand bis 1944 zeitweise der SD-Zentrale Frankfurt/Main. Die im Hessischen Hauptstaatsarchiv in Wiesbaden archivierten SD-Akten gehen allerdings nur ganz sporadisch auf die Aschaffenburger Region ein.

Auf der Suche nach Oppositions- und Widerstandsverhalten im Aschaffenburger Raum wurde die (wiederbelebte) „neue Forschungstechnik" der Sozialgeschichte, die „Oral History" angewandt, die sich auf (Tonband-)Interviews mit Zeitzeugen stützt.

Es hat große Schwierigkeiten bereitet, noch lebende Zeitzeugen in Aschaffenburg und Umgebung, die sich gegen die NS-Herrschaft persönlich zur Wehr setzten, ausfindig zu machen und deren Bereitschaft zu einem Gespräch zu gewinnen. Einige der bereits angebahnten Gespräche kamen leider nicht mehr zustande, da die Gesprächspartner verstarben.

Diese Rückerinnerungsinterviews sind als wissenschaftliche Forschungsbasis ebenfalls kritisch zu bewerten. Es besteht bei dieser Erinnerungsarbeit die Gefahr, daß die Erinnerungen – infolge der affektiven und emotionalen Implikationen – durch Verdrehung, Verleugnung und Verdrängung verformt werden und damit erheblich an Aussagekraft verlieren. „Vor allem bei einem politisch so verwertbaren Thema, wie es Widerstand und Verfolgung im Nationalsozialismus nun einmal ist, sind Tendenzen zur ex-post-Rationalisierung oder auch zur Apologetik als Verzerrungsfaktoren zu kalkulieren . . ."[8]

---

8) Mann 1978, S. 4

Meine Interviewpartner hatten sich ausnahmslos auf das Gespräch vorbereitet, teilweise sogar ihre Erinnerungen – ob der Zeitdistanz von oft mehr als 50 Jahren – im Zeitungsarchiv des Aschaffenburger Stadt- und Stiftsarchivs aufgefrischt, um eine möglichst exakte zeitliche Zuordnung zu gewährleisten. Manche legten zur Bestätigung ihrer Angaben wichtige private Dokumente aus jener Zeit vor. Ich versuchte, die Interviewdaten in den vorerwähnten Archiven historisch nachzuweisen und dokumentarisch zu belegen, oder, wo dies aufgrund des Charakters der Widerstandsaktivität nicht möglich war, weitere Zeitzeugen zum gleichen Hergang zu befragen.

Die Dokumentation ordnet die Widerstandsaktivitäten nach Partei- bzw. Konfessionszugehörigkeit, da Organisations- wie Konfessionszugehörigkeit das Widerstandsverhalten in Form organisierten wie individuellen Protestes maßgeblich beeinflußten. Die Zerschlagung der freien Gewerkschaften am 2. Mai 1933 wurde dem Kapitel ,4.1. Verfolgung und Widerstand der Sozialdemokratischen Partei Deutschlands' zugeordnet, da der Allgemeine Deutsche Gewerkschaftsbund (ADGB) der Dachverband der SPD-Richtungsgewerkschaften war.

Bestimmte Fälle von politischem Mut und Zivilcourage, die sich nicht eindeutig aus ihrer politischen oder religiösen Zugehörigkeit herleiten ließen, wurden in den Kapiteln ,4.5. Sogenannte Heimtückereden' und ,4.6. Ausgewählte Einzelfälle von politischem Mut' zusammengefaßt. Desgleichen nimmt das Widerstandsverhalten der Bevölkerung im Zweiten Weltkrieg ein separates Kapitel ein, da sich hier partei- oder konfessionsspezifische Zuordnungen verwischen. Unabhängig von Religion oder politischer Einstellung setzten sich viele Menschen in den letzten Jahren der NS-Zeit vereint gegen die faschistische Gewaltherrschaft zur Wehr.
Dennoch lassen sich zeitliche Überschneidungen in den einzelnen Kapiteln nicht vermeiden.
Die Geschichte der Verfolgung und Vernichtung der jüdischen Gemeinden in Aschaffenburg und Umland wurde weitgehend ausgeklammert, da dieses Thema augenblicklich von dem Anfang 1985 gegründeten "Förderkreis Haus Wolfsthalplatz" eingehend untersucht wird.
Fiktive Namen werden nicht verwendet; lediglich in solchen Fällen, in denen Personen – nach heutigen Maßstäben – in ehrenrührigen oder persönlich diffamierenden Zusammenhängen ins Geschichtsgeschehen eintraten, wird auf die volle Namensnennung verzichtet, um insbesondere der möglichen Diffamierung von Angehörigen vorzubeugen. Auch ist nicht beabsichtigt, Personen, die als Verführte den Nationalsozialismus unterstützten, zu denunzieren oder anzuklagen.
Die Anonymisierung findet aber dort ihre Grenzen, wo die Betreffenden als politisch Handelnde im lokalen Zeitgeschehen – auch im Interesse weiterführender Forschung – identifizierbar bleiben müssen.

Auslassungen in Zitaten sind kenntlich gemacht; Orthographiefehler – soweit sie nicht vom Schreiber beabsichtigt waren oder im Gesamtzusammenhang aufschlußreich sind[9] – sind um der besseren Lesbarkeit willen korrigiert.

Die Untersuchung kann bei weitem nicht das gesamte Widerstandsverhalten der Bevölkerung im Aschaffenburger Raum aufzeigen. Sie beschränkt sich auf exemplarische, für die Region charakteristische Fälle von Verfolgung und Widerstand, die aber auch einen Eindruck von den allgemein anzutreffenden alltäglichen Lebensverhältnissen unter der NS-Diktatur vermitteln.

Wenn diese Untersuchung als Anregung wirkte für weitere Recherchen zur Spurensicherung, zur Geschichte „von unten", wäre dies sehr erfreulich.

_____

9) z. B. die Episode mit Gendarmerie-Kommissär Friedrich Walter, Kapitel 4.6.2.

Abb. 1: Stadt und Landkreis Aschaffenburg

☐ = Orte, die in die Untersuchung einbezogen sind

2. „Der Spessart, ein Armenhaus bis ins 20. Jahrhundert" — Soziokulturelles Umfeld und ökonomische Rahmenbedingungen am bayerischen Untermain[10]

In Aschaffenburg lebten zu Beginn der 30er Jahre 36 000 Menschen. 85,5% gehörten der katholischen Kirche an, 12,7% waren Protestanten. Letztere hatten in Aschaffenburg unter der Übermacht der Katholiken einen schweren Stand. Sie führten hier — wie fast überall im katholischen Bayern — ein Diasporadasein. Die jüdische Gemeinde machte Ende 1932 mit ihren 707 Mitgliedern knapp 2% der Bevölkerung[11] aus und war der Personenzahl nach die siebtgrößte in Bayern.

Es gab mehr als 100 jüdische Geschäfte und Gewerbebetriebe in Aschaffenburg, die sich im Bereich der Herstallstraße konzentrierten. Die wirtschaftlichen Schwierigkeiten der 20er Jahre nutzten die Aschaffenburger Nazis zu gezielten antisemitischen Kampagnen, in denen sie den „jüdischen Monopolen" die Schuld an der schlechten Wirtschaftslage gaben.[12]

---

10) Dieser Bericht stützt sich im wesentlichen auf Wolff, Hellmuth, Der Spessart. Sein Wirtschaftsleben, Aschaffenburg 1905; Arndt, Paul, Die Heimarbeit im rhein-mainischen Wirtschaftsgebiet, Jena 1913; Broszat / Mehringer 1983 (Band V); Winter, Helmut, Die Machtergreifung der Nationalsozialisten im ehemaligen Bezirksamt Alzenau; in: Unser Kahlgrund, Heimatjahrbuch 1983, hrsg. von der Arbeitsgemeinschaft für Heimatforschung und Heimatpflege Kahlgrund e.V. — Sitz Alzenau, 1983. Zusätzliche Informationen lieferten die Ortschroniken der Gemeinden Heimbuchenthal, Hösbach, Kahl, Laufach und Mömbris.

11) Die israelitische Gemeinde in Aschaffenburg konnte — bis zu ihrer Vernichtung durch den Faschismus — auf eine 700jährige Tradition zurückblicken. Um 1900 existierten im Aschaffenburger Distriktrabbinat 25 jüdische Gemeinden; vgl. Vergangen, nicht vergessen — Sieben Jahrhunderte jüdische Gemeinde in Aschaffenburg, Wegweiser durch das Dokumentationszentrum Wolfsthalplatz, hrsg. von der Stadt Aschaffenburg, bearbeitet von Peter Körner, Aschaffenburg 1984 (im weiteren: ‚Körner 1984').

12) Siehe hierzu auch Pollnick, Carsten, Die Entwicklung des Nationalsozialismus und Antisemitismus in Aschaffenburg 1919-1933, Aschaffenburg 1984, S. 51 ff.

In Aschaffenburg zeigten sich schon früher gewisse Tendenzen zum Antisemitismus.[13] Überliefert ist u. a. ein Hetzgedicht gegen Juden im Schöntal[14], das um 1870 im „humoristisch-satyrischen Wochenblatt Deutscher Reichs-Speiteufel" veröffentlicht wurde:

> „Zum schönen Thal führt' mich mein Schritt
> Dem kühlen, schattenreichen
> Da sah ich fast bei jedem Tritt
> Nur Judeng'sichter streichen. (...)
> Erzürnt wandt ich nach Hause mich
> Nicht wollt die Freud mir winken
> Wo Juden sind und Schickselich[15]
> Da kann's ja nichts als stinken."[16]

Die Aufhebung der innerdeutschen Zollschranken und die Gründung des Deutschen Zollvereins (1833/34) begünstigten die Entwicklung Aschaffenburgs zu einem Zentrum der Papier-, Bekleidungs- und Metallindustrie in Unterfranken. Anknüpfend an die 300 Jahre alte Tradition der Spessarter Papiermühlen, entstanden in der Stadt drei Buntpapierfabriken[17] und die Aschaffenburger Zellstoffwerke AG[18], die den Buntpapierfabriken das nötige Rohpapier lieferte. Die Zahl der Kleiderfabriken[19] stieg von 1912 bis 1939 von 12 auf 120 an und machte Aschaffenburg zum zweitgrößten Ballungsraum der deutschen Bekleidungsindustrie. 1924 existierten bereits zehn Fabriken der Eisen- und Kupferverarbeitung[20] mit ca. 2 800 Beschäftigten, von denen die Hälfte in den „Güldener Motorenwerken" arbeitete.

---

13) vgl. Körner 1984, S. 5 ff.

14) Parkanlage im Zentrum von Aschaffenburg

15) Schickselich, Schickse, jiddisch: šiqse; ursprünglich von Juden gegenüber nichtjüdischen Mädchen, später umgekehrt von Nichtjuden gegenüber Judenmädchen gebraucht; auch Schimpfwort für „leichtes Mädchen". Vgl. Frankfurter Wörterbuch, 13. Lieferung, Frankfurt/M. 1982,S. 2675

16) Körner 1984, S. 7

17) Die Buntpapierfabrik AG (gegr. 1814/15), Buntpapierfabrik Nees (gegr. 1862), Franz Dahlem & Co. (gegr. 1885)

18) Die Aschaffenburger Zellstoffwerke AG – im Volksmund „die Weiss", wurde 1872 gegründet.

19) u. a. Kleiderfabrik J. Desch GmbH (gegr. 1874), J. Kunkel & Cie. – Herrenkleiderfabrik (gegr. 1897), Kleiderfabrik Büttner & Co. (gegr. 1914), Knabenkleiderfabrik Michael Eitel (gegr. 1917), Kleiderfabrik Staab & Co. (gegr. 1919)

20) u. a. Eisengießerei und Herdfabrik Hermann Koloseus (gegr. 1877), Meßwerkzeugfabrik Fr. A. Hock (gegr. 1862), Maschinenfabrik Gentil (gegr. 1890), Kupfer- und Messingwerke C. Heckmann AG (gegr. 1903) – wurde später von VDM übernommen, Güldener Motorenwerke (gegr. 1907)

Jeder fünfte Aschaffenburger arbeitete in einem dieser weitgehend mittelständisch orientierten Industriezweige, ebenso viele in handwerklichen Kleinbetrieben. 25% der Erwerbstätigen waren in Handel und Verkehr beschäftigt. Als Broterwerb verblieben daneben in der am Main gelegenen Stadt das Schiffer- und Fischerhandwerk, das – aus alter Tradition – in hohem Ansehen stand.

Ein Großteil der industriellen und handwerklichen Arbeiterschaft Aschaffenburgs kam aus den Dörfen des angrenzenden Spessart.[21] In diesem überwiegend agraischen Umland war Großgrundbesitz so gut wie nirgends anzutreffen.[22] „Der schöne Spessart war noch bis ins 20. Jahrhundert ein Armenhaus."[23] Die Spessartregion zählte zu den wirtschaftlichen Notstandsgebieten in Deutschland. Viele Klein- und Zwergbauern lebten mit ihren Familien in bedrückenden materiellen Verhältnissen.

Seit der Jahrhundertwende hatten sich auf dem Land nur punktuell kleinere Industriebetriebe entwickelt, hauptsächlich dort, wo natürliche Ressourcen, Bodenvorkommen, Wasser- und Waldreichtum die Gründung von Furnier-, Kisten- und Faßholzfabriken, Sägewerken, Kalkhütten, Ziegeleien etc. begünstigten.[24] Diese Unternehmen, die sich vorwiegend zwischen Goldbach und Laufach östlich der Stadt konzentrierten, waren aber nie so zahlreich und groß, um die starke Nachfrage nach Arbeitsplätzen befriedigen zu können. „Ob die Schöpfer der neuen Industrie in Aschaffenburg die Arbeitsnot der Bewohner in den umliegenden Ortschaften kannten oder nicht, muß dahingestellt bleiben. Man darf wohl annehmen, daß die ersteren unter ihnen sich über die Arbeiterreserven orientierten, die die Umgebung barg, bevor sie in Aschaffenburg ihre Fabriken errichteten."[25]

---

21) Der Naturpark Spessart ist mit 1300 km² eines der größten zusammenhängenden Waldgebiete Europas; knapp zwei Drittel gehören zu Bayern, der Rest zu Hessen.
22) Wolff berichtet, daß die Mainzer Kurfürsten und Erzbischöfe (Aschaffenburg kam erst 1814 zu Bayern) im 13./14. Jahrhundert Jagdfröner (das Merian-Heft: Spessart, Nr. 6/29, spricht von Leibeigenen) zur Pflege des Wald- und Wildbestandes in undurchdringlichen inneren Spessart angesiedelt hatten. Die Ansiedler erhielten einen Streifen, (ca. 10-12 ha) Land zur eigenen Bewirtschaftung und waren dafür zu Jagdfrondiensten verpflichtet; vgl. hierzu: Wolff 1905, S. 123 ff. Dies erklärt die geringen landwirtschaftlichen Nutzflächen und das Fehlen von Großgrundbesitz. Auf diese Weise entstanden die für den Spessart typischen, oft kilometerlangen „Streifengutsdörfer" (z. B. Heimbuchenthal, Hessenthal, Wintersbach, Krausenbach).
23) Deschner, Karlheinz, Vom Spessart das Liebste ist mir der Fluß; in: Merian-Heft Nr. 6/29
24) z. B. Ziegeleien in Goldbach und Hösbach, Kalkhütte in Hösbach, Kalksteinbruch in Rottenberg, Kupferbergwerk in Sailauf, Säge- und Furnierwerke in Hösbach-Bahnhof, Eisenwerke in Laufach
25) Wolff 1905, S. 299

Die Zahl der Tages-, Wochen- und Saisonpendler, die in den Fabriken in Aschaffenburg, aber auch Hanau, Offenbach und Frankfurt ihren Lebensunterhalt verdienen mußten, wuchs. Trotz der Anbindung einiger Dörfer an die Eisenbahnlinie Würzburg–Aschaffenburg–Frankfurt[26] waren die ländlichen Fabrikarbeiter großen Strapazen ausgesetzt; neben einem 10- bis 12-Stunden-Tag waren stundenlange Fußmärsche zum und vom Arbeitsplatz nicht selten. Viele Männer konnten oft nur alle 14 Tage bzw. 4 Wochen von ihren Arbeitsstellen nach Hause kommen, die gewerblichen Wanderarbeiter oft nur auf ein paar Tage im Jahr. Die Wandlung von Bauern- zu Arbeiterdörfern war vollzogen. Die landwirtschaftliche Parzelle wurde der „persönliche Rückhalt des Fabrikarbeiters, die Fabrikarbeit sein wirtschaftliches Rückgrat".[27]

„Wo der tägliche Weg zur Fabrik in die Stadt nicht mehr lohnt, da tritt die Heimarbeit in die Stelle des Haupterwerbs ein, die ... den Arbeiter nicht täglich in die Stadt zwingt."[28] In den Landgemeinden war die Heimarbeit bis Anfang 1960 für die dortige Erwerbsstruktur typisch. Die in Aschaffenburg ansässigen Kleiderfabriken beschäftigten überwiegend Heimarbeiter, darunter sehr viele Frauen, die neben der Landwirtschaft schneiderten und nähten. „Üblicherweise stellte der Unternehmer den Heimarbeitern die eben erst erfundene Nähmaschine zur Verfügung, die dann abgearbeitet und -bezahlt werden mußte. Erst hohe Stückzahlen sicherten das Existenzminimum."[29]

Der Überschuß an Arbeitskräften hielt das Niveau sozialer Sicherung niedrig. Die materiellen Bedingungen – schlechte Bezahlung, mangelnde soziale Absicherung und unzureichende Arbeitsbedingungen – wurden zu sozialen und politischen Konfliktgegenständen. Seit 1901 gab es in Aschaffenburg einen sozialdemokratischen Wahlverein. 1905 trat das Gewerkschaftskartell Aschaffenburg zum erstenmal an die Öffentlichkeit. Viele Lohnabhängige – meist Industriearbeiter der ersten Generation – waren in den verschiedenen Verbänden gewerkschaftlich organisiert und sahen ihre Interessen in den sozialistischen Arbeiterparteien vertreten. Ein ausgeprägtes proletarisches Klassenkampfbewußtsein entwickelten sie jedoch nicht.

---

26) Die erste Eisenbahn Mainfrankens war die nach König Ludwig I. benannte Ludwigs-Westbahn, die von Bamberg, Würzburg, Aschaffenburg bis zur bayerischen Reichsgrenze bei Kahl am Main fuhr, von wo über Hanau ein Anschluß nach Frankfurt/M. bestand. Die Ludwigs-Westbahn wurde 1854 in Betrieb genommen, die Strecke Aschaffenburg–Darmstadt 1858, Aschaffenburg–Miltenberg 1876.

27) Wolff 1905, S. IX

28) ebd., S. 470

29) Broszat / Mehringer 1983 (Band V), S. 523 f.

Die Aschaffenburger Arbeiter zeichneten sich durch eine ungewöhnliche Betriebstreue und Loyalität gegenüber den Unternehmen aus, auch neigten sie nicht zu radikalen Aktionsformen. Die langen Anreisewege zum Arbeitsplatz ließen für politischen Aktivitäten wenig Zeit. Unter den Heimarbeitern hemmte die isolierende Arbeitssituation die Herausbildung eines A r b e i t e r bewußtseins. Zudem untergrub die Spaltung und Konkurrenz von Heimarbeitern und den in der Stadt Beschäftigten solidarische Gefühle und Aktionsbereitschaft. Die Heimarbeiter waren so gut wie nicht gewerkschaftlich organisiert, obwohl ihre wirtschaftliche Abhängigkeit und Ausbeutung genug Anlaß für sozialen Protest lieferte.

Ein weiterer Grund für die mangelnde Aktionsbereitschaft vieler Arbeiter mag darin zu suchen sein, daß die häusliche Nebenerwerbs-Landwirtschaft und Viehhaltung selbst in Krisenzeiten zumindest die Grundnahrungsmittel sicherstellte; die materielle Verelendung wurde abgeschwächt, aber auch der Druck, sich kämpfend zu wehren. „Weder aus dem Krisenjahr 1923 noch aus den ersten Jahren der Weltwirtschaftskrise sind Streiks überliefert."[30]

Auch der weiter nordwestlich gelegene Bezirk Alzenau, weithin als Kahlgrund bekannt, war traditionell eine kleinbäuerliche Region und wies krasse Armutsmerkmale auf. Mit einem katholischen Bevölkerungsanteil von mehr als 95%[31] stellte der Kahlgrund ein eher „normales" als ein außergewöhnliches Beispiel aus der bayerischen Provinz dar. Aktive jüdische Gemeinden hatten sich in diesem Bezirk in Alzenau, Hörstein und Schöllkrippen entwickelt, machten aber — ebenso wie die Protestanten — nur einen verschwindend geringen Anteil der Bevölkerung aus.[32] Antijüdische Verhaltensweisen spielten hier — im Gegensatz zur Stadt Aschaffenburg — bis zur NS-Machtübernahme kaum eine Rolle.[33]

1925 waren von den knapp 30 000 Einwohnern dieses Bezirks 46 % in der Land- und Forstwirtschaft, 36 % in Handwerk und Industrie und 10 % im Handel und Verkehr beschäftigt. Der Rest (8 %) gehörte sonstigen Berufssparten an.[34] In der Landwirtschaft herrschten auch im Kahlgrund Klein- und Kleinstbetriebe vor: 4 000 von den insgesamt 4 396 Agrarbetrieben (91 %) bewirtschafteten

---

30) ebd., S. 529
31) Juni 1933: 96,3 %; vgl. Winter 1983, S. 138
32) 1921 zählte die jüdische Gemeinde Alzenau 78 Mitglieder, Hörstein hatte 1933 98, Schöllkrippen 48 Mitglieder; 12 Jahre faschistische Judenverfolgung führten zur völligen Auslöschung dieser jüdischen Gemeinden; vgl. Winter 1984, S. 192 f.
33) vgl. ebd., S. 140
34) vgl. Winter 1983, S. 138

weniger als 5 ha Land[35], viele Bauern waren stark verschuldet. Die landwirtschaftliche Produktion reichte oft nicht aus, um den Lebensunterhalt der kinderreichen Familien sicherzustellen. Nahezu alle Landwirte betrieben daher noch Obstbau.[36] „Zu den Absatzgebieten für die landwirtschaftlichen Erzeugnisse zählten die Städte Hanau, Seligenstadt mit dem gesamten Rodgau, Offenbach und Frankfurt ... und unsere heutige Kreisstadt Aschaffenburg."[37]

Stundenlange Fußreisen auf schlechten Wald- und Feldwegen waren notwendig, um diese Märkte zu erreichen. Die Last wurde auf dem Kopf transportiert und betrug nicht selten 50 bis 70 Pfund. Der Bau der Kahlgrundeisenbahn um die Jahrhundertwende[38] brachte eine wesentliche Erleichterung – zumindest für die Landwirte der Ortschaften, die an der Bahnlinie zwischen Kahl und Schöllkrippen gelegen waren – und eröffnete zudem neue Erwerbsmöglichkeiten. Zum einen schaffte die Privatbahn selbst Arbeitsplätze, zum anderen wurden die Industriezentren im Rhein-Main-Gebiet für die Kahlgrund-Bevölkerung erreichbar. Dort war der Bedarf an Arbeitskräften bedeutend größer als in Aschaffenburg, das im Spessarter Umland genügend Arbeiter für seine Betriebe fand. Demzufolge pendelten zahlreiche Männer und Frauen aus dem Kahlgrund in die Fabriken nach Hanau, Offenbach und Frankfurt.

Hierdurch trat mancherorts ein Strukturwandel ein: Die näher nach Hessen gelegenen Ortschaften westlich des Hahnenkamms[39] – Alzenau, Kahl, Hörstein und Großwelzheim – entwickelten sich zunehmend zu Arbeiterwohngemeinden. In den weiter entfernten Dörfern östlich des Hahnenkamms (Zentrum Mömbris) pendelten hauptsächlich die Männer nach Hessen. Frauen und andere Familienangehörige übernahmen verstärkt landwirtschaftliche Arbeiten, so daß hier der bäuerliche Grundzug der Familien erhalten blieb.

Mit dem Bau der Kahlgrundbahn siedelte sich die Zigarrenindustrie im Kahlgrund an und brachte zusätzliche Verdienstmöglichkeiten. Als Zentrum der Zigarrenfabrikation bildete sich der Raum zwischen Schimborn, Mensengesäß, Mömbris und Niedersteinbach heraus. Beschäftigt wurden überwiegend

---

35) ebd.

36) Der Kahlgrund war und ist ein maßgebliches Apfelanbaugebiet am bayerischen Untermain. Ein Großteil des berühmten Frankfurter Äppelwois kommt aus dieser Region.

37) Griebel, Emil, Chronik des Marktes Mömbris, hrsg. vom Markt Mömbris 1982, S. 310

38) Die private Kahlgrundeisenbahn wurde von Hanauer Unternehmern – gegen starken Widerstand der Stadt Aschaffenburg – gebaut, um „ein nur locker verbundenes Hinterland mit bisher ungenutztem Arbeitskräftepotential zu erschließen". Sie wurde 1898 in Betrieb genommen; vgl. ebd., S. 283

39) Der Hahnenkamm ist ein 5 km langer, 3 km breiter und 436 m hoher Bergrücken.

Frauen, häufig in Heimarbeit. Nach der Entlassung aus der Schule suchten die Mädchen um Arbeit in den Zigarrenfabriken nach. Für sie gab es kaum Alternativen.

1930 existierten im Kahlgrund 24 Zigarrenfabriken, die fast ausschließlich ortsfremden Besitzern gehörten und hier der zahlreichen arbeitsuchenden und billigen Arbeitskräfte wegen angesiedelt worden waren. Von den 2073 Zigarrenarbeitern stellten die Frauen rund 87 %; zu einem Drittel verrichteten sie Heimarbeit.[40]

Die Tabakarbeit beeinträchtigte nachhaltig die Gesundheit der Beschäftigten, die noch nicht in Sozialversicherungen pflichtversichert waren. Nicht selten trat Lungentuberkulose auf.[41]

Der Verdienst der Tabakarbeiter war mehr als kärglich. Je nach Geschicklichkeit konnte man in der Fabrik 2,50 bis 5 Mark täglich verdienen, in Heimarbeit 2 bis 3 Mark. Mit diesem Einkommen mußten oft ganze Familien ernährt werden.

Vor Ausbreitung der Zigarrenindustrie hatten sich bereits im 19. Jahrhundert im Kahlgrund Perlenstickereien angesiedelt. 1883 brachte der Bürgermeister von Geiselbach, der Kontakte zu Seligenstädter und Frankfurter Perlenstickereien unterhielt, dieses Metier in sein Dorf. Geiselbach wurde zum Mittelpunkt der Perlenstickerei. 1885 arbeiteten allein in Geiselbach etwa 600 Perlenhäklerinnen in Heimarbeit. In Gunzenbach lebte um die Jahrhundertwende ein Viertel der Bewohner von der Perlenstickerei.

Die Arbeitszeit richtete sich nach den Erfordernissen in der Landwirtschaft. „Mit dem Einsetzen der Feldarbeit im Frühjahr reduzierte sich die Zahl der Häklerinnen um 30 %. Die Arbeitszeit wurde erheblich eingeschränkt. Die Perlenstickerei erhält dadurch einen saisonalen Charakter, der, was recht ungewöhnlich ist, nicht durch den Konsumenten, sondern durch den Produzenten bestimmt wird.[42]

Die Arbeit am Perlenbock, die keine fachliche Ausbildung erforderte, ruinierte das Augenlicht und wurde darüberhinaus sehr schlecht bezahlt: 3 Pfennig gab es für das Meter mit 3000 Flitter-Blättchen.

---

40) vgl. Griebel 1982, S. 287

41) Der Schöllkrippener Arzt Dr. W. Kihn stellte „zur Verhütung und Bekämpfung der Tuberkulose in den Zigarrenfabriken" Leitsätze auf und verlangte ein ärztliches Tauglichkeitsattest; vgl. Wolff 1905, S. 344

42) Griebel 1982, S. 284 f.

Im 20. Jahrhundert verlor die Perlenstickerei als Reproduktionsquelle für die Kahlgrundbevölkerung an Bedeutung. 1930 waren nur noch 825 Personen in diesem Metier beschäftigt.

Weitere Arbeitsmöglichkeiten bot der Braunkohleabbau rund um Kahl am Main.[43] In Großwelzheim war 1902 die Braunkohlezeche Gewerkschaft Gustav[44] entstanden, der in den Folgejahren eine Brikettfabrik und ein Kraftwerk angegliedert wurden; ab 1928 gehörte die Zeche zur Rheinisch-Westfälischen-Elektrizitätswerk AG (RWE). Bei guter Konjunktur waren hier über 1 000 Bergwerker beschäftigt.

Die Weltwirtschaftskrise ab 1929 wirkte sich im Aschaffenburger Raum erst im Laufe des Jahres 1932 aus. Schlagzeilen wie „Ein Defizit von 725 188 Mark im Haushalt der Stadt Aschaffenburg"[45] tauchten in der Presse auf. Oberbürgermeister Dr. Matt berichtete dem Stadtrat mit Sorge, daß die Reichsregierung der Stadt die geforderte Aufstockung des Fürsorgeetats verweigert hatte. Das Finanzloch beruhte vor allem auf den gestiegenen Ausgaben im Sozialbereich. Zu diesem Zeitpunkt gab es unter den zahlreichen Arbeitslosen bereits 950 Erwerbslose, die von Wohlfahrtsunterstützung lebten.

Eine Besserung der schlechten Wirtschaftslage war nicht in Sicht. Dr. Matt: „Der Ausblick auf eine Minderung der Erwerbslosigkeit ist außerordentlich trübe."[46] Die Arbeitslosenquote stieg bis Ende 1932 auf 6,1 % an. Bedingt durch die vergleichsweise günstige Wirtschafts- und Unternehmensstruktur blieben dieser Region zwar „schockartige wirtschaftliche Zusammenbrüche mit epidemischer Arbeitslosigkeit erspart"[47], doch die Lebensbedingungen der Menschen verschlechterten sich auch hier zusehends.

Ende Februar 1933 waren vom Arbeitsamt Aschaffenburg 14 777 Personen als Arbeitssuchende registriert, 13 596 Männer und 1 179 Frauen. 2 700 erhielten Arbeitslosen-, 267 Kurzarbeiter- und 4 157 Krisenunterstützung. Die Zahl der „Wohlfahrtserwerbslosen" stieg auf 5 031. Der Rest (2 602 Personen) bezog, aus welchen Gründen auch immer, keinerlei finanzielle Hilfe.[48]

---

43) Die Braunkohlevorkommen im Raum zwischen Großwelzheim, Kahl, Alzenau, Großkrotzenburg, Hainstadt und Seligenstadt liegen in einem tertiären Becken zwischen Main und Vorspessart; vgl. Rücker, Edmund, 1282-1982: Kahl am Main im Wandel der Jahrhunderte; hrsg. von der Gemeine Kahl 1982, S. 378

44) Dr. H. Gans, Geheimer Kommerzienrat und Hauptinhaber der damaligen chemischen Fabrik Casalla in Frankfurt, hatte 1897 die Braunkohlemutung erworben; vgl. ebd., S. 379

45) ‚Aschaffenburger Zeitung' vom 9. 7. 1932

46) ebd.

47) Broszat / Mehringer 1983 (Band V), S. 52

48) vgl. ‚Beobachter am Main' vom 16. 3. 1933

In Großwelzheim war im Juli 1932 die Braunkohlezeche Gewerkschaft Gustav stillgelegt worden. Bis auf einige wenige wurde die gesamte Belegschaft entlassen, mit katastrophalen Auswirkungen. Im Dezember 1932 berichtete der Gemeinderat: „Von 338 Familien Großwelzheims sind außer den 20 Bauern, die sich von ihrem Besitz ernähren können, nur 12 Familienväter in Arbeit. Alle übrigen befinden sich in der Arbeitslosen-, Krisen- oder Wohlfahrtsunterstützung ..."[49]

Auch in den anderen Gemeinden des Bezirks Alzenau wuchs das Heer der Arbeitslosen. In vielen Orten waren zeitweise bis zu 50 % der Erwerbstätigen ohne Arbeit. Eine Meldung der Gendarmerie-Station Mömbris verdeutlicht das Ausmaß der wachsenden Verelendung: „In der letzten Zeit sind verschiedene Stallhasendiebstähle und Holzfrevel (in den Staatswaldungen − Monika Schmittner) vorgekommen, die durchweg aus Not begangen sein dürften."[50]

Im Herbst 1932 stellte die Zigarrenfabrik der Gebrüder Feibelmann, die im Kahlgrund fünf Filialen unterhielten, in Königshofen den Betrieb ein. Einschließlich der Heimarbeiter wurden ca. 80 Menschen erwerbslos, die jetzt versuchten, in den Zigarrenfabriken in Krombach, Großblankenbach, Feldkahl, Schimborn, Mömbris und Frohnhofen unterzukommen. Welche Strapazen damit verbunden waren, berichtete der ‚Beobachter am Main': „Der Weg bis zur Arbeitsstätte ist zum Teil sehr weit und beschwerlich. Er beträgt beispielsweise bis Frohnhofen 1½ Stunden. Dabei ist der Verdienst recht kärglich. Die Arbeiterinnen (männliche Arbeiter sind nur wenige beschäftigt) verdienen in der Woche 8 bis 10 Mark. Mit diesem Verdienst müssen oft ganze Familien ihren Unterhalt bestreiten ..."[51]

Die Beschäftigungssituation im Zigarrengewerbe war offensichtlich höchst unterschiedlich. So berichtete der ‚Beobachter am Main' im Februar 1933, daß in der Strötzbacher Zigarrenfabrik, die ebenfalls den Mannheimer Gebrüdern Feibelmann gehörte, zur Zeit voller Betrieb herrscht, „... es sind 167 Arbeiterinnen und 46 Arbeiter beschäftigt."[52] Auch die Zigarrenfabriken in Mensengesäß (Inhaber Franz), Krombach und Schneppenbach (Inhaber J. Reis) und in Großblankenbach (Inhaber Schönemann) arbeiteten Ende Januar 1933 mit voller Belegschaft, während die Zigarrenfabriken Reusing in Schneppenbach und Marquart in Großlaudenbach stillagen.[53]

---

49) zitiert nach: Winter 1983, S. 142
50) Polizeibericht der Gendarmerie-Station Mömbris, Nr. 68 vom 13. 1. 1933; LRA Alzenau Nr. 339, StAWü (im weiteren: ‚LRA Alz. Nr. 339')
51) ‚Beobachter am Main' vom 14. 2. 1933
52) ‚Beobachter am Main' vom 16. 2. 1933
53) ‚Aschaffenburger Zeitung' vom 9. 3. 1933

Die Direktion der Kahlgrundeisenbahn in Schöllkrippen kürzte 1932 ihrer Belegschaft radikal Löhne und Gehälter, teilweise bis zu 50%. Dort bestand schon seit Jahren große Unzufriedenheit wegen der schlechten Entlohnung. Wut und Ohnmacht entluden sich im Frühjahr 1933, als dem Eisenbahn-Direktor Sagmeister eines Nachts der gesamte Hühnerbestand gestohlen wurde.[54] Sagmeister war wegen seiner unsozialen Gesinnung beim Personal äußerst unbeliebt. Die Auseinandersetzungen mit der Betriebsführung hielten auch in den Folgejahren an. Um die Jahreswende 1934/35 kam es erneut zu heftigen Kontroversen. In der Nacht vom 1. auf den 2. Februar 1939 stürmte die Belegschaft das Direktionsgebäude in Schöllkrippen. Nur die eilig herbeigerufene Gendarmerie konnte verhindern, daß Sagmeister verprügelt und Einrichtungsgegenstände in der Wohnung zertrümmert wurden.[55]

54) Halbmonatsbericht Bezirksamt Alzenau vom 15. 1. 1933 und Polizeibericht der Gendarmerie-Station Schöllkrippen, Nr. 182 vom 30. 1. 1933; LRA Alz. Nr. 339
55) Monatsbericht des Landratsamts Alzenau vom 28. 3. 1939; Nr. 340

3. „Wir haben hier auf das Schwerste zu kämpfen" — Begleitumstände der NS-Machtergreifung[56]

3.1. Aschaffenburg

Bis zum Ende der 20er Jahre hatte sich die Entwicklung der Nationalsozialistischen Deutschen Arbeiterpartei (NSDAP) und ihrer Nebenorganisationen im Aschaffenburger Raum schleppend und in Etappen vollzogen. Die Parteigründung in der Stadt Aschaffenburg im äußersten Nordwesten Bayerns war 1921 in der Gaststätte Heylands-Schwind im Roßmarkt über die Bühne gegangen. Bevor die NSDAP nach dem Putschversuch Hitlers im November 1923 verboten wurde, hatte sie in der Stadt nur wenige eingeschriebene Mitglieder. Die Antipathie der Stadtbevölkerung gegen die Hitler-Bewegung war offensichtlich. So boykottierte sie z. B. den Buchhandel des engagierten Parteimitglieds Rudolf Sellmer, bis sein Laden schließlich bankrott ging und er gezwungenermaßen aus der NSDAP austrat.

Nach der Aufhebung des Verbots und der Neugründung der Partei im Februar 1925 etablierten sich die Aschaffenburger „Vaterländischen" im ehemaligen Weinhaus „Zum Türken" in der Dalbergstraße 34; diese bis dahin dritte Geschäftsstelle blieb bis 1933 Mittelpunkt des nationalsozialistischen Parteigeschehens. Im Juni 1926 zählte die Ortsgruppe Aschaffenburg, in der alle Berufsgruppen vertreten waren, 28 Mitglieder; eines davon war Wilhelm Wohlgemuth, der sieben Jahre später die Geschicke der Stadt unter der Hakenkreuzfahne leiten sollte.

Trotz unermüdlicher Propaganda stieß die „nationale Sache" bei den Aschaffenburger Bürgern auf ziemlich taube Ohren: „. . . die 1928 erzielten Wahlresultate zeigten nicht den gewünschten Erfolg, wie ihn andere Städte von der Größenordnung Aschaffenburgs aufzuweisen hatten."[57]

---

56) Ich stütze mich hier im wesentlichen auf die Publikationen von Pollnick 1984 und Winter 1983 und 1984.

57) Pollnick 1984, S. 94; Aschaffenburg zählte zu Beginn der 30er Jahre ca. 36 000 Einwohner.

Enttäuscht und ratlos wandte sich die Ortsgruppe in einem Brief direkt an die „Kanzlei Adolf Hitler" und schilderte ihre vergeblichen Bemühungen, in der Stadt festen Fuß zu fassen: „Hochverehrter Herr Führer, ... Wir haben hier auf das Schwerste zu kämpfen, um unsere Bewegung bekannt zu machen und ihr Mitglieder, Gesinnungsfreunde oder Wähler zu werben. Nur mit Anstrengung der äußersten Kräfte, unter Überwindung der übelsten Schikanen der vereinigten schwarzen, roten und jüdischen Gegner vermochten wir uns im Wahlkampf zu schlagen. In Aschaffenburg wurden uns alle großen Säle für eine Kundgebung unseres Führers verweigert. Hatten wir einen Raum für einen anderen Redner, so wurde der Wirt derart bearbeitet und bedroht, daß er seinen Saal nicht mehr hergab ..."[58]

Alle Anstrengungen, den „Führer" zu einer Kundgebung in Aschaffenburg zu bewegen, blieben ohne Erfolg. Adolf Hitler, der das „Tor zum Spessart" nie besuchte, blieb b i s 1 9 8 1 Ehrenbürger der Stadt.[59]

Doch in der Folgezeit ging es kontinuierlich aufwärts mit der häufig durch interne Krisen geschwächten Partei. Im Sommer 1928 wurden schon 73 eingeschriebene Mitglieder verzeichnet, von denen allerdings immer wieder einige wegen Nichtentrichtung des Mitgliedsbeitrags ausgeschlossen werden mußten. Bei den Stadtratswahlen 1929 verfügte die Fraktion der Bewegung – Nationale Bürgerpartei (NBP) und NSDAP – über drei Mandate; einer der beiden nationalsozialistischen Stadträte war Ludwig Schauer, Diakon und evangelischer Religionslehrer.

Kontinuierliche Propaganda und zielstrebige, den örtlichen Verhältnissen angepaßte Werbung für die Partei verfehlten nicht ihr Ziel: Mitte 1931 zählte die Ortsgruppe Aschaffenburg 115 Mitglieder und erreichte bis zur Reichstagswahl im Sommer 1932 fast die doppelte Anzahl. 1932 kam es auch zu ersten Ausschreitungen der NSDAP in Aschaffenburg: Die Hakenkreuzfahne wurde ohne Erlaubnis der Behörden gehißt, verbotene Flugblätter verteilt, NS-Spitzel in andere Parteiversammlungen eingeschleust. „Vielfältig, legal und illegal waren die Mittel und Methoden der Aschaffenburger NSDAP in ihrem Drang, auch hier eine größtmögliche Anhängerschaft zu gewinnen."[60]

Das Stadtkommissariat ging gegen illegale Aktionen der NSDAP noch entschlossen vor. Dennoch griff der Einfluß der Braunhemden in der Stadt weiter

---

58) ebd., S. 96
59) Auf Initiative von Gerrit Walther, Mitarbeiter der Lokalzeitung ‚Aschaffenburger Volksblatt', wurde die Ehrenbürgerschaft Hitlers 1981 offiziell aufgehoben.
60) Pollnick 1984, S. 120

um sich. Bei dieser Juliwahl 1932 behaupteten sie mit 4 336 Stimmen noch vor SPD und KPD den zweiten Platz; die Hausmacht BVP[61] konnten sie allerdings nicht gefährden.

Um neue Anhänger zu gewinnen, bedienten sich die Nazis zunehmend auch unlauterer Methoden. So wurden systematisch Vereine unterwandert, wie z. B. der Bürgerverein Frohsinn, und für die NSDAP-Mitgliedschaft geworben. „Aber auch diese Methoden verhalfen der Partei bei der zweiten Reichstagswahl am 6. November 1932 zu keiner weiteren Steigerung. Zwar brauchte man in Aschaffenburg nur geringfügige Verluste hinzunehmen (im Gegensatz zum Reich, wo die Nazis zwei Millionen Stimmen und 34 Mandate einbüßten), konnte aber mit 4 253 Stimmen die BVP (8 362 Stimmen) wiederum nicht gefährden."[62]

Den Durchbruch schaffte die NSDAP in Aschaffenburg mit der Ernennung Adolf Hitlers zum Reichskanzler am 30. Januar 1933. „Als am Abend des besagten Tages die Fahnen auf dem Freihofsplatz gehißt und die Fackeln angezündet wurden, hatte man keine Genehmigung mehr eingeholt. Man brauchte sich auch nicht mehr. Es herrschten nur Jubel und Begeisterung unter den Parteigenossen und Sympathisanten. Dieser ‚sinnlose' Taumel sollte auch in unserer Stadt in einen sinnlosen Kriegstaumel ausarten, denn auch hier bejahte man zehn Jahre später Goebbels's Frage ‚Wollt Ihr den totalen Krieg?' ..."[63]

Verschiedene Begebenheiten zeigen, daß auch hier die Demokratie unter dem rechtsextremen Druck im Sterben begriffen war, obwohl in der Stadt die demokratisch gesinnten Bürger noch in der Überzahl waren. Zwei Tage nach der NS-Machtübernahme organisierten die Aschaffenburger SPD und KPD in der Innenstadt eine Demonstration, mit der sie gegen die sich abzeichnenden Repressalien und Verbote protestieren wollten. Die Veranstaltung, die in der Herstallstraße stattfinden sollte, wurde von der Polizei behindert und in Nebenstraßen abgedrängt. Es konnten lediglich Handzettel an Passanten verteilt werden.

Weitere Repressionen folgten: Als das sozialdemokratische Parteiorgan ‚Aschaffenburger Volkszeitung' sich in einem Artikel kritisch mit Richard Wagner, dem Lieblingskomponisten des „Führers" auseinandersetzte und es wagte, die „Verordnung des Reichspräsidenten zum Schutz des deutschen

---

61) Bayerische Volkspartei (BVP): 1918 gegründet als Absplitterung vom Zentrum. Sie war die Partei der bayerischen Katholiken. Nach vorübergehendem Fraktionszwang mit dem Zentrum bildete sie ab 1920 eine eigene Fraktion. Sie setzte sich vorrangig für eine christlich-katholische Kulturpolitik und für eine Umgestaltung der Weimarer Verfassung im föderalistischen Sinne ein.

62) Pollnick 1984, S. 162

63) ebd., S. 128

Abb. 2: Handzettel, verteilt bei der Demonstration in der Herstallstraße (Privatbesitz Carsten Pollnick)

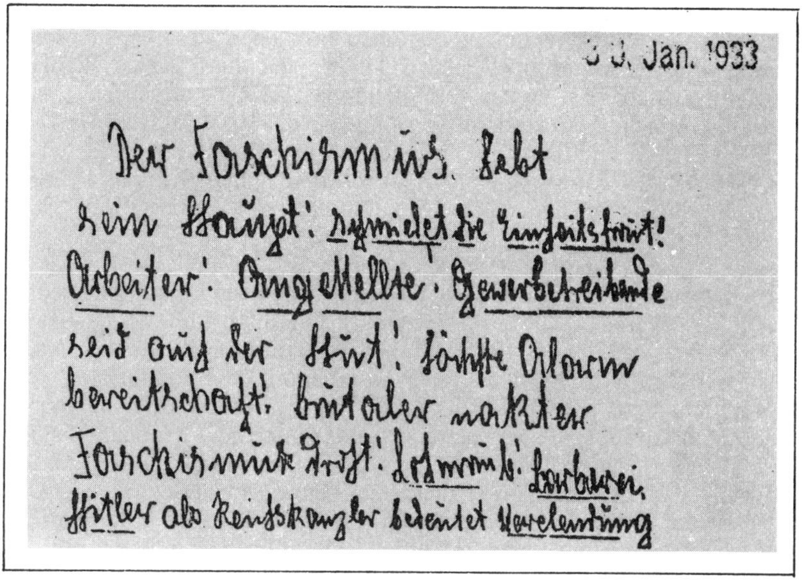
30. Jan. 1933

Der Faschismus hebt sein Haupt! Schmiedet die Einheitsfront! Arbeiter! Angestellte! Gewerbetreibende seid auf der Hut! Höchste Alarmbereitschaft! Brutaler nackter Faschismus droht! Lohnraub! Barbarei. Hitler als Reichskanzler bedeutet Verelendung

Volkes"[64] kritisch zu hinterfragen, wurde sie kurzerhand vom 17. bis 25. Februar 1933 verboten. Nur zwei Wochen später verhafteten SA-Leute bei einer Razzia in den Redaktionsräumen Mitglieder des Reichsbanners, der SPD und KPD. Am 15. März 1933 wurde die ‚Aschaffenburger Volkszeitung' schließlich verboten und aufgelöst.[65]

---

64) RGBl 1933, I, S. 83

65) Die unabhängige ‚Aschaffenburger Zeitung' verstand sich bis Juni 1933 als liberales Blatt. Danach betitelte sie sich selbst als „Kampfblatt der NSDAP für den Untermain"; Herausgeber: Dr. Otto Hellmuth, NSDAP-Gauleiter für Mainfranken.

Die zweite größere Tageszeitung, der ‚Beobachter am Main', katholisch-konservatives Sprachrohr der BVP, schlug sich nach mehreren Warnungen, nicht mehr über nationalsozialistische Parteiangelegenheiten zu berichten, „freiwillig" auf die Seite der NSDAP; der ‚Beobachter am Main' wurde 1941 aufgrund unliebsamer Kriegsberichterstattung verboten.

Von Sommer 1932 bis Sommer 1933 erschienen zusätzlich die ‚Aschaffenburger Nachrichten'. Dieses Blatt betrieb ausschließlich NS- und antisemitische Propaganda. Im Januar 1933 wurden die ‚Aschaffenburger Nachrichten' eingestellt, da ab diesem Zeitpunkt den Nazis (s. o.) die ‚Aschaffenburger Zeitung' als „Kampfblatt" zur Verfügung stand.

Bis zur letzten freien Wahl im März 1933 boten die Aschaffenburger Parteifunktionäre – u. a. Wilhelm Wohlgemuth, Andreas Jehl, Fritz Stollberg, Dr. Kurt Speyerer, Toni Sommer, Georg Faust – alles an Kräften und nationalsozialistischer Propaganda auf, um unschlüssige Bürger auf ihre Seite zu ziehen. Sie reisten im Landkreis umher, betrieben erfolgreich Massenagitation und machten zielstrebig gegen BVP und SPD Front. Dennoch war der Wahlausgang am 5. März 1933 für die Aschaffenburger Nazis enttäuschend. Immer noch überwog die demokratische Gesinnung in der Stadt. Von den 21 647 abgegebenen gültigen Stimmen – bei einer Wahlbeteiligung von 88 % – erhielt die NSDAP nur 7 518 Stimmen (34,4 %). Die BVP dominierte mit 8 485 Stimmen (38,8 %), die SPD verbuchte 3 578 Stimmen (16,4 %), die KPD 977 Stimmen (4,5 %).[66]

Über dieses Ergebnis konnten sich die Aschaffenburger Demokraten jedoch nur kurze Zeit freuen. Mit den Gesetzen zur „Gleichschaltung der Länder mit dem Reich" vom 23. 3. 1933 und 7. 4. 1933[67] mußten die Landtage nach den Ergebnissen der Reichstagswahl – unter Ausschaltung der Kommunisten – neu zusammengesetzt werden. Bereits am 6. April meldete die ‚Aschaffenburger Zeitung': „Nach dem Gleichschaltungsgesetz ist nun auch der Stadtrat aufgelöst."[68] Vier Tage später etablierten sich die Rechtsparteien NSDAP und DNVP[69] mit zusammen 10 Mandaten im neugewählten Stadtrat. Auch die BVP war mit 10 Mandaten vertreten, die SPD erhielt 4 Sitze; d. h. die demokratischen Parteien waren – bis zum Verbot der SPD am 22. Juni 1933 und der erzwungenen Selbstauflösung der BVP am 4. Juli desselben Jahres stimmlich noch in der Überzahl.

Der bisherige Oberbürgermeister Dr. Wilhelm Matt war nach 28jähriger Amtszeit offiziell aus „Gesundheitsgründen" zurückgetreten; es war aber bekannt, daß er den Nazis nicht behagte. Zum neuen Stadtoberhaupt wurde der ehemalige Steuerberater und jetzige NSDAP-Kreisleiter und SS-Untersturmbannführer (später Obersturmbannführer) Wilhelm Wohlgemuth gewählt, bei Stimmenthaltung der vier SPD-Stadträte.

Nachdem der Weg in höchste Verwaltungsstellen geschafft war, wechselte die Kreisleitung aus der zu klein gewordenen Geschäftsstelle im ehemaligen

---

66) Das schwache Wahlergebnis der Aschaffenburger KPD am 5. März 1933 (Reichstagswahl im November 1932 noch 10,1 %) ist u. a. auf den Terror der Gestapo nach dem Reichstagsbrand am Abend des 27. Februar 1933 und der damit verbundenen „Schutzhaft" vieler Aschaffenburger Kommunisten und der Einschüchterung des Sympathisantenkreises zurückzuführen; siehe hierzu auch Kapitel 4.2.

67) RGBl 1933, I, S. 153 u. 173

68) ‚Aschaffenburger Zeitung' vom 6. 4. 1933

69) DNVP: Deutschnationale Volkspartei

Abb. 3: Aschaffenburg unterm Hakenkreuz (Pollnick 1984)

Deutschland
erwache!

Aschaffenburg, Schloß

Weinhaus ‚Zum Türken' in den zweiten Stock des Hotel ‚Freihof' in der Wermbachstraße, bis sie Ende 1935 ein eigenes Gebäude, das ‚Bauriedl-Haus'[70] in der Lamprechtstraße 21, beziehen konnte.

Überall in der Stadt wehten nun die Hakenkreuzfahnen: Die Braunhemden hißten das Symbol des Dritten Reiches am Aschaffenburger Schloß, am Bezirksamt, am Justizgebäude und am Bahnhof. Oberregierungsrat Friedrich Kihn hatte noch versucht, die Flaggenhissung am Bezirksamt durch Polizeigewalt zu verhindern, jedoch ohne Erfolg. Zum 44. Geburtstag des „Führers" am 20. April wurden in pompösen Massenveranstaltungen der Freihofsplatz in Horst-Wessel-Platz umbenannt, die Frohsinnstraße in Adolf-Hitler-Straße, die Linden-Allee in Hindenburg-Allee.
Aschaffenburg war nun fest in nationalsozialistischer Hand. „Aber ein Großteil der Bevölkerung ... konnte den plötzlichen Umschwung noch nicht verdauen oder wollte es auch nicht."[71]

---

70) Andreas Bauriedl: 1879 in Aschaffenburg geboren, später Inhaber eines Hutgeschäfts in München, fiel als Fahnenträger beim Marsch auf die Feldherrenhalle am 9. November 1923; vgl. Pollnick 1984, S. 153
71) ebd., S. 143

3.2. Landkreis Aschaffenburg

Ähnlich wie in der Stadt Aschaffenburg gestaltete sich die Etablierung der NSDAP in den 33 Landkreisgemeinden[72] zunächst zäh und für die Hitleranhänger oft frustrierend. Arbeiterbewußtsein und katholisch-konservative Tradition behinderten in den kleinen und kleinsten Ortschaften zwischen Mainebene und Spessarthöhen die Ausbreitung des Nationalsozialismus.

Bis zu den Reichstagswahlen 1932 spielte die Hitler-Bewegung im Aschaffenburger Umland so gut wie keine Rolle. Bei der Juli-Wahl 1932 wurde z. B. in Unterafferbach noch keine einzige NSDAP-Stimme registriert. In fast allen Gemeinden lag der Stimmenanteil der NSDAP unter 10 %.

Auch bei der Reichstagswahl im November 1932 entschieden sich von insgesamt 21 622 Wählern erst 2 402 (11,1 %) für die NSDAP. Im Gesamtergebnis dominierte auch hier die BVP mit 44,3 % aller Stimmen; die SPD erzielte 25 %, die KPD steigerte sich (von 13,6 % bei den Juliwahlen) auf 16,5 %.[73]

Eine Polarisierung zwischen NSDAP und BVP, wie sie sich oftmals in anderen vergleichbaren Provinzregionen feststellen läßt[74], fand im Landkreis Aschaffenburg nicht statt. Auffallend ist die Stärke der sozialistischen Arbeiterparteien in einigen Spessart- und Mainorten, wo sie zusammen vielfach über die absolute Mehrheit verfügten.

Lediglich Dörrmorsbach (45,9 %) und Johannesberg (35,0 %) wiesen unter den 33 Landkreisgemeinden einen überproportional hohen NSDAP-Stimmenanteil auf.

---

72) 1933 zählten zum Landkreis Aschaffenburg folgende Gemeinden mit insgesamt etwa 45 000 Einwohnern: Dörrmorsbach, Gailbach, Glattbach, Goldbach, Großostheim, Grünmorsbach, Haibach, Hain i. Sp., Heigenbrücken, Heimbuchenthal, Hessenthal, Hösbach, Johannesberg, Keilberg, Kleinostheim, Krausenbach, Laufach, Mainaschaff, Neudorf (bei Heimbuchenthal), Oberafferbach, Oberbessenbach, Obernau, Sailauf, Schweinheim, Steinbach, Stockstadt, Straßbessenbach, Unterafferbach, Waldaschaff, Weibersbrunn, Wenighösbach, Wintersbach, Winzenhohl; vgl. Aschaffenburger Land-Adreßbuch von 1936
73) vgl. ‚Aschaffenburger Zeitung‘ vom 7. 11. 1932
74) siehe hierzu: Broszat u. a. 1977 (Band I)

Tab.: Wahlergebnisse einiger ausgewählter Landkreisgemeinden bei der Reichstagswahl im November 1932[75]

Gemeinde	SPD %	KPD %	BVP %	NSDAP %
Großostheim	7,4	36,3	38,7	14,1
Grünmorsbach	32,9	39,8	22,1	4,8
Haibach	34,3	14,9	40,2	8,7
Hösbach	34,1	22,8	32,1	7,9
Oberbessenbach	3,1	30,2	42,3	15,8
Stockstadt	32,4	21,2	30,6	12,3
Waldaschaff	28,3	33,3	30,8	5,6
Weibersbrunn	16,2	22,8	54,1	4,0

Die erstaunlichen Unterschiede in den Wahlergebnissen lassen sich aufgrund mangelnder wirtschafts- und sozialstruktureller Daten für die einzelnen Ortschaften nicht ihrer Bedeutung entsprechend interpretieren. Sicherlich spielten ortsspezifische Gegebenheiten, wie industrielle Entwicklung, beschäftigungspolitische Situation, Persönlichkeit und Autorität der Wahlkandidaten etc. eine nicht zu unterschätzende Rolle. Vermutlich hatte die NSDAP im Landkreis Aschaffenburg nur wenige in der Bevölkerung beliebte und geachtete Persönlichkeiten, die sie zur Wahl aufstellen konnte.

Als eine weitere mögliche Erklärung für das Phänomen, daß die NS-Ideologie in den einzelnen Orten auf unterschiedlich fruchtbaren Boden fiel, bietet sich die Tatsache an, daß das Aschaffenburger Umland zum Einzugsgebiet der hessischen Industriegebiete gehörte. Schon damals pendelten täglich zahlreiche Menschen zu ihren Arbeitsplätzen nach Hanau, Offenbach und Frankfurt[76], kamen dort mit einer politisch bewußten und entsprechend organisierten Arbeiterschaft in Berührung und standen somit den sozialistischen Arbeiterparteien näher als der demagogischen, pseudo-sozialistischen NS-Politik. Ganz sicher bedingte auch die Verankerung in katholisch-konservativen, dem Nationalsozialismus widerstrebenden Grundsätzen eine gewisse Distanz gegenüber politischen Neuerungen.

„Nachdem Hitler am 30. Januar 1933 im Reich die Kanzlerschaft übernommen hatte, begannen die Nationalsozialisten auch in der bayerischen Provinz noch selbstbewußter und provozierender als vorher aufzutreten."[77] Die intensive,

---

75) zusammengestellt nach ebd.
76) siehe Kapitel 2
77) Broszat u. a. 1977 (Band I), S. 48

mit allen Mitteln betriebene Mitgliederwerbung und Parteipropaganda, verbunden mit wirkungsvollen, paramilitärischen Aufmärschen und Umzügen, trug auch im Landkreis Aschaffenburg Früchte. Daß die ideologische Indoktrinierung der Aschaffenburger Landbewohner dennoch nur in begrenztem Maße gelang, kommt in den Wahlergebnissen der letzten „freien" Reichstagswahl am 5. März 1933 deutlich zum Ausdruck:

BVP	44,7 %	10 592 Stimmen
SPD	24,2 %	5 725 Stimmen
NSDAP	19,5 %	4 611 Stimmen
KPD	10,5 %	2 495 Stimmen
Sonstige	1,1 %	[78]

In keiner der 33 Landkreisgemeinden hatte sich die NSDAP mehrheitlich durchsetzen können. Es war ihr nicht gelungen, die „Pufferzone" des Arbeiterbewußtseins und politischen Katholizismus zu durchbrechen. Dieses für die Nazis extrem schwache Wahlergebnis kann in gewisser Weise schon als eine Form des Widerstands betrachtet werden, denn es war trotz der in den Wahllokalen kontrollierenden SA-Männer zustande gekommen.

Der Verlust der Kommunistischen Partei von ca. 1 000 Wählerstimmen ist auch im Landkreis im Zusammenhang mit den brutalen Terroraktionen gegen örtliche KPD-Mitglieder in den ersten Märztagen zu sehen. Die von den Nationalsozialisten beabsichtigte Verängstigung des KPD-Sympathisantenkreises wirkte sich auch hier aus. Daher kommen den außergewöhnlich hohen KPD-Stimmenanteilen in einigen Gemeinden besondere Bedeutung zu:

KPD-Stimmenanteile in einigen ausgewählten Aschaffenburger Landkreisgemeinden bei der Reichstagswahl im März 1933:

Großostheim	26,2 %	507 Stimmen
Grünmorsbach	34,6 %	100 Stimmen
Hösbach	16,3 %	296 Stimmen
Waldaschaff	30,9 %	349 Stimmen[79]

Mit einem NSDAP-Stimmenanteil von nur 19,5 % bei der Reichstagswahl am 5. März 1933 lag der Landkreis Aschaffenburg nicht nur ganz erheblich unter dem Reichsergebnis (43,9 %), sondern auch an letzter Stelle sowohl in Unterfranken (23,7 %) als auch in ganz Bayern (32,9 %)[80]

---

78) vgl. ‚Aschaffenburger Zeitung' vom 6. 3. 1933

79) vgl. ebd.

80) vgl. ‚Main-Echo' vom 29. 1. 1983 (Verfasser Ernst Pfeifer)

Abb. 4: Ergebnisse der Reichstagswahl am 5. März 1933 im Landkreis Aschaffenburg („Aschaffenburger Zeitung' vom 6. 3. 1933)

Aschaffenburger Zeitung

Das Ergebnis im Bezirk Aschaffenburg

Gemeinde	1. Nationalsozialisten	2. Sozialdemokraten	3. Kommunisten	5. Kampffront Schwarz-Weiß-Rot	6. Bayerische Volkspartei	7. Deutsche Volkspartei	8. Christlich-Sozialer Volksdienst	9. Deutsche Staatspartei	10. Bayer. Bauern- und Mittelstandsbund	Sonstige	Abgegebene Stimmen	Ungültige Stimmen
Dörrmorsbach	40	4			42	1					87	
Gailbach	62	56	33		122	2	2	1			278	
Glattbach	114	138	40	1	377	6					676	2
Goldbach	492	603	83	8	754	2		7	1		1950	18
Großostheim	537	133	507	19	723	10	4	3	1		1937	10
Grünmorsbach	27	113	100		47	2					289	3
Haibach	205	479	65		454	1	1		1		1206	5
Hain i. Sp.	74	25	3	4	193	1		1	1		302	1
Heigenbrücken	63	259	53		273	1			1		650	2
Heimbuchenthal	77	139	23	1	353	1		1			595	4
Hessenthal	40	3	22		145						210	4
Hösbach	320	633	296	8	562	9	1	4	1		1834	12
Johannesberg	60	19	4		50				1		134	1
Keilberg	88	25	7	13	340	1		1	2		477	7
Kleinostheim	131	182	59	2	877	3		2			1256	5
Krausenbach	64	74	19	4	68						229	1
Laufach	117	278	57	9	609	5	7		1		1083	5
Mainaschaff	225	499	124	7	296	2	2	2	1		1158	6
Neudorf	51	17	45	2	180	1					296	1
Oberafferbach	43	66	8	3	189	1					310	
Oberbessenbach	68	17	66		156		1	3			311	6
Obernau	46	129	93	1	522	1	1	2			795	5
Sailauf	228	143	10	7	307	2		5	1		703	7
Schweinheim	713	485	97	18	1007	5	6	3	4		2338	27
Steinbach	34	18	5		46						103	
Stockstadt	309	443	177	15	460	2		3	1		1410	31
Straßbessenbach	82	81	14		278	3		1			459	3
Unterafferbach	9	66	2		87	2					166	
Waldaschaff	117	295	349	3	359	2	2	1			1128	2
Weiberbrunn	37	135	97	2	308	1					580	1
Wenigybzbach	29	17	1		186	1				2	236	2
Winterbach	46	133	29		144	1					353	2
Winzenhohl	63	18	7	1	78						167	4
Gesamtergebnis:	4611	5725	2495	128	10592	69	27	40	19		23706	177
7. November 1932	2402	5398	3570	130	9574	113	37	58		30	21622	258

3.3. Altlandkreis Alzenau

Auch im Altlandkreis Alzenau[81] konnten die Nationalsozialisten nur sehr schwer Fuß fassen und Anhänger gewinnen. In den 43 Ortschaften[82], die hauptsächlich im Kahlgrund angesiedelt sind[83], stimmten bei der Reichstagswahl im Mai 1928 nur insgesamt 125 Personen (1%) für die NSDAP (BVP 50,7%, SPD 33,1%, KPD 4,8%)[84]. Katholisches Milieu und Arbeiterbewußtsein spielten traditionell auch im Kahlgrund eine wichtige Rolle. Die Nationalsozialisten konnten in diesem für sie wenig günstigen Klima nur schwer Einbrüche erzielen.

1930 weiteten die Aschaffenburger Nazis ihre Organisation systematisch auf das Umland aus. So entstanden neue Stützpunkte und Ortsgruppen[85] – u. a. auch in Kahl und Schöllkrippen. Zusammen mit den Alzenauer Parteifreunden versuchten sie unermüdlich, neue Anhänger und Mitglieder zu gewinnen.

Sie erzielten auch Fortschritte, denn die wirtschaftliche Depression schuf Unzufriedenheit und radikalisierte und desorientierte selbst unabhängige Bauern. So war bei der Reichstagswahl im Juli 1932 der Stimmenanteil der NSDAP im Bezirk Alzenau auf 15,9% gestiegen, ohne allerdings die Vormachtstellung der BVP (49,9%) und der Arbeiterparteien SPD (22,5%) und KPD (9,5%) in Frage zu stellen.

In der Folgezeit, als bereits überall im Reich mit legalen und illegalen Mitteln versucht wurde, der Bewegung eine möglichst große Schar von Gesinnungs-

---

81) Der Bezirk Alzenau wurde 1971 im Zuge der Gebietsreform in den Landkreis Aschaffenburg eingegliedert.

82) Zum Bezirk Alzenau gehörten 1933 folgende Gemeinden (Gesamtbevölkerung ca. 30 000): Albstadt, Alzenau, Breunsberg, Daxberg, Dettingen, Dörnsteinbach, Edelbach, Eichenberg, Feldkahl, Geiselbach, Großblankenbach, Großkahl, Großlaudenbach, Großwelzheim, Heinrichsthal, Hemsbach, Hofstädten, Hohl-Johannesberg, Hörstein, Huckelheim, Jakobsthal, Kahl a. M., Kälberau, Kleinblankenbach, Kleinkahl, Kleinlaudenbach, Königshofen, Krombach, Mensengesäß, Michelbach, Mömbris, Niedersteinbach, Oberwestern, Ombersbach, Reichenbach, Rottenberg, Rückersbach, Schimborn, Schneppenbach, Schöllkrippen, Sommerkahl, Unterwestern, Wasserlos.

83) Als Kahlgrund bezeichnet man die Ortschaften entlang der Kahl, von der Kahlquelle bei der Bamberger Mühle bis zur Mündung in den Main bei Kahl. Dieser Landstrich untergliedert sich in den oberen, mittleren und unteren Kahlgrund. Die Tallänge beträgt 31 km.

84) Zu allen Wahlergebnissen vgl. Winter 1983, S. 137

85) Zur Gründung einer Ortsgruppe waren theoretisch 50 Parteimitglieder nötig, zur Gründung eines Stützpunktes nur 15; der Unterschied zwischen beiden Gliederungen lag ausschließlich in der Größenordnung.

freunden zuzuführen, erwies sich der Kahlgrund als relativ immun gegenüber der NS-Ideologie. 95 % der Bevölkerung, die sich hauptsächlich von Landwirtschaft und Heimarbeit ernährte, waren streng religiöse Katholiken. Einen entscheidenden Einfluß auf die konfessionell homogenen Kahlgrund-Bewohner übten die Ortsgeistlichen aus, die auf harten Konfrontationskurs gegen die Dorfnazis gingen. Neben den Kirchentreuen zeigten sich auch die Wähler der Arbeiterparteien relativ resistent gegenüber der politischen Indoktrination der Nazis. Viele Arbeiter waren im Zentralverband Christlicher Tabakarbeiter gewerkschaftlich organisiert.[86]

Bezeichnend für den Kampfstil der Nationalsozialisten war, daß sie nicht nur zu Wahlzeiten intensive Propaganda betrieben. Ihre Veranstaltungen erzielten im Kahlgrund aber deshalb kaum Wirkung, weil in vielen Gemeinden nur wenige Einheimische daran teilnahmen.
Bei der Reichstagswahl im November 1932 konnte die NSDAP einen kleinen Stimmenzuwachs für sich verbuchen: Sie erhielt 17,4 % aller abgegebenen Stimmen, aber nach wie vor dominierten die etablierten Parteien. Für die BVP votierten 48 % der Bevölkerung, die SPD erreichte 21,4 % und die KPD mit 11,2 % der Stimmen sogar ihr bestes Ergebnis in dieser Region überhaupt. Die Tatsache, daß die NSDAP die Hausmacht der BVP nicht annähernd gefährden konnte, zeigt die beachtlichen Schwierigkeiten der Nazis, hier in der katholischen Bevölkerung Anklang zu finden. Daß sie dennoch Einfluß gewinnen konnten, mag nicht zuletzt auf ihre teilweise Rücksichtnahme auf die religiösen Gefühle der Bevölkerung zurückzuführen sein.

Bis zur Machtübernahme am 30. Januar 1933 hatte die Ablehnung der Nationalsozialisten bei weitem die Sympathie für sie übertroffen. Symptomatisch dafür ist der Ablauf der „Machtergreifungsfeier" in Schimborn am Abend des 30. Januar. Dort hatten, nach Bekanntgabe der Kanzlerschaft Hitlers, vier Personen (zwei davon von auswärts stammend) im 1. Stock des Schulhauses die Hakenkreuzfahne gehißt und ein dreifaches „Sieg Heil" auf den „Führer" ausgerufen. Ansonsten war niemand aus der Bevölkerung zugegen und in der gleichen Nacht wurde die Fahne auch wieder entfernt.[87]

In Schöllkrippen zogen einige SS-Männer die Hakenkreuzfahne am Postgebäude auf. Tags drauf verlangte der SS-Mann K. V. die Beflaggung der dortigen Gendarmerie-Station. Aber „mangels Fahnen konnte dem Ersuchen nicht stattgegeben werden".[88]

---

86) siehe Kapitel 2
87) Winter 1983, S. 135
88) Polizeibericht der Gendarmerie-Station Schöllkrippen, Nr. 506 vom 13. 3. 1933; LRA Alz. Nr. 339

Bis zur März-Wahl entfalteten sich auch im Kahlgrund lebhafte Wahlaktivitäten. Überall fanden Veranstaltungen und Kundgebungen statt. In vielen Gemeinden – besonders in den Zentren der Zigarrenfabrikation – sprach der SPD-Landtagsabgeordnete Georg Dewald aus Aschaffenburg.[89] Diese Veranstaltungen wurden durchweg sehr gut besucht. Die BVP mobilisierte in letzter Minute ihre Anhängerschaft und versuchte, eine Abwehrfront gegen den Nationalsozialismus zu bilden. Sie aktivierte ihre potentiellen Wähler mit dem Wahlslogan: „Sie haben uns am 30. Januar ausgeschaltet. Wir schalten uns am 5. März 1933 wieder ein!"[90]

Auffallend gering war die Versammlungstätigkeit der KPD. Bis Ende Februar wurden nur zwei Wahlkundgebungen für den Amtsbezirk registriert.[91] Es ist zu vermuten, daß die Verhaftungswelle nach dem Reichstagsbrand auch im Kahlgrund die Arbeit der Kommunisten stark behinderte. Sie versuchten über Erwerbslosen-Ausschüsse die zahlreichen Arbeitslosen[92] zu aktivieren. Erwerbslosen-Ausschüsse existierten in Mömbris, Mensengesäß und Schimborn. Mit Veröffentlichungen in der Zeitung ‚Der Arbeitslose' prangerten sie lokale soziale Ungerechtigkeiten an und forderten auf: „Erwerbslose und Hungernde, schließt die Einheitsfront!"[93]

Die Wahlaktivitäten der Nazis nahmen in den letzten Tagen vor der Reichstagswahl provozierenden Charakter an. Unterstützt von SA und SS, veranstalteten sie eindrucksvolle Umzüge und versuchten so, das skeptische Landvolk zu mobilisieren.
Hierbei kam es in einigen Ortschaften zu handgreiflichen Auseinandersetzungen zwischen den politischen Gegnern. Als der SA-Sturm Alzenau/Kahl einen Marsch durch den Kahlgrund durchführte, wurde er in Schimborn – einer Hochburg der SPD – mit „Steinen, Dreck und Lattenstücken beworfen."[94] Die Täter, den Schimbornern wohlbekannt, konnten von der Gendarmerie dennoch nicht ermittelt werden. Auch in Hofstädten kam es zu Schlägereien, als ein Auto-Korso der SPD von NSDAP-Anhänger behindert wurde.

---

89) siehe auch Kapitel 4.1.3.
90) vgl. Winter 1983, S. 133
91) Halbmonatsbericht des Bezirksamts Alzenau vom 28. 2. 1933; LRA Alz. Nr. 339
92) siehe auch Kapitel 2.
93) Polizeibericht der Gendarmerie-Station Mömbris Nr. 176 vom 29. 1. 1933; LRA Alz. Nr. 339
94) Winter 1983, S. 135

Menſengeſäß im Stahlgrund

Unglaubliche Zuſtände in dieſem zu unſerem Bezirk gehörigen
Stück Bayern. Es werden Unterſtützungen von 4,20 Mark die Woche
ausgezahlt, in Fällen, wo der Richtſatz im Monat 30 Mark beträgt.
Die Erwerbsloſen beſchimpft man als Faulenzer, da ſie nicht in der
Lage ſind, dem Arbeitgeber, wie die Söhne und Töchter der wohl-
habenden Gemeinderäte, Butter und ſonſtige Dinge mitzubringen.
Mit dieſen Zuſtänden haben die Erwerbsloſen angefangen, Schluß zu
machen. In einer aufklärenden Erwerbsloſenverſammlung wurde ein
Erwerbsloſen-Ausſchuß gewählt, der ſofort ſeine Tätigkeit aufnahm.
Durch konſequentes Vorgehen wurde erreicht, daß allgemein eine
Unterſtützungserhöhung eintrat und das Holzhauen zu untertarif-
licher Bezahlung zurückgeſtellt wurde. Die Invalidenmarken werden
geklebt und das Winterholz kommt zur Verteilung. Die Einheitsfront
unter Führung des E.-A. wird hergeſtellt. Der Kampf um ein men-
ſchenwürdiges Leben geht weiter bis zum endgültigen Sieg.

Doppelverdiener in Schimborn

Der Bürgermeiſter, der auch noch Bahnmeiſter iſt, glaubt, weil
er immer noch ſeine Schöppchen trinken kann, allein Anſprüche ans
Leben ſtellen zu können und die armen hungrigen Einwohner mit
verhöhnenden Worten ihrem Schickſal zu überlaſſen. Unſer Genoſſe
Graab vom E.-Ausſchuß ſollte, weil er ſich rückſichtslos für die Inter-
eſſen der Unterdrückten einſetzt, von der Kartoffelverteilung aus der
Winterhilfe ausgeſchloſſen ſein. Da ihn unſer Genoſſe nicht im Un-
klaren ließ, daß er ſich dann Kartoffeln aus ſeinem Keller holen
würde, gab der Bürgermeiſter dem ſchönen Polizeidiener Anweiſung,
mit in den Schulteller zu gehen und einen Sack voll zu machen. Bei
dieſer Gelegenheit ſagte Gen. Glaab, dieſer Sack iſt einer armen
Frau und die brauche auch Kartoffeln. Der Polizeidiener, ein chriſt-
licher Mann, ſagte, die könnte Kartoffeln haben, wenn ſie ihre gehackt
hätte, obwohl nachweisbar feſtſteht, daß dies zweimal geſchehen iſt.
Dieſe Frau erhält 12.50 Mark Invalidenrente, wovon eine 10köpfige
Familie ernährt werden muß. Trotzdem behauptet der Bürgermeiſter,
die Frau könnte keinen Haushalt führen, ſonſt müßte ſie mit ſoviel
Geld zum kommen. Der Herr Bürgermeiſter ſoll es vormachen.

Erwerbsloſe und Hungernde, ſchließt die Einheitsfront. Stellt
euch geſchloſſen hinter euren Erwerbsloſen-Ausſchuß. Der Kampf
gegen Hunger und Froſt wird verſchärft weitergeführt.

Bei der achten Reichstagswahl am 5. März 1933, an der sich die oppositionellen Parteien nicht mehr uneingeschränkt beteiligen konnten, erreichte die Wahlbeteiligung im Bezirk Alzenau 85,6 %. Die Stimmen verteilten sich wie folgt:

BVP	46,7 %	8 049 Stimmen
SPD	25,2 %	4 348 Stimmen
NSDAP	20,0 %	3 452 Stimmen
KPD	7,2 %	1 231 Stimmen
Sonstige	0,9 %	95)

Auch hier ist der schwache Wahlerfolg der NSDAP im Vergleich zum Reichsergebnis bemerkenswert.

Der totale Machtanspruch des NS-Regimes wußte sich dennoch durchzusetzen: Am 9. März wurde Bayern als letztes Land „gleichgeschaltet". Im Frühsommer mußten nicht nur die Stadt-, sondern auch die Gemeineadministrationen umgebildet werden. Die Behörden wurden zum Gesinnungswechsel genötigt oder mit linientreuen Parteimitgliedern neu besetzt, wobei es zu anmaßenden Übergriffen kam.

„So setzen Hörsteiner SA-Leute Mitte März 1933 zum Entsetzen der Bevölkerung ‚in Verkennung ihrer Vollmachten' ... kurzerhand Bürgermeister und Gemeinderat ab. Ein Vertreter des Alzenauer Bezirksamtes stellt im Benehmen mit dem Gemeinderat den alten Zustand wieder her."[96]

Obwohl die Nationalsozialisten bei der Wahl in der Minderheit geblieben waren, besetzten sie bald fast alle Verwaltungsposten; wobei die NSDAP auf dem Lande Schwierigkeiten hatte, geeignete Amtsträger unter ihren Mitgliedern zu finden.

Mit brutaler Energie betrieben die neuen Machthaber in der Folgezeit die „Gleichschaltung" aller gesellschaftlichen Einrichtungen und Organisationen, um eine lückenlose Kontrolle aller gesellschaftlichen Gruppen und deren Durchdringung mit nationalsozialistischen Grundsätzen zu sichern. Es setzten massive Aktivitäten ein, um den NS-Nebenorganisationen Mitglieder zuzuführen. Den Dorflehrern wurde der Eintritt in den NS-Lehrerbund nahegelegt, die alten Bauernverbände zwangsweise in den Reichsnährstand[97] überführt, dessen Gliederungen regimetreue Ortsbauernführer vorstanden. Die nationalsozialistische Bewegung dehnte ihre terroristische „Eroberung der Volksmassen" auf nahezu alle Lebensbereiche aus und gewann zunehmend an festem Boden.

---

95) vgl. ‚Aschaffenburger Zeitung' vom 6. 3. 1933

96) Winter 1984, S. 176

97) Der Reichsnährstand trat an die Stelle der Landwirtschaftskammern. Die Landes- und Kreisbauernschaften wurden zur Ordnung und Kontrolle der landwirtschaftlichen Erzeugung eingesetzt.

Viele Bürger schlossen vor dem faschistischen Willkürstaat aus Angst vor Repressalien die Augen. Aber nicht alle stimmten in das neue Glaubensbekenntnis „Ein Volk, ein Reich, ein Führer" ein, sondern bewahrten ihr Mißtrauen gegenüber dem totalitären Herrschaftsanspruch des neuen Deutschen Reiches. „Die ‚Provinz' erwies sich . . . als besonders resistentes Potential, schwer erfaßbar und indoktrinierbar, die geforderte aktive Teilnahme vielfach verweigernd, dem neuen politischen Regime alte Traditionen entgegensetzend, passive Resistenz leistend weniger aus bewußter politischer Gegnerschaft als aus traditioneller Beharrungskraft."[98]

Ein Beispiel dafür, daß es den neuen Machthabern trotz intensiver Propaganda und von Gestapo und SA ausgeübten Terroraktionen nicht gelungen war, das gesamte Volk im nationalsozialistischen Sinne „gleichzuschalten", zeigen die Ergebnisse der Volksabstimmung und Reichstagswahl am 12. November 1933 im Aschaffenburger Raum.

Im Herbst löste Hitler den Reichstag auf und setzte für den 12. November 1933 Neuwahlen an. Für den gleichen Termin kündigte er eine „Volksabstimmung" an, um sich den Austritt Deutschlands aus dem Völkerbund[99] am 14. Oktober 1933 nachträglich bestätigen zu lassen. Überall in Aschaffenburg und Umgebung bereiteten Wahlveranstaltungen und Propagandazüge diese pseudodemokratischen Abstimmungen vor, um die Bevölkerung für ein „Ja" zu mobilisieren. Hitlers Versprechen, „Frieden und Gleichberechtigung bis in das letzte Spessartdorf zu tragen"[100], wurde mittels Lautsprecherwagen rund um die Uhr verkündet.

Aber es setzte auch eine massive, verdeckte Gegenaufklärung regimefeindlicher Aschaffenburger ein. Sie forderten auf, die Wahlen zu boykottieren, entweder einen leeren Stimmzettel abzugeben oder der Wahl überhaupt fernzubleiben. Drei Tage vor dem Wahlsonntag sah sich das nationalsozialistische Organ ‚Aschaffenburger Zeitung' genötigt, diese NS-Gegner öffentlich zu dif-

---

98) Broszat u. a. 1977 (Band I), S. 17

99) Völkerbund: Von 1920-1946 bestehende Staatenvereinigung mit Sitz in Genf. Sein Hauptanliegen war die Erhaltung des Friedens und des Gebietsstandes der Mitgliedsstaaten. Am 14. 10. 1933 verkündete Hitler für die internationale Öffentlichkeit völlig überraschend den Austritt Deutschlands aus dem Völkerbund. Die Abkehr von der Politik des Ausgleichs im Rahmen des Völkerbundes führte das Reich zwar international in die I. olierung, die die Hitlerregierung in der Folgezeit durch bilaterale Abmachungen zu durchbrechen suchte, sie brachte aber gleichzeitig den Spielraum für die ungehinderte Aufrüstung und Vorbereitung des Krieges; Lexikon der deutschen Geschichte, Stuttgart 1977

100) vgl. Pollnick, Carsten, Aschaffenburg unter dem Terror der braunen Flut. Verschiedene Folgen im ‚Aschaffenburger Volksblatt' 1983-1984, hier Nr. XI vom 3. 12. 1983

famieren. Unter dem Titel „Verräter am Werk" schrieb sie: „... Die Verbreiter
... sind dieselben, die seit Jahren gegen die Interessen des deutschen Volkes
verstoßen. Es sind die alles verneinenden, minderwertigen Elemente, denen
der Begriff von Ehre, Treue und Volkstum noch niemals als Grundlage des
menschlichen Daseins überhaupt galten."[101]

Sowohl Reichstagswahl als auch Volksabstimmung erwiesen sich als Farce,
denn die Wahlfreiheit war durch eine Einheitsliste der NSDAP und durch Ab-
stimmungsvorlagen weitestgehend eingeschränkt. In einer suggestiven Hinwendung an die Wähler gab Hitler der „Volksentscheidung" über die NS-
Außenpolitik einen scheindemokratischen Anstrich: „Billigst Du, deutscher
Mann, und Du, deutsche Frau, diese Politik Deiner Reichsregierung und bist
Du bereit, sie als den Ausdruck Deiner eigenen Auffassung und Deines eigenen Willens zu erklären und Dich feierlich zu ihr zu bekennen? Ja – Nein"[102]

Adolf Hitler erhielt an diesem 12. November 1933 die Mehrheit für den neuen
gleichgeschalteten Reichstag. Dennoch gab es auch am bayerischen Untermain politische Gegner, die im November 1933 bewußt gegen den Nationalsozialismus Stellung bezogen: Von 23 356 in der Stadt Aschaffenburg abgegebenen Stimmen zur Reichstagswahl waren 1 526 ungültig. In der Volksabstimmung verweigerten 490 Personen ihre Zustimmung zur NS-Außenpolitik; zusätzlich machten 332 Wähler ihren Stimmzettel ungültig. Diese 332 „ungültigen" Stimmen können ebenfalls als bewußte, wenn auch zaghafte Ablehnung
der NS-Regierung gewertet werden, denn mit der Alternative Ja – Nein gab es
kaum eine Möglichkeit, sich auf dem Abstimmungszettel zu verirren.

In einem beispiellosen Hetzartikel speit die ‚Aschaffenburger Zeitung' am
nächsten Tag Gift und Galle gegen die 490 Verweigerer:
„... Quälend ist der Gedanke, daß wir in Aschaffenburg etwa 500 Vaterlandsverräter haben... Wir werden diese 500 Volksverräter in Aschaffenburg zu finden wissen. Es sind gottseidank bei einer Bevölkerungszahl von 36 000 Einwohnern nicht so viele, als daß wir diese Gesinnungslumpen nicht in ihren
Schlupfwinkeln aufstöbern und an den Pranger stellen können. Wenn es heute
nicht ist, so ist es doch morgen! Wer sich bei dieser Volksabstimmung um
Deutschlands Ehre in so schnöder Weise außerhalb der Volksgemeinschaft gestellt hat und den Dolchstoß gegen seine Volksgenossen zu führen versucht,
der wird auch für alle Zukunft bleiben was er ist: ein vaterlandsloser Geselle,

---

101) ‚Aschaffenburger Zeitung' vom 9. 11. 1933
102) Pollnick, in: ‚Aschaffenburger Volksblatt' vom 3. 12. 1983

ein erbärmlicher Verräter, der sich über kurz oder lang selbst verraten wird. Wir werden dafür sorgen, daß diese 500 Landesfeinde in Aschaffenburg zu Paaren getrieben werden. Wir werden nicht dulden, daß sie auf die Dauer die Gemeinschaft anständiger deutscher Menschen in unserer Stadt teilen können. Diese Handvoll Lumpen werden wir noch zu stellen wissen..."[103]

Das Bezirksamt Alzenau registrierte einen noch höheren Prozentsatz an ungültigen Simmen: Von 19 809 Personen wählten hier 2 016 (10,2 %) ungültig. Allein in Kahl am Main kamen auf 1 870 Wähler 381 Nein-Stimmen (20,4 %).[104]

Im Bezirk Alzenau waren an jenem Wahlsonntag – um Druck auf und Kontrolle über die Wahlpflichtigen auszuüben – Erinnerungsplaketten mit dem Konterfei Adolf Hitlers verteilt worden. Hinterhältige Methoden wurden von den in den Wahllokalen kontrollierenden SA-Männern angewandt. Frau Englert, geb. Zeller[105] aus Alzenau-Kälberau berichtet: „Von dieser Wahl ist mir noch in Erinnerung geblieben, daß der Wahlzettel, den man meinem Vater aushändigte, gekennzeichnet war; denn am Wahlschluß konnte man in Alzenau hören, wie Adolph Zeller gewählt hatte."[106]

Wie sehr die Überwachung und Registrierung von Nichtwählern die Bevölkerung psychisch terrorisieren konnte, zeigt eine tragische Begebenheit in Goldbach. Hier waren an jenem besagten 12. November die schwangere Lina Windischmann und ihr Mann Emil aus politischen Gründen nicht zur Wahlurne gegangen. Noch am gleichen Abend zog die SA mit einem Transparent vor das Windischmann'sche Anwesen und durch das Dorf: „Lina Windischmann ist eine Volksverräterin". Die hochschwangere Frau regte sich über diese öffentliche Bloßstellung entsetzlich auf. Am 28. Januar 1934 gebar sie ein Mädchen, auf das sich möglicherweise die Schocksymptome der Mutter übertragen hatten: Die kleine Martha war körperlich und geistig behindert.[107]

---

103) ‚Aschaffenburger Zeitung' vom 13. 11. 1933
104) vgl. Lux, Gerd-Peter, Einige Aspekte zum Beginn des Dritten Reiches in Kahl am Main; in: Unser Kahlgrund, Heimatjahrbuch 1983, von der Arbeitsgemeinschaft für Heimatforschung und Heimatpflege e. V. – Sitz Alzenau, 1983, S. 158
105) Frau Englert ist die Tochter des ehemaligen Alzenauer Ziegeleibesitzers und BVP-Vorsitzenden Adolph Zeller; siehe Kapitel 4.3.1.
106) Lux 1983, S. 162
107) erzählt von Elsa Windischmann, der Schwester der behinderten Martha

4. Beispiele von Verfolgung und Widerstand

4.1. Verfolgung und Widerstand der Sozialdemokratischen Partei Deutschlands (SPD)

In den Führungsgremien der bayerischen SPD vertrat man die Auffassung, „die SPD sei ‚mit Bismarck und Wilhelm' fertiggeworden, sie werde auch mit Adolf Hitler fertig".[108] Diese Verharmlosung und Fehleinschätzung der faschistischen Gefahr erklärt u. a. die abwartende Haltung der bayerischen SPD auch nach dem 30. Januar 1933. Trotz der Kampfbereitschaft weiter Kreise der Arbeiterklasse konnte sich die Parteiführung nicht entschließen, der oppositionell eingestellten und nach Aktionen drängenden Basis ein Zeichen zur Aktionseinheit mit der KPD zu geben oder zum Generalstreik aufzurufen. Nach der Auflösung des Reichstags am 1. Februar setzte sie auf die Neuwahlen am 5. März, und es gelang ihr, militante Abwehrbereitschaft und Aktivismus ihrer Anhänger zu entschärfen und diese Kräfte auf den Wahlkampf umzulenken.

In Aschaffenburg organisierte sich einen Tag nach der NS-Machtübernahme in der Herstallstraße spontan eine Demonstration von SPD- und KPD-Organisierten und -Sympathisanten. Die Kommunisten forderten mit Handzetteln die sozialdemokratischen Arbeiter auf, in einer Einheitsfront gemeinsam gegen den Faschismus zu kämpfen. Demonstration wie Anliegen blieben ohne Erfolg.[109]

Auch die Spaltung der Gewerkschaftsbewegung in mehrere Richtungsgewerkschaften[110] erwies sich als fundamentales Hindernis für die Aktionsfähigkeit der Arbeiterschaft. Trotz vieler Bemühungen war es nicht zur Bildung einer Einheitsgewerkschaft gekommen. So gab es auch in Aschaffenburg z.B.

---

108) Broszat/Mehringer 1983 (Band V), S. 339

109) siehe dazu näher Kapitel 3.1.

110) So gab es u. a. den der SPD nahestehenden Allgemeinen Deutschen Gewerkschaftsbund (ADGB), die Christlichen Gewerkschaften, die Hirsch-Duncker'schen Werkvereine und die kommunistisch ausgerichtete Revolutionäre Gewerkschaftsopposition (RGO)

„freie", „sozialistische" und „christliche" Maurer, Fabrikarbeiter, Schneider etc.

Abb. 6: Aufforderung der KPD zur Bildung einer Einheitsfront (Privatbesitz Carsten Pollnick)

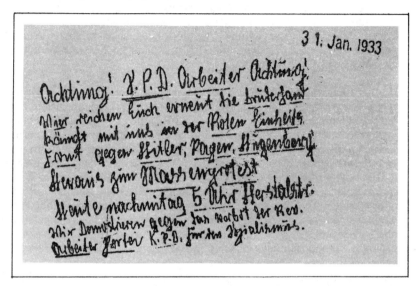

Die mangelnde Aktionsbereitschaft vieler Arbeiter hing wohl nicht zuletzt mit der veränderten Beschäftigungssituation zusammen. Die systematische Kriegsvorbereitung durch Aufrüstung und Uniformierung des ganzen Volkes brachte für die Aschaffenburger Metall- und Bekleidungsindustrie[111] Mitte der 30er Jahre einen enormen Aufschwung. Viele Menschen erhielten dadurch – oftmals nach jahrelanger Arbeitslosigkeit – einen Arbeitsplatz und ein festes Einkommen.
Die meisten SPD-Mitglieder verhielten sich abwartend und passiv gegenüber den neuen Machthabern. Man rechnete mit einem baldigen Ende des „Nazi-Spuks". Nach den ersten Erfahrungen mit der faschistischen Gewaltherrschaft waren in Aschaffenburg und Umgebung die meisten Sozialdemokraten zu sehr verunsichert, um sich in illegaler Widerstandsarbeit zu engagieren. Illegale Widerstandsgruppen, wie sie sich z. B. in Frankfurt schon im Frühsommer 1933 bildeten[112], kamen hier offenbar nicht zustande. Auch ist bislang nichts

---

111) siehe Kapitel 2.1.
112) siehe hierzu allgemein: Mausbach-Bomberger, Barbara, Arbeiterwiderstand in Frankfurt am Main, Frankfurt/M. 1976, S. 64 ff.

über den Aufbau von Betriebsgruppen im Untergrund bekannt. Ebensowenig wurden – nach den bisherigen Recherchen – illegale Kontakte zu SPD-Gruppen in anderen Städten geknüpft.

Viele der ehemaligen aktiven Aschaffenburger Sozialdemokraten trafen sich unauffällig in kleinen Grüppchen zu Spaziergängen oder auch reihum in den Wohnungen, um politische Ereignisse zu diskutieren und einander den Rükken zu stärken. Man zeigte seine Nonkonformität auch nach außen, allerdings nur dort, wo dies nicht als unmittelbare Konsequenz faschistische Verfolgung nach sich zog.

In einer Analyse der bayerischen Sozialdemokratie kommt Hartmut Mehringer zu dem Schluß, daß 87 % der Mitglieder „trotz ihrer eindeutig bestimmbaren sozialdemokratischen Herkunft das NS-Regime ohne juristisch erfaßbare Beeinträchtigung, die auf frühere politisch-vereinsmäßige Bindungen zurückgeführt werden müßte", (überstehen konnten). "Zumindest in Unterfranken konnte, wer sich als Sozialdemokrat in der Weimarer Zeit nicht als NS-Gegner in besonderem Maße exponiert hatte und nicht allzu offenkundig in Widerspruch zu dem Bedürfnis des Regimes nach ständiger plebiszitärer Anerkennung geriet, auf lokaler Ebene, selbst wenn er sozialdemokratischer Funktionsträger gewesen war, das Dritte Reich im allgemeinen relativ ungefährdet überstehen und sich vielfach wohl im engeren Umkreis sogar einen gewissen Freiraum für oppositionelle Gesinnung und individuelle politische Verweigerung bewahren ...
Grad und Intensität der Verfolgung von Kommunisten in Unterfranken ... (war) ungleich stärker und ... umfassender als bei der SPD ... Manche Gründe, die die Verfolgung hier moderater ausfallen ließen als bei den Kommunisten ... wirkten aber zugleich auch mäßigend und gleichsam disziplinierend auf die oppositionelle Energie der Sozialdemokraten zurück." [113]

Dennoch blieb eine große Zahl (früherer) SPD-Anhänger für die NSDAP nicht verführbar. "Jahrzehntelange Tradition sozialdemokratischer Arbeiterbewegung hatte hier eine Immunisierung geschaffen, die auch durch die sensationellen Erfolge des Dritten Reiches nicht abzubauen war." [114]

---

113) Broszat/Mehringer 1983 (Band V), S. 349 f.
114) ebd., S. 538

4.1.1. „Der Nationalsozialismus hat die Arbeiterschaft noch nicht in vollem Umfang erfaßt" — Die Zerschlagung der Gewerkschaftsbewegung

Schon vor der Besetzung der Gewerkschaftshäuser am 2. Mai zeichnete es sich ab, daß die Nationalsozialisten entschlossen waren, keine freie Gewerkschaftsbewegung zu dulden. Walter Schuhmann, Leiter der NSBO [115] hatte am 14. März 1933 ein Arbeitspapier an die NS-Führung eingereicht, in welchem er die zukünftige Rolle der Gewerkschaften spezifizierte: "Die Wahl am 5. März 1933 hat gezeigt, daß der Nationalsozialismus die Arbeiterschaft nicht in vollem Umfang erfaßt hat. [116] Dies ist wohl in erster Linie darauf zurückzuführen, daß die Gewerkschaften, jedenfalls soweit sie unter marxistischem oder Zentrumseinfluß stehen, den Nationalsozialismus bekämpfen ... Es ist eine Lebensfrage für den Nationalsozialismus, die gewerkschaftlich organisierten Massen der Arbeitnehmer zu gewinnen. Dies ist durch eine gewerkschaftsfreundliche Politik allein nicht möglich, da die Gewerkschaftsführer den Nationalsozialismus ablehnen ... Wenn die Gewerkschaften öffentliche Verwaltung ausüben, so ist es recht und billig, daß der Staat ein Aufsichtsrecht über sie in Anspruch nimmt. Dies muß sich auch auf ihre gesamte Verwaltungstätigkeit – einschließlich Einrichtungen, Anstalten, Presse – erstrecken ..."[117]

Am 20. März 1933 führte die Aschaffenburger SA im Gewerkschaftshaus in der Fischergasse 24 eine Razzia durch und beschlagnahmte aus einem ungenutzten Stallgebäude 8 Gewehre, 2 Seitengewehre, 2 Handgranaten, rund 300 Schuß französische Infanteriemunition sowie verschiedene Transparente und Druckschriften. [118] Zum Zeitpunkt der Durchsuchung befanden sich aufgrund einer Besprechung neun Gewerkschaftssekretäre im Haus. Die SA nahm sie fest und lieferte sie vorübergehend in das Landgerichtsgefängnis

---

115) NSBO: Nationalsozialistische Betriebszellen-Organisation; mit der NSBO als Stoßtrupp suchten die Nazis während der "Kampfzeit" von 1920-1933 in den Betrieben und an den Arbeitsplätzen die NSDAP zu etablieren. 1934 wurde die NSBO durch die Deutsche Arbeitsfront (DAF) ersetzt.
116) Nur 5% der rund 25 Millionen deutschen Arbeitnehmer waren zu diesem Zeitpunkt Mitglieder der NSDAP; vgl. Kammer, Hilde, Bartsch, Elisabet, Jugendlexikon Nationalsozialismus, Reinbek bei Hamburg 1982
117) zitiert nach Lauber/Rothstein, Der 1. Mai unter dem Hakenkreuz, Gerlingen 1983, S. 101 ff.
118) Manche Gewerkschafter und SPD-Funktionäre hatten bis zur NS-Machtübernahme überall im Land Waffenvorräte angelegt, um bei einem Signal seitens der SPD-Führung zum Generalstreik und Widerstand auch militärisch ausgerüstet zu sein.

ein [119], da Verdacht bestand, daß sie Kenntnis von dem Waffenversteck hatten.

Trotz dieses Warnschusses erlagen auch in Aschaffenburg viele Gewerkschafter der Selbsttäuschung, daß auch in einer Diktatur noch Raum sei für Gewerkschaftsarbeit. Hugo Karpf, 1933 Gewerkschaftssekretär beim "Verband Christlicher Arbeitnehmer des Bekleidungsgewerbes" erinnert sich: "Ende April hatten wir Gewerkschafter uns noch im Gasthaus 'Zum Schwanen' getroffen, um zu diskutieren, ob wir an der 1. Maifeier teilnehmen sollten oder nicht. Aber da die Gewerkschaftsführungen Anweisung erteilt hatten, am 1. Mai mitzumarschieren, gab es für uns keine andere Entscheidung. Man glaubte allgemein, die Gewerkschaften blieben, wenn auch vielleicht in modifizierter Form, bestehen. Da wir nur wenige Tage später aufgelöst wurden, sollte man meinen, daß wir zu diesem Zeitpunkt nicht mehr so blauäugig hätten sein dürfen."[120]

Mit der Erklärung des 1. Mai zum gesetzlichen und vor allem bezahlten nationalen Feiertag [121] wollte Hitler die Arbeiter für sich und seine Partei gewinnen. Seit dem Leipziger Gewerkschaftskongreß 1923 hatte die Arbeiterschaft Jahr für Jahr am 1. Mai für die Bezahlung dieses Arbeiterfeiertages demonstriert; dies war ihr jetzt scheinbar großzügig von der NS-Regierung zugebilligt worden. Mit großem propagandistischem Aufwand gestalteten die Nationalsozialisten den "Feiertag der nationalen Arbeit" überall im Land, selbst in den kleinsten Ortschaften. Mit bombastischen Maifeiern sollte vor allem von den Vorbereitungen zur Zerschlagung der Gewerkschaften abgelenkt werden.

Auch in Aschaffenburg und Umgebung war der Programmablauf perfekt durchorganisiert. In der Stadt spielte sich die Veranstaltung wie folgt ab: "Vormittag: Feiern in den einzelnen Betrieben – Festgottesdienst in der evangelischen Kirche – Sammeln der Vereine und Verbände (Turn- und Sportvereine, Sängerbund, Kriegerbund, Innungen, Wehrsportverbände, Beamtenorganisationen und nicht organisierte Beamte) auf der Großmutterwiese – Kund-

---

119) Sebastian Rollmann, Schneider (geb. 1887), Paul Lill, Angestellter (geb. 1909), Leonhard Schäfer, Gewerkschaftssekretär (geb. 1903), Albert Krimm (geb. 1898), Karl Opel (geb. 1885), Adam Mantel (geb. 1898), Otto Dietz (geb. 1890), Johann Brummer (geb. 1885), Eugen Ostheimer (geb. 1889); vgl. Meldung an das Polizeiamt Aschaffenburg, o. D., LRA Aschaffenburg Nr. 2310, StAWü (im weiteren: ‚LRA Asch. Nr. 2310')
120) Interview mit Hugo Karpf am 9. 4. 1984
Hugo Karpf erlitt noch am gleichen Abend einen schweren Motorradunfall und lag am 1. Mai und in den folgenden Wochen mit einem Oberschenkelbruch im Krankenhaus.
121) RGBl. 1933, I, S. 191
Seit 1891 war der 1. Mai internationaler, allerdings unbezahlter Feiertag der Arbeiter aller Nationen, an dem sie die Gemeinsamkeit ihrer Forderungen und ihre Solidarität bekundeten. Alljährlich sollte an den Kampf der amerikanischen Arbeiter für den Achtstundentag und die am 1. Mai 1886 ermordeten Demonstranten erinnert werden.

gebungen daselbst – Standkonzert der Stahlhelmkapelle im Schöntal. Nach-
mittag: Fußballspiel (Viktoria Aschaffenburg – München 1860), Treffen und
Aufstellung der einzelnen Gruppen auf sechs vorgesehenen Sammelplätzen –
Abmarsch zum kleinen Exerzierplatz – zweistündiger Festzug von dort zur
Großmutterwiese – hier abendliche Großkundgebung mit der Übertragung
der Führerrede – Abzug aller mit Fackelbeleuchtung."[122]
Dieses Programm war für alle Teilnehmer endgültig und allgemein verbind-
lich.

Abb. 7: Kundgebung am 1. Mai 1933 auf der Großmutterwiese
(Foto: H. Eymann)

---

122) Pollnick 1984, S. 161

Abb. 8: Kundgebung am 1. Mai 1933 am Bahnhof in Schöllkrippen (Unser Kahlgrund, Heimatjahrbuch 1984)

Die parteifanatischen 'Aschaffenburger Nachrichten' veröffentlichten am nächsten Tag eine antisemitische, mit sozialdarwinistischen Inhalten gespickte Lobeshymne auf diesen 1. Mai:
"… Unabsehbar dehnte sich auf der Großmutterwiese die Masse. Wo früher jüdisches Gesindel schmutzig geiferte und die Aschaffenburger Revolution ausrief, wo Vaterlandsverräter gefeiert wurden und eine verhetzte Arbeiterschaft politische Gaukler wie die Juden Dewald und Stühler als anbetungswürdige Heroen feierte, wo nach Natur und Recht der Platz dieser beiden Burschen das Zuchthaus gewesen wäre, standen in mustergültiger Disziplin rund 15 000 deutsche Menschen. Ein farbenfreudiges Bild bot sich dem Auge, eine Formation neben der anderen, das Bunt der Uniformen vermischt mit dem Berufskleid der Eisenbahn und der Post, die Fahnen der Schulkinder mit ihrem begeisterten Jubel, alles das ließ uns die Herzen schneller schlagen, um so mehr gerade uns, die wir im jahrelangen Kampf dem Schicksal den heutigen Tag abringen mußten."[123]

---

123) zitiert nach ebd., S. 161 f.

Einen Tag nach dem vereinnahmten Arbeiterfeiertag - Dienstag, den 2. Mai 1933, vormittags 10 Uhr - besetzten SA- und SS-Leute befehlsgemäß[124] überall im Land die Gewerkschaftshäuser, Büros, Banken und Zeitungsverlage des ADGB und konfiszierten die Gewerkschaftskassen. Das gesamte Vermögen wurde der Deutschen Arbeitsfront (DAF) zugeführt.[125] Die freien Gewerkschaften waren zerschlagen.

In Aschaffenburg wurde die "Gleichschaltung" der Gewerkschaften etwas verspätet am 9. Mai 1933 auf einer Jungfern-Kundgebung der NSBO auf dem Schloßplatz und einer anschließenden Großveranstaltung in der Turnhalle offiziell nachvollzogen. Das öffentliche Bekenntnis zur NSBO erfolgte am 21. Mai, wiederum in der Turnhalle. Sämtliche ehemaligen Gewerkschaftssekretäre hatten sich dazu eingefunden. Fast alle (Philipp Groß, Christlicher Fabrik- und Transportarbeiterverband; Johann Brummer, Freier Fabrikarbeiterverband; Karl Opel, Freier Metallarbeiterverband; Otto Grammig, Christlicher Metallarbeiterverband, u. a.)[126] bekannten sich öffentlich zur NSBO. "Ob sie dies mit ihrem Gewissen vereinbaren konnten oder nicht, der Zwang war jedenfalls erdrückend."[127]

Auch die stolze Gilde der Aschaffenburger Buchdrucker wurde zwangsweise in die Deutsche Arbeitsfront eingereiht. **Kurt Frenzel,** im Verband der freien

---

124) Aktionsbefehl von Robert Ley zur Übernahme der Freien Gewerkschaften am 2. 5. 1933 vom 21. 4. 1933: "... Dienstag, den 2. Mai 1933, vormittags 10 Uhr, beginnt die Gleichschaltungsaktion gegen die Freien Gewerkschaften ... Im wesentlichen richtet sich die Aktion gegen den Allgemeinen Deutschen Gewerkschaftsbund (ADGB) und den Allgemeinen Freien Angestelltenbund (Afa-Bund). Was darüber hinaus von den Freien Gewerkschaften abhängig ist, ist dem Ermessen der Gauleiter anheimgestellt ... SA bzw. SS ist zur Besetzung der Gewerkschaftshäuser und der Inschutzhaftnahme der in Frage kommenden Persönlichkeiten einzusetzen..."; zitiert nach Blanke, Thomas/ Erd, Rainer/Mückenberger, Ulrich/Stascheit, Ulrich, Kollektives Arbeitsrecht. Quellentexte zur Geschichte des Arbeitsrechts in Deutschland, Band 2: 1933 bis zur Gegenwart, Reinbek bei Hamburg 1975, S. 33 f.

125) In der Deutschen Arbeitsfront wurden Arbeitgeber und Arbeitnehmer im Sinne von Führer und Gefolgschaft zusammengefaßt. Die DAF war keine Arbeitnehmervertretung; sie hatte den Betriebsfrieden zu sichern, d. h. Streiks zu verhindern, und damit das Funktionieren des Führerstaates sicherzustellen. Zu diesem Zwecke fungierte im Betrieb eigens ein "Treuhänder der Arbeit". Außerdem oblag der DAF die Verplanung der Freizeit der Arbeiter durch die NS-Organisation "Kraft durch Freude" (KdF). Die Umwandlung der DAF in ein NS-Kontrollorgan, das "von dem Willen und der Führung der NSDAP" abhängig war, fand in der "Verordnung des Führers und Reichskanzlers" vom 24. 10. 1934 (nicht im Reichsgesetzblatt erschienen) ihren Abschluß; vgl. Blanke u. a. 1975, S. 67 ff.

126) vgl. Pollnick 1984, S. 66

127) ebd.

Buchdrucker organisiert, erinnert sich einer Versammlung im Hotel 'Stadt Mainz' anläßlich der Übergabeverhandlungen über das Vermögen seiner Gewerkschaft:

"Wir Kollegen hatten alle den Rechenschaftsbericht über das Vermögen unseres Verbandes in Millionenhöhe in unserer Tasche. Den hatte uns unser früherer Kassier Schlarb zugespielt. Der NSBO-Beauftragte, Hirsch hieß er, hielt einen Vortrag und meinte, wir müßten dankbar sein, daß wir überhaupt in die NSBO aufgenommen würden, denn unsere früheren Genossen hätten das gesamte Gewerkschaftskapital in die Schweiz geschafft. Sofort holten wir unseren Rechenschaftsbericht aus der Tasche, der dieses Märchen Lügen strafte. Unser Kassier Karl Schlarb stand auf und sagte fast wörtlich: 'Kollegen, wir wissen, daß wir nie wieder frei arbeiten können, solange die NSDAP an der Macht ist. Das, was wir eben gehört haben, ist der Gipfel dessen, was man an Lügen verbreiten kann.' Der NSBO-Beauftragte schrie daraufhin wutentbrannt: 'Es war eure verdammte Pflicht und Schuldigkeit, zu sagen, daß ihr den Vermögensbericht in der Tasche hattet', worauf wir ihm erklärten: 'Dann hättest du uns bestimmt etwas anderes vorgelogen, aber belogen hättest du uns auf jeden Fall!'

Als dann das Horst-Wessel-Lied gesungen wurde, stimmten viele unserer Buchdrucker-Kollegen mit ein. Es gibt ja überall Charakterlose. Aber fünf von uns Aschaffenburgern hoben nicht die Hand hoch und sangen auch nicht mit. Am nächsten Tag mußten wir uns vor dem hiesigen DAF-Vorsitzenden in der Friedrichstraße deswegen verantworten. Auf seinen Vorwurf hin antwortete ich: 'Sie wissen ja, daß wir keine Nazis sind. Oder glauben Sie, es ist im Sinne Adolf Hitlers, daß wir etwas vortäuschen, was wir gar nicht sind?' Die Sache zog Kreise bis nach München, wurde aber später ad acta gelegt, weil wir ansonsten ehrenwerte Buchdrucker waren.

Überall wurden in den Firmen Betriebsobmänner[128] eingesetzt, so auch an meinem Arbeitsplatz im 'Beobachter am Main'. Wir Buchdrucker, die wir vorher gewerkschaftlich organisiert waren, boykottierten bewußt die Anordnungen dieses Betriebsobmannes. Das ging soweit, daß er mir eines Tages drohte: 'Ich bring Dich noch dorthin, wo Du hingehörst!' Er meinte ein Konzentrationslager. Anfang 1938, als es mir zu brenzlig wurde, verließ ich Aschaffenburg und nahm in Eckernförde an der Ostsee eine Arbeit an."[129]

---

128) Im Betrieb wurden die besonderen Interessen der DAF durch einen "Betriebsobmann" vertreten. Als Mittler zwischen Betriebsführer (Führer des Betriebes waren in der Regel die Eigentümer) und Gefolgschaft war der Betriebsobmann "in allen weltanschaulichen, sozialen und wirtschaftspolitischen Fragen" zuständig; vgl. Lauber/Rothstein 1983, S. 96

129) Interview mit Kurt Frenzel am 3. 12. 1984.
Kurt Frenzel, geb. 1908, war u. a. von 1952 bis 1958 Kreisvorsitzender des DGB Aschaffenburg, von 1957 bis 1978 Bürgermeister der Stadt Aschaffenburg und von 1958 bis 1970 Vorsitzender des SPD-Kreisverbandes Aschaffenburg-Stadt.

Das Ende der Christlichen Gewerkschaften wurde offiziell am 23. Juni 1933 vom Führer der DAF, Robert Ley, verfügt. Im Juni fand bei **Hugo Karpf** eine Hausdurchsuchung statt. Drei SA-Männer gruben stundenlang eigenhändig den Garten um, um illegales Gewerkschaftsmaterial zu finden. Nachdem die Arbeit umsonst war, wollten sie Hugo Karpf in "Schutzhaft" nehmen. Er erzählt: "Sie hattten einen Haftbefehl. Da ich immer noch an den Folgen des Motorradunfalls litt, erklärte ich: 'Wenn die Gesetze noch Gültigkeit haben, dann muß man arbeitsfähig sein, um in Haft genommen werden zu können. Erkundigen Sie sich bei meinem Arzt über meine Haftfähigkeit.' Sie sind abgezogen und nicht mehr zurückgekommen."[130]

Mit der Zerschlagung der Gewerkschaften hatte auch Hugo Karpf seinen Posten als Arbeitersekretär verloren und mußte ums Überleben kämpfen. Er war verheiratet und hatte sechs Kinder zu ernähren. "Meine Beschäftigung als Lohntarifberechner wurde unterbunden", erinnert sich Hugo Karpf. "Jede gehobene Tätigkeit war mir versagt. Schließlich fand ich auf der untersten Stufe in einer Kleiderfabrik als Hausdiener Beschäftigung im Versand."

Abb. 9: Hugo Karpf, Jahrgang 1895 ('Main-Echo' vom 16. 1. 1985)

---

130) Interview mit Hugo Karpf am 9. 4. 1984.
Hugo Karpf war 1945 einer der Gründer des Aschaffenburger CSU-Kreisverbandes, gehörte 1946 der Bayerischen Verfassungsgebenden Landesversammlung an und 1947 dem Zwei-Zonen-Wirtschaftsrat, der eine mit begrenzten Vollmachten ausgestattete Vorform des Bundestages war. Hugo Karpf wurde in den Hauptvorstand der IG Textil-Bekleidung berufen. Von 1949 bis 1957 war er CSU-Bundestagsabgeordneter; vgl. 'Main-Echo' vom 16. 1. 1985

4.1.2. "Die geballte Faust in der Tasche" – Repressionen nach dem SPD-Verbot[131]

Die Nazis wußten um die Bedeutung der politischen Linken und der Gewerkschaften. Eines ihrer wesentlichen Ziele war schon lange vor der Machtübernahme offenkundig: Die Zerschlagung der organisierten Arbeiterbewegung. Die ersten individuellen Verhaftungen trafen Aschaffenburger Sozialdemokraten bereits kurz nach der Märzwahl 1933, als die SPD noch offiziell mit acht Sitzen[132] im Stadtrat vertreten war. Zu den ersten Opfern zählten die beiden Reichsbannerführer[133] **Georg Dewald** und **Fritz Fronober** sowie der amtierende Vorsitzende des SPD-Ortsvereins **Eugen Ostheimer**. Die Partei blieb noch unangetastet; es sollten lediglich solche Sozialdemokraten "gewarnt" werden, aus deren Reihen die Nazis aktiven Widerstand befürchteten. Fritz Fronober wurde nach wenigen Tagen entlassen, Eugen Ostheimer blieb fünf Wochen in "Schutzhaft". Georg Dewald wurde nach seiner Entlassung am 24. April 1933 aus dem Landgerichtsgefängnis Aschaffenburg bis zum 18. Mai 1934 im KZ Dachau gefangengehalten.[134]

Am 15. März 1933 wurde das SPD-Organ 'Aschaffenburger Volkszeitung' von den Nazis verboten, der Geschäftsführer **Jean Stock**[135] vorübergehend in "Schutzhaft" genommen.

Am 29. März erteilte der Aschaffenburger Polizeiamtsleiter Mössinger Anweisung, die Wohnungen, Speicher und Keller des SPD-Kassiers **Bernhard Krosse** und des Hauptkassiers des freien Buchdruckerverbandes **Georg Lommel** nach Waffen und Munition zu durchsuchen. Außer 23 kommunistischen Broschüren älteren Ursprungs konnte nichts "Belastendes" beschlagnahmt werden.[136]

Im neugebildeten Stadtrat, der sich entsprechend den Reichstagswahlergebnissen vom 5. März zusammensetzen mußte, war die SPD nur noch mit vier

---

131) Dieser Bericht basiert im wesentlichen auf Boszat/Mehringer 1983 (Band V), S. 523-539 sowie der Akte LRA Alz. Nr. 339 und verschiedenen Personenakten der Gestapostelle Würzburg, StAWü

132) Jean Stock (Geschäftsführer), Adam Eisenhauer (Schlosser), Rudolf Keller (Werkmeister), Gustav Hümpfner (Ratsinspektor), Konrad Pohl (Bauhüttenleiter), Karl Opel (Arbeitersekretär), Georg Niebler (Eisenbahnspengler), Hugo Huth (Polizeibeamter); vgl. Broszat/Mehringer 1983 (Band V), S. 531

133) Reichsbanner Schwarz-Rot-Gold: Abwehrorganisation der SPD zur Verteidigung der Weimarer Demokratie; wurde auf Anordnung des bayerischen Staatsministers des Inneren am 10. 3. 1933 in ganz Bayern verboten.

134) siehe auch Kapitel 4.1.3

135) siehe auch Kapitel 4.1.4

136) Bericht der Kriminalpolizei Nr. 1058 vom 30. 3. 1933; LRA Asch. Nr. 2310

Abgeordneten vertreten: **Bernhard Junker** (Parteisekretär), **Johann Mehrer** (Schlosser), **Willy Becker** (Schneider) und **Heinrich Pfarrer** (Buchdrucker). Da die NSDAP nicht über die erforderliche Mehrheit im Stadtrat verfügte[137], erprobte sie, mit Druck und Terror zu erreichen, was ihr auf legalem Wege nicht gelang. Sie versuchte in der Folgezeit durch öffentliche Diffamierung, die SPD-Stadträte zur Niederlegung ihrer Mandate zu zwingen. Willy Becker stellte unter dem Druck des Terrors seinen Sitz zur Verfügung.

Am 14. Juni 1933 hetzte die 'Aschaffenburger Zeitung' weiter: "Herr Pfarrer gehört zu jenen 'Sozial'-Demokraten, die auch heute noch ihre vornehmste 'Pflicht' darin erkennen, schöne Reden zum Fenster hinaus zu halten, um die Hirne der in hoffnungsloser Dummheit Verharrenden zu vernebeln und ihr kümmerliches Vegetieren dem Volk zu demonstrieren. Für solche volksverderbliche Spekulationen ist die Zeit vorbei. Für diese gestrige Art der Arbeitervertretung im Stadtparlament gibt es eine ganz einfache Methode: Hinauswurf cum infamia! ... Sollte sich die SPD in Aschaffenburg zukünftig nicht in die neue Rolle des Schweigens und politischen Anstandes einfügen können, so müßten wir auch hier für eine sofortige Erziehung Sorge tragen und Herrn Pfarrer und seine zwei Genossen an die frische Luft setzen."

Die drei sozialdemokratischen Stadträte harrten trotz der Hetze bis zum Verbot der SPD am 22. Juni 1933 auf ihren schwierigen Posten aus. In den Monaten vor dem Verbot befand sich die SPD in einer eigentümlichen, paralysierten Situation: offiziell noch nicht verboten, konnte sie unter der Bedrohung des NS-Terrors in der konkreten Tagespolitik doch nichts mehr ausrichten. Nach der Zerschlagung der Partei wurden die beiden SPD-Stadträte Bernhard Junker und Johann Mehrer verhaftet. Mehrer blieb eine Woche, Junker vier Wochen lang in "Schutzhaft". Auch Jean Stock war im Juni 1933 wiederum für eine Woche inhaftiert.

Auch aus dem Kahlgrund sind Verhaftungen bekannt. Die SPD-Bewegung im Bezirk Alzenau wurde vom Parteisekretariat Aschaffenburg aus geleitet. "Spitzenfunktionäre" gab es aus diesem Grunde hier nicht. Dennoch ließ das Bezirksamt auf Anweisung der Gestapo München am 30. Juni morgens um 7 Uhr den 42-jährigen Schneidermeister **Alois Bott** in Hörstein (Vorsitzender der Hörsteiner SPD-Ortsgruppe und Bezirkstagsmitglied) in "Schutzhaft" nehmen, ebenso den 39-jährigen Kolonialwarenhändler **Josef Hartmann** in Schimborn. Dieser befand sich bereits vom 10. bis 14. März 1933 im Alzenauer Amtsgerichtsgefängnis in "Schutzhaft".

---

137) Die NSDAP hatte 10 Sitze, die BVP 8 und die SPD 4 Sitze inne.

Abb. 10: Josef Hartmann ('Main-Echo' vom 2.4.1985)

"Hartmann war zweifellos der geistige Leiter der SPD im mittleren Kahlgrund", mutmaßte Oberamtmann Gatterbauer.[138] Die gleichzeitig durchgeführten Hausdurchsuchungen waren ergebnislos verlaufen. Zwei Tage zuvor war der 47-jährige Dreher **Ludwig Faller** in Kahl verhaftet und um 10 Uhr morgens in das Landgerichtsgefängnis in Aschaffenburg eingeliefert worden.

Bott, Hartmann und Faller wurden Anfang Juli mit einem Sammeltransport in das KZ Dachau "verschubt". Von Josef Hartmann ist bekannt, daß er erst am 16. Dezember 1933 aufgrund eines von Bezirksamtsvorstand Gatterbauer befürworteten Gesuchs entlassen wurde.

Zum umfangreichen Katalog von Bestrafung und Verfolgung gehörte auch der systematisch betriebene wirtschaftliche und berufliche Ruin von politischen Gegnern. Dieses Vorgehen wandten die Aschaffenburger Faschisten gegenüber vielen der bekannten SPD-Funktionäre an.

Mit dem Verbot der SPD-Zeitung wurde der 40-jährige Buchdrucker **Jean Stock** arbeitslos. Als er sich ein halbes Jahr später mit einer kleinen Druckerei selbständig zu machen versuchte, bekam er den langen Arm der Nazis emp-

---

138) Bericht Nr. 3292 vom 30.6.1933, LRA Alz. Nr. 339
Josef Hartmann wurde nach Kriegsende Bürgermeister von Schimborn und Landrat im Bezirk Alzenau. Er starb 90-jährig am 31.3.1985.

findlich zu spüren: kaum ein Aschaffenburger Geschäftsmann war bereit, Druckaufträge an den bekannten Sozialdemokraten Jean Stock zu vergeben.

Am 30. Juni 1933 wurde der 48-jährige **Johann Brummer** fristlos entlassen. Der ehemalige Geschäftsführer des Fabrik- und Transportarbeiterverbandes, zweiter Vorsitzender des ADGB-Ortsausschusses sowie Mitglied im Aufsichtsrat der Firma 'Bauhütte' verlor gleichzeitig seine Dienstwohnung und seine Anrechte auf die Pensionskasse. Er mußte sich täglich bei der Ortspolizei melden. Es erfolgten Hausdurchsuchungen, nächtliche Kontrollen und der Verkehr mit der Familie Brummer wurde als "staatsfeindlich" erklärt. Solchermaßen stigmatisiert, blieb Johann Brummer bis Ende 1933 arbeitslos. Er fand danach als Versicherungsvertreter ein Auskommen und pachtete später eine Bäckerei in Schwandorf. 1943 wurde Brummer nochmals verhaftet.

Abb. 11: Bernhard Junker (100 Jahre SPD in Aschaffenburg; SPD-KV 1979)

Auch der 46-jährige Parteisekretär **Bernhard Junker**[139] war nach dem Verbot der SPD lange Zeit arbeitslos. Er fand erst 1938 als Bauschreiber und Kraftfahrer bei der Baufirma Pohl & Lückel in Aschaffenburg Beschäftigung. Im Winter 1933/34 war Bernhard Junker erneut in "Schutzhaft" genommen worden, weil

---

139) Bernhard Junker war u. a. von 1952 bis 1957 Bürgermeister der Stadt Aschaffenburg.

er im Verdacht stand, verbotene Zusammenkünfte ehemaliger Sozialdemokraten in Form von Ausflügen organisiert zu haben.

Manche der arbeitslosen SPD-Genossen versuchten, sich mit dem Verkauf von Büchern der Büchergilde Gutenberg finanziell über Wasser zu halten. In dieser schwierigen Situation unterstützte sie **Kurt Frenzel**: "Sie wandten sich an mich, ob ich ihnen nicht behilflich sein könnte bei dem Verkauf auf Raten und der Verteilung der Bücher. Die Zeiten waren schlecht und die Raten haben oft auf sich warten lassen. Ich habe so manche Mark aus meiner eigenen Tasche dazugeschustert, damit die Genossen zu ihrem Geld kamen. Aber ich war damals noch ledig, hatte Arbeit als Buchdrucker und keine finanziellen Verpflichtungen. So konnte ich ihnen schon unter die Arme greifen."[140]

Der Rufmord und die Repressionen gegen die ehemaligen SPD-Funktionäre bewirkten, daß die meisten von ihnen das Risiko einer organisierten, illegalen Betätigung – und sei es auch nur in Form einer Flugblattaktion – als zu hoch einstuften. Man beschränkte sich in der Mehrheit auf eine regimekritische Gesinnung im Alltag und widersetzte sich – wo möglich – nationalsozialistischen Verhaltensregeln. Die geballte Faust gegen den Nationalsozialismus blieb in der Tasche versteckt.

Auch durch die Nazis wurden viele Aschaffenburger Sozialdemokraten in diesem Sinne charakterisiert – so etwa Bernhard Junker durch Kriminal-Kommissar Jahreis: "Junker ist politisch nach 1933 nicht mehr in Erscheinung getreten, andererseits ist aber anzunehmen, daß er sich bei seiner früheren überzeugten ... SPD-Einstellung noch nicht in seiner Überzeugung gewandelt hat. Bei ihm ist meines Erachtens nach wie vor alle Vorsicht am Platze."[141]
Ähnlich fällt Johann Mehrers Beurteilung durch die Kripo aus: "Mehrer zählt ... zu denjenigen, die auch heute noch versteckt die Faust gegen den Nationalsozialismus in der Tasche tragen."[142]

---

140) Interview mit Kurt Frenzel am 3. 12. 1984
141) Schreiben vom 22. 8. 1944; Personenakte Nr. 2851 der Gestapostelle Würzburg, StAWü (im weiteren: ‚PA Nr. 2851 Gestapo')
142) Broszat/Mehringer 1983 (Band V), S. 538

4.1.3. "In Dachau grün und blau geschlagen" – Georg Dewald

Bis zur NS-Machtübernahme zählte Georg Dewald zu den aktivsten und engagiertesten Sozialdemokraten der Stadt. Ihm oblag die Chefredaktion der SPD-eigenen 'Aschaffenburger Volkszeitung', die ihre Auflage bis 1931 auf 13 000 Exemplare steigern konnte. Daneben leitete der 41-jährige gelernte Tapezierer ein Arbeiterkulturkartell, einen Arbeiterbildungsausschuß und ein Arbeitersportkartell. Er engagierte sich als Reichsbannerführer und war von 1924 bis 1933 Mitglied des bayerischen Landtags.

Als überzeugter Sozialdemokrat hatte Georg Dewald schon im September 1923 in einer Veranstaltung im Bürgerlokal 'Frohsinn' vor den "nationalsozialistischen Umtrieben" gewarnt. Kaum an der Macht, war das vorrangige Ziel der hiesigen Nazis die Ausschaltung dieses verhaßten politischen Gegners. Sie wandten alle Mittel an, um gegen Georg Dewald öffentlich zu hetzen. Schon frühzeitig hatten sie in Dewalds Geburtsort Aschbach bei Ebern im oberfränkischen Steigerwald recherchiert, daß sein Vater Jude gewesen sein soll.[143] In der antisemitischen Hauspostille der Aschaffenburger Nazis, den 'Aschaffenburger Nachrichten', ließ deren Herausgeber und Judenhasser Franz Lieb folgenden Artikel gegen Georg Dewald veröffentlichen:
"Klar gezeichnet steht das Bild des Georg Dewald vor uns. Es sind seine jüdischen Instinkte, die ihn dazu treiben, den Sozialismus zu verfälschen und umzuformen, es ist jüdische Tücke, die den Klassenkampf heraufbeschwor, es ist der jüdische Geist, der ihn zwang, die Zersetzungschancen und die schwachen Momente des deutschen Wirtsvolkes auszunützen und die Autorität des christlichen Staates zu untergraben ..."[144]

Die erste "Schutzhaft" Georg Dewalds am 10. März 1933 erfolgt auf "ausdrückliche Anordnung des Staatsministeriums des Innern".[145] Er wird in das Aschaffenburger Landgerichtsgefängnis eingewiesen und über eine Zwischenstation im Würzburger Gefängnis am 24. April 1933 in das KZ Dachau überführt.[146]

---

143) Nach Angaben von Fanny Rosswag, der Tochter von Georg Dewald, wohnhaft in Doôben/Südafrika, ist bis heute noch nicht einwandfrei zu belegen, daß Georg Dewald jüdischer Abstammung war. Er wurde 1892 als uneheliches Kind geboren. Seine Mutter war Katholikin, der Vater ist bislang nicht bekannt.

144) zitiert nach Pollnick, 'Aschaffenburger Volksblatt' vom 26. 3. 1983

145) Bericht des Bezirksamts Aschaffenburg vom 11. 3. 1933; LRA Asch. Nr. 2310

146) Vgl. Broszat/Mehringer 1983 (Band V), S. 530

Während er sich im KZ befindet, polemisieren die 'Aschaffenburger Nachrichten' weiter gegen ihn; so am 15. Mai, wiederum redigiert von Franz Lieb[147]: "Wer spricht heute von der SPD noch anders als von einem Aashaufen, dessen Verwesungsgestank nur noch daran erinnert, daß der Marxismus einstens das nationale Deutschland an der Gurgel hielt. Der Marxismus liegt zerschlagen am Boden und seinen Fahnenträgern ist höchstens nur noch das Träumen erlaubt. Wer spricht heute noch von einem Georg Dewald in Aschaffenburg? Vielleicht einige jüdische Kleiderfabrikanten, die ihren umsonst gestifteten Fonds zur Installierung des sozialdemokratischen Abgeordneten Dewald tränenden Auges bemauscheln, sonst aber niemand mehr. Der Nationalsozialismus wird ganz bestimmt dafür sorgen, daß sie aus ihrem Schlaf nie mehr erwachen, daß der Marxismus sich nicht nur tot stellt, sondern für immer erledigt ist."[148]

Abb. 12: Georg Dewald (100 Jahre SPD in Aschaffenburg)

---

147) Der 1906 in Aschaffenburg geborene Kaufmann und Schriftleiter der 'Aschaffenburger Nachrichten' zog am 24. 2. 1934 nach Würzburg. Über sein dortiges Engagement für den Nationalsozialismus ist bislang nichts bekannt. 1946 übersiedelte er nach Bayreuth.

148) zitiert nach: Pollnick 1984, S. 165

Am 18. Mai wird Georg Dewald, sehr zum Verdruß der Aschaffenburger Nazis, wieder entlassen; diese intensivieren daraufhin die Hetzkampagne gegen ihn. Immer demagogischer, beleidigender und unverschämter geht man gegen ihn vor.
Im Juli 1933 wird Georg Dewald erneut ins KZ Dachau eingeliefert, wo er bis Herbst 1935 inhaftiert bleibt. **Kurt Siegert**, ein ehemaliger sehr guter Reichsbanner-Freund von Georg Dewald, erinnert sich noch an Einzelheiten nach dessen Rückkehr:

"Dewald war in Dachau grün und blau geschlagen worden, so daß er von Kopf bis Fuß keine weiße Stelle mehr hatte. Man wollte ihm dort eine Pistole in die Hand drücken, um ihn erschießen zu können, weil er eine Waffe in der Hand hielt. Georg Dewald durchschaute die Machenschaften. Er weigerte sich, die Waffe in die Hand zu nehmen und legte die Hände auf den Rücken."[149]

Nach seiner Entlassung war sich Georg Dewald im klaren darüber, daß die Faschisten auch in Zukunft nichts unterlassen würden, um ihn mundtot zu machen. Nach einer vertraulichen Warnung seitens des Kriminalbeamten Vinzenz Schwind "Dewald verschwinde, du wirst bald wieder geholt"[150] emigrierte er 1936 über Genua nach Pretoria in Südafrika.

Georg Dewald kehrte erst 1952 in die Bundesrepublik zurück. Er wurde ein Jahr später für die SPD in den Deutschen Bundestag gewählt, dem er bis 1961 angehörte. Er starb 1970 in Aschaffenburg.

4.1.4. "Für das Wohl der arbeitenden Masse" - Jean Stock

Als einer der standhaftesten Sozialdemokraten ist Jean Stock bekannt, der bis zum Ende des NS-Regimes seiner politischen Überzeugung - trotz massiver Repressionen - treu blieb.

Als Mitglied des Aschaffenburger Arbeiter- und Soldatenrates und der provisorischen Bayerischen Nationalversammlung war Jean Heinrich Stock, geboren 1893 in Gelnhausen, bereits im Mai 1919 zum erstenmal Opfer seiner sozialdemokratischen Überzeugung geworden: wegen "revolutionärer politi-

---

149) Interview mit Kurt Siegert am 22. 3. 1984; siehe auch Kapitel 4.1.5.
150) Kurt Siegert

scher Betätigung"[151] verurteilte ihn ein Aschaffenburger Standgericht zu 1½ Jahren Festungshaft. Zu dem Zeitpunkt war er gerade sechs Wochen verheiratet. Aufgrund seines schlechten Gesundheitszustands wurde das Urteil gegen Jean Stock nicht vollstreckt.[152]

Schon als 18-jähriger hatte sich der gelernte Buchdrucker und Schriftsetzer lebhaft für die Politik der Arbeiterbewegung interessiert. Er war sechs Jahre lang Mitglied der SPD gewesen, bevor er sich 1917 der USPD anschloß. Jean Stock war bis 1922 Arbeitersekretär der freien Gewerkschaften, USPD-Abgeordneter des Bayerischen Landtags und engagierte sich bis 1933 als Stadtrat in der Aschaffenburger Lokalpolitik. 1922 hatte er die Geschäftsführung der 'Aschaffenburger Volkszeitung' übernommen, die bis zu ihrem Verbot im März 1933 als "publizistische Stimme der Aschaffenburger Sozialdemokratie und der freien Gewerkschaften"[153] galt. Jean Stock organisierte Maifeiern, förderte Arbeitervereine und trat als Redner bei sozialdemokratischen Veranstaltungen auf. Leidenschaftlich setzte er sich für die Belange der Arbeiterschaft ein. "Ich kann mit gutem Gewissen sagen, daß meine ganze Tätigkeit auf das Wohl der breiten arbeitenden Masse eingestellt war."[154]

Als SA-Männer am 15. März 1933 die 'Aschaffenburger Volkszeitung' besetzten und ihre Verbreitung verboten[155], erlebte Jean Stock seine zweite Verhaftung. Er wurde in "Schutzhaft" genommen, sein Haus in der Wilhelminenstraße 7 in der Obernauer Kolonie durchsucht. Sein Sohn Rudolf (Rudi) Stock[156], damals 13 Jahre alt, erinnert sich der brutalen Methoden der "Beauftragten des Führers": "Sie warfen meine Schwester, die eine schmerzhafte Blinddarmentzündung und Fieber hatte, aus dem Bett, durchwühlten die Betten, Schränke und Kommoden, fanden aber nichts, jedenfalls nicht die Waffen, die sie suchten." Die NS-Schergen interessierten sich auch für zwei Bilder von August Bebel und Wilhelm Liebknecht, die an der Wand hingen. Auf die Frage, wer die beiden vollbärtigen Männer seien, entgegnete Frau Stock schlagfertig, es handele sich um Portraits der Großväter mütterlicherseits. Da den SA-Männern offensichtlich weder die einen, noch die anderen bekannt waren, entgingen die Bilder der Beschlagnahme.

---

151) SPD-KV 1979, S. 28

152) 1921 wurde die Strafe vom Aschaffenburger Volksgericht auf fünf Jahre zur Bewährung ausgesetzt.

153) vgl. Pollnick, Carsten, Aschaffenburger Stadtoberhäupter, Aschaffenburg 1983, S. 77

154) Jean Stock während einer Vernehmung; PA Nr. 15428 Gestapo

155) siehe auch Kapitel 3.1.

156) Rudi Stock ist u. a. SPD-Stadtrat und Vorsitzender des SPD-Kreisverbandes Aschaffenburg-Stadt

Mit der Einstellung der 'Aschaffenburger Volkszeitung' wurde Jean Stock arbeitslos. Seine Ersparnisse wurden beschlagnahmt. Schon bald machten sich finanzielle Sorgen im Hause Stock breit. Zwei Kinder mußten ernährt werden. Im Herbst 1933 versuchte Jean Stock, mit einem früheren Arbeitskollegen selbständig eine Druckerei in einem ehemaligen Pferdestall in der Lindenallee aufzubauen.

Abb. 13: Jean Stock (100 Jahre SPD in Aschaffenburg)

Es war ein nahezu aussichtsloses Unternehmen, denn von der Stadt bekam er keine Aufträge und viele Firmen getrauten sich nicht, ihre Druckaufträge an den stadtbekannten Sozialdemokraten zu vergeben. Lediglich jüdische Aschaffenburger Geschäftsleute unterstützten die kleine Druckerei, bis sie selbst Ziel der Verfolgung wurden. Die Druckerei stellte hauptsächlich Sterbebilder her, wodurch die Existenz der Familie Stock notdürftig gesichert wurde. Die Kinder aber – Rudi und Anneliese – mußten 1934 bzw. 1936 die Oberrealschule verlassen, weil das Schulgeld nicht mehr aufgebracht werden konnte.

Der von den Nazis beabsichtigte wirtschaftliche Ruin ihres Gegners verfehlte indes seine Wirkung. Jean Stock blieb ein ungebrochener Sozialdemokrat, auch als ihn weitere Verhaftungen trafen.

Besonders heftig litt die Familie Stock unter den häufigen Denunziationen der Nachbarschaft, die zur Folge hatten, daß der Vater immer wieder verhaftet wurde. Rudi Stock erzählt: "Im Juli/August 1938 fuhr ich mit meinem Freund Erwin Petermann ... mit KdF (Kraft durch Freude) nach Nesselwängle (Tirol).[157] Da der Zug sehr früh fuhr, mußte ich zu einer außergewöhnlichen Zeit (5 Uhr) von zu Hause fort. Meine ängstliche Mutter begleitete mich aus dem Haus und sagte das übliche: 'Paß auf, daß nichts passiert; gib auf Dich acht; hoffentlich geht alles gut und klappt alles; komm' gesund wieder zurück!' Unser Nachbar hörte dies und vermutete, daß ich Devisen ins Ausland bringen sollte. Er meldete diesen Vorgang der Gestapo und mein Vater wurde wieder verhaftet."[158]

Ein weiteres Beispiel für die Bespitzelung und Überwachung seitens der Nachbarschaft erinnert Rudi Stock: "Da bei uns Schmalhans Küchenmeister war, kam es auch manchmal zu Streitigkeiten innerhalb der Familie. So beschwerte sich meine Schwester einmal sehr laut, daß sie nicht genug Schweizer Käse zu essen bekäme. Das hörte unser Nachbar und schon wieder erstattete er Anzeige (angeblich wollten wir Devisen in die Schweiz bringen). Mein Vater wurde abermals verhaftet."[159] Daß jedes Wort der Familie Stock belauscht wurde, belegt auch die Personenakte Nr. 15428 der Gestapostelle Würzburg. Immer wieder wird der Sozialdemokrat verdächtigt, Spionage zu betreiben oder staatsfeindliche Flugblätter zu drucken. Als sich Jean Stock im Sommer 1939 zur Kur in Bad Kissingen aufhält, meldet eine Nachbarin seine Abwesenheit der Gestapo. Kriminaloberassistent Hiller notiert: "... Das Verhalten der Familie Stock und die Reisen des Jean Stock erscheinen ... äußerst verdächtig, insbesondere in staatspolitischer oder devisenrechtlicher Hinsicht."[160]

Trotz der Bespitzelungen traf sich Jean Stock immer wieder "wie zufällig" zu Spaziergängen mit alten Freunden, die wie er, ihrer demokratischen Gesinnung treu geblieben waren. Sie gehörten zum Freundeskreis um **Hugo Karpf**, den ehemaligen Sekretär der Christlichen Gewerkschaft[161], **Karl Weber**[162], **Kurt Frenzel**[163] und **Dr. Georg Straus**[164]. Bei diesen konspirativen Treffen

---

157) Rudi Stock war 1936 gegen den Willen des Vaters der HJ beigetreten, um nicht mehr ständig den Anfeindungen und Ächtungen seiner Lehrer und Mitschüler ausgeliefert zu sein, unter denen er sehr litt.

158) vgl. Elze Mirjam, Wir waren die Verfemten! Die Veränderungen im Leben einer sozialdemokratischen Familie; in: Galinski, Dieter/Lachauer, Ulla, Alltag im Nationalsozialismus 1933 - 1939. Jahrbuch zum Schülerwettbewerb Deutsche Geschichte um den Preis des Bundespräsidenten, o. O. 1981, S. 122

160) Protokoll vom 25. 10. 1939; PA Nr. 15428 Gestapo

161) siehe auch Kapitel 4.1.1.

162) siehe auch Kapitel 4.6.3.

163) siehe auch Kapitel 4.1.1. und 4.1.2.

164) Dr. Georg Straus: Steuerberater und Sozialdemokrat

tauschten sie unauffällig die von den Nazis verbotenen Briefe des ehemaligen Generalsekretärs der Christlichen Gewerkschaft, Jakob Kaiser, aus, ebenso die heimlich kursierenden Rundschreiben des früheren Vorsitzenden der Christlichen Gewerkschaft, Bernhard Böcker.

Bei einem solchen Sonntagsausflug in der Obernauer Straße schnappte ein Aschaffenburger Weinhändler im Vorbeigehen die folgenden Worte Jean Stocks auf: "Dieses war der erste Streich, doch der zweite folgt zugleich."[165] Der Weinhändler vermutete, daß diese Äußerung auf das Münchener Attentat[166] Bezug nahm und denunzierte Jean Stock. Bei der Gestapo-Vernehmung konnte sich dieser herausreden, daß er sich nicht an den Vorfall erinnere. Fortan wurde seine Post überwacht.

Als am 20. Juli 1944 das Attentat auf Hitler fehlschlug, wurden auch in Aschaffenburg alle ehemaligen SPD-Funktionäre verhaftet.[167] Jean Stock, zunächst ins Zuchthaus in Würzburg eingeliefert, kam von dort ins KZ Dachau. Im September 1944 wurde er wieder entlassen. Rudi Stock: "Es war wie ein Wunder."

Im Winter 1944/45 – die Kriegsniederlage zeichnete sich schon seit langem ab – mobilisierte die nationalsozialistische Führung die letzten verbliebenen menschlichen Kraftreserven. Im "Volkssturm"[168] wurden alle Kriegsuntauglichen, Greise und Kinder zum Kampfeinsatz verpflichtet, um den "Heimatboden" zu verteidigen. Auch Jean Stock, aus gesundheitlichen Gründen wehruntauglich, wurde zum "Volkssturm" verpflichtet. Er mußte bei Fliegeralarm Straßen-Streifen stellen und Sicherungs- und Absperraufgaben übernehmen sowie "Objekt-Schutz" leisten.[169]

Eines Tages wurde er zusammen mit vielen anderen Männern zu einem Einsatzort geschickt. Begleitet von einer Gruppe SS-Männern, kamen sie in der Fürstengasse an der Brauerei Schlappeseppel vorbei. Der Brauerei-Besitzer **Georg Vogel** winkte – aus welchen Gründen und Motiven auch immer – heimlich etliche Männer in sein Haus und versteckte sie im Starkbierkeller. Unter den etwa 20 Versteckten befand sich auch Jean Stock.

---

165) Protokoll vom 16. 11. 1939, PA Nr. 15428 Gestapo

166) Attentat auf Adolf Hitler am 8. November 1939 im Bürgerbräukeller in München durch Georg Elser.

167) Es sind dies Bernhard Junker, Eugen Ostheimer, Georg Niebler, Johann Mehrer und Jean Stock. Sie sind etwa 14 Tage im KZ Dachau inhaftiert.

168) Der "Volkssturm" wurde am 25. 9. 1944 durch einen Erlaß Adolf Hitlers ins Leben gerufen; RGBl. 1944, I, S. 253 f.

169) Vom 25. 8. 1944 bis 3. 4. 1945 war Aschaffenburg ein erbittert umkämpfter Kriegsschauplatz; näheres siehe Kapitel 4.7.4.

SS-Obersturmbannführer Andreas Jehl, der von der Sache Wind bekam, eilte höchstpersönlich in den Schlappeseppel und stellte Georg Vogel wutentbrannt zur Rede. Dieser zeigte ihm unschuldig die oberen Kellerräume, während im tiefer gelegenen Starkbierkeller die Gesuchten hinter Bockbierfässern um ihr Leben zitterten. Als Jehl auch das untere Kellerlabyrinth durchsuchen wollte, riet Georg Vogel ihm dringend ab, da dort scharlachkranke Kinder untergebracht wären. Jehl, der sich nicht anstecken wollte, zog unverrichteter Dinge wieder ab.

Körperlich und nervlich schwer mitgenommen, moralisch aber ungebrochen, erlebte Jean Stock das Ende des 12-jährigen NS-Terrors. Nach der Kapitulation der Stadt Aschaffenburg am 3. April 1945 ernannte die amerikanische Militärregierung Jean Stock zum vorläufigen Oberbürgermeister.[170]

4.1.5. "Von einem Einsatz für diesen Staat spricht Ihr Verhalten nicht" – Nonkonformität und Alltagsopposition

"Nicht so sehr das Maß des Widerstandes, vielmehr eindrucksvolle Immunität und Nichtverführbarkeit"[171] kennzeichneten die Grundhaltung vieler Sozialdemokraten am bayerischen Untermain. Die meisten blieben sich selbst treu und gingen über aus Not und Bedrohung geborene Minimalkonzessionen an das NS-Regime nicht hinaus. Stellvertretend für viele andere sollen hier zwei alte Sozialdemokraten zu Worte kommen.[172]

Kurt Siegert, Jahrgang 1909, war seit seinem 15. Lebensjahr Mitglied der SPD Aschaffenburg. Er trommelte im Musikzug des Reichsbanners und trat später der Eisernen Front bei.[173] In diesen Kreisen wußte man, daß die Ernennung

---

170) 1946 gründete Jean Stock die unabhängige Aschaffenburger Tageszeitung 'Main-Echo'; von 1946 bis 1962 war er Mitglied des Bayerischen Landtags, bis 1950 Vorsitzender der SPD-Landtagsfraktion, von 1947 bis 1948 Mitglied des Länderrates, von 1948 bis 1949 Mitglied des Parlamentarischen Rates. 1957 wurde Jean Stock das Große Verdienstkreuz der Bundesrepublik Deutschland verliehen, 1959 der Bayerische Verdienstorden, 1961 die Bayerische Verfassungsmedaille in Gold; vgl. Pollnick 1973, S. 78 f. Jean Stock starb am 13. 1. 1965 in Aschaffenburg.

171) Broszat/Mehringer 1983 (Band V), S. 438

172) Dieser Bericht beruht auf Angaben von Kurt Siegert (Interview am 22. 3. 1984) und Alfred Geis (Interview am 11. 12. 1984)

173) Das Reichsbanner Schwarz-Rot-Gold hatte sich 1931 mit anderen gleichgesinnten Organisationen zur Eisernen Front zusammengeschlossen. Teile dieser Front wollten den konsequenten Kampf gegen den Faschismus – notfalls in bewaffneter Form – aufnehmen; aber die abwartende Position der SPD-Führung setzte sich durch.

Hitlers zum Reichskanzler Faschismus bedeutete. Noch bis zur Reichstags-wahl am 5. März 1933 hatte die Sabotage-Kolonne des Aschaffenburger Reichsbanners versucht, den NSDAP-Wahlkampf zu unterwandern und Nazi-Wahlplakate überklebt oder mit Teer unkenntlich gemacht. In der Nacht nach der Märzwahl verteilten sich junge, kräftige Reichsbanner-Mitglieder in den Wohnungen von "gefährdeten" Aschaffenburger Familien, um sie vor eventuellen Übergriffen der neuen Machthaber zu schützen. Kurt Siegert war mit seinem Bruder Artur für den persönlichen Schutz der Familie Stern in der Brentanostraße verantwortlich. Doch die Wahlnacht verlief ruhig.

In der Folgezeit fanden verschiedentlich Durchsuchungen in Kurt Siegerts Elternhaus in der Elisenstraße 15 in Aschaffenburg statt. "Einmal durchsuchten vier Polizeibeamte mit besonderer Gründlichkeit Wohnung und Keller, klopften Schränke ab, durchwühlten den Bücherschrank, überprüften Stühle auf doppelte Böden, entfernten Wandkapseln der Kaminöffnungen und schaufelten selbst im Keller die Kohlen um, in der Hoffnung, Waffen oder politische Schriften zu entdecken. Selbstverständlich hatte ich solche Dinge im Haus versteckt", berichtet Kurt Siegert. "Als sich die Hausdurchsuchungen häuften und aus Angst vor Verfolgung wurden die Reichsbannerfahne und die Trommeln des Musikzuges dann auf dem Lagerplatz der Firma 'Bauhütte' vergraben." 1935 – Elektroingenieur Siegert hatte inzwischen geheiratet – baute er ein eigenes Haus, das er zum Teil vermietete und an welchem er grundsätzlich nie die Hakenkreuzfahne hißte. Im Haus wohnte im 1. Stock ein aktiver Offizier, im Erdgeschoß überzeugte NSDAP-Anhänger. Bei dieser Familie zog die Gestapo des öfteren Erkundigungen über Kurt Siegert ein. Die Familie, in deren Wohnung ein großes Hitlerbild hing, denunzierte Kurt Siegert bei der Gestapo; er hätte beim Anblick des Hitlerbildes ausgerufen: "Der käme mir nicht in die Wohnung, den würde ich nicht aufhängen." Bei der Vernehmung durch die Gestapo in der Wohnung Siegerts rechtfertigte Frau Siegert die leichtfertige Äußerung ihres Mannes mit dem Hinweis, daß sie sich wohl auf die schlechte Qualität der Fotografie bezogen hätte.

Die Mieter stellten auch fest, daß bei Siegerts nie Hitlerreden gehört wurden. Da Kurt Siegert ein eifriger Schwarzhörer war, wußte das Ehepaar künftig beides geschickt zu vereinen, ohne "unliebsam" aufzufallen. Kurt Siegert: "Wir hatten deshalb zwei Radios. Um die fanatische Nachbarschaft zu beruhigen, drehte meine Frau den einen Apparat ganz laut auf, sozusagen für die Ohren der Hausbewohner, während wir in einem anderen Zimmer den englischen Rundfunk mit seinen Nachrichten abhörten. Dieser sendete auf drei Kurzwellenfrequenzen, auf 19, 22 und 40 cm. Zwei Sender waren stets gestört, der dritte Sender war wegen des Mithörens durch die deutsche Abwehr klar zu empfangen." Die erlauschten Informationen berichtete Kurt Siegert an zuverlässige Bekannte weiter.

Auch schmuggelte Kurt Siegert verbotene Schriften, wie z. B. das "Braunbuch"[174] aus dem Saarland nach Aschaffenburg ein, wenn er seinen Bruder Wilhelm besuchte, der in Völklingen/Saar als Direktor einer kaufmännischen Schule verbeamtet war. Dieses illegale Material gab er ebenfalls an zuverlässige Leute weiter.

Die Gestapo ließ Kurt Siegert heimlich überwachen, ebenso seinen Posteingang. Von anonymer Seite wurde er gewarnt:

Abb. 14: Anonymes Schreiben an Kurt Siegert (Privatbesitz)

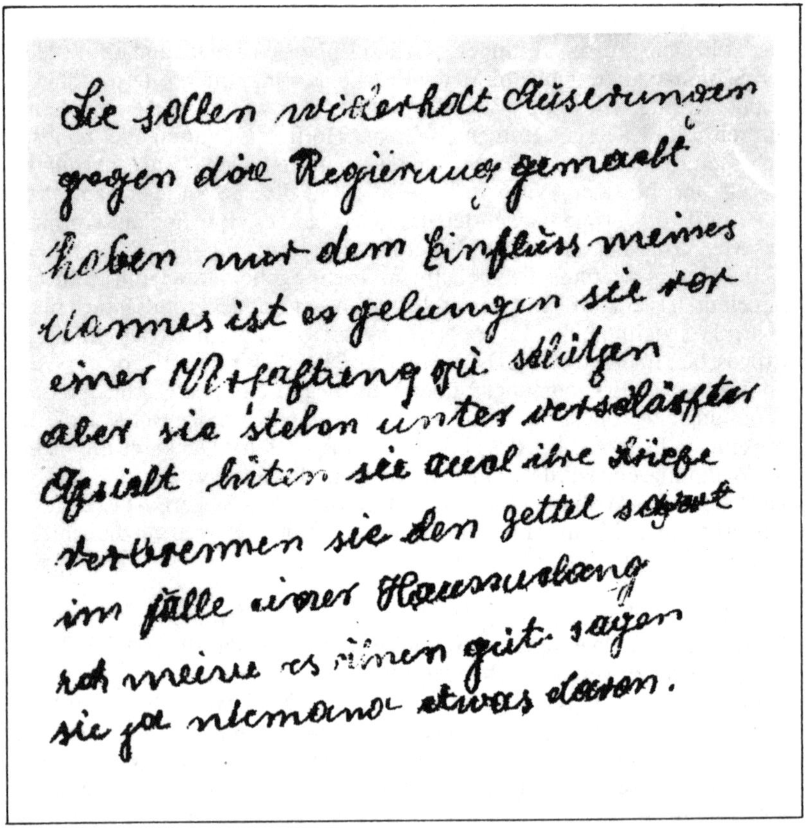
Sie sollen wiederholt Äuserungen
gegen döe Regierung gemacht
haben nur dem Einfluss meines
Namens ist es gelungen sie vor
einer Verhaftung zu schützen
aber sie stehen unter verschärfter
Aufsicht hüten sie wohl ihre Zunge
verbrennen sie den Zettel sofort
im falle einer Haussuchung
ich meine es ihnen gut. sagen
sie ja niemand etwas davon.

174) Braunbuch über Reichstagsbrand und Hitlerterror, Basel 1933

Zu Beginn des Jahres 1937 stellte das Aschaffenburger Amt für Volkswohlfahrt (NSV)[175] Kurt Siegert ein Schreiben zu, in welchem ihm dringend nahegelegt wurde, endlich Mitglied dieser NS-Organisation zu werden und den von Hitler eingeführten "Eintopf-Sonntag" spendenfreudiger zu unterstützen (siehe Abb. 15). Hitler zufolge sollten arm und reich in den Wintermonaten an jedem vierten Sonntag Eintopf löffeln – "wie eine einzige große Familie"[176] – und das ersparte Geld dem Winterhilfswerk (WHW)[177] zukommen lassen. Kurt Siegert erinnert sich: "Eifrige Parteigenossen gingen an diesen Sonntagen von Haus zu Haus, um den Differenzbetrag zu einem normalen Essen einzusammeln. Jeder Spender mußte sich mit seinem Betrag in eine Namensliste eintragen. Die Aktion geschah also nicht anonym, sondern öffentlich, mit dem Ziel der besseren Überwachung. Aus Überzeugung gab ich extrem niedrige Beträge (20 Pfennige), weil mir bewußt war, daß dieses Geld zur Kriegsvorbereitung verwendet wurde."

Im Sommer 1937 mahnte ihn die NSV nochmals, endlich Mitglied in diesem Verband zu werden, "... da Sie noch einer der wenigen sind, die sich bis jetzt noch nicht in dieses große Hilfswerk der Deutschen eingereiht haben."[178] Ebenso wie die erste Aufforderung ließ Kurt Siegert auch dieses Schreiben unbeantwortet, "obwohl dies Konsequenzen nach sich ziehen konnte, denn es bestand Zwangsmitgliedschaft, d. h. ein freiwilliges 'Muß'", erzählt Kurt Siegert. "Aus Überzeugung bin ich aber nicht in die NSV eingetreten."

Wegen der sich häufenden Schwierigkeiten zog Kurt Siegert schließlich nach Köln, wo er ab 1. April 1938 ein Lehramtsstudium an der Universität begann. Im Herbst mußte er ein Praktikum an der Berufsschule Aschaffenburg absolvieren: "Ein Herr Pfeiffer und ich waren die einzigen Lehrkräfte, die in bürgerlicher Kleidung unterrichteten. Der Rest des Kollegiums trug 'Papageienuniformen'."

Nach Abschluß des Studiums 1940 wurde ihm eine Anstellung als Gewerbelehrer in Aschaffenburg wegen "nationaler Unzuverlässigkeit" verwehrt. Nach erheblichen Schwierigkeiten fand Kurt Siegert im ca. 40 km von Aschaffenburg entfernten Marktheidenfeld schließlich eine Lehramtstätigkeit an der neueröffneten Kreisberufsschule, auch ohne politisches Zuverlässigkeitszeugnis, was er ausschließlich dem persönlichen Einsatz von Schuldirektor Pröls beim Marktheidenfelder NSDAP-Kreisleiter zu verdanken hatte.

---

175) Nationalsozialistische Volkswohlfahrt e. V. (NSV), ein der NSDAP angeschlossener Verband, der zuständig war für alle Fragen der Volkswohlfahrt und Fürsorge.
176) Aleff, Eberhard (Hrsg.), Das Dritte Reich, Gerlingen 1983, S. 122
177) Alljährlich in den Wintermonaten stattfindende Sammel- und Spendenaktion der NSV
178) Schreiben der NSDAP-Ortsgruppe Ost, Block LV, Zelle 6 vom 22. 7. 1937; Privatbesitz Kurt Siegert

Abb. 15: "Werbung" für die NSV-Mitgliedschaft (Privatbesitz)

Nationalſozialiſtiſche Deutſche Arbeiterpartei
Kreisleitung Aſchaffenburg-Alzenau
Amt für Volkswohlfahrt

Kreisamtsleitung: Aſchaffenburg, Stiftsgaſſe 6
Fernſprecher Nr. 1560

Bank-Konto: Städtiſche Sparkaſſe Aſchaffenburg Nr. 371
Poſtſcheckkonto: Nr. 3611 Frankfurt am Main

Abteilung: Organisation.
H/Z.

Aſchaffenburg, den 8. 1. 1937.

Herrn
Kurt Siegert
Aschaffenburg
============
Kneippstr. 13.

Betreff: NSV.-Mitgliedschaft.

Wir stellen fest, daß Sie bis heute noch nicht
Mitglied der NS.-Volkswohlfahrt sind. Sie haben
die Mitgliedschaft mit einer Begründung abgelehnt,
die einfach unverständlich ist. Außerdem beträgt Ihr„Opfer" zum Eintopf-Sonntag den geringen
Betrag von 20 ₰.

Ihr Verhalten ist uns unverständlich. Sie sind
schließlich Gehaltsempfänger des nationalsozialistischen Staates! Von einem Einsatz Ihrerseits
für diesen Staat spricht Ihr Verhalten nicht. Im
Gegenteil!

Wir sind nicht gewillt, Ihr eigenartiges Verhalten
so ohne Weiteres hinzunehmen. Bevor wir jedoch wei-
tere Schritte unternehmen, bitten wir Sie hiermit,
Mitglied der NSV. zu werden und zum WHW. entsprechend
Ihrem Einkommen zu opfern. Außerdem ersuchen wir, Ihr
Verhalten gegenüber der NSV. zu begründen.

Ihrer Mitteilung sehen wir baldmöglichst entgegen.

F.d.R.

Abteilungsleiter

Heil Hitler!

Kreisamtsleiter.

Wo demokratisches Bewußtsein fest verankert war, mag äußerliches "Wohlverhalten" über längere Zeit hinweg durchaus an der Tagesordnung gewesen sein; der innere Widerstand gegen den Nationalsozialismus konnte jedoch bei gegebenem Anlaß jederzeit neu mobilisiert werden.

Alfred Geis[179], ein Hösbacher Sozialdemokrat, war Mitte März 1933 zum erstenmal mit der Gestapo in Berührung gekommen. Er wohnte damals noch in Goldbach und arbeitete in seinem erlernten Beruf als Maurer. Er erzählt: "Am 13. März 1933 sollte am Goldbacher Rathaus abends eine Flaggenhissung stattfinden. Ein SA-Trupp kam, das Horst-Wessel-Lied singend, die Borngasse herauf und marschierte zum Rathaus in der Hauptstraße. Ich stand unbeteiligt an der Ecke, 50 m vom Rathaus entfernt, und beobachtete das Spektakel, von dem ich gar nicht angetan war. Ich behielt demzufolge meine Mütze auf dem Kopf und grüßte auch nicht die Hakenkreuzfahne. Wie ich so dastand, sagte der Schreinermeister F. zu mir: "'Heute abend kriegen wir Dich', worauf ich ihm antwortete: 'Du kannst mich mal ...' Ich war als junger Mann sehr hitzig und ließ mir nichts gefallen. Tatsächlich bin ich noch am gleichen Abend von der SS verhaftet und der Schutzpolizei im Aschaffenburger Schloß vorgeführt worden. Dort verwarnte man mich und riet mir, ich solle mich die nächsten zwei Tage nicht sehen lassen, ließ mich aber nachts um ½1 Uhr noch nach Hause.

Am nächsten Morgen ging ich wieder auf meinen Arbeitsplatz auf einer Baustelle. Da kam der Kreisobmann der DAF Karl H. vorbei und rief mir zu: 'Na, da bist Du ja wieder!' Ich erwiderte: 'Mach Dich los, sonst passiert etwas!' Wütend schrie er: 'In einer Stunde bist Du nicht mehr da!' und wirklich, kaum eine Stunde später kam der Gendarm Johanni und ich wurde zum zweitenmal innerhalb von 24 Stunden zum 'Schutz von Volk und Staat' verhaftet. Ich blieb sechs Wochen lang im Aschaffenburger Gefängnis in 'Schutzhaft'."

Während seiner Abwesenheit fand eine Hausdurchsuchung statt, aber Alfred Geis hatte Parteibücher, Mitgliederliste und die Freiheitsfahne der SPD sorgsam unter dem Dach versteckt. "Als ich nach 1945 die Freiheitsflagge mit den drei Pfeilen – den Symbolen für Freiheit, Gleichheit und Brüderlichkeit aus der Französischen Revolution – wieder hervorholen wollte, war sie leider ganz von Mäusen zerfressen", bedauert Alfred Geis.

In den nächsten Jahren wurde es ruhig um Alfred Geis. Er hatte 1937 geheiratet und war zur Wehrmacht eingezogen worden. 1938 kam das erste seiner drei

---

179) Alfred Geis, geb. 1914, ist seit 56 Jahren Mitglied der Gewerkschaft der Eisenbahner und seit 53 Jahren Mitglied der SPD.

Kinder auf die Welt. Am Tag vor der "Reichskristallnacht"[180), am 9. November 1938, arbeitete Alfred Geis auf einer Baustelle der Juden Hans Schönfeld und Hermann Hirsch in der Aschaffenburger Straße in Goldbach, nahe der jüdischen Synagoge.

"Ich war auf dem Dach und habe den Kamin herausgemauert", erinnert sich Alfred Geis. "Ich hörte, wie sich vor dem Haus auf der Straße der Goldbacher SA-Mann Sch. mit einem anderen Mann B. unterhielt. Einer der beiden sagte: 'Heute abend kriegen wir die Juden. Es ist alles vorbereitet.' Sie sagten noch etwas von der Synagoge, aber das hatte ich nicht genau verstanden. Dadurch hellhörig geworden, ging ich zum Juden Hermann Hirsch und warnte ihn: 'Sagen Sie Ihren Verwandten und Bekannten, sie sollen verschwinden. Die wollen Euch alle verhaften. Heute abend soll's losgehen! Das tat Herr Hirsch wohl auch." –

"Gegen 19.30 Uhr begann die tobende Menge mit dem Abbruch der Synagoge, einem einfachen Fachwerkbau mit Lehmbewurf, daß lediglich einzelne Mauerwerke übrigblieben. Diese Aktion dauerte bis ungefähr 21 Uhr und verursachte einen Schaden von zirka 3000,- RM."[181) Alfred Geis berichtet weiter: "Um 11 Uhr abends brannte der Rest der Synagoge lichterloh.[182) Der größte Teil der Goldbacher Juden war an diesem Abend nicht im Ort. Sie hielten sich außerhalb des Dorfes in einem Hohlweg versteckt oder suchten in Aschaffenburg Schutz. Die Juden waren – zumindest in dieser Nacht – dem Terror der Goldbacher Nazis entkommen. Die herbeigerufene Feuerwehr kümmerte sich lediglich um die vom Feuer bedrohten Häuser in der Nachbarschaft, die Synagoge ließen sie bis auf die letzten Grundmauern herunterbrennen. Die örtlichen Nazis suchten noch lange nach dem Verräter, denn da kein Jude zum Verhaften da war, waren sie sicher, daß es sich um Verrat handelte. Ich hatte aber niemandem etwas erzählt und hielt mich danach auch zurück. Es ist heute vielleicht das dritte oder vierte Mal, daß ich überhaupt in meinem Leben darüber rede."

Ihre Wut ließen die Goldbacher Nazis am Eigentum der jüdischen Mitbürger aus. Man demolierte die Laden- und Wohnungseinrichtung des Darmhändlers Hermann Hirsch, beschädigte zwei Schaufenster, die Rolläden sowie die Laden- und Wohnungseinrichtung des Kolonial- und Kurzwarenhändlers Jakob Brandstätter. Auch an der Wohnungseinrichtung des Viehhändlers Josef Op-

---

180) siehe Fußnote 183)

181) vgl. Schultheis, Herbert, Juden in Mainfranken 1933 - 1945, Bad Neustadt a. d. Saale 1980, S. 161f

182) Ob die Synagoge wirklich brannte, konnte bislang noch nicht einhellig geklärt werden. Bei Umfragen unter Goldbacher Zeitzeugen wurden unterschiedliche Wahrnehmungen festgestellt.

penheimer entstand Sachschaden. Gleichzeitig wurden Lebensmittel, Wein und Kleidungsstücke geplündert.[183]

Einige Tage später wurden die jüdischen Bürger **Moritz Regenstein, Joseph und Willi Rothschild, Bernhard Oppenheimer, Siegbert Löwenthal** und **Jakob Brandstätter** in "Schutzhaft" genommen und alle, außer Moritz Regenstein und Bernhard Oppenheimer – die aufgrund von Kriegsverletzungen aus dem Ersten Weltkrieg haftunfähig waren – am 28. November 1938 der Gestapo Würzburg zur Einweisung in ein Konzentrationslager überstellt.[184]

4.1.6. Einzelfälle und Episoden

Joseph Hock: Am 27. Januar 1936 nachts um 2.30 Uhr wird in Haibach die Scheibe des "Stürmer"-Kastens eingeschlagen. Dringend der Tat verdächtig ist der 39 Jahre alte Schachtmeister Joseph Hock aus Haibach, der um die fragliche Zeit am "Stürmer"-Kasten vorbeigekommen war. Auch war beobachtet worden, daß sich Joseph Hock an diesem Abend in einer Gastwirtschaft längere Zeit mit einem, früher als Kommunisten bekannten Mann unterhalten hatte. Joseph Hock wird in "Schutzhaft" genommen, muß aber nach fünf Tagen mangels Beweises wieder entlassen werden. "Hock war ein eifriger SPD-Mensch und gilt auch heute noch als solcher", vermerkt das Gendarmerie-Bezirksamt Aschaffenburg.[185]

*

Josef Herold, verheirateter Bauarbeiter und früherer SPD-Mann, äußert im September 1936 in einer Gaststätte in Schweinheim, "der Kommunismus müßte halt rein nach Deutschland, dann ginge es uns besser." Im Laufe der Un-

---

183) Schultheis 1980, S. 162
Aufgrund der scherbenübersäten Straßen wurde dieses reichsweit von Propagandaminister Joseph Goebbels organisierte Pogrom mit zynischem Sarkasmus "Reichskristallnacht" genannt. Die bittere Bilanz dieser reichsweiten antisemitischen Terroraktion: 91 Juden wurden in dieser Nacht ermordet, Hunderte verhöhnt, mißhandelt oder in den Tod getrieben, 191 Synagogen brannten nieder, 76 weitere sowie zahlreiche jüdische Gemeindehäuser und Friedhöfe wurden verwüstet, 7500 jüdische Läden und 171 Wohnhäuser zerstört, über 800 Plünderungen registriert; vgl. Aleff 1983, S. 85.
Siehe – Aschaffenburg betreffend – auch Körner 1984, S. 10 f.
184) vgl. Schultheis 1980, S. 163
185) Schreiben Nr. 210 vom 28. 2. 1936; LRA Asch. Nr. 2309

terhaltung betont er des öfteren, daß er "seine Kinder ausschließlich kommunistisch erziehen" würde. Als er auch noch den anwesenden Schreiner A. Sch. mit den Worten beleidigt: "Du bist auch so ein nationalsozialistischer Gauner", kommt es zur Anzeige. Obwohl Herold bei der Vernehmung angibt, er sei betrunken gewesen und könne sich an nichts mehr erinnern, wird er in "Schutzhaft" genommen. Außerdem verliert er seinen Arbeitsplatz.[186]

*

Leonhard Schäfer, 44-jährig, aus Aschaffenburg, hatte mit der gewaltsamen Zerschlagung der Gewerkschaften[187] im Frühjahr 1933 seine Stellung als Gewerkschaftssekretär der Bauarbeitergewerkschaft verloren. Er arbeitete danach wieder in seinem erlernten Beruf als Maurer bei der Firma "Bauhütte" und war zu Heeresbauten bei Hammelburg eingesetzt. Dort wurde der Vater von vier Kindern am 8. Mai 1937 fristlos entlassen, weil er an der 1. Maifeier nicht teilgenommen und auch seine Arbeitskollegen aufgefordert hatte, dieser nationalsozialistischen Veranstaltung fernzubleiben. Hinzu kam, daß Leonhard Schäfer ertappt worden war, als er ausländische Sender abhörte und sich die Nachrichten auf Zetteln notierte, die er als Grundlage für Diskussionen mit seinen Kollegen benutzte. Eine solche Notiz war ihm eines Tages abgenommen worden. In der Vesperpause auf der Baustelle besprach er ohne Hemmungen politische Tagesereignisse mit seinen Kameraden und schimpfte ungeniert über das NS-Regime und seine pseudosozialen Maßnahmen.

Die Außenstelle des SD-Unterabschnitts Mainfranken veranlaßte im Sommer 1937, Ermittlungen gegen Leonhard Schäfer einzuleiten. Die Recherchen verliefen jedoch im Sand, da Schäfers ehemalige Arbeitskollegen entweder nicht aufzufinden waren oder sich bei den Vernehmungen nicht mehr genau an die Äußerungen Leonhard Schäfers erinnern wollten, "es sei zuviel Zeit inzwischen verflossen."[188]

Auf Anweisung der Gestapo wurde Leonhard Schäfer vom Bezirksamt Aschaffenburg verwarnt und ihm angedroht, daß er im Wiederholungsfalle mit strengeren Maßnahmen zu rechnen hätte.

---

186) PA Nr. 1211 Gestapo

187) siehe auch Kapitel 4.1.1.

188) PA Nr. 11896 Gestapo

4.2. Verfolgung und Widerstand der Kommunistischen Partei Deutschlands (KPD)

Ein Hauptziel der Faschisten war von Anfang an die "Ausrottung" des Marxismus und die Zerschlagung der Organisationen der Arbeiterbewegung. Auch im Aschaffenburger Raum waren Mitglieder und Sympathisanten der Kommunistischen Partei deshalb von allen politischen Gesinnungsgemeinschaften am massivsten den Terrormaßnahmen der neuen Machthaber ausgeliefert.

Hier in der Provinz war die KPD nur mangelhaft auf den Widerstand vorbereitet. Während sich in industriellen Ballungszentren, z. B. in Frankfurt die Parteimitglieder noch vor der nationalsozialistischen Machtübernahme zum Teil systematisch auf die 'Illegalität' vorbereiteten und Widerstandsarbeit im Untergrund trainierten[189], lassen sich solche vorsorglichen Planungen unter den Aschaffenburger Kommunisten nicht nachweisen. Diese mangelnde Vorsorge trug entscheidend dazu bei, daß im Frühjahr 1933 der gesamte Führungskader verhaftet werden konnte, und es nach der Zerschlagung der KPD im hiesigen Raum nicht unmittelbar zur Bildung von Gruppen im Untergrund kam.

Der organisierte Widerstand formierte sich erst im Laufe des Jahres 1934. Die soziale Kontrolle, die in einem ländlich-kleinstädtischen Milieu naturgemäß stärker ausgeprägt ist als in der Großstadt, erschwerte zudem die konspirative Zusammenarbeit. Die ortsbekannten Kommunisten waren einer größeren Aufmerksamkeit und Beobachtung durch die Umwelt unterworfen. Es fehlte hier der Schutz der Anonymität, der in größeren Städten Regimegegnern die Umstellung auf die 'Illegalität' erleichtert und mehr Möglichkeiten zur Tarnung von Untergrundaktivitäten bietet.
Trotz der schwierigen Bedingungen und trotz der zahlreichen Opfer und Verluste, die der Kampf gegen die faschistische Diktatur kostete, erhielten sich die Angehörigen des kommunistischen Milieus am bayerischen Untermain häufig mit Hilfe der Mimikry weitgehend ihre politische Gesinnung und Widerstandsbereitschaft.

189) siehe hierzu: Mausbach-Bromberger 1976, S. 28 f.

4.2.1. "Alles rächt sich" – Die Zerschlagung der KPD im Frühjahr 1933[190]

"Bis zur Machtübernahme hatten die Aschaffenburger Kommunisten einen Schrebergarten am Main zur Verfügung, mit einem kleinen Gartenhäuschen, in welchem sie ihre Flugblätter herstellten", erinnert sich Betty Fischer, geb. Fürst, Jahrgang 1918. "Einige Wochen später waren die meisten Aktiven verhaftet."[191]

Der Reichstagsbrand vom 27. Februar 1933, den Hitler den Kommunisten anlastete, lieferte den bequemen Vorwand für die tagsdarauf erlassene "Verordnung des Reichspräsidenten zum Schutz von Volk und Staat"[192], die alle verfassungsmäßigen Rechte suspendierte und die Reichsregierung ermächtigte, die Befugnisse der Länder zu übernehmen. Mit diesem Gesetz, einem Freibrief für faschistischen Terror und Gewalttaten gegen politische Gegner, war auch das Schicksal der Aschaffenburger Kommunisten und ihr Weg in die 'Illegalität' besiegelt. Noch vor der Reichstagswahl am 5. März richtete das auf dem Weg in die faschistische Diktatur befindliche Regime seinen Hauptstoß gegen die KPD. Tausende von Mitgliedern der Kommunistischen Partei wurden im ganzen Land verhaftet und auch in Aschaffenburg und Umgebung waren sie die ersten Opfer des Terrors.

Im Vollzug der "Reichstagsbrandverordnung" erfolgt bei der Aschaffenburger Polizei der Befehl, bei nachfolgenden KPD-Mitgliedern die Wohnungen nach "belastendem Material" zu durchsuchen und Funktionäre in "Schutzhaft" zu nehmen:

Brand, Alois – Büttner, August – Büttner, Josef – Griesemer, Karl – Grimm, Josef – Haab, Mathias – Haberl, Xaver – Kläre, Otto – Köhler, Valentin – Kraus, Jakob – Mensch, Josef – Panocha, Friedrich – Pfarrer, Martin – Richter, Alfred – Schallenberger, Alois – Schwarzmann, Johann – Siemen, Heinrich – Volz, August.[193]

Für viele von ihnen ist dies der Beginn eines oft jahrelangen Leidensweges durch Gefängnisse und Konzentrationslager. Nicht nur sie, auch ihre Angehörigen werden vom faschistischen Terror unmittelbar getroffen: neben der tie-

---

190) Grundlage dieses Berichts sind im wesentlichen Dokumente des Bestands LRA Asch. Nr. 2309
191) Interview mit Betty Fischer am 2. April 1984; Betty Fischer war von 1952-1954 KPD-Stadträtin.
192) RGBl. I, S. 83
193) vgl. Polizeibericht Nr. 918 vom 11. 3. 1933; LRA Asch. 2309

fen Sorge um die verfolgten Nächsten ist diese schwere Zeit für sie vor allen Dingen durch extreme materielle Not gekennzeichnet.

Bei den am 2. und 3. März vorgenommenen Hausdurchsuchungen werden hauptsächlich Flugblätter und Druckschriften sowie Broschüren, Bilder und Literatur von Karl Marx beschlagnahmt. Bei Josef Grimm in der Metzgergasse fällt der Polizei u. a. ein Mitgliederverzeichnis der Aschaffenburger KPD in die Hände, bei Otto Kläre in der Äußeren Dammerstraße u. a. Mitgliedskarten der Roten Hilfe[194] und bei Alois Schallenberger in der Cornelienstraße werden u. a. 22 Rote-Hilfe-Broschüren beschlagnahmt. Bei einer wiederholten Durchsuchung der Wohnung von Jakob Kraus wird ein Walzenrevolver gefunden, den er unter dem Dachsparren versteckt hatte, bei Josef Mensch in der Pfälzerstraße ein Flobertstutzen, ein Terzerol und ein Gummiknüttel. Im Gartenhaus von Valentin Köhler entdeckt die Polizei im Erdboden vergraben einen großen Karton mit Literatur sowie die Fahne der KPD. Außerdem konfisziert sie Köhlers Schreibmaschine.

Über die Verhaftungen selbst konnten bislang keine direkten Unterlagen ausfindig gemacht werden, doch geben verschiedene Dokumente Aufschluß darüber, wer im Zuge dieser Großaktion festgenommen wurde. Diese Quellen reichen aber nicht, um ein vollständiges Bild zu zeichnen.

Einwandfrei zu belegen ist, daß sich Alois Brand am 23. März 1933 in "Schutzhaft" befand (ohne Angabe des Aufenthaltsortes). Sein Entlassungsgesuch "kann aus den vom Polizeiamt Aschaffenburg angegebenen Gründen nicht befürwortet werden."[195] Ebenso wurden die Entlassungsgesuche von Alfred Richter (16. 3. 1933) und Jakob Kraus (16. 3. 1933) abgelehnt. Auch Franz Kuhn befand sich vom 29. 3. bis 27. 4. 1933 in "Schutzhaft".[196] Ungeklärt ist, warum Anfang März bei ihm keine Hausdurchsuchung vorgenommen wurde, obwohl er Schriftführer der KPD Aschaffenburg war. Der 41-jährige Otto Kläre war vom 10. 3. bis 12. 4. 1933 in "Schutzhaft". Otto Kläre galt als der geistige Führer der Ortsgruppe.[197] Im Jahre 1931 hatte er in Aschaffenburg elf Abonnenten für die Arbeiterfunkzeitung 'Arbeiter-Sender' geworben.

---

194) Rote Hilfe Deutschlands (RHD): Überparteiliche Solidaritätsorganisation der Arbeiterklasse zur materiellen und juristischen Unterstützung politisch Verfolgter und ihrer Familien. Die RHD wurde am 1. Oktober 1924 gegründet und arbeitete von 1933- 1945 im Untergrund; vgl. Wörterbuch der Geschichte, Berlin (DDR) 1983

195) Schreiben des Stadtkommissärs des Bezirksamtes Aschaffenburg vom 23. 3. 1933; LRA Asch. 2309 – Die Gründe gehen aus dem Schreiben nicht hervor.

196) PA Nr. 5338 Gestapo

197) Otto Kläre trat am 1. 12. 1937 der NSDAP bei und war Blockverwalter der NSV. Dieser Gesinnungsumschwung war den Nazis verdächtig: "Er gebärdet sich zwar äußerlich als Nationalsozialist, seine innere Umstellung ist jedoch zu bezweifeln" geht aus einem Schreiben an die Gestapo Würzburg hervor; vgl. PA Nr. 3884 Gestapo

Am 10. März meldet die 'Aschaffenburger Zeitung' lapidar: "Ebenso wie in anderen bayerischen Provinzstädten wurden auch in Aschaffenburg eine Reihe von kommunistischen Funktionären – bis jetzt 6 Personen – ... in Schutzhaft genommen." Ganz sicher befand sich unter den Verhafteten auch Josef (Seppl) Grimm, ein von den Nazis gefürchteter Funktionär und der eigentliche politische Kopf der Aschaffenburger Ortsgruppe. Betty Fischer berichtet, daß Seppl Grimm 11 Jahre im KZ Dachau verbracht hat: "Ich war damals erst 15 Jahre alt, aber ich weiß noch, daß der Seppl eines nachts auf dem Dach der ehemaligen Buntpapierfabrik eine rote Fahne mit Hammer und Sichel – oder vielleicht war es auch nur eine rote Fahne – gehißt hat. Er wurde gleich darauf verhaftet, aber zu diesem Zeitpunkt wurden auch noch viele andere festgenommen."[198]

Die Verhaftung kommunistischer Funktionäre setzt sich im Landkreis Aschaffenburg fort: Ein Entlassungsgesuch vom 17. März 1933 weist darauf hin, daß sich **Paul Väth** und **Sebastian Blum** aus Oberbessenbach in "Schutzhaft" befinden. Das Gesuch wird abgelehnt, "da beide gefährliche Hetzer der KPD sind."[199] Auch der Hösbacher Kommunist **Kaspar Rady** wird vorübergehend festgenommen[200], der KPD-Ortsgruppenleiter in Großostheim, **Josef Koch**, zur "Schutzhaft" in das KZ Dachau eingewiesen.[201] Die Gendarmerie Stockstadt erwähnt am 9. Mai, daß sich die örtlichen KPD-Funktionäre nicht mehr in "Schutzhaft" befinden.[202]
Die Quellen sind auch hier lückenhaft.

Die Kommunisten im Kahlgrund sind ebenfalls Repressalien ausgesetzt. "Am 10. März werden Gemeinderat **Dinsenbacher** (Hervorhebungen M. Sch.) aus Alzenau, der als Agitationsredner bezeichnete **Siegbert Rothschild** aus Hörstein, **Christian Stenger** aus Sommerkahl und **Josef Daus** aus Krombach in 'Schutzhaft' genommen. Am gleichen Tag durchsuchen Gendarmen mit SA-Hilfspolizei die Wohnungen bekannter Großwelzheimer und Dettinger Kommunisten nach Waffen. Mitte März findet die gleiche Aktion in Gunzenbach statt, wobei 9 Gewehre mit Munition beschlagnahmt werden."[203]

---

198) Josef Grimms Geschichte läßt sich nicht mehr rekonstruieren, da sämtliche diesbezüglichen Dokumente der Gestapostelle Würzburg beim Einmarsch der Amerikaner vernichtet wurden.
199) Schreiben des Bezirksamts Aschaffenburg Nr. 1795 vom 17.3.1933; LRA Asch. Nr. 2309
200) PA Nr. 9807 Gestapo; siehe auch Kapitel 4.2.6.
201) vgl. PA Nr. 4318 Gestapo
202) Polizeibericht der Gendarmerie-Station Stockstadt Nr. 304 vom 9.5.1933; LRA Asch. Nr. 2309
203) Winter 1984, S. 176

Bei einer Durchsuchung im Hause des Spenglers **Vitalis Nötling** in Alzenau kommen drei kommunistische Schriften zum Vorschein.[204]

Der ehemalige Betriebsratsvorsitzende der Gewerkschaft Gustav in Groß-welzheim, **Philipp Hoffmann**, wird verhaftet und bleibt vom 10. 3. bis 3. 6. 1933 inhaftiert.[205]

Am 1. Mai warnt das Bezirksamt Aschaffenburg die ihm unterstellten sieben Gendarmerie-Stationen des Kreises, daß die "... in Schutzhaft genommenen Funktionäre und Führer vielfach durch weniger bekannte Persönlichkeiten ersetzt worden"[206] sind, und erteilt Anweisung – wohl auch im Zusammenhang mit dem von den Nazis vereinnahmten "Feiertag der nationalen Arbeit" und der bevorstehenden Zerschlagung der Gewerkschaften am 2. Mai – "... die gesamte kommunistische Bewegung auf das sorgfältigste zu überwachen und insbesondere festzustellen, wer sich nunmehr als Funktionär oder führend betätigt."[206] In den darauffolgenden Tagen melden die örtlichen Gendarmerie-Stationen von Waldaschaff, Haibach, Großostheim, Stockstadt, Heigenbrücken, Heimbuchenthal und die Gendarmerie-Hauptstation Aschaffenburg einstimmig zurück, daß keine Anzeichen festgestellt werden konnten, die auf ein Wiederaufleben der KPD schließen ließen. Viele ehemalige Parteianhänger seien der NSDAP beigetreten oder beabsichtigten dies zumindest.[207]

Dennoch deuten verschiedene Begebenheiten darauf hin, daß die Faschisten zwar die kommunistische Partei in den Untergrund zwingen, nicht jedoch aufrechte Gesinnung brechen und marxistisches Gedankengut aus den Köpfen vieler Arbeiter vertreiben können. So meldet Gendarmeriekommissär Kunz aus Großostheim [208], daß der verheiratete **Georg Vetter**, der "... früher eifrig für die 'Rote Hilfe' tätig war, viel mit dem Fahrrade im Orte ... gesehen wird. Auch des Abends treibt er sich oft im Dorfe herum. Eine kommunistische Tätigkeit war ihm aber nicht nachzuweisen. Kürzlich wurde er von dem Oberwachtmeister Lang ... gefragt, wie es jetzt mit dem Kommunismus stehe. Er gab zur Antwort, man wisse nicht, was in einem halben Jahr sei."[209]

---

204) Sammlung Schumacher, Karton 30/1, StAWü (im weiteren: 'Sam.Schu.')

205) PA Nr. 2072 Gestapo; siehe auch Kapitel 4.2.7.

206) Bericht des Bezirksamtes Aschaffenburg Nr. 304 vom 1. 5. 1933; LRA Asch. 2309

207) Polizeibericht der Gendarmerie-Station Waldaschaff Nr. 443 vom 6. 5. 1933, Groß-ostheim Nr. 720 vom 7. 5. 1933, Laufach Nr. 556 vom 8. 5. 1933; alle: LRA Asch., Nr. 2309

208) Großostheim war seit jeher als "Rotes Loch" bekannt.

209) Polizeibericht der Gendarmerie-Station Großostheim Nr. 720 vom 7. 5. 1933
Viele Menschen rechneten zu dem Zeitpunkt noch mit einem baldigen Ende des Hitler-regimes.

Auch in Hösbach sieht man die früheren KPD-Mitglieder **Peter Laibacher, Ludwig Wenzel** und **Kaspar Rady**[210] wieder öfter zusammenstehen und in Heimbuchenthal kommt es gar zu einer tätlichen Auseinandersetzung. Dort kommt es in der Nacht vom 1. Mai auf der Straße zu einer Schlägerei zwischen dem ortsbekannten kommunistischen "Rädelsführer" **Eduard Brand** aus Wintersbach und zwei Arbeitern, die sich an der Maifeier beteiligt hatten. Zufällig trifft der ebenfalls ortsbekannte Kommunist **Emil Bachmann** auf die Raufenden. Er wird von den beiden Maifeiernden um Hilfe gebeten. Doch Emil Bachmann lehnt mit den Worten ab: "Der Brand ist einer von Unseren, dem tu' ich nix ... Marschiert Ihr nur, wir marschieren auch!"[211]

Zwei Tage später entdeckt der Gastwirt Bauer aus Wintersbach an seiner Haustür ein kleines Pappschild mit der Aufschrift "Alles rächt sich!" In Bauers Wirtschaft verkehrt die SA und auch sein Sohn Willy ist Mitglied dieser NS-Organisation. Die Täter können nicht ermittelt werden.

Abb. 16: Warnung an der Haustür (LRA Asch. Nr. 2309)

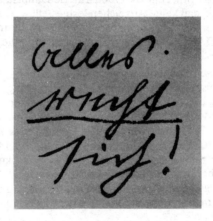

Intensivste Überwachung der "illegalen marxistischen Bewegung" und der rücksichtslose Vollzug der Schutzhaftbestimmungen lähmen in den Folgemonaten des Jahres 1933 den Widerstand und erschwerten die verdeckte Gruppenbildung. Es mangelt wohl auch an geeigneten und geschulten Funktionären, die an die Stelle der inhaftierten treten und den Neuaufbau der Organisation übernehmen können.

---

210) siehe auch Kapitel 4.2.6.
211) Polizeibericht der Gendarmerie-Station Heimbuchenthal Nr. 434 vom 8. 5. 1933

4.2.2. "Die kommunistische Partei scheint ihre Anhänger wieder zu sammeln" - Der Widerstand organisiert sich

Im Sommer 1936 meldet die Bayerische Politische Polizei, daß in letzter Zeit zunehmend versucht wird, "... von Frankfurt/Main aus insbesondere Stadt und Bezirk Aschaffenburg und die ländlichen Bezirke Mainfrankens (also die westlichen unterfränkischen Amtsbezirke Alzenau, Aschaffenburg, Obernburg und Miltenberg) mit illegalen Schriften zu versorgen und organisatorische Verbindungen zu knüpfen."[212] Am 6. Juli 1934 berichtet der Regierungspräsident von Unterfranken und Aschaffenburg: "... die kommunistische Partei scheint unter Führung des früheren kommunistischen Reichstagsabgeordneten **Otto Brenzel** (Hervorhebung M. Sch.), der sich zur Zeit in Radheim bei Frankfurt am Main aufhalten soll, ihre Anhänger wieder zu sammeln. Brenzel versorgt insbesondere die Aschaffenburger Gegend mit illegalem KPD-Material und benützt hierzu einen Kraftwagen. Hierfür spricht der Fund einer Zellenzeitung auf dem Eisenbahngeleis bei Kleinostheim (Bezirk Aschaffenburg) und der Fund eines Handzettels 'Heraus mit Thälmann' in Aschaffenburg. Die KPD scheint von Hanau, Frankfurt und Offenbach her vorzudringen."[213]

Otto Brenzel, eine führende Persönlichkeit des kommunistischen Untergrunds[214], der steckbrieflich gesucht wird und verdeckt von Frankfurt aus operiert, ist es offensichtlich gelungen, die im Frühjahr 1933 abgerissenen Kontakte zu den Aschaffenburger Kommunisten neu zu knüpfen und sie zur Verbreitung von Druckschriften zu gewinnen. "Bei dem illegalen Material handelte es sich sowohl um eigenes, in Frankfurt hergestelltes, wie um Material, das aus dem Ausland nach Frankfurt kam. Dieses Material diente vor allem dazu, die Bevölkerung über die Absichten der Nationalsozialisten aufzuklären: Über die Terror- und Verfolgungsmaßnahmen ... sowie Informationen über die Situation in den Betrieben und an den Arbeitsplätzen, über Lohnabbau und Kriegsrüstungspläne."[215]

Zur Organisation und Verteilung der Flugblätter lassen sich, da dokumentarische Quellen fehlen, nur Mutmaßungen anstellen. Zeitzeugen konnten zu diesen Aktionen nicht befragt werden, da keiner der alten Aschaffenburger Kommunisten mehr lebt. In einem Lagebericht des Regierungspräsidenten von Unterfranken und Aschaffenburg heißt es, "... daß die aus dem Konzentrationslager Dachau entlassenen Schutzhäftlinge sich zusammenschließen, in Gast-

---

212) Broszat/Mehringer 1983 (Band V), S. 259

213) zitiert nach: ebd.

214) Zu Otto Brenzel und zur Situation der illegalen KPD in Frankfurt siehe allgemein: Mausbach-Bromberger 1976, S. 49f, S. 99 f.

215) ebd. S. 52

häusern zusammenkommen und an Straßenecken beisammenstehen. In den nach Frankfurt gravitierenden Amtsbezirken wurden mehrere Kommunisten wegen illegaler Betätigung festgenommen.“[216]

Zu den Verhafteten zählen aller Wahrscheinlichkeit nach auch die Aschaffenburger Kommunisten **Karl Griesemer, Friedrich Panocha** und **Xaver Haberl.** Sie werden zu hohen Haftstrafen verurteilt: Karl Griesemer[217] ist bis Oktober 1935 im KZ Dachau inhaftiert, Friedrich Panocha bis Juli 1935. Xaver Haberl wird 25 Monate, bis Dezember 1936 im gleichen KZ gefangengehalten.[218]

Das Nazi-Organ 'Aschaffenburger Zeitung' hetzt in diesem Zusammenhang:

“Warnung!
Es scheint wieder einmal an der Zeit zu sein, daß unsere b e k a n n t e n G e g - n e r glauben, sie könnten ihren Abschaum über einzelne führende Persönlichkeiten gießen. Sie erfinden und verbreiten alle möglichen und unmöglichen Märchen über dieselben. Daß man dies nur tut, um die nationalsozialistische Bewegung in ihrer Aufbauarbeit zu hemmen und um eine Bresche in das Vertrauen zwischen Führer und Bewegung zu schlagen, ist uns bekannt. Es werden alle diese Elemente aufs schärfste verwarnt. Es gibt für solche Wühlmäuse keine Nachsicht.

SD.“[219]

In ihrem abschließenden Jahresbericht für 1934 über “illegale marxistische Bewegungen“ notiert die Bayerische Politische Partei befriedigt: “Durch die Polizeidirektion Würzburg wurden ... illegale Ortsgruppen des KPD-Unterbezirks Unterfranken ausgehoben, die eine sehr rege Untergrundtätigkeit entfaltet haben ...“[220]

---

216) Broszat/Mehringer 1983 (Band V), S. 259
217) siehe auch Kapitel 4.2.10.
218) Wann und wo der Prozeß stattfand, ließ sich bislang nicht in Erfahrung bringen. Aus der Schutzhaft-Statistik des Bezirksamtes Aschaffenburg, LRA Asch. Nr. 2310 geht lediglich hervor, daß sich Griesemer und Panocha bereits im Oktober 1934 in Dachau befanden. Diese Schutzhaft-Statistik, per Ministerialerlass Nr. 2186 a 59 vom 2. 5. 1934 angeordnet, verpflichtete die Bezirksämter am Ende jeden Monats zur Meldung der neu in “Schutzhaft“ genommenen Personen und der in Konzentrationslagern oder anderen Haftanstalten befindlichen oder aus diesen entlassenen “Schutzhäftlinge“. Die Aufzeichnungen des Bezirksamts Aschaffenburg liegen ab dem Berichtsmonat Oktober 1934 vor und reichen fast lückenlos bis September 1938. Mit Rundschreiben vom 9. 7. 1938 hatte die Gestapo Würzburg die Bezirksämter unterrichtet, daß künftig “von der Schutzhaftstatistik Abstand genommen werden“ kann.
219) 'Aschaffenburger Zeitung' vom 23. 10. 1934
220) zitiert nach: Broszat u. a. 1977 (Band I), S. 233

4.2.3. "Mit keiner Milde mehr zu rechnen" - Oskar Hermani[221]

Die Schärfe der Strafmaßnahmen, die die Gewaltherrscher für die verbotene Fortsetzung kommunistischer Aktivitäten verhängten, - und die damit verbundene Tragik - lassen sich am Beispiel des Aschaffenburger Kommunisten Oskar Hermani und seiner Familie eindrucksvoll dokumentieren.

Der 28-jährige Kaufmann aus Aschaffenburg hatte sich ab Sommer 1934 an der illegalen Untergrundarbeit, die von Hessen aus organisiert wurde, beteiligt. Hermani engagierte sich, zusammen mit Seppl Grimm, "einem der gefährlichsten und hinterlistigsten Genossen seiner Art"[222], in der Verteilung antifaschistischer Flugschriften und versuchte, Arbeiter für die illegale KPD zu gewinnen. Im März 1935 flog die Aktion auf und am 18. September 1935 verurteilte ihn der Strafsenat des Oberlandesgerichts München wegen "Vorbereitung eines hochverräterischen Unternehmens" zu 18 Monaten Gefängnis, die Oskar Hermani in der Haftanstalt Ebrach absaß.[223]

Oskar Hermani ist zum Zeitpunkt seiner Verhaftung im Frühjahr 1935 gerade sechs Wochen verheiratet. Im Mai wird seine Tochter Anneliese geboren, die er zum erstenmal in den Arm nehmen kann, als das Kind drei Jahre alt ist. Nach der Strafverbüßung ist Oskar Hermani nämlich kein freier Mann. Die Bayerische Politische Polizei in München hatte in einem allgemeinen Rundschreiben an alle Polizeidirektionen und Bezirksämter u. a. folgende Strafverschärfung für "politisch Unbelehrbare" angeordnet: "... Kommunistische Funktionäre, die nunmehr nach Strafverbüßung zur Entlassung kommen sollen, sind grundsätzlich in Schutzhaft zu nehmen, sofern es sich bei ihnen um gefährliche Staatsgegner handelt oder anzunehmen ist, daß sie sich wieder der illegalen K.P.D. zur Verfügung stellen ..."[224]

Im Zuge dieser "Präventivmaßnahme" wird Oskar Hermani nach seiner Haftentlassung am 24. Juni 1936 sofort zur "Schutzhaft" in das KZ Dachau eingewiesen.

Das Bezirksamt Aschaffenburg stellt im Auftrag der jungen Ehefrau kurz vor Weihnachten das erste Entlassungsgesuch. Es wird abgelehnt. Auch das Gesuch im März 1937 lehnt der Lagerkommandant des KZ Dachau ab, ebenso das vom Juni 1937: "Oskar Hermani gibt immer noch sehr oft Anlaß zu Beanstan-

---

221) Basismaterial für dieses Kapitel: PA Nr. 1178 Gestapo
222) Schreiben der Gestapo München vom 12. 8. 1937; ebd.
223) Etwa zur gleichen Zeit wurde Seppl Grimm vom Oberlandesgericht Kassel verurteilt. Das Strafmaß ist bislang nicht bekannt.
224) Bayer. Polit. Polizei Bericht Nr. 34574/35 I 1 A vom 13. 8. 1935; LRA Asch. Nr. 2299

dungen, weil er die Lagerordnung nicht einhält und sehr nachlässig und träge bei der Arbeit ist. Sein politisches Verhalten ist unzuverlässig und läßt eine Umstellung noch nicht erkennen."[225] Auch die Bittgesuche vom Juli, September und Dezember 1937 werden abschlägig beschieden.

Frau Hermani ist inzwischen am Rande des körperlichen und seelischen Zusammenbruchs. Sie lebt mit ihrer kleinen Tochter in einer 1-Zimmerwohnung von dürftigen 11,20 Mark wöchentlicher Wohlfahrtsunterstützung. Hiervon müssen Lebensunterhalt, Wäsche, Kleidung und Miete für sie und ihr Kind bestritten werden. Von diesem Geld schickt sie noch regelmäßig an ihren Mann, an dem sie sehr hängt und dessen Abwesenheit sie nur schwer verkraftet. Sie leidet unter heftigen Gallenkoliken, die sie oft tagelang ans Bett fesseln. Aus diesem Grund ist Anna Hermani arbeitsunfähig geschrieben. Auch das Kind Anneliese ist bettlägerig und sehr geschwächt. Es wird wegen einer Nierenentzündung ärztlich behandelt.

In ihrer Not stellt Anna Hermani selbst im März 1938 ein Entlassungsgesuch, mit der Bitte um Weiterleitung an Adolf Hitler: "... Trotz wiederholter, von Herzen kommender Bittschriften an alle Instanzen, meinen Mann zu seiner fast in Verzweiflung stehenden Gattin, seinem einzigen lieben Kind zurückzugeben, blieben ohne Erfolg ... Es ist mit Worten nicht zu schildern, was ich ... ohne jede Hilfe zu den täglichen Sorgen, durchmachen muß ... Meine Volksgenossen, versagen Sie einer kranken Frau, einem lieben Kind, die sehnsüchtig Gatten und Vater erwarten, ihre Befürwortung nicht zu seiner Heimkehr..."[226]

Die NS-Volkswohlfahrt überprüft daraufhin die Angaben von Anna Hermani und besichtigt die Wohnung. Sie befürwortet im Juli 1938 das Gesuch: "Frau Hermani hat sich einer großen Hoffnungslosigkeit hingegeben und lebt ganz zurückgezogen."[227]

Am 3. September 1938, nach 27 Monaten Lagerhaft, wird Oskar Hermani aus dem KZ Dachau entlassen, mit den Auflagen der geheimen Überwachung und einer 3-tägigen Meldepflicht bei der Polizei. Die Gestapo Würzburg eröffnet ihm, "daß er bei Rückfälligkeit mit keiner Milde mehr zu rechnen hat."[228] – Im Spätherbst 1938 findet Oskar Hermani eine Beschäftigung als Hilfsarbeiter im Baugeschäft Ott in Aschaffenburg. Er wird überwacht: "Dort hat er sich bisher einwandfrei geführt und wird außerdem als ein ruhiger und fleißiger Arbei-

225) Schreiben der Lagerkommandantur K.L.Dachau vom 24. 6. 1937; PA Nr. 1178 Gestapo
226) Schreiben von Frau Hermani an das Bezirksamt Aschaffenburg vom 20. 3. 1938; ebd.
227) Schreiben der NSDAP Gau Mainfranken/Würzburg, vom 29. 7. 1938; ebd.
228) Schreiben der Gestapo Würzburg vom 12. 12. 1938; ebd.

ter geschildert, der jeglicher Unterhaltung mit seinen Arbeitskameraden aus dem Wege geht..., Genannter ... führt heute ein harmonisches Familienleben. H. geht, wie beobachtet, nur mit seiner Ehefrau und mit seinem am 24. 5. 1935 geborenen Kind Anneliese Hermani aus."[229]
Über das weitere Schicksal von Oskar Hermani konnte bislang nichts in Erfahrung gebracht werden.

4.2.4. "Ein ganz zäher Kommunist" – Alois Hummel[230]

Der in der Aschaffenburger Kleiderfabrik Kimmich beschäftigte Schneider Alois Hummel koordinierte in der Mainebene zwischen Aschaffenburg und Miltenberg die Weiterverbreitung antifaschistischer Zeitungen und Flugblätter. Er hatte seinen Wohnsitz früher in Großheubach, wo er bis 1933 KPD-Ortsvorsitzender und Gemeinderatsmitglied war. Bei der NS-Machtübernahme kam er zehn Wochen in "Schutzhaft" und wurde nur deshalb nicht nach Dachau überführt, weil er heftig unter Rheumatismus litt. Den Nazis war Alois Hummel "als einer der gefährlichsten und gehässigsten Gegner der NSDAP im ganzen Kreisgebiet" und als "ganz zäher Kommunist" bekannt.[231] Er grüßte nie mit "Heil Hitler" und machte auch sonst aus seiner antifaschistischen Gesinnung keinen Hehl.

Obwohl der 37-jährige Schneider im Verdacht stand, seit 1933 weiter für die verbotene KPD zu arbeiten, gelang es der Gestapo erst im Frühjahr 1935, ihn bei der Verteilung kommunistischer Schriften zu fassen. Die Verbindung nach Frankfurt war durch die Arbeiterehefrau Rosalie Werner aus Frankfurt aufrechterhalten worden. Am 28. Oktober 1935 verurteilte das Oberlandesgericht München Alois Hummel – zusammen mit sieben weiteren Angeklagten – wegen "Vorbereitung eines hochverräterischen Unternehmens" zu 1 Jahr 7 Monaten Gefängnis. Seine Genossin **Rosalie Werner** und seine Genossen **Valentin Schmitt, Franz Kammer, Wilhelm Mack, Leo Mai, Paul Morawe** und Chri-

---

229) Schreiben des Bezirksamts Aschaffenburg vom 2. 1. 1939; ebd.

230) Dieser Bericht basiert auf Angaben der PA Nr. 2419 Gestapo

231) Schreiben der Kriminalpolizei Aschaffenburg vom 22. 8. 1944; ebd.

stian Faber erhielten durchweg mehrjährige Zuchthausstrafen.[232]

In der Urteilsbegründung heißt es "Im Namen des Volkes" u. a.: "Im Jahre 1934 hat die illegale KPD in Frankfurt a. M. und Umgebung eine feste Organisation geschaffen. Bezirksleiter in Frankfurt war ein gewisser 'Fritz', der sich zeitweise auch 'Otto' nannte. Diesem gelang es, Verbindung mit Nordwestbayern herzustellen und in einer Anzahl von Gemeinden Genossen zur Mitarbeit zu gewinnen und zu organisieren, sowie zur Ausübung weiterer Organisations- und Werbetätigkeit zu veranlassen ... Hummel war sich als langjähriges Mitglied der KPD der Tragweite seiner Handlungsweise in besonderem Maße bewußt. Er befand sich auch vom 1.4.1933 an 10 Wochen in Schutzhaft, ohne zur Einsicht gekommen und vor weiterer staatsfeindlicher Betätigung gewarnt worden zu sein ..."[233]

Auch Alois Hummel wurde, wie Oskar Hermani[234], nach der Strafverbüßung in das KZ Dachau eingeliefert, aus welchem er 12 Monate später nur aufgrund mißlicher Familienverhältnisse nachhause entlassen wurde. Fortan ließ die Gestapo ihn "dauernd und unauffällig" überwachen mit der Begründung: "Wohl trägt er nach außen ein gutes Verhalten zur Schau, aber innerlich dürfte er den nationalsozialistischen Staat immer noch nicht anerkennen."[235]

Der Verdacht der Faschisten war nicht unbegründet. Im November 1938 meldete die örtliche Gendarmerie, daß in Großheubach in letzter Zeit ein Schachclub gegründet worden sei, dessen Mitglieder sich fast ausnahmslos aus ehemaligen bekannten Kommunisten rekrutierten. Auch Alois Hummel gehörte dem Schachclub an. Die Gendarmerie-Station Kleinheubach schöpfte Verdacht: "Die Zusammensetzung der Mitglieder mutet sonderbar an. Ein echter Nationalsozialist ist unter den Mitgliedern überhaupt nicht zu finden. Durch das Schachspiel und unter dem Deckmantel des Schachclubs Großheubach können die ehemaligen Kommunisten leicht wieder Zusammenkünfte gleichgesinnter Menschen vereinbaren. Zumal noch solche Mitglieder dabei sind,

---

232) Rosalie Werner (39), Frankfurt: 2 Jahre, 3 Monate Zuchthaus; Valentin Schmitt (27), Leiter der KPD-Ortsgruppe Trennfurt/Bezirk Obernburg: 5 Jahre, 6 Monate Zuchthaus; Franz Kammer (23), Schneider aus Wörth a. M.: 5 Jahre, 6 Monate Zuchthaus; Wilhelm Mack (28), Schneider, KJVD-Funktionär aus Amorbach: 4 Jahre Zuchthaus; Leo Mai (23), Schneider und KPD-Funktionär aus Amorbach: 2 Jahre, 3 Monate Zuchthaus; Paul Morawe (35), Elektromonteur, vor 1933 Mitglied des Bezirkstages Miltenberg, kommunistischer Stadtrat und Leiter der KPD-Ortsgruppe Amorbach/Bezirk Miltenberg: 3 Jahre, 6 Monate Zuchthaus; Christian Faber (35), Schneider, Weilbach: 2 Jahre Gefängnis; vgl. PA Nr. 2419 Gestapo
233) Urteil I 4 OJs 57a, Register (1) Nummer 51 a/1935; ebd.
234) siehe Kapitel 4.2.3.
235) Politische und strafrechtliche Beurteilung, o.D.; PA Nr. 2419 Gestapo

von denen man heute noch weiß, daß sie immer noch die marxistische Weltanschauung vertreten."[236] Solche getarnten Vereine waren in der Tat oft mehr als nur Freizeitclubs: Ehemalige politische Gesinnungsgenossen konnten auf diese Weise unauffällig einander treffen und Informationen und auch verbotenes Material austauschen.

Lange Zeit wurde der Schachclub überwacht, doch konnte man bis zum Beginn des Zweiten Weltkriegs keine subversive Aktivität nachweisen.

Im Krieg wurde Alois Hummel an der Westfront eingesetzt. Im Juli 1940 erhielt er überraschenderweise seine Entlassung, vier Monate später wurde er auf Dauer aus der Wehrmacht ausgeschlossen, wahrscheinlich aufgrund seiner Verurteilung wegen "Hochverrats", und weil er in den Augen der Nationalsozialisten "nach wie vor ein versteckter gefährlicher Gegner des Staates und der Partei"[237] war.

Nach dem Attentat auf Hitler am 20. Juli 1944 ließ die Gestapo im ganzen Land alle sich noch in Freiheit befindenden ehemaligen Mitglieder der verbotenen Partei wegen "Gefahr der öffentlichen Sicherheit" verhaften. Auch Alois Hummel wurde am 22. August 1944 vormittags in seiner Wohnung in der Fabrikstraße in Aschaffenburg festgenommen und drei Tage später mit einem Sondertransport in das KZ Dachau gebracht.

Am 21. November 1944 fiel die Stadt Aschaffenburg einem schweren Bombenangriff zum Opfer; 20000 Menschen standen ohne Obdach da. Auch die Wohnung der Familie Hummel wurde derart beschädigt, daß sie unbewohnbar war. Frau Hummel stellte dringend zwei Entlassungsgesuche, damit ihr Mann die Wohnung wieder instand setzen könne. Nach dem Haftprüfungstermin am 27. Januar 1945 konnte der "zähe Kommunist" Alois Hummel schließlich aus dem KZ Dachau nachhause zurückkehren.

---

236) Polizeibericht der Gendarmerie-Station Kleinheubach Nr. 355 vom 17. 11. 1938; ebd.

237) Schreiben der Kriminalpolizei Aschaffenburg vom 22. 8. 1944; ebd.

4.2.5. „Die Fäden der Verschwörung reichen bis nach Alzenau" – Die Hanauer Hochverratssache

Zu Beginn des Jahres 1935 kommt die Hanauer Gestapo einer „bis dahin umfangreichsten von der KPD geführten Widerstandsorganisation im ‚Städte-Viereck' Aschaffenburg–Hanau–Offenbach–Frankfurt a.M."[238] auf die Spur. Ende Januar tauchen in verschiedenen Straßen Hanaus kommunistische Streuzettel aus Pappe auf mit Parolen wie „RFB lebt"[239] und „Nieder mit Hitler". Fieberhaft sucht die Gestapo nach den Verantwortlichen und läßt Anfang Februar 1935 88 Personen im gesamten Umland wegen „Vorbereitung zum Hochverrat" verhaften.

„Die Organisation der ‚88er' ist ein Beispiel für die illegale Zusammenarbeit von Antifaschisten aus verschiedenen Arbeiterparteien und Arbeiterorganisationen. An dieser lokalen ‚Front' kämpften Kommunisten gemeinsam mit Sozialdemokraten und Parteilosen, Arbeiter und Angestellte aus den verbotenen Gewerkschaften, Stadtverordnete und Gemeindevertreter, ehemalige Soldaten und Kriegsteilnehmer aus dem Ersten Weltkrieg."[240]

„Die Fäden der Verschwörung scheinen bis in den Bezirk Alzenau herüberzureichen", schreibt Amtsvorstand Böhm in einem gesonderten Lagebericht am 27. Februar 1935.[241] Im Zuge der Ermittlungen werden in Alzenau der verheiratete Kraftwagenführer **Richard Kempf** und in Kahl der verheiratete Hilfsarbeiter **Anton Dinsenbacher** von der Hanauer Gestapo verhaftet, obwohl Hausdurchsuchungen ergebnislos verlaufen waren. Anton Dinsenbacher wird vorgeworfen, mit dem kommunistischen Genossen **Heininger** aus Langenselbold in Verbindung gestanden zu haben und als Untervertreter tätig gewesen zu sein. In dieser Eigenschaft soll er den „Flugblattvertrieb oder die Hetzschriftenverteilung"[242] in Kahl organisiert und dort den Wiederaufbau der illegalen KPD vorangetrieben haben.

Am 8. Juni 1935 verurteilt das Oberlandesgericht Kassel 73 der 88 Angeklagten zu hohen Haftstrafen.

---

238) Hanauer Hefte, So begann es 1933. Naziterror und erster Widerstand in Hanau Stadt und Land, Schriftenreihe der VVN – Bund der Antifaschisten Main-Kinzig, Nr. 2, o.J., S. 41

239) RFB: Roter Frontkämpferbund

240) Hanauer Hefte, S. 41

241) Bericht des Bezirksamts Alzenau vom 27. 2. 1935; LRA Alz. Nr. 339

242) Polizeibericht der Gendarmerie-Station Kahl Nr. 215 vom 26. 2. 1935 und Monatsbericht des Bezirksamts Alzenau vom 27. 6. 1935; ebd.

Abb. 17: „Im Namen des Volkes ...“ („Beobachter am Main“ vom 11.6.1935)

Urteil im Hanauer Kommunistenprozeß

130 Jahre Zuchthaus und 30 Jahre Gefängnis für die Angeklagten

Der Strafsenat des Oberlandesgerichts Kassel fällte am achten Tage der Verhandlung gegen die 88 Kommunisten aus Hanau und Umgebung das Urteil.

42 Angeklagte wurden zu insgesamt 130 Jahren Zuchthaus und 31 Angeklagte zu insgesamt 30 Jahren Gefängnis verurteilt.

14 Angeklagte wurden freigesprochen. Das Verfahren gegen einen Angeklagten wurde abgetrennt. Die Untersuchungshaft wurde sämtlichen Angeklagten angerechnet. Das Urteil ist mit der Verkündung rechtskräftig.

Die Angeklagten hatten versucht, in der Zeit vom August 1934 bis in den Februar 1935 hinein den Unterbezirk Hanau der illegalen KPD. durch ihre Arbeit wieder aufzuziehen. Bei ihrer Tätigkeit spielte die Verbreitung von kommunistischen Flugblättern und Zeitungen, zu deren Herstellung auch Schreibmaschinen und Vervielfältigungsapparate benutzt wurden, eine erhebliche Rolle. Außerdem wurden in Hanau und etwa 15 umliegenden Orten Beiträge kassiert. Mehrfach wurde auch versucht, kommunistische Zellen zu bilden. Bevor die Organisation jedoch größeren Umfang annehmen oder eine erfolgreiche Arbeit aufnehmen konnte, wurde sie von der Staatspolizei gefaßt.

Der Hauptangeklagte, der 47 Jahre alte Philipp Jörg aus Klein-Auheim, der als Unterbezirksleiter für Hanau die Triebfeder der gesamten Gruppe war, erhielt 8 Jahre Zuchthaus und 5 Jahre Ehrverlust, der 32jährige Friedr. Eichert wurde zu 7 Jahren Zuchthaus und 5 Jahren Ehrverlust verurteilt, 6½ Jahre Zuchthaus und 5 Jahre Ehrverlust erhielt der 39 Jahre alte Matthias Wagner aus Offenbach, zu 6 Jahren Zuchthaus wurde der 32jährige Josef Kuhn aus Hanau verurteilt, und je 5 Jahre Zuchthaus erhielten der 31 Jahre alte August Kaufhold aus Hanau und der 35 Jahre alte Moritz Biel aus Rückingen. Drei weitere Hauptangeklagte erhielten Zuchthausstrafen zwischen 4 und 5 Jahren. Die anderen Zuchthausstrafen gingen bis auf 2 Jahre herunter. Von den mit Gefängnis bestraften Angeklagten wurde ein großer Teil wegen Beihilfe der Vorbereitung eines hochverräterischen Unternehmens verurteilt. Die Angeklagten nahmen das Urteil ruhig auf. Viele zeigten nur während der mehrstündigen Urteilsbegründung tiefste Niedergeschlagenheit, während andere wieder Gleichgültigkeit markierten.

Anton Dinsenbacher wird zu 1½ Jahren Zuchthaus verurteilt, Richard Kempf zu 4 Jahren, die der Vater von zwei kleinen Kindern in der Strafanstalt Mehlheiden bei Kassel verbüßt. Der jüngste Sohn wird während seiner Untersuchungshaft geboren. Es wird vier Jahre dauern, bis Richard Kempf ihn zum erstenmal sieht. Drei Monate vor seiner Haftentlassung richtet die Ehefrau Anna Kempf besorgt ein Schreiben an das Geheime Staatspolizeiamt in Berlin[243]: „Alles in allem geht es darum, Gewißheit zu erhalten, ob mein Man an benanntem Datum (12.2.1939 - M.Sch.) tatsächlich entlassen wird. Der Zustand der Ungewißheit ist jetzt, wo es dem Ende zugeht, einfach nicht mehr zu ertragen. Ich bin mit meinen Nerven beinahe am Ende und auch körperlich stark zerrüttet. Sie als die höchste und letzte Instanz (sind) meine ganze Hoffnung, an die ich mich in meiner Verzweiflung klammere. Ich bitte Sie inständig, geben Sie mir Gewißheit, ich werde Ihnen ewig dankbar sein, wenn Sie mich von diesem Alpdruck befreien ...“[244]

Die Angst Anna Kempfs um ihren Mann war begründet, denn im Anschluß an die Strafverbüßung wurde Richard Kempf in „Schutzhaft“ genommen. Offen-

243) Gestapa: Höchste Gestapozentrale unter Leitung von Reinhard Heydrich, die für alle Gestapostellen verbindliche Anordnungen treffen konnte.

244) Abschrift des Schreibens von Frau Kempf an das Gestapa Berlin vom 20.11.1938; PA Nr. 3581 Gestapo

sichtlich verfehlte der verzweifelte Bittbrief von Frau Kempf seinen Zweck doch nicht, denn am 16. März 1939 wurde Richard Kempf auf Anordnung des Geheimen Staatspolizeiamtes in Berlin „probeweise" nachhause entlassen, mit der Auflage der unauffälligen Überwachung.

„Der groß publizierte Naziprozeß in Kassel erreichte ungeachtet der verhängten schweren Strafen das gewünschte Ziel nicht: die völlige Zerschlagung des antifaschistischen Widerstandes im regionalen Bereich."[245]

Abb. 18: Auszüge aus einer illegalen KPD-Schrift mit Verhaltensanweisungen zur Arbeit im Untergrund (LRA Asch. Nr. 2299)

Abschrift

Hinweise zur Sicherung unserer Arbeit

Nur für den engsten Kreis bestimmt, dann vernichten. Im übrigen mündlich weitergeben.

I. Allgemeine Hinweise

1. In der Vorsicht und Genauigkeit bei der ersten Arbeit niemals nachlassen, auch wenn von der Polizei längere Zeit nichts zu merken ist. Man muss damit rechnen, daß oft erst nach monatelanger Beobachtung zugegriffen wird.
2. Bei jeder Zusammenkunft plausible Erklärung des Grundes des Zusammenseins bereit haben und vor Beginn mit anderen Teilnehmern vereinbaren. Nicht alle wichtigen Funktionäre in einer Sitzung zusammenfassen; immer einen oder mehrere in Reserve lassen ...
3. Jeder soll nur wissen, was er wissen muss, andererseits aber darf die Vorsicht nicht soweit überspitzt werden, daß nur einer alles weiss und dann bei seinem Ausfall alles stillsteht und auseinanderfällt. Jeder wichtige Funktionär muss einen Ersatzmann haben ...
4. Immer etwas Geld bei sich haben, damit man einer evtl. Beobachtung oder Verfolgung durch eine Fahrt mit der Strassenbahn und dgl. entgehen kann.
5. Mit den Genossen nie unter dem richtigen Namen verkehren, auch in kleinen Orten, wo einer den anderen kennt, sich an den Gebrauch eines Decknamens (gebräuchlicher Vor- oder Zuname) gewöhnen, sodaß neue Mitglieder und Aussenstehende den richtigen Namen (und vor allem die Adresse) nicht kennen oder feststellen können.
6. Nur das Nötigste bei sich haben. Bei Sitzungen, Zusammenkünften, Schulungskursen nur das dazu Gebrauchte ...
7. Schriftliches, wenn überhaupt nötig, nur mit Decknamen unterzeichnen (Quittungen). In kurzen Abständen alle Belege vernichten ...
8. Die Angehörigen möglichst nicht in die politische Tätigkeit einweihen ...
9. Mit dem zuverlässigen Angehörigen ein Zeichen für den Fall ausmachen, daß eine polizeiliche Nachfrage oder dgl. während der Abwesenheit stattgefunden hat, damit man der Polizei nicht direkt in die Arme läuft (geeignet ist das Öffnen eines Fensterflügels oder dgl.)
10. Hat eine polizeiliche Nachfrage stattgefunden, oder eine Vernehmung bei der Polizei oder besteht anderer Anlass, dass man beobachtet sein könnte, so darf man unter keinen Umständen zu anderen Mitgliedern laufen. Indirekt, durch Einschalten unverdächtiger Personen, muss der zuständige Funktionär informiert werden.

---

245) Hanauer Hefte, S. 41

II. Besondere Vorsichtsmassregeln bei Gefährdung.

Sind in der Organisation oder in anderen politischen Gruppen, mit denen Verbindung bestanden hat, Verhaftungen vorgekommen, so ist besondere Vorsicht geboten.

1) Alles Belastende aus den Wohnungen entfernen ...

2) Die Arbeit in solcher Zeit auf ein Mindestmass beschränken ...

3) Für den Fall, daß Verhaftungen in der Organisation stattgefunden haben oder falls sonst nötig, Decknamen, Treffpunkte, Treffzeichen sofort ändern.

4) Übereinstimmende Aussagen für evtl. Verhöre ausmachen.

5) Alle diejenigen, die gefährdet sind, insbesondere die, deren Wohnung oder richtiger Name Verhafteten bekannt ist, müssen sofort ihre Wohnung verlassen (schon in normalen Zeiten für einen solchen Fall eine Notwohnung in Aussicht nehmen) ... Angehörigen nicht mitteilen, wo man schläft. Eine zuverlässige, privat befreundete Person bitten, die notwendigen Bestellungen an die Angehörigen und von den Angehörigen auszurichten ... Auch diese Person darf die Angehörigen nicht in der Wohnung aufsuchen, sondern muss sie am dritten Ort treffen, sie darf auch nicht wissen, wo der Gefährdete jetzt schläft ...

6) Mit den Angehörigen vereinbaren, was sie im Fall einer polizeilichen Nachfrage in der Wohnung angeben ...

7) Je nach dem Verhalten der Polizei das zukünftige Verhalten einrichten. Ob auch die Arbeitsstätte oder die Stempelstelle gemieden werden muss, muss von Fall zu Fall entschieden werden. Alle diese Entscheidungen dürfen nicht auf eigene Faust getroffen werden, sondern in Übereinstimmung mit der örtlichen Leitung ...

III. Ratschläge für das Verhalten bei der Polizei und vor Gericht.

1) Ruhiges und sicheres Auftreten und klare überlegte Antworten. Je weniger der Verhaftete "weiss", desto eher erlahmt in der Regel das Interesse der Partei, bzw. der SA. und der SS. an ihm, desto weniger wird er verhört ...

2) Nicht an Versprechungen (bessere Behandlung oder niedrigere Strafe bei Mehrgestehen) glauben. Die "Bessere" besteht darin, daß die Polizei nur mit allen Mitteln versucht, immer mehr herauszupressen ...

3) Bei drohenden Mißhandlungen ist es am besten, eine möglichst ruhige Erklärung abzugeben, die besagt: "Auf diese Weise werden Sie auch nichts herausbekommen, denn ich kann nicht mehr sagen, als ich weiss, im übrigen werde ich alle Einzelheiten meiner Misshandlung vor dem Gericht ausführlich schildern" ...

4) Wenn möglich jede Funktion abstreiten. Falls nötig, zugeben, daß man einmal Genossen ab und zu getroffen hat. Von diesem kenne man nur den Decknamen (möglichst einen falschen angeben). Wenn Personalbeschreibung verlangt wird, nichtssagende oder irreführende geben ...

5) Genau im Gedächtnis behalten, was man gesagt hat. Sich nicht in Widersprüche verwickeln. Es kommt vor, daß die Beamten versuchen, mit Bluff etwas herauszubekommen ...

6) Auf jeden Fall unbedingt abstreiten: a) Irgendwelche Verbindung mit dem Ausland, b) die Verfassung irgendwelcher Schriften, c) die Verbreitung von "Greuelmärchen", d) die Weitergabe illegaler Zeitungen, e) die Verbindung mit irgendeiner Inlandszentrale, sei es BL. oder RL.

7) Falls man gezwungen ist, irgendeine Tätigkeit zuzugeben, diese soweit wie möglich, zeitlich zurückverlegen ... seit Mai 1934, gelten äußerst verschärfte Strafbestimmungen.

8) Es wäre irrig anzunehmen, daß es auf das Gericht Eindruck macht und eine niedrige Strafe sichert, wenn man den Reumütigen oder Bekehrten spielt. Der klassenbewußte Arbeiter bekennt sich auch vor dem faschistischen Gericht aufrecht zu seiner Weltanschauung.

4.2.6. „Bei uns immer noch Rot Front!" – Die Hösbacher KPD-Gruppe[246]

Im März 1935 erfolgten weitere Verhaftungen durch die Gestapo. Vier Verfahren gegen elf Aschaffenburger Kommunisten werden vor dem Oberlandesgericht München eingeleitet. **Hans Link, Simon Link** und **Martin Pfarrer** werden im September 1935 zu 6, 15 und 18 Monaten Gefängnis bzw. KZ Dachau verurteilt. Auch ihnen konnte die Weitergabe einzelner illegaler Druckschriften nachgewiesen werden.[247]

Im April 1935 glaubt die Bayerische Politische Polizei, einer weiteren Hochverratssache in Hösbach auf die Spur gekommen zu sein. Neun ehemalige Mitglieder der KPD-Ortsgruppe werden vom 1. April bis 21. Mai 1935 im Landgerichtsgefängnis Aschaffenburg in „Schutzhaft" festgehalten. Sie stehen im Verdacht, in Hösbach den Neuaufbau der verbotenen KPD vorangetrieben zu haben, was die Gestapo als „Vorbereitung zum Hochverrat" einstuft.

Peter Wenzel (Deckname „Sester"), **Alois Reuter** und **Valentin Geis** waren im Dezember 1934 mit dem Kaninchenzuchtverein zu einer Hasenausstellung nach Frankfurt gefahren. Dort sollen sie, den Vermutungen der Gestapo zufolge, Verbindungen mit der verbotenen KPD Frankfurt aufgenommen haben. Aber das bestreiten sie. Peter Wenzel gibt an, in Frankfurt den Onkel seiner Braut aufgesucht zu haben, Alois Reuter besuchte ebenfalls einen Onkel, bevor er mit Valentin Geis ein Tiermuseum besichtigte.

Besonders verdächtig erscheint der Bayerischen Politischen Polizei das häufige zufällige Zusammentreffen des politischen Leiters der ehemaligen Hösbacher KPD-Ortsgruppe, **Kaspar Rady**, mit **Lorenz Stein**, Peter Wenzel und Valentin Geis in Dorfwirtschaften und reihum in den Wohnungen, wo sie angeblich Schafkopf spielen. Kaspar Rady hatte vor kurzem zwei SA-Leuten in einer Wirtschaft zugerufen: „Ihr habt eure Spitzel, wir haben unsere." An ihrem gemeinsamen Arbeitsplatz in der Ziegelei Luchs in Hösbach sollen Lorenz Stein, Peter Wenzel und **Konrad Höfler** „illegale Schriften" ausgetauscht und gelesen haben.

---

246) Diesem Bericht liegen folgende Personenakten der Gestapostelle Würzburg zugrunde: Nr. 9807 (Kaspar Rady), Nr. 10473 (Alois Reuter), Nr. 5498 (Peter Laibacher), Nr. 15116 (Lorenz Stein), Nr. 17096 (Peter Wenzel), Nr. 1770 (Konrad Höfler); Valentin Geis wird erwähnt unter Nr. 10473, 15116 und 17096.
Die KPD-Ortsgruppe Hösbach umfaßte, nach Angaben von Kaspar Rady, 25 Mitglieder, eine nicht unbedeutende Zahl für das 3 400 Einwohner zählende Dorf.
247) vgl. Broszat / Mehringer 1983 (Band V), S. 223

Der 40jährige **Peter Laibacher** fällt an Weihnachten 1934 unliebsam auf, als er in etwas angetrunkenem Zustand den Hitlergruß mit der Bemerkung „Bei uns immer noch Rot Front!" beantwortet. Und Peter Wenzel, von der Polizei als „berüchtigter Wilderer"[248] eingestuft, wird gar beschuldigt, den Moskauer Sender abzuhören. Dies bestreitet er energisch. In seiner Vernehmung gibt er an: „Mir ist nicht bekannt, daß jemals in Hösbach eine Person den Moskauer Sender eingestellt gehabt hätte. Obwohl meine Schwester Anna Wenzel die Radiozeitungen austrägt, war mir nicht bekannt, daß man hierorts auch den Moskauer Sender hören könnte." Peter Wenzel war bereits im Sommer 1933 zwei Wochen in „Schutzhaft", weil man bei einer Hausdurchsuchung ein kommunistisches Parteiabzeichen an seiner Kleidung entdeckt hatte.

Die Hösbacher bestreiten übereinstimmend die ihnen vorgeworfenen illegalen Betätigungen. Mangels ausreichender Beweise muß bei fünf Beschuldigten das Verfahren Ende April 1935 vom Oberlandesgericht München eingestellt werden. Nach sieben Wochen werden sie aus der „Schutzhaft" entlassen.

Valentin Geis, dem die Weitergabe illegaler Broschüren nachgewiesen werden kann, wird zu zwei Jahren Gefängnis verurteilt. Nach Verbüßung der Strafe wird der 50jährige Arbeiter zur „Schutzhaft" in das KZ Dachau überführt. Im August 1938 befindet er sich immer noch dort.

Im Abschlußbericht der Bayerischen Politischen Polizei über „illegale marxistische Bewegungen in Bayern 1935" heißt es: „... im Ausbau ihrer illegalen Organisationen war es der KPD in diesem Jahr in Bayern gelungen, in zäher und oft mühevoller Arbeit ... wesentliche Erfolge zu erreichen ... Diese Bestrebungen und Fortschritte, die im ganzen Land aufmerksam verfolgt wurden, waren jedoch durch die jeweiligen polizeilichen Zugriffe für die KPD von keinem dauernden Erfolg begleitet. Nach oft wochen- und monatelangen intensiven Überwachungen und eingehenden Ermittlungen gelang es im Laufe des Jahres, die illegalen Stützpunkte, Zellen und Ortsgruppen in ... Aschaffenburg ... Hösbach ... Alzenau ... restlos aufzurollen und den gesamten Funktionärskader einschließlich der Instrukteure festzunehmen ... Zusammenfassend ergibt sich im Jahre 1935 auch in Bayern eine stark zunehmende Aktivität der illegalen marxistischen Bewegungen, die zu ernsten Bedenken Anlaß gibt ... Es hat sich ferner auch in diesem Jahr wiederholt bewiesen, daß insbesondere bei überzeugten Kommunisten die strafrechtliche

---

248) Der Kampf ums Überleben zwang so manchen Familienvater zu verbotenen Formen der Existenzsicherung.

Verfolgung und das Konzentrationslager allein nicht mehr abschreckend ...
wirkt ..."[249]

Von diesen Vernichtungsschlägen kann sich die KPD am bayerischen Untermain kaum mehr erholen, um in organisierter Form subversiv weiterzuarbeiten. In den Folgejahren nehmen die Ausdrucksformen von Opposition und Widerstand gegen das faschistische System überwiegend individuellen Charakter an. Es lassen sich nur noch vereinzelt Aktionen feststellen, die auf eine konspirative Zusammenarbeit schließen lassen.

4.2.7. „Schlagt den Faschismus, wo ihr ihn trefft" — Philipp Hoffmann[250]

Der 1883 geborene Philipp Hoffmann aus Großwelzheim war als einflußreicher KPD-Funktionär bekannt. Den Nazis erschien er so gefährlich, daß sie den Hilfsarbeiter im Zuge der „Erfassung hervorragender Feinde von Bewegung und Staat"[251] acht Jahre lang überwachen ließen. Nach der Machtübernahme war der ehemalige KPD-Ortsgruppenleiter und Betriebsratsvorsitzende der Braunkohlezeche ‚Gewerkschaft Gustav'[252] vom 10. März bis 3. Juni 1933 in „Schutzhaft" genommen worden. Diese Abschreckung verfehlte jedoch ihr Ziel. Er blieb seiner Parole treu: „Schlagt den Faschismus, wo ihr ihn trefft."[253] 1934 mußte die Gendarmerie in der Küche der Familie Hoffmann die Bilder von Karl Liebknecht und Rosa Luxemburg entfernen. Bei Maifeiern zeigte er die kommunistische Fahne.

Vor der Volksabstimmung am 19. August 1934[254] entfalteten sich im Alzenauer Raum verbotene Wahlaktivitäten. Die Bayerische Politische Polizei hat-

---

249) zitiert nach: Broszat u.a. 1977 (Band I), S. 243 ff. Im Jahre 1935 wurden in Bayern insgesamt 1 579 Personen wegen „marxistischer Betätigung" verhaftet (gegenüber 2 144 im Jahre im Jahre 1934), darunter 268 ehemalige, meistens im KZ Dachau inhaftiert gewesene „Schutzhäftlinge". Vom Oberlandesgericht München wurden 1935 164 Verfahren wegen „Vorbereitung zum Hochverrat" eingeleitet; vgl. ebd.

250) Dieser Bericht basiert auf Angaben der PA Nr. 2 072 Gestapo

251) Meldung des Gendarmeriepostens Kahl vom 14. 9. 1939; LRA Alz. Nr. 340

252) siehe auch Kapitel 2.3 und 3

253) Politische und strafrechtliche Beurteilung vom 2. 9. 1938; PA Nr. 2 072 Gestapo

254) In der Volksabstimmung vom 19. 8. 1934 verlangte der „Führer und Reichskanzler" Adolf Hitler die Zustimmung des Volkes, ihn gleichzeitig als „Staatsoberhaupt" anzuerkennen.

te vorsorglich alle Polizeidirektionen und Bezirksämter gewarnt: „Anläßlich der Volksabstimmung am 19. 8. 1934 beabsichtigen die KPD und SPD, eine erhöhte Propaganda und Agitation zu entfalten. Es sollen Flugblätter verteilt und Demonstrationen versucht werden. Entsprechende Gegenmaßnahmen sind zu treffen. Besondere Vorfälle wollen sofort mitgeteilt werden."[255] In der Nacht vor der Volksabstimmung wurde Philipp Hoffmann beim Verteilen handgeschriebener Zettel und Flugblätter ertappt[256] und schon am nächsten Tag, zusammen mit dem Kahler Kommunisten Lorenz Repp[257], in das KZ Dachau eingewiesen. Fünf Monate, bis 21. Januar 1935 bleibt er dort gefangengehalten.

Zurückgekehrt, verharrt Philipp Hoffmann weiter in seiner antifaschistischen Gesinnung. Er verweigert nach wie vor den „Deutschen Gruß"[258], nimmt an keiner NS-Veranstaltung teil und verbietet seinen Kindern, in der Schule das Deutschlandlied mitzusingen. Anfang 1936 kommt Hoffmann erneut 14 Tage lang in „Schutzhaft" und zwar wegen Arbeitsverweigerung. Möglicherweise steht dies im Zusammenhang mit seinem Einsatz beim Reichsautobahnbau.[259]

Im März 1937 glaubt die Gestapo Würzburg, in Großwelzheim eine kommunistische Verschwörung aufdecken zu können. Im Zuge der Überwachung wird wiederholt beobachtet, daß nachts zu später Stunde auf dem Hoffmann'schen Anwesen fremde Autos und Motorräder parken und die Fahrzeughalter sich längere Zeit im Haus von Philipp Hoffmann aufhalten. Man vermutet, daß die Besucher kommunistische Gesinnungsgenossen sind und intensiviert die Bespitzelung; sie bringt jedoch keine greifbaren Ergebnisse.

1941 wurde der 58jährige Philipp Hoffmann aus der berüchtigten „A-Kartei" der Gestapo gestrichen, da „in den letzten Jahren nichts Nachteiliges" mehr gegen ihn bekannt geworden war.[260]

---

255) Schreiben der Bayerischen Politischen Polizei München vom 16. 8. 1934, LRA Asch. Nr. 2 299

256) Von den Wählern im Bezirk Alzenau stimmten am 19. 8. 1934 17 642 für Adolf Hitler als „Staatsoberhaupt"; 2 086 stimmten mit „Nein" und 585 Personen machten ihre Stimmzettel ungültig. Das Bezirksamt Alzenau stellte fest: „Damit steht der Bezirk Alzenau wiederum (wie im November 1933) der Zahl der Nein-Stimmen nach an der Spitze sämtlicher Bezirke Unterfrankens."; vgl. Winter 1984, S. 18

257) siehe auch Kapitel 4.2.9.

258) siehe auch Kapitel 4.3.10.

259) siehe auch Kapitel 4.2.8.

260) A-Kartei: Personenbeurteilungen der Gestapo zur „Erfassung von hervorragenden Feinden von Staat und Bewegung". Zweck der Erfassung war es, in Zusammenarbeit mit den Bezirks- bzw. Landratsämtern politisch unliebsame Personen festzunehmen oder ihre besondere Überwachung anzuordnen.

4.2.8. „Zur Nachahmung geeignet" — Arbeitsverweigerung bei kriegswichtigen Bauvorhaben und in der Kriegsindustrie

Ein Terrain besonderer Art, das immer wieder als Schauplatz von Arbeiteropposition auftauchte, bildeten die Reichsautobahnstellen und andere größere Bauvorhaben.

Mit dem Bau der Autobahnen[261] und durch andere Großprojekte gelang es den Nationalsozialisten, die Arbeitslosigkeit langsam abzubauen[262]. Mit der Reduzierung der Arbeitslosigkeit verfolgten sie aber keine wirklich sozialen und humanen Zwecke; die Bauvorhaben dienten der Vorbereitung von Krieg und territorialer Expansion. Gerade in der sozialistisch und kommunistisch orientierten Arbeiterschaft erkannte man die Gefahr, die mit dem Ausbau des Autobahnnetzes verbunden war; man wußte, daß dieser nicht dem so oft proklamierten Frieden diente.

Tausende von Arbeitslosen und Empfänger von Wohlfahrtsunterstützung wurden — mehr oder minder freiwillig — auf die riesigen Baustellen überall im Land geschickt, wo sie unter unwürdigen Bedingungen zu einem Stundenlohn von 68 Pfennigen[263] im Arbeitseinsatz standen. Ihre Unterbringung in notdürftigen Unterkünften verschlechterte die Situation zusätzlich und steigerte den Unmut. Die Baustellen entwickelten sich häufig zu Zentren sozialer Unzufriedenheit und politischer Opposition. Im August 1934 berichtete der Regierungspräsident von Unterfranken von „Unruhen mit anscheinend kommunistischem Hintergrund beim Bau der Hochrhönstraße."[264]

Im Herbst 1935 waren allein aus Großwelzheim 20 Männer[265] und 30 Männer aus Dettingen, Hörstein und Rückersbach[266] auf Autobahnbaustellen einge-

---

261) Am 27.6.1933 wurde das „Unternehmen Reichsautobahn" gegründet, im Herbst mit dem Bau des ersten Teilstücks bei Frankfurt/Main begonnen.

262) Von 6,2 Mio. Arbeitslosen im Februar 1933 waren im Juli 1935 noch 1,75 Mio. ohne Arbeit.

263) vgl. Kammer, Hilde / Bartsch, Elisabet, Jugendlexikon Nationalsozialismus, Reinbek bei Hamburg 1982

264) Broszat / Mehringer 1983 (Band V), S. 258

265) Polizeibericht Nr. 1531 der Gendarmerie-Station Kahl vom 24.11.1935; LRA Alz. Nr. 339

266) vgl. Winter 1985, S. 201

setzt. Daß es dort nicht immer ohne Konflikte zuging, und wie streng Arbeitsverweigerung geahndet wurde, zeigt eindringlich der Lagebericht des Bezirksamts Alzenau vom 27. September 1935:

„Die Gemeinde Großwelzheim, die seit vielen Jahren mit Wohlfahrtsausgaben überlastet und dadurch in völlige Zahlungsunfähigkeit geraten ist, sollte dadurch entlastet werden, daß ungefähr 20 langjährige Wohlfahrtserwerbslose zur Arbeit an der Reichsautobahn in Mittelfranken zugewiesen wurden. Trotz Bezahlung der Reise zur Arbeitsstätte, Zuweisung eines Taschengeldes und Kleiderbeschaffung durch die Gemeinde haben sich fünf der Erwerbslosen nicht gescheut, bereits nach einem Tag Arbeit auf der Reichsautobahn ihre Arbeitsstätte unter nichtigen Vorwänden zu verlassen und wieder nach Großwelzheim zurückzukehren. Auf Antrag des Bürgermeisters von Großwelzheim und im Einvernehmen mit der Kreisleitung wurden vier der ‚Deserteure' in Schutzhaft genommen. Ein Fünfter hat ein ärztliches Zeugnis über seine angebliche Arbeitsunfähigkeit vorgelegt, das z. Zt. durch den Amtsarzt nachgeprüft wird. Die Verhängung der Schutzhaft erschien umso notwendiger, als die Gefahr bestand, daß bei unbeanstandeter Rückkehr der ersten fünf Arbeiter wohl noch ein größerer Teil der zur Reichsautobahn Zugewiesenen ebenfalls die Arbeit niedergelegt hätte und nachhause gelaufen wäre. Der Unterstützungsentzug allein, der bevorgestanden wäre, hätte die Leute, die jeglichen Arbeitswillen verloren haben, nicht vom Verlassen der Arbeitsstätte abgehalten."[267]

Über die tatsächlichen Motive für die Arbeitsniederlegung gibt der Bericht keinen Aufschluß.

Arbeitsverweigerung wurde auch beim Bau des Westwalls[268] bekannt. Zur Errichtung dieses Festungsgürtels wurden rund 350 000 Bauarbeiter zwangsverpflichtet. Menschenunwürdig untergebracht und mangelhaft verpflegt mußten die Westwallarbeiter unter polizeilicher und militärischer Aufsicht täglich 12, 14 und mehr Stunden arbeiten. Da der Einsatz im „Operationsgebiet" lag, zählten sämtliche Bauarbeiter zum „Heeresgefolge" und Arbeitsniederlegung fiel unter den Straftatbestand „Fahnenflucht".

Der Maurer **Josef Hock** aus Grünmorsbach war an einem Bauabschnitt am Niederrhein eingesetzt. Im Februar 1940 ließ sich Josef Hock sein Arbeitsbuch aushändigen, um es angeblich bei der Musterung vorlegen zu können. Dies war jedoch nur ein Vorwand, denn er fuhr unverzüglich nachhause.

---

267) Lagebericht des Bezirksamts Alzenau vom 27. 9. 1935; LRA Alz. Nr. 339

268) Der Westwall: Befestigungsanlagen, bestehend aus massiven Bunkern, Geschützstellungen, Panzersperren, Munitionsdepots usw., die 1938/39 auf Befehl Adolf Hitlers an den Westgrenzen Deutschlands errichtet wurden. Ihre Länge betrug rund 400 km. Der Westwall war Ausgangspunkt des Kriegsüberfalls auf Frankreich, Holland, Belgien und Luxemburg am 10. Mai 1940; vgl. Wörterbuch 1983

Der Führer des Sicherheitsstabes bei der Oberbauleitung Aachen vermutete, „... daß Hock versuchen wird, die noch auf der Baustelle verbleibenden Maurer von dort wegzuziehen und daß das Verhalten zur Nachahmung geeignet ist, sobald keine entsprechenden Maßnahmen ergriffen werden",[269] und erteilte der Gestapo Anweisung, sofort Ermittlungen zur Strafverfolgung einzuleiten. Die Gestapostelle Aschaffenburg nahm daraufhin Josef Hock in Grünmorsbach ins Verhör und legte ihm eindringlich nahe, sofort auf die Baustelle zurückzukehren.

Am 15. April 1940 berichtete die Gestapo Würzburg, daß Josef Hock seine Arbeit am Westwall wieder aufgenommen habe. Er wird mit einer 10tägigen Polizeihaft disziplinarisch bestraft. Die Strafe muß Josef Hock in dem eigens für die Westwallarbeiter eingerichteten Polizeihaftlager Vicht verbüßen.

Der 62jährige **Bartholomäus K.** aus Sommerkahl war im Frühjahr 1939 ebenfalls als Arbeiter am Westwall in einem Streckenabschnitt im Saarland beschäftigt. Auch er war mit der Arbeitssituation offenbar nicht zufrieden. Am 1. April 1939 macht er in der Gastwirtschaft „Seiles" in Rockershausen seinem Unmut Luft: „Die Bunker kann bauen, wer Lust hat, ich gehe lieber nach Frankreich. Der Führer und alle sind Lumpen und können mich am Arsch lecken."[270] Bartholomäus K. wird festgenommen und von der Gestapo verhört. Am 21. Dezember 1939 verurteilt ihn das Sondergericht beim Landgericht in Kaiserslautern zu einer 6monatigen Gefängnisstrafe und zur Tragung der Verfahrenskosten.

In der Kriegswirtschaft bestand eine große Nachfrage nach Arbeitskräften. Durch Zwangsgesetze wurde die Freizügigkeit der deutschen Arbeiter weitgehend eingeschränkt und schließlich ganz beseitigt. Arbeitsbummelei in Betrieben der Rüstungsindustrie ahndeten die Nationalsozialisten mit besonderer Strenge, befürchteten sie doch, daß die Nichtverfolgung solcher Verstöße gegen die Arbeitsdisziplin „... auf die arbeitswilligen und pflichteifrigen Gefolgschaftsmitglieder nur ungünstige Rückwirkungen haben"[271] könnte. Säumige Arbeitnehmer wurden in aller Regel nicht entlassen, denn man war auf jede Hand angewiesen, um die Rüstungsproduktion in Gang zu halten; man terrorisierte sie auf andere Weise.

Die 23-jährige **Martha H.** aus Großwelzheim arbeitete im Jahre 1942 im kriegswichtigen Betrieb der 'Deutschen Dunlop Gummi Compagnie Aktien-Gesellschaft' in Hanau am Main. Im Sommer fehlte Martha H. des öfteren mehrere

---

269) Schreiben vom 7.3.1940, PA Nr. 1 727 Gestapo

270) PA Nr. 3 755 Gestapo

271) Schreiben der Deutschen Dunlop Gummi Compagnie A. G. vom Oktober 1942, Nachtrag zum Schreiben vom 3. 10. 1942; PA Nr. 1922 Gestapo

Tage an ihrem Arbeitsplatz. Der „Betriebsführer" der Dunlop bestrafte sie mit einer Geldbuße in Höhe eines Tagesverdienstes und zog ihr die versäumte Arbeitszeit vom Jahresurlaub ab.

Im September 1942 fehlt Martha H. erneut einige Tage an ihrer Arbeitsstelle. Die Gummiwerke Dunlop erstatten daraufhin beim Arbeitsamt Hanau – als Beauftragte des Reichstreuhänders der Arbeit für das Wirtschaftsgebiet Hessen – Anzeige gegen das „Gefolgschaftsmitglied" Martha H. wegen „wiederholten, unbegründeten Fernbleibens von der Arbeit". Das Arbeitsamt Hanau wendet sich umgehend an die Gestapostelle Würzburg und befürwortet eine Erziehungshaft von 21 Tagen: „Da noch mehrere Volksgenossen aus der Gemeinde Großwelzheim in dem kriegswichtigen Betrieb Deutsche Dunlop Gummi Compagnie A.G.... beschäftigt sind, ist es zur Vermeidung von Rückwirkungen unerläßlich, daß in diesem Fall die Sofortmaßnahme der Erziehungshaft ergriffen wird."[272]

Bereits am 14. Oktober nimmt der Gendarmerieposten Dettingen auf Anweisung der Gestapo Würzburg die ledige Arbeiterin vormittags um 11.30 Uhr in ihrer Wohnung fest und liefert sie nachmittags in das Landgerichtsgefängnis in Aschaffenburg ein. Am 3. November 1942 wird Martha H. nach strengster Verwarnung durch die Gestapo und unter Androhung der Einweisung in ein KZ aus der „Erziehungshaft" entlassen.

Die Repressalien verfehlen offensichtlich ihre Wirkung: Im Frühsommer 1943 bleibt Martha H. ihrem Arbeitsplatz wiederum fern, ab 26. Juni erscheint sie überhaupt nicht mehr in den Gummiwerken. Die Firma Dunlop stellt jetzt Antrag auf Einweisung in ein Arbeitserziehungslager. Am 7. August 1943 verurteilt das Amtsgericht Hanau die Arbeiterin wegen Arbeitsverweigerung zu einer Gefängnisstrafe von sechs Monaten, die Martha H. vom 29. Oktober 1943 bis 28. April 1944 verbüßt.

4.2.9.   "Arbeitskleidung auf Gemeindekosten" – Lorenz Repp

Eine harte Nuß für die Kahler Nazis war der ortsansässige Schlosser Lorenz Repp. Repp, der gute Verbindungen zu hessischen KPD-Organisationen unterhielt, war im September 1933 bereits verhaftet worden, weil man bei ihm „belastendes Material" gefunden hatte. Die Nazis schätzten ihn so gefährlich ein, daß sogar ein SA-Mann festgenommen wurde, weil er, im freiwilligen Arbeitsdienst des Großwelzheimer Lagers Nortonwerk, mit dem Kommunisten Kontakt aufgenommen hatte.

---

272) vgl. Schreiben XVI D 2 vom 9. 10. 1942; ebd.

Am 19. August 1934 wird Lorenz Repp erneut verhaftet und noch am gleichen Tag, zusammen mit dem Großwelzheimer Kommunisten Philipp Hoffmann[273], in das KZ Dachau eingewiesen. Repp soll durch hetzerische Reden vor der Volksabstimmung agitatorisch aufgefallen sein.[274] Er wird erst 19 Monate später, am 11. März 1936 aus dem KZ Dachau entlassen.[275] Danach ist Lorenz Repp längere Zeit arbeitslos.

„Weil starke sozialistische Traditionen in der Arbeiterschaft in den Jahren nationalsozialistischer Herrschaft und ‚Neuordnung' ... aus gegebenem Anlaß neu mobilisiert werden konnten, bestand vielfach ein gleitender Übergang zwischen ‚Gesinnungswiderstand' aus politischen Gründen und ‚Opposition' aufgrund materieller Arbeitsbedingungen, zwischen prinzipieller und nicht prinzipieller, aber durchaus massiver, selbstbewußter und gefährlicher Gegenwehr gegen einzelne Maßnahmen und Zumutungen des Regimes."[276]

Am 21. März 1938 soll Lorenz Repp – im Auftrag der Behörde – zum Autobahnbau in der Gegend von Augsburg antreten. Zu diesem Zweck verlangt Repp vom Kahler Bürgermeister Arbeitskleidung auf Gemeindekosten. Er erhält die Zusage, kleidet sich aber nicht bescheiden und billig ein, wie von einem Wohlfahrtserwerbslosen erwartet, sondern staffiert sich neu aus. Danach verschwindet Lorenz Repp aus Kahl. Seinen zwangsweise zugewiesenen Arbeitsplatz an der Augsburger Autobahn tritt er nie an. Die Kahler Gendarmerie vermutet, daß Lorenz Repp bei dem Bauunternehmer **Jean Häfner** in Langenselbold bei Hanau untertauchte: „Es ist anzunehmen, daß Repp und Häfner wegen ihrer kommunistischen Gesinnung in Verbindung standen und Repp deshalb nun bei Häfner beschäftigt ist."[277] Jean Häfner war 1934 wegen „kommunistischer Umtriebe" im KZ Dachau.

4.2.10. Einzelfälle und Episoden

Am 2. Juni 1933 denunziert der Maurer A. I. den ebenfalls in Mainaschaff wohnenden **Hermann Rachor** bei der NSDAP-Geschäftsstelle. Rachor soll immer noch KPD-Mitglied sein und sogar Beitragsmarken seiner Partei verkaufen.

---

273) siehe Kapitel 4.2.7.

274) Das Ergebnis der Volksabstimmung am 19. 8. 1934 in Kahl: Von 1921 Wählern stimmten 1375 (71,6%) für Hitler als „Staatsoberhaupt", 477 (24,8%) mit „Nein", 69 (3,6%) machten ihre Wahlzettel ungültig; vgl. Winter 1984, S. 189 f.

275) vgl. ebd., S. 179 f., und Schutzhaftstatistik; LRA Alz. Nr. 124

276) Broszat u. a. 1977 (Band I), S. 201

277) Polizeibericht der Gendarmerie-Station Kahl vom 27. 3. 1938; LRA Alz. Nr. 340

Bei der Hausdurchsuchung gesteht Hermann Rachor, er sei Kommunist, aber er habe sein Mitgliedsbuch vor 14 Tagen verbrannt und besitze nur noch ein schwarzes Hemd und ein Koppel. Mehr Belastungsmaterial findet Hauptwachtmeister Kuhn aus Stockstadt, der die Ermittlungen leitet, auch nicht in der Wohnung. Die anschließende Leibesvisitation jedoch wird Hermann Rachor zum Verhängnis: Er hatte in seinem Rock zwei kommunistische Liederbücher eingenäht. Diese sowie Koppel und Hemd werden beschlagnahmt, Hermann Rachor festgenommen.

SA-Kommissar Fritz Stollberg aus Aschaffenburg, in dessen Zuständigkeit die Angelegenheit fällt, gibt Anweisung, „... den Fall Rachor peinlichst genau zu untersuchen ...

Was dabei herauskam und was aus Hermann Rachor wurde, darüber geben die Aufzeichnungen keinen Hinweis."[278]

*

Anfang September 1933 steht **Friedrich Panocha** vor dem Aschaffenburger Schwurgericht. Er wird beschuldigt, in einer Sabotageaktion[279] den kommunistischen Genossen **M. H.**[280] gedeckt zu haben. In den zwei Hauptverhandlungen gegen M. H. hatte Friedrich Panocha bestimmte Dinge verschwiegen, die den Genossen möglicherweise belastet hätten. Er wird zunächst wegen Meineids zu acht Monaten Zuchthaus verurteilt, die dann in ein Jahr Gefängnis umgewandelt werden.[281]

*

Im Februar 1934 werden **Ignatz Müller** und **Karl Vogt** aus Alzenau in das Gefängnis eingeliefert, weil sie den Moskauer Sender gehört haben.[282]

*

Die Zahl von Festnahmen kommunistisch motivierter Arbeiter ist ungewöhnlich hoch: Vier verheiratete Arbeiter aus Krombach – **Haas, Nicolay, Steigerwald** und **Höfler** – werden am 16. Februar 1935 in „Schutzhaft" genommen, weil sie in einer Krombacher Gastwirtschaft in Anwesenheit anderer Gäste die Internationale und ein kommunistisches Freiheitslied angestimmt hatten. Ihre Sangeslust müssen sie mit 14 Tagen Haft im Amtsgerichtsgefängnis Alzenau bezahlen.

---

278) Pollnick 1984, S. 172
279) Wichtiger Bestandteil illegaler kommunistischer Arbeit waren Sabotageaktionen an Einrichtungen, die der Kriegsvorbereitung dienten.
280) möglicherweise M(athias) H(aab)
281) ‚Aschaffenburger Zeitung' vom 6. 9. 1933
282) vgl. Winter 1984, S. 180

Solche Strafen sollen der Abschreckung und Ruhigstellung Gleichgesinnter dienen. Amtsvorstand Böhm notiert: „Das herausfordernde Benehmen, das manche marxistisch gesinnten Elemente im oberen Kahlgrund in letzter Zeit an den Tage gelegt hatten, ist unter der Einwirkung der Inschutzhaftnahme wieder anständigem Verhalten gewichen."[283]

*

Am 4. September 1935 werden in Hörstein die Arbeiter **Georg Freund, Engelbert Bilz** und **Konrad Walter** festgenommen und dem Gericht übergeben. Sie stehen in dringendem Verdacht, der illegalen KPD anzugehören und Beiträge zu zahlen. Gegen sie wird ein Verfahren wegen „Vorbereitung zum Hochverrat" beim Oberlandesgericht München eingeleitet. Der Ausgang des Verfahrens konnte bislang nicht in Erfahrung gebracht werden.[284]

*

Der Einfluß sozialistisch und kommunistisch gesinnter Arbeiter an Arbeitsplätzen und in Betrieben bereitet den Gewaltherrschern Sorge, wie der Lagebericht des Regierungspräsidenten von Unterfranken vom 4. April 1935 bestätigt: „Der Marxismus arbeitet versteckt in den größeren Betrieben und es gelingt ihm auch, gegen die Deutsche Arbeitsfront aufzuhetzen, wie zahlreiche Austritte aus der Deutschen Arbeitsfront (DAF) beweisen."[285] Im September 1935 wird der Schreiner **Reichold** in „Schutzhaft" genommen, weil er „den Betriebszellenobmann der Lindheim'schen Möbelfabrik in Kahl gröblich beschimpft und sich auch sonstiger Hetzereien gegen die DAF im Betrieb schuldig gemacht hatte."[286] Mit Reichold werden gleichzeitig drei Arbeitskollegen festgenommen und zwei Tage lang festgehalten in der Hoffnung, daß „den Wühlereien im Lindheim'schen Betrieb ... durch das energische Eingreifen ein Ende bereitet"[286] wird.

*

Die mündliche Agitation und Aufklärung in Betrieben war eine besondere Aktionsform des kommunistischen Widerstands zur Erhaltung und Stärkung des gegen den Faschismus gerichteten politischen Bewußtseins. – Der in Kahl wohnhafte Eisendreher **Konrad Thomas** wird am 15. Oktober 1935 in „Schutzhaft" genommen, weil er an seinem Arbeitsplatz der Firma Brown, Boveri & Co. in Großauheim die Internationale angestimmt und weitere „staatsabträgli-

---

283) Lagebericht des Bezirksamts Alzenau vom 27. 2. 1935; LRA Alz. Nr. 339
284) vgl. Lagebericht des Bezirksamts Alzenau vom 27. 9. 1935; ebd.
285) zitiert nach Broszat u. a. 1977 (Band I), S. 235
286) Lagebericht des Bezirksamts Alzenau vom 27. 9. 1935, LRA Alz. Nr. 339

che Äußerungen" gemacht hatte. Gegen Thomas wird auf Anordnung der Bayerischen Politischen Polizei ein Strafverfahren eingeleitet.[287] Dieser „kommunistische Beeinflussungsversuch" findet auch im Monatsbericht der Bayerischen Politischen Polizei vom 1. November 1935 Erwähnung: „Mit welcher Unverfrorenheit dabei zu Werke gegangen wird, zeigt ein Fall in Alzenau, bei dem ein Arbeiter während der Nachtschicht in der üblichen kommunistischen Art und Weise über die Bonzenwirtschaft und die Verhältnisse im Reich geschimpft und dabei wiederholt die Internationale gesungen hat."[288]

*

Am 19. Oktober 1936 wird **Karl Griesemer** verhaftet und in das Landgerichtsgefängnis Aschaffenburg eingeliefert.
Karl Griesemer, der bereits von Oktober 1934 bis Oktober 1935 im KZ Dachau inhaftiert war[289], wird beschuldigt, im Sommer 1936 seinen Neffen **Wilhelm Thomas** aus Frankenthal bei einem Ferienaufenthalt in Aschaffenburg „kommunistisch beeinflußt" zu haben. Als der Junge nachhause zurückkehrt, fertigt er dort auf seiner Schreibmaschine kommunistische Flugblätter an und verbreitet sie unter seinen Schulkameraden. Außerdem besitzt er eine Uhr, auf deren Zifferblatt Hammer, Sichel und Stern abgebildet sind und die ein Geschenk seines Onkels sein soll.
Karl Griesemer wird von Juni bis September 1938 erneut nach Dachau eingewiesen.[290]

*

Festgenommen wird am 2. Januar 1937 der Fuhrknecht **Johann Büttner**, der zwei Wehrmachtsangehörigen gegenüber unter Erhebung der rechten Faust geäußert hat: „Wer siegt in Deutschland? Der Kommunismus siegt in Deutschland. Der Kommunismus kommt auch in Deutschland noch durch; er siegte in Rußland und bei uns auch noch."[291]
Gegen Büttner wird Anzeige beim Landgericht Aschaffenburg erstattet.

*

287) Monatsbericht des Bezirksamts Alzenau vom 26. 10. 1935; ebd.
288) zitiert nach Broszat 1977 (Band I), S. 239
289) siehe Kapitel 4.2.2.
290) Polizeibericht des Polizeiamts Aschaffenburg Nr. 812 vom 30. 10. 1936; LRA Asch. Nr. 2309, und Schutzhaftstatistik vom September 1938; LRA Asch. Nr. 2310
291) Schreiben des Polizeiamts Aschaffenburg Nr. 255 vom 29. 1. 1937; LRA Asch. Nr. 2309

Bei einem Spaziergang am Godelsberg in Aschaffenburg findet der NSDAP-Angehörige K. W. im Juni 1937 ein Flugblatt der kommunistischen Jugendorganisation KJVD. Der oder die Verteiler der „Jungen Garde" konnten nicht ermittelt werden.

Im November des gleichen Jahres werden in einem Hauseingang in der Dalbergstraße zwei kommunistische Zeitungen beschlagnahmt. Auch hier verlaufen die Ermittlungen ergebnislos.[292]

*

Ein weiterer Fall „kommunistischer Umtriebe"[293] wird im März 1939 in Aschaffenburg aufgedeckt. Hier sollen „zwei Mannspersonen" an verschiedenen Samstagen in der Gastwirtschaft Wissel in der Schweinheimer Straße "staatsabträgliche Reden" geführt, auf dem Nachhauseweg auf dem Fahrrad die Internationale gesungen und „in der wüstesten Art und Weise gegen das Dritte Reich, den Führer und führende Persönlichkeiten"[294] gewettert haben. Auf dem nächtlichen Heimweg am 27. März vom Kreisobmann der DAF, Karl H., zur Rede gestellt, reißen sie ihm den Kragen vom Hals und verprügeln ihn. Nachdem sich noch vorbeigehende Passanten einmischen, kann einer der beiden Männer festgenommen werden. Gegen ihn wird Anzeige erstattet. Die Gestapo nimmt an, daß es sich bei beiden Männern um Mitglieder des Aschaffenburger Rauchclubs handelt, der sich immer Samstagabend im Gasthaus Wissel trifft. „Leider war es seither nicht möglich, diesem Verein, der sich zum Teil noch aus unzuverlässigen Elementen zusammensetzt, etwas nachzuweisen",[295] beklagt die Gestapoaußenstelle Aschaffenburg.

---

292) ebd.
293) Vgl. hierzu PA Nr. 2031 Gestapo
294) ebd.
295) ebd.

106

4.3. Verfolgung und Widerstand im katholischen Milieu

Das katholische Milieu umfaßte das sich aus allen sozialen Schichten zusammensetzende Kirchenvolk, die Vielzahl katholischer Vereine und Verbände, denen eine wichtige gesellschaftliche Funktion zukam, und die einflußreichen Mitglieder der katholisch-konservativen Bayerischen Volkspartei (BVP). Besonders auf dem Lande übten Kirche und Pfarrer – die Ortsgeistlichen waren oftmals Wortführer der BVP – starken geistigen, sozialen und politischen Einfluß auf die überwiegend katholische Bevölkerung aus und prägten nachhaltig Mentalität und Aktivität der Gläubigen.

„Mit einem Bischof (**Matthias Ehrenfried** – M. Sch.)[296], der ein ‚energischer Warner' vor den Nationalsozialisten war und einem Klerus, von dem über die Hälfte – genau 56 % – mit den braunen Machthabern in Konflikt gerieten," nahm die Diözese Würzburg im Widerstand der Katholiken gegen die Nazis nach Einschätzung von Klaus Wittstadt eine Sonder-, wenn nicht gar Spitzenstellung ein.[297] Gerade für Bayern, das als die Wiege der nationalsozialistischen Bewegung gilt[298], ist diese Besonderheit erwähnenswert.

---

296) Bischof Matthias Ehrenfried (1871-1948), überzeugter Monarchist und BVP-Anhänger, war, mehr als die übrigen Bischöfe in Bayern, wiederholten Angriffen von NS-Seite ausgesetzt. Die Auseinandersetzungen zwischen NSDAP und Kirche – vor allem zwischen Gauleiter Otto Hellmuth und Bischof Matthias Ehrenfried – nahmen in Unterfranken eine besondere Schärfe an. Im Juni 1933 drohte dem Bischof persönlich die „Schutzhaft", weil er sich in einigen Briefen zu freimütig und kritisch über das neue Regime geäußert hatte. Ehrenfried trat unerschrocken für die verhafteten Pfarrer der Diözese ein und beharrte auf unbeschränkter öffentlicher Wirksamkeit der Kirche. Im April 1934 wurde das Bischofspalais in Würzburg von fanatisierten Nazis zweimal gestürmt und belagert; vgl. Wittstadt, Klaus (Bearb.): Die kirchliche Lage nach den Regierungspräsidentenberichten 1933-1943, Band VI: Regierungsbezirk Unterfranken 1933-1944; in: Veröffentlichungen der Kommission für Zeitgeschichte, Reihe A: Quellen, Bd. 31, Mainz 1981, S. XLVIII ff.

297) vgl. ‚Main-Echo' vom 17.8.1984. Prof. Dr. Klaus Wittstadt ist Inhaber des Lehrstuhls für unterfränkische Kirchengeschichte an der Universität Würzburg und wissenschaftlicher Leiter des Diözesanarchivs Würzburg.
Von den etwa 600 unterfränkischen katholischen Geistlichen waren 5 Priester aus politischen Gründen im KZ Dachau, 140 Pfarrer aus politischen Gründen im Gefängnis, 80 Seelsorger erhielten Schulverbot, über 200 wurden vor Gericht gestellt; vgl. ‚Aschaffenburger Volksblatt' vom 11.12.1982

298) München galt als die „Stadt der Bewegung", in Nürnberg wurden die Reichsparteitage abgehalten. In Bayern entstanden die ersten Konzentrationslager: Im März 1933 wurde auf Veranlassung des Reichsführers-SS Heinrich Himmler das erste staatliche Konzentrationslager Dachau bei München errichtet; vgl. Kammer/Bartsch 1982

107

Auch für Aschaffenburg und Umgebung lassen sich von der NS-Machtübernahme bis zum Ende des Zweiten Weltkrieges durchgehend Auseinandersetzungen zwischen großen Teilen des Klerus und den NS-Führern belegen. Vielfältig und zahlreich waren die Konfliktfelder, in denen die Widerstandsbereitschaft des katholischen Milieus zum Ausdruck kam: Nicht nur der katholische Kirchen- und Weltanschauungskampf, sondern auch wirtschaftliche und soziale Unzufriedenheit und Enttäuschung im katholischen Bauerntum bildeten einen kräftigen Nährboden für Nonkonformität und Opposition gegenüber der NS-Herrschaft, die sich hier deshalb nur in abgeschwächter und gemilderter Form etablieren konnte. Es existierte eine konstante, teils offene, teils latente Konfliktsituation, „... die von nationalsozialistischer Seite als ein Element der Unruhe und ein beachtliches Hindernis einer definitiven Konsolidierung des Regimes eingeschätzt und bewertet worden ist".[299]

Dabei muß berücksichtigt werden, daß sich oppositionelle Geistliche – aufgrund ihrer traditionellen Autorität – häufig mehr „leisten" konnten als andere oppositionelle Einzelne und Gruppen. Aber es war nicht in erster Line das Einzelverhalten regimekritischer Geistlicher, „... das die Durchschlagskraft dieser Opposition ausmachte, sondern die Resistenz einer mächtigen traditionell-katholischen ‚Struktur', in die der Nationalsozialismus zwar immer wieder einbrechen, die er im ganzen aber nicht auflösen konnte."[300]

Die Nazis fürchteten die systemgefährliche Sprengkraft, die ein massiver, geschlossener Widerstand des katholischen Milieus hätte auslösen können. Sie mußten deshalb bei der Verfolgung dieses ernstzunehmenden, resistenten innenpolitischen Gegners mit subtileren Methoden vorgehen.

4.3.1. „Wühlarbeit gegen die jetzige Regierung" – Die Zerschlagung des politischen Katholizismus[301]

Bis zum Frühsommer 1933 waren Mandatsträger und Mitglieder der Bayerischen Volkspartei (BVP) von den Verfolgungsmaßnahmen der NS-Diktatur relativ unbehelligt geblieben. Um die Selbstauflösung der BVP voranzutreiben, setzten Ende Juni verstärkt Hetzpropaganda und Repressalien ein. Die

---

299) Wittstadt, ‚Main-Echo' vom 17. 8. 1984

300) Broszat u. a. 1981, S. 703

301) Basis dieser Fallstudie sind Dokumente des Bestands LRA Alz. Nr. 339 sowie Winter 1984, S. 172-191

‚Aschaffenburger Zeitung' fragt in einem Artikel polemisch: „Wozu noch Bayerische Volkspartei?" und nennt die letzte noch nicht verbotene Partei ein "überflüssiges Gebilde".[302] Gleichzeitig berichtet dieses lokale NS-Kampfblatt, daß in einer Morgenaktion sämtliche Mitglieder der Aschaffenburger Stadtratsfraktion der BVP in „Schutzhaft" genommen wurden. Am 28. Juni 1933 gab Adam Haus, der Zweite Vorsitzende der Aschaffenburger BVP-Ortsgruppe bekannt, daß sich, in Anbetracht der politischen Verhältnisse, die Aschaffenburger BVP aufgelöst hat. Wer von den Funktionären verhaftet wurde, ließ sich bislang nicht in Erfahrung bringen.

Auch im Umland von Aschaffenburg setzte Ende Juni eine Verhaftungswelle unter den Anhängern der Bayerischen Volkspartei ein. In den Morgenstunden des 28. Juni 1933 erreichte ein Funkspruch der Bayerischen Politischen Polizei die Bezirksämter, daß Kreis- und Bezirkstagsmitglieder der BVP sofort in „Schutzhaft" zu nehmen und dem Sonderkommissar der Regierung[303] umgehend Meldung zu erstatten sei. Am gleichen Tag noch wurden der Perlenstickerei-Fabrikant **Emil Pfeuffer** in Geiselbach, Pfarrer **Michael Koch** in Krombach, der 51jährige Landwirt und Ortsführer **Gottfried Bathon** in Gunzenbach sowie der Landwirt **Wilhelm Schäfer** aus Vormwald festgenommen und in das Landgerichtsgefängnis nach Aschaffenburg eingeliefert. Bereits zwei Tage zuvor hatte die SA[304] die Bezirkstagsmitglieder **Fritz Huth** aus Michelbach, den Landwirt **Peter Bittel** aus Omersbach (wegen „Wühlarbeit gegen die jetzige Regierung"), den Ziegeleibesitzer **Adolph Zeller** aus Alzenau und den Landwirt **Karl Diener** aus Heinrichsthal verhaftet. Die nächtlichen, ergebnislos verlaufenen Hausdurchsuchungen begründete die Politische Polizei in München u. a. mit dem Verdacht, „daß die BVP für das Verbot der NSDAP in Österreich verantwortlich sei und durch falsche Nachrichten das Ansehen der nationalsozialistischen Regierung schädige".[305] Ebenfalls festgenommen wurde in Goldbach der 59jährige Geistliche Rat und BVP-Kreisvorsitzende **Joseph Weidenbörner**.[306]

---

302) ‚Aschaffenburger Zeitung' vom 26. 6. 1933

303) Ernst Röhm, Stabschef der SA, hatte seit Mitte März 1933 ganz Deutschland mit einem Netz von Sonderkommissaren bei den Kreisregierungen überzogen. Die Sonderkommissare beschäftigten sich hauptsächlich mit der Überwachung von und der Fahndung nach NS-Gegnern.

304) Nach der Machtübergabe wurden der SA hilfspolizeiliche Funktionen übertragen.

305) Winter 1984, S. 177

306) Siehe auch Kapitel 4.3.4.

Die landesweite Verhaftungswelle löste bei der Bevölkerung Angst und Entsetzen aus. Genau diese Reaktion war von der Hitler-Regierung beabsichtigt, denn sie beschleunigte die „freiwillige" Selbstauflösung der BVP, die am 4. Juli 1933 offiziell bekanntgegeben wurde. Noch am selben Tag erteilte Reinhard Heydrich, Chef des NS-Sicherheitsdienstes, Anweisung, „sofort alle diejenigen Personen wieder zu entlassen, die sich in parteipolitischer Hinsicht nicht besonders hervorgetan haben ..."[307] Bis auf den Alzenauer Ortsvorsitzenden und Ziegeleibesitzer Adolph Zeller wurde daraufhin für alle BVP-Funktionäre die „Schutzhaft" aufgehoben. Adolph Zeller wurde erst am 19. Juli entlassen, als sein Vater mit einem schriftlichen Gesuch die sofortige Freilassung forderte, „sonst würde er den Betrieb stillegen und es gäbe noch mehr Arbeitslose."[308] Adolph Zeller erhielt die Auflage, sich alle drei Tage persönlich bei der Ortspolizei zu melden.

Wie sehr die Angehörigen von der „Schutzhaft" des Familienoberhauptes in Mitleidenschaft gezogen waren, veranschaulicht das Gesuch von Rosalie Diener, der Ehefrau des inhaftierten Karl Diener aus Heinrichsthal, mit welchem sie am 29. Juni das Bezirksamt Alzenau „innigst bittet", die Haftentlassung ihres Mannes voranzutreiben: „Nun stehe ich 40jährige Frau tief zu Boden geschmettert, verängstigt, fast hilflos mit 6 Kindern, beraubt der Familienstütze, des Familienoberhauptes, da. Auf dem Felde und im Wiesengrund verfault das Heu und das Gras. 8 Stück Vieh wollen täglich gefüttert sein. Die Kartoffeln sind erst zum Teil gehäufelt. Schlaflos bringe ich seit Dienstag die Nächte zu. Wie lange vermag ich das noch auszuhalten? Gar oft flehe ich: Gott stehe mir bei ..."[309]

Die Verhaftungsaktion gegen BVP-Funktionäre hatte den gewünschten Erfolg gebracht. Der Schrecken blieb den BVP-Anhängern lange Zeit im Gedächtnis. Sie zogen sich ins Privatleben zurück und vermieden alles, was das Mißfallen der Behörden hätte erregen können. Trotz intensiver Bemühungen konnten keine Widerstandsaktionen ehemaliger BVP-Mitglieder gegen das NS-Regime im Aschaffenburger Raum ausfindig gemacht werden. Es ist anzunehmen, daß sie sich ins Kirchenleben zurückzogen und dort die Ortsgeistlichen bei den kirchenpolitischen Auseinandersetzungen unterstützten. Diese Mutmaßung wird bestätigt durch die Feststellung Klaus Schönhovens: „Konspirative Widerstandsgruppen, die planmäßig vorbereitete Aktionen durchführten und aus der Illegalität die NS-Machthaber systematisch bekämpften, entstanden in den Reihen der ehemaligen Mitglieder und Anhänger der BVP nicht. Ihre Opposition blieb, sofern sie überhaupt greifbare Formen annahm, meistens anonym und unorganisiert ..."[310]

---

307) Schreiben der Bayerischen Politischen Polizei vom 4. 7. 1933; LRA Alz. 339
308) Winter 1983, S. 163
309) Entlassungsgesuch von Frau Diener am 29. 6. 1933; LRA Alz. Nr. 339
310) Broszat/Mehringer 1983 (Band V), S. 583

Der erstaunlich schnelle Rückzug der einst so mächtigen BVP von der politischen Bühne Bayerns und ihre Unfähigkeit, das „verfügbare katholisch-konservative Oppositionspotential wachzuhalten und zu steuern", bringt Schönhoven zu folgender Einschätzung:

„Wenn – so könnte man zugespitzt formulieren – die Pfarrgemeinden nicht zu einem Auffangbecken des Oppositionswillens geworden wären, hätte der Nationalsozialismus den politischen Katholizismus in Bayern völlig hinweggespült."[311]

4.3.2. „Nicht müde werden, ‚Ave Maria' zu rufen" – Pfarrer Dr. Weigand[312]

Der katholische Geistliche Dr. rer. pol. **Engelbert Weigand** war im Herbst 1928 zum Pfarrer der Spessartgemeinde Laufach bestellt worden. Durch seine große Aufgeschlossenheit und das lebhafte Interesse an den sozialen Fragen der Arbeiterbevölkerung eroberte der 40jährige Seelsorger die Sympathie und Freundschaft der Laufacher Katholiken. Dr. Weigand „... war von einer behend-lebhaften, sprühenden Geistigkeit, von einer federnden Beredsamkeit und blitzenden Energie".[313] Die Jugend schwärmte für ihn, die Frauen verehrten ihn und seine Gottesdienste waren immer gut besucht.

Von Anfang an beobachtete er die Entwicklung des Nationalsozialismus – auch und gerade in Laufach – mit wachsamem Auge und scheute sich nicht, von der Kanzel herunter vor dessen menschenverachtender Politik und deren Folgen zu warnen. Auch nach der NS-Machtübernahme blieb er unbeirrt ein erbitterter Gegner der Nazis, ungeachtet des damit verbundenen persönlichen Risikos. Seine anti-nationalsozialistischen Äußerungen wurden von der NS-Hauspostille ‚Aschaffenburger Nachrichten' strengstens gerügt:

„Die Bayerische Volkspartei scheint sich immer noch nicht in die ihr von Natur aus zukommende Rolle einleben zu können. Mit allen ihr zu Gebote stehenden Mitteln versucht sie, die Entwicklung zu hemmen und die Bevölkerung gegen die Regierung aufzuputschen. Der H.H. Pfarrer Dr. Weigand ist bestrebt, seit geraumer Zeit im Rahmen dieser Gesamtaktion zu wirken und in der üblichen Weise für die Volksvergiftung zu sorgen. Er erklärte am Sonntag von der

---

311) ebd., S. 597

312) Dieser Bericht stützt sich im wesentlichen auf das Gespräch mit Pfarrer i. R. Ernst Janik am 22. 10. 1984; Dr. Weigand wurde am 25. Januar 1888 in Neuses bei Hofheim geboren und starb am 1. Mai 1954 im Juliusspital in Würzburg

313) ‚Fränkisches Volksblatt' Nr. 99 vom 3. 5. 1954

Kanzel..., daß wir in Bayern niemand brauchen würden, es könnte auch so existieren. Wenn auch diese Anspielung auf den Reichskanzler ... ohne Bedeutung ist ..., so bedeutet doch ihre Aufsummierung ein gefährliches Spiel mit der öffentlichen Ruhe und Sicherheit ... Die Verfolgung der intellektuellen Urheber ist allmählich zu einem Gebot der Stunde geworden ..."[314]

Dr. Weigand muß ein brillanter Redner gewesen sein, mit einer kräftigen, angenehmen Stimme, die seine Zuhörer in den Bann zog. Noch heute erzählen alte Laufacher mit glänzenden Augen von seinen Sonntagspredigten, die immer fein- und scharfsinnig mit Attacken gegen die braunen Machthaber gespickt waren. **Ernst Janik**, ab 1936 Dr. Weigand als Kaplan in Laufach unterstellt und heute Pfarrer i.R., erinnert sich einer Predigt anläßlich eines Marienfeiertages. Nach dem Reichskonkordatsgesetz[315] sollten sich die Seelsorger auf der Kanzel politisch neutral verhalten und nur über religiöse Themen predigen. Dr. Weigand wußte beides geschickt zu vereinen. Er forderte seine Pfarrkinder auf, „die Mutter Gottes zu loben und zu preisen und nicht müde zu werden, ‚Ave Maria' zu rufen, so wie andere Leute nicht müde würden, ‚Heil Hitler' zu schreien."[316]

Solche Reden, die ein offenes christliches Bekenntnis förderten, blieben nicht ohne Konsequenzen. Es entwickelte sich eine fanatische Opposition unter den Laufacher Nationalsozialisten, die nichts unterließen, um den streitbaren Pfarrer „unschädlich" zu machen.

Regelmäßig flatterten Anzeigen wegen Kanzelmißbrauchs in das Pfarrhaus, auch gegen Kaplan Ernst Janik, der einmal aus diesem Grunde zu 400 RM Geldstrafe verurteilt wurde, die Dr. Weigand für ihn zahlte. Beim Landgericht Aschaffenburg wurde gegen Dr. Weigand Anklage erhoben wegen „Gefährdung des öffentlichen Friedens in mehreren Angelegenheiten", u. a. wegen seiner Predigtäußerungen.[317] Zu besonderen Anlässen, wie z. B. der Einweihung der Lourdes-Grotte im Laufacher Wald, zu der man besonders viele treue Katholiken erwartete, wurde Dr. Weigand von vornherein mit Redeverbot belegt, da die Nazis die suggestive Kraft seiner Ansprachen fürchteten; dies hinderte Dr. Weigand aber nicht, einen auswärtigen, nicht minder gegen das NS-Regime engagierten Kollegen zum Redner zu bestellen.

---

314) ‚Aschaffenburger Nachrichten' vom 14. 3. 1933

315) RGBl. 1933, II, S. 679 f.
Dieses am 20. 7. 1933 zwischen dem Vatikan und der Hitlerregierung in Rom geschlossene Abkommen verpflichtete die katholischen Geistlichen und Ordensleute zur rückhaltlosen Anerkennung des NS-Regimes unter gleichzeitigem Verzicht der katholischen Kirche auf politisches Wirken und zum Rückzug aus dem Vereins- und Parteileben.

316) Gespräch am 22. 10. 1984

317) vgl. Fragebogen A von Dr. Weigand, Diözesanarchiv Würzburg (im weiteren ‚DAW')

Als die Verlesung der Hirtenbriefe katholischer Bischöfe von den Nationalsozialisten verboten wurde, engagierte sich Dr. Weigand in der äußerst gefährlichen Verbreitung derselben. „Er organisierte die heimliche Vervielfältigung", so Altpfarrer Ernst Janik, „und ich selbst, als junger Kaplan, fuhr mit meinem Motorrad in die umliegenden Gemeinden, stellte den verantwortlichen Geistlichen diese verbotenen Briefe zu und machte klar, daß diese auch wirklich von der Kanzel zu verlesen seien. Das ging so bis 1945. Ich bin, gottseidank, nie geschnappt worden."[318]

Abb. 19: Pfarrer Dr. Engelbert Weigand (Privatbesitz Pfarrer i. R. Ernst Janik)

Und die Hirtenbriefe wurden verlesen. Im Monatsbericht für Juni 1936 z. B. meldet die Gendarmerie-Station Geiselbach dem Bezirksamt Alzenau: „... haben die Geistlichen von Oberwestern und Geiselbach trotz Verbotes der Publikation des ... Hirtenbriefes diesen unter starker Betonung der gravierenden Punkte in der Kirche verlesen.[319] Es ist anzunehmen, daß auch künftig durch

---

318) Gespräch am 22. 10. 1984
319) Der Hirtenbrief von Bischof Matthias Ehrenfried im Frühsommer 1936 wandte sich gegen die christentumsfeindliche Atmosphäre und Propaganda in den NS-Jugendorganisationen: „Wo keine Gewähr dafür zu erkennen ist, daß Glaube und kirchliche Gesinnung der Kinder in den nationalen Verbänden unversehrt bewahrt und betätigt werden kann, verstößt die Anmeldung der Kinder zu solchen Verbänden und deren Belassung in denselben gegen die Glaubens- und Gewissenspflicht der katholischen Eltern; vgl. Wittstadt 1981, S. LI

die Kirche behördliche Anordnungen keine Beachtung mehr finden, denn der Geistliche von Oberwestern (**Kuratus Zaenglein** – M.Sch.[320]) erklärte bei der Bekanntgabe des Verbotes der Verlesung des Hirtenbriefes, es gehe jetzt auf Biegen und Brechen."[321] Das Bezirksamt Alzenau selbst hält am 30. Juni 1936 fest: „Der Hirtenbrief der bayerischen Bischöfe ist ungeachtet des Verbotes von sämtlichen Geistlichen des Bezirks verlesen worden."[322]

Auch eine andere Aktion des Dr. Weigand wird Pfarrer i.R. Ernst Janik nie vergessen, denn ihr schreibt er zu, daß er die Kriegsjahre nicht mit dem Leben bezahlen mußte: „Als ich 1940/41 eingezogen werden sollte, fuhr Dr. Weigand nach Würzburg zum Generalvikar Dr. Miltenberger und erreichte – was gar nicht so einfach war, denn auch in Würzburg hatte man Angst –, daß ich zum ‚Pfarrverweser von Hain' ernannt wurde. Nur als ‚Inhaber einer selbständigen Seelsorgestelle' blieb man als Geistlicher von der Einberufung an die Front verschont. Nicht jeder Pfarrer trat so beherzt für seinen Kaplan ein."

Auch auf Dekanatsebene kämpfte Pfarrer Dr. Weigand mutig gegen den Nationalsozialismus. 1933 von seinen Kollegen zum Dekan des Dekanates Aschaffenburg-Ost gewählt, wurden die „Montags-Dies" unter seiner Leitung zunehmend eine Quelle sonst kaum erhältlicher, doch wesentlicher Informationen. Diese Zusammenkünfte von oft mehr als 100 Geistlichen, die im Hospiz in der Frohsinnstraße in Aschaffenburg stattfanden, entwickelten sich zu „... Energiequellen, ... die wesentlich dazu beitrugen, in den Jahren der Lüge und Gewalt den schweren priesterlichen Alltag zu bestehen. Unter seiner Leitung gewannen die ‚Dies' in Aschaffenburg eine beispiellose Anziehungskraft; sie wurden auch von Geistlichen entfernter Dekanate gern und dankbar besucht ... Diese Stunden (wurden) Oasen der Wahrheit und Wahrhaftigkeit inmitten der Wüste wachsender Wirrnis und Verwahrlosung ..."[323]

Pfarrer i.R. Ernst Janik erinnert sich: „Mitbrüder, die nicht absolut zuverlässig waren, waren unerwünscht und hielten sich fern von den ‚Montags-Dies'. Es waren dort nur kritische Geistliche versammelt, die überzeugte Gegner des NS-Regimes waren. Immer wieder aktivierte und motivierte Dr. Weigand den Klerus am Untermain, die Angst zu überwinden und dem Nationalsozialismus

---

320) Kuratus Dionysius Zaenglein wurde 1934 und 1937 von der Gestapo wegen Kanzelmißbrauchs angezeigt und verwarnt; vgl. von Hehl, Ulrich, Priester unter Hitlers Terror; in: Veröffentlichungen der Kommission für Zeitgeschichte, Band 37, Mainz 1984, S. 1514

321) vgl. Polizeibericht der Gendarmerie-Station Geiselbach Nr. 909 vom 28.6. 1936; LRA Alz. Nr. 340

322) vgl. Monatsbericht des Bezirksamts Alzenau vom 30.6. 1936, ebd.

323) ‚Fränkisches Volksblatt' Nr. 99 vom 3.5. 1954

als Ersatzreligion die Stirn zu bieten. Selbst aus Hessen kamen oft Geistliche angereist, um hier neuen Mut zu schöpfen für ihre Arbeit."[324] Eigenartigerweise blieben diese Dies, die die ganze NS-Zeit hindurch regelmäßig stattfanden, von Terroraktionen der Gestapo, SA und SS verschont.

Daß es nie zu einer „Schutzhaft" oder sonstigen Verhaftung des unbequemen Pfarrers Dr. Weigand kam, mag nicht zuletzt seiner starken persönlichen Ausstrahlung und Autorität zuzuschreiben sein. Bis in die höchste Parteispitze in Aschaffenburg fanden sich „Sympathisanten". Man fürchtete, aber achtete auch diesen unbeugsamen Priester, dessen Gefährlichkeit für seine Gegner nicht in erster Linie in seiner Funktion als Geistlicher lag, sondern in seiner Begabung als scharfsinniger und -züngiger Redner. Im Januar 1942 wurde er zu einer Geldstrafe von 500 RM wegen „eigenwilligem, staatsabträglichem Verhalten während der Jahre 1937 - 1940" verurteilt.[325] Ihn voll ausschaltende Aktionen unterblieben wohl auch, weil man Unruhen und Tumulte in der Laufacher Pfarrgemeinde fürchtete; man wußte von ihr, daß sie für ihren Pfarrer auf die Barrikaden gehen würde. 1937 erhielt Dr. Weigand Schulverbot[326], sodaß der Kaplan alle Religionsstunden in den Schulen von Laufach, Hain und Frohnhofen bis Kriegsende übernehmen mußte. Androhungen einer „Endlösung" für die „Schwarzen", wie bei den Juden verwirklicht, mußte sich Ernst Janik oft anhören.

4.3.3. „Die Seele des Kahler Widerstands" – Kaplan Otto Fritz[327]

Unmut und heftige Erregung löste in der Kahler Bevölkerung ein Vorfall anläßlich der Volksabstimmung und gleichzeitigen Reichstagswahl im November 1933 [328] aus.
Der dortige Pfarrer **Emil Bauer** und sein junger Kaplan **Otto Fritz** waren, trotz

---

324) Gespräch am 22. 10. 1984

325) Fragebogen A von Dr. Weigand, DAW

326) Schulverbot am 6. August 1937 durch den Regierungspräsidenten von Unterfranken und Aschaffenburg wegen früherer Zugehörigkeit zur BVP und als Hauptschriftleiter des katholischen ‚Fränkischen Volksblattes' mit der Begründung: „Dr. Weigand kämpft gegen die deutsche Jugendbewegung."; ebd.

327) Die Angaben wurden dem Halbmonatsbericht des Bezirksamts Alzenau vom 15. 11. 1933 entnommen; LRA Alz. Nr. 339

328) In der Volksabstimmung ging es um den Austritt Deutschlands aus dem Völkerbund; siehe auch Kapitel 3.3.

Aufforderung des Sturmbannführers Schmitt und eines SA-Mannes, aus Gewissensgründen nicht zur Wahl gegangen. Pfarrer Bauer hatte seine Entscheidung beim sonntäglichen Gottesdienst begründet: „Wenn ich den Hirtenbrief nicht verlesen darf, gehe ich auch nicht zur Wahl."

Dies löste unter den Kahler Nationalsozialisten eine Welle der Empörung und Wut aus. Sie drohten, das Pfarrhaus zu stürmen, und wollten die beiden Geistlichen in „Schutzhaft" nehmen. Es konnte aber nur Kaplan Fritz verhaftet werden.

Pfarrer Bauer war, seiner Sonntagsgewohnheit entsprechend, mit dem Zug nach Aschaffenburg gefahren, um im ‚Schlappeseppel' ein Bier zu trinken. Er sollte nach seiner Rückkehr am Kahler Bahnhof verhaftet werden, eine Gruppe von SA-Leuten erwartete ihn. Seine Nichte Edeltraud wußte, was dem Pfarrer bevorstand, reiste ihm entgegen und warnte ihn. Die beiden stiegen dann eine Station vor Kahl, in Dettingen aus und schlichen in der Dunkelheit auf Seitenwegen in die Ortschaft und durch die Hintertür ins Pfarrhaus, während die SA-Männer immer noch am Kahler Bahnhof versammelt waren und vergeblich auf die Ankunft des Pfarrers warteten.

Der Halbmonatsbericht des Bezirksamts Alzenau vom 15. November 1933 schildert die „Verbringung" des Kaplans Otto Fritz und die Haßtiraden gegen ihn wie folgt: „... vor dem Pfarrhaus (hatten sich) mehrere Personen eingefunden, die dem Schutzhäftling zuschrieen; namentlich der Holzwollefabrikant Sch.[329] von Kahl – Führer der Hago[330] – war äußerst erregt. Er schrie ‚Lump, Schuft, Vaterlands- und Volksverräter, der Hals gehört dir abgeschnitten, da hinein – offensichtlich das Pfarrhaus meinend – kommst du nicht mehr!'"[331]

Aber bereits am nächsten Tag wurde Kaplan Otto Fritz aus dem Aschaffenburger Gefängnis entlassen und kehrte nach Kahl zurück. Pfarrer Bauer hatte sich eine Grippe geholt und lag krank im Bett. Der „Schutzhaft"-Befehl gegen ihn wurde nicht vollzogen, „weil Gewalttätigkeiten nicht mehr zu befürchten waren".[331]

Der Vorfall wird auch in der Presse erwähnt. Die ‚Aschaffenburger Zeitung' droht am 17. November 1933:

„Der Pfarrer Emil Bauer und sein Kaplan Otto Fritz mögen schnellstens aus Kahl verschwinden. Die Genannten haben trotz mehrmaliger Aufforderung nicht gewählt. Sie haben damit zum Ausdruck gebracht, daß ihnen das Wohl des deutschen Volkes ganz gleichgültig ist und daß sie gegen die nationale Re-

---

329) Im Originaltext ist der volle Name angegeben.
330) NS-Hago: Im September 1933 ins Leben gerufene „Handels-, Handwerks- und Gewerbeorganisation"; früher „Kampfbund des gewerblichen Mittelstandes der NSDAP".
331) LRA Alz. Nr. 339

gierung sind. Der Nationalsozialismus, der sie von ihrem Würger, dem **Bol-
schewismus**, bewahrt hat, wird von ihnen einfach nicht anerkannt."[332]

Im Heimatjahrbuch ‚Unser Kahlgrund' (1983) erinnert sich Oswald Koch aus
Kahl an die starke Persönlichkeit des Kaplans Otto Fritz: „... er mit seinen 25
Jahren wurde ... zur Seele des Widerstandes der Erwachsenen gegen die braune Flut. Ich habe selbst an Diskussionen teilgenommen, in denen Otto Fritz als
Sprecher gegen die Nazis auftrat. Etwas von der unbedingten Sicherheit, um
nicht zu sagen, dem Glauben dieses Geistlichen, erfüllte auch uns, und so wur-
de er in dieser Zeit für einen beträchtlichen Teil der Kahler zu einer Art Deich-
hauptmann, der den Einbruch des Nationalsozialismus in unsere Gemeinde
ebenso aufhielt wie die Kämpfer der SPD.
Diese beiden Männer sind für mich in der Erinnerung zu Sinnbildern des
Kampfes geworden gegen den Faschismus: Ludwig Faller von der SPD und
Kaplan Otto Fritz von den ‚Schwarzen' ..."[333]

4.3.4. „Den empörten Herzen Luft machen" – Die Goldbacher Katholiken um Pfarrer Joseph Weidenbörner[334]

Der Geistliche Rat **Joseph Weidenbörner**, geboren 1874 in Wörth am Main,
war seit 1909 Pfarrer in Goldbach. 1934 konnte er bereits auf 25 Jahre Seelsorge
in dieser Ortschaft zurückblicken. Seine Verbundenheit mit dem Dorf zeigte
sich in dem von ihm getexteten und komponierten Lied „Oh Goldbach, Heimat, wie lieb ich dich". Er war bei der katholischen Bevölkerung äußerst beliebt
und hatte, Ehrenbürger der Gemeinde Goldbach, verfügt, dort auf dem Friedhof die letzte Ruhe zu finden.
1934 war Pfarrer Weidenbörner 60 Jahre alt. Er zeichnete sich neben seiner
menschlichen Güte vor allem durch seinen scharfen Geist und Weitblick aus.
Weidenbörner war Kreisvorsitzender der BVP und galt bei den Goldbachern
als „Politiker".

Ende Juni 1933 war Pfarrer Weidenbörner bereits zum erstenmal verhaftet
worden, und zwar im Zuge der „Selbstauflösung" der Bayerischen Volkspartei

---

332) ‚Aschaffenburger Zeitung' vom 17. 11. 1933
333) Lux 1983, S. 159 ff.
334) Der Bericht basiert auf den Interviews mit Elisabeth Knorr am 30. 3. 1984, Johann
Flaschenträger am 1. 4. 1984 sowie der Korrespondenz mit Trudel Sell und Emanuel
Krebs, Altbürgermeister von Goldbach.

am 4. Juli 1933. Nicht der Pfarrer war in eintägige „Schutzhaft" genommen worden, sondern der „Politiker" Weidenbörner. Seine Predigten wurden fortan strengstens überwacht, was ihn jedoch nicht schreckte, weiter von der Kanzel seine Pfarrgemeinde vor dem Nationalsozialismus zu warnen. Auch auf Bürgerversammlungen, die u. a. in der ‚Alten Brauerei', dem Goldbacher Hauptquartier der SA – im Volksmund das ‚Braune Haus' genannt – stattfanden, setzte er sich energisch gegen die NS-Ideologie zur Wehr und klärte die Bürger auf. Ein solch kritisches, unangepaßtes Verhalten konnte von den ortsansässigen Nazis nicht mehr länger hingenommen werden. Sie sannen nach Möglichkeiten, diesen streitbaren Pfarrer aus dem Dorf zu bekommen.

Ein in den Jahren 1935/36 von den Faschisten häufig angewandtes politisches Mittel zur Diffamierung unliebsamer Geistlicher war der Vorwurf der Päderastie[335]. Dieses Schicksal sollte auch den 60jährigen Pfarrer Weidenbörner ereilen. Im Herbst erhielt er eine Anklage wegen sittlichen Vergehens an Kindern. Aus seiner allseits bekannten Kinderliebe hatten die Nazis ihm einen Strick gedreht. Ihm wurde vorgeworfen, Jungen unter 14 Jahren zu unzüchtigen Handlungen mißbraucht zu haben. Daß diese Anschuldigung jeglicher Grundlage entbehrte, davon war die Kirchengemeinde überzeugt. Auch Emil Krausert, heute selbst Geistlicher Rat in Goldbach, mußte im Prozeß als Zeuge aussagen. „Für mich stand Weidenbörners Integrität fest. Denn ich hätte ja als erster wissen müssen, ob die Anschuldigungen berechtigt waren." Den kleinen Emil hatte Weidenbörner lange Zeit in Latein unterrichtet, um ihm den Sprung auf das Gymnasium zu erleichtern.[336]

Am 23. Oktober 1934 verurteilte ihn die Große Strafkammer am Landgericht Aschaffenburg nach §§ 174 und 176 (Sexueller Mißbrauch von Schutzbefohlenen) des Reichsstrafgesetzbuches zu zwei Jahren Gefängnis und drei Jahren Ehrverlust.[337] Hauptbelastungszeugen waren L. M. und H. Z., zwei bekannte Goldbacher Hitlerjungen.[338]

---

335) Ab 1935 versuchten die Nationalsozialisten, einen Keil zwischen Geistlichkeit und Gläubige zu treiben, indem sie jeden aufgedeckten Einzelfall von Unregelmäßigkeiten auf sexuellem Gebiet verallgemeinerten, um das moralische Ansehen der Kirche zu untergraben; vgl.: van Roon, Ger, Widerstand im Dritten Reich, München 1984, S. 112; Gotto, Klaus / Repgen, Konrad (Hrsg.), Die Katholiken und das Dritte Reich, Mainz 1983, S. 75

336) ‚Main-Echo' vom 17. 3. 1983

337) vgl. ‚Aschaffenburger Zeitung' vom 24. 10. 1934 und ‚Beobachter am Main' vom 24. 10. 1934

338) Die Berufungsverhandlung fand im April 1935 in Würzburg statt. Das Urteil wurde auf ein Jahr Gefängnis reduziert, das Pfarrer Weidenbörner in Nürnberg verbüßt hat; nach Angaben von Altbürgermeister Emanuel Krebs

Abb. 20: Geistlicher Rat Joseph Weidenbörner (Privatbesitz)

Mit Schrecken erinnert sich noch Elisabeth Knorr, geborene Windischmann, Jahrgang 1917, an diese und die nachfolgenden Ereignisse: „Am Abend nach der Urteilsverkündung sprach es sich in Windeseile von Haus zu Haus herum, doch gleich zum Rathaus in der Hauptstraße zu kommen. Es warteten dort 200 bis 300 Katholiken. Der Bürgermeister Fritz Fleckenstein, der von den Nazis 1933 anstelle des gewählten Bürgermeisters Lorenz Heim eingesetzt worden war, kam aus dem Rathaus und verkündete das Gerichtsurteil. Die erschütterte Menge äußerte ihre Empörung durch laute Pfui-Rufe und zog spontan die paar Häuser weiter zum Pfarrhaus, vor welchem wir alle das Kirchenlied ‚Ein Haus voll Glorie schauet‘ anstimmten. Pfarrer Weidenbörner zeigte sich zwar am Fenster, bat uns jedoch, ruhig nachhause zu gehen, da wir nichts an der Situation ändern könnten."[339]

Goldbachs Altbürgermeister Emanuel Krebs erinnert sich noch weiterer Einzelheiten: „Diese Gemeindeversammlung hatte ursächlich nichts mit dem Prozeß zu tun. Der Termin war schon lange angesetzt. Aber die Goldbacher hatten sich vorgenommen, bei dieser Gelegenheit ihren empörten Herzen Luft zu machen. In den Fabriken hatte man sich gegenseitig aufgefordert, zu dieser Gemeindeversammlung zu gehen. Der Bürgermeister erfuhr von die-

---

339) Interview mit Elisabeth Knorr am 30. 3. 1984

sen Absprachen und traf seinerseits Vorkehrungen. Ich habe das alles selbst erlebt. Als damals 15jähriger habe ich an allen öffentlichen Dingen lebhaften Anteil genommen. Die Versammlung fand – wie fast immer – unter freiem Himmel statt. So viele Menschen waren noch nie zu einer Gemeindeversammlung erschienen. Dicht an dicht standen sie vom Gemeindebrunnen bis zur Kirche. Kurz vor 20 Uhr marschierte ein Trupp SA-Männer auf und postierte sich vor dem Rathaus, mitten in der Menge. Dann trat Bürgermeister Fleckenstein aus dem Rathaus, begleitet von zwei Gendarmen. Als er die große Menschenmenge sah, erfaßte ihn ein sichtbarer Schreck. Er ging von sich aus auf das Urteil der Großen Strafkammer am Vortag ein und sagte fast wörtlich: ‚Das Urteil gegen Pfarrer Weidenbörner ist von einem unabhängigen Gericht gefällt worden, wir haben es zu akzeptieren.' Weiter kam er nicht. Die mühsam zurückgehaltene Volkswut schäumte über: ‚Pfui, pfui', rief die Menge. ‚Er ist unschuldig', schrien andere. Auch persönliche Worte des Mißfallens und beleidigende Vorwürfe wurden dem Bürgermeister entgegengeschleudert. Einige der SA-Männer, als Schutz des Bürgermeisters gedacht, machten ihre Schulterriemen los, sicherlich mit dem Ziel, auf die Leute einzuschlagen. Doch sie kamen nicht dazu. Von hinten wurden sie gepackt, zu Boden gezogen, die Riemen wurden ihnen abgenommen. Andere SA-Männer zogen von sich aus die Konsequenz und suchten fluchtartig das Weite. Der Bürgermeister hatte es vorgezogen, sich währenddessen im Rathaus in Sicherheit zu bringen. Die Gemeindeversammlung war beendet …"[340]

Einige Tage später verbreitete sich im Ort die Nachricht, daß **fünf Goldbacher Bürger,** die an jenem Abend gegen die Verurteilung von Pfarrer Weidenbörner protestiert hatten, in „Schutzhaft" genommen worden waren. Das Schutzhaft-Verzeichnis des Bezirksamtes Aschaffenburg registriert für den Monat Oktober 1934 als „Neu hinzugekommen":

„…
2. **Flaschenträger, Johann,** Goldbach
3. **Meidhof, Anna,** Goldbach
4. **Schäfer, Rudolf,** Goldbach
5. **Rachor, Josef,** Goldbach
6. **Krausert, Alois,** Goldbach"[341]

Von den fünf „Schutzhäftlingen" lebt heute nur noch Johann Flaschenträger, 79 Jahre alt. Er erzählt: „Am 26. Oktober 1934 sind wir verhaftet worden. Ich kam gerade vom Feld – wir hatten Rüben geholt –, als die Gendarmen mich verhafteten. Sie nahmen mich sofort mit. In Aschaffenburg sind wir vor den

---

340) Korrespondenz mit Emanuel Krebs vom 1. 11. 1984

341) vgl. Bestand LRA Asch. Nr. 2310

Abb. 21: Die Hauptstraße in Goldbach, in der sich Rathaus und Pfarrhaus befanden. (Postkarte von 1933)

Schnellrichter gekommen und alle fünf zu drei Wochen ‚Hinter der Sandkirche'[342] verurteilt worden. Verteidigen konnten wir uns nicht, die Verhandlung ging ruck-zuck. Wir mußten gleich drinbleiben, durften nicht mehr nachhause. Als ich entlassen wurde, riet mir der Gefängnisverwalter, mich in Zukunft ruhig zu verhalten. Das nächste Mal käme ich nicht mehr heraus."[343]

Drei Tage nach der Verurteilung des Pfarrers wurde auf ihn noch ein – mißglücktes – Attentat verübt. Trudel Sell aus Goldbach war Augenzeugin des Anschlags: „Es war zwischen 10 und 11 Uhr abends, als ich mit meinen Geschwistern im ‚Goldenen Rad' nochmals Bier holen ging. Auf dem Nachhauseweg kamen wir durch die Hauptstraße, in der das Pfarrhaus liegt. Plötzlich hörten wir – auf der Höhe des Pfarrhauses – Fensterscheiben klirren, konnten jedoch nichts Genaues erkennen, weil zu diesem Zeitpunkt die Stangenlaternen (Straßenlaternen – M.Sch) schon ausgelöscht waren. Wir sahen lediglich ein Auto mit großer Geschwindigkeit davonfahren. Am nächsten Tag erfuhren wir, daß ein Pflasterstein, eingewickelt in den ‚Beobachter am Main', durch das Fenster mitten auf das Bett von Pfarrer Weidenbörner geworfen worden war. Das war praktisch ein Mordanschlag, denn der Stein sollte ihn im Schlafe treffen."[344]

Zu diesem Zeitpunkt jedoch befand sich Pfarrer Weidenbörner nicht mehr in Goldbach. Er war bereits nach Maria Buchen[345] abgereist, wo er bis zu seiner Berufungsverhandlung im April 1935 lebte. Von dort aus trat er auch seine Haftstrafe an.

Nach der Verbüßung der Strafe ist Pfarrer Weidenbörner nie wieder nach Goldbach zurückgekehrt. Man erzählt nur, daß er danach ein gebrochener Mann war. Auch die Verfügung über seine Beisetzung auf dem Goldbacher Friedhof hob er auf. Er ging nach Kirchmoor in der Pfalz, wo er in einem Kloster seine letzten Lebensjahre verbrachte; er starb 1945.

Die Goldbacher Familien jedoch, die Pfarrer Weidenbörner zu Fall gebracht hatten, wurden von da an von der katholischen Bevölkerung gemieden; man schnitt sie auf der Straße, boykottierte sie, kaufte nicht mehr in ihren Geschäften ein (z. B. beim alten Metzger W., der damals auch gegen den Pfarrer ausgesagt hatte).

---

342) das Aschaffenburger Landgerichtsgefängnis damals im Volksmund
343) Interview mit Johann Flaschenträger am 1. 4. 1984 – Johann Flaschenträger starb am 26. 10. 1984, auf den Tag genau 50 Jahre nach seiner Verhaftung.
344) Korrespondenz mit Trudel Sell vom 23. 10. 1984
345) bei Lohr am Main

4.3.5. „Vor dem Zugriff der braunen Machthaber gerettet" — Die Geschichte der Goldbacher „Jugendkapelle"[346]

Das katholische Jugendheim am (heutigen) Goldbacher Waldschwimmbad etwas außerhalb des Dorfes war auf Initiative von Kaplan Gebhard Schebler und durch Eigenleistungen der katholischen Goldbacher Jugend 1932 fertigge-stellt worden. Die Jugendlichen hatten ein kleines Sumpfgebiet, auf dem etli-che Quellen sprudelten, trockengelegt. Altbürgermeister Emanuel Krebs erin-nert sich, daß Goldbacher Geschäftsleute Backsteine zur Verfügung gestellt, die Gemeinde das Holz gestiftet, Zimmerleute die Gebälkarbeiten ohne Be-zahlung verrichtet, ortsansässige Schreiner kostenlos Fenster, Türen und Bän-ke für die Inneneinrichtung angefertigt hatten.
Seit Sommer 1932 war dieses Jugendheim stolzer Treffpunkt der Katholischen Jugendverbände, die dort ihre Gruppenstunden abhielten.

Was sich dann im Sommer 1935 zutrug, davon weiß Elisabeth Knorr, geborene Windischmann, damals 18 Jahre alt und aktives Mitglied der katholischen Mädchenvereinigung „Weiße Rose" zu berichten: „Eines Morgens erhielt ich heimlich Mitteilung, wir sollten um ½ 7 Uhr abends am Jugendheim sein. Der Bischof Matthias Ehrenfried aus Würzburg käme heute und wolle das Jugend-heim zur Kapelle weihen, da die SA beabsichtige, es für die Jugendorganisatio-nen HJ und Pimpfe[347] zu requirieren. Hierfür eignete es sich auch hervorra-gend, denn es lag außerhalb des Dorfes, in freier Natur, gleich nebenan ein Sportplatz.

Diese geheime Nachricht verbreitete sich in Windeseile unter den katholi-schen Familien. Als ich mit meinen Freundinnen Hildegard Krebs und Marie Bernhard zum verabredeten Zeitpunkt dort eintraf, erklärte Kaplan Müller, der Nachfolger von Kaplan Schebler, den ca. 20 Jugendlichen, der Bischof sei be-reits nachmittags um 5 Uhr hier gewesen und hätte das Jugendheim zur Ma-rienkapelle geweiht. Einer der beiden Clubräume war mit einem eilends aus Holz erbauten, provisorischen Altar ausgestattet worden, den blaue Vorhänge zierten. Wilhelm Christ hatte das Christus-Zeichen — ☧ — geschmiedet, Hein-rich Hepp das Kreuz geschnitzt. Der Bischof selbst war bereits wieder abge-reist.

---

346) Der Bericht basiert auf dem Interview mit Elisabeth Knorr am 30. 3. 1984 sowie der Korrespondenz mit Emanuel Krebs, Altbürgermeister von Goldbach

347) HJ: Hitlerjugend — Jungen von 14 bis 18 Jahren; Pimpfe: Deutsches Jungvolk in der HJ — Jungen von 10 bis 14 Jahren

Abb. 22: Die Goldbacher ‚Jugendkapelle' (Foto: Hans-Joachim Schmittner)

Wenige Minuten später marschierte ein Trupp von 30 bis 40 SA-Leuten in Uniform an, das Horst-Wessel-Lied „Die Fahne hoch, die Reihen fest geschlossen" lauthals singend, um die beabsichtigte Beschlagnahme vorzunehmen. Sie mußten jedoch unverrichteter Dinge wieder abziehen, nachdem ihnen Kaplan Müller die neue Sachlage erklärt hatte. Damals, 1935, waren die noch nicht so unverschämt, als daß sie sich getraut hätten, auch Kapellen für ihre Zwecke umzufunktionieren. So hatten wir unser Jugendheim vor dem Zugriff der braunen Machthaber gerettet."

Ein kleines Nachspiel hatte diese spontane Initiative dennoch. Ca. vier bis fünf Wochen später, im Herbst 1935, hatte sich die „Weiße Rose" abends in der ‚Jugendkapelle' getroffen. Plötzlich hörten die dort anwesenden Mädchen seltsame Geräusche. Sie wollten draußen nachsehen, irgendein Hindernis jedoch versperrte die Tür. Als sie es schließlich doch schafften, durch ein Fenster nach draußen zu kommen, entdeckten sie, daß das Gebäude mit dicken Stricken umwickelt war. In einem der flüchtenden Burschen erkannten sie einen Hitler-Jungen. Sie hatten das Christus-Zeichen auf dem Türmchen abmontiert und heruntergeworfen.

Die im Volksmund sogenannte ‚Jugendkapelle' steht heute noch. Dort werden jedes Jahr die Maiandachten abgehalten.

4.3.6. „Die Freiheit des Gewissens wahren" — Die sieben katholischen Pfarrämter in Aschaffenburg[348]

Als starke Abwehrgemeinschaft gegen die nationalsozialistische Weltanschauung bewährten sich die Seelsorger der sieben katholischen Pfarrämter der Stadt Aschaffenburg:

- Pfarrei St. Peter und Alexander: Stiftsdekan **Anton Heckelmann** (geb. 1881)
- Pfarrei St. Agatha: Pfarrer **Max Jäger** (geb. 1881)
- Pfarrei zu Unserer Lieben Frau: Pfarrer **Jakob Keller** (geb. 1880)[349]
- Pfarrei St. Joseph: Pfarrer **Dr. Karl Pfeifer** (geb. 1892)[350]
- Pfarrei Herz-Jesu: Pfarrer **Gottfried Endres** (geb. 1884)
- Pfarrei St. Michael: Pfarrer **Eduard Keller** (geb. 1895)
- Pfarrei St. Laurentius: Pfarrer **Philipp Giebfried** (geb. 1892)

Am 10. November 1935 wurde von den Kanzeln dieser Pfarreien eine Protestnote verlesen, die gegen die Beflaggungsbestimmungen[351] eindeutig Stellung bezog. Die Geistlichen führten aus, daß man sich den Vorschriften nur deshalb füge, weil ein Versuch, für die katholische Kirche eine Ausnahme zu erreichen, gescheitert sei.
Alle sieben Pfarrer wurden daraufhin von der Bayerischen Politischen Polizei angezeigt und vom Sondergericht Bamberg vorgeladen.[352]

Dies hinderte die sieben Aschaffenburger Pfarrer jedoch nicht, eine Woche später eine selbstverfaßte Protestnote von der Kanzel zu verlesen, in welcher unmißverständlich scharfe Kritik an der „Staatsjugend" geübt und die Elternschaft aufgefordert wurde, die Kinder nur in solche Jugendverbände zu schicken, „... in denen die religiöse Überzeugung geachtet, ... das katholische Ehrgefühl nicht durch Schmähungen verletzt und die Freiheit des Gewissens gewahrt wird."[353] (siehe Abb. 23)

---

348) Nachfolgende Angaben entstammen der PA Nr. 594 Gestapo und von Hehl 1984
349) Jakob Keller wurde wegen brieflicher Äußerungen über das „Schwarze Korps" 1941 von der Gestapo verhört, desweiteren wegen Beleidigung des Kreisleiters in einer Predigt verwarnt und mit schwerer Bestrafung bedroht; vgl. von Hehl 1984, S. 1428
350) siehe auch Kapitel 4.3.12.
351) Die Verordnung Nr. I A 4781/4015 vom 8.6.1935 verpflichtete den Klerus, an politischen Feiertagen (Hitlers Geburtstag, Tag der „nationalen Erhebung" etc.) an den Kirchengebäuden die Hakenkreuzfahne zu hissen. Viele Geistliche wehrten sich heftig gegen die damit verbundene öffentliche Anerkennung des NS-Regimes.
352) Das Verfahren wurde später niedergeschlagen; vgl. von Hehl 1984, S. 1428
353) Protestnote; PA Nr. 594 Gestapo

Abb. 23: Selbstverfaßte Protestnote der sieben katholischen Pfarrämter in Aschaffenburg (PA Nr. 594 Gestapo)

Abschrift !

Erklärung !

In den letzten Wochen wurden hier bei öffentlichen Feiern auch Aeusserungen gebracht, die im Widerspruch mit Wahrheit und Gerechtigkeits-Empfindungen Beschimpfungen und Beleidigungen von Priestern und Gläubigen enthielt. Die unterfertigten Pfarrämter bedauern solche Kränkungen umsomehr, als dieselben geeignet sind, die Autorität der geistlichen Obrigkeit und in weiterer Folge auch der weltlichen Obrigkeit zu erschüttern u. zu untergraben. Sie legen dagegen entschieden Verwahrung ein und trösten sich mit der Gewissheit, dass der Grossteil der Katholiken in Wertung u. Würdigung solcher Aeusserungen mit jhnen einig geht !

\-

Hinsichtlich der Jugend und der Jugendverbände besteht Veranlassung zu erklären :

1. Es ist Gewissenspflichter aller kath. Eltern u. aller kath. Seelsorger, sich der kath. Jugend anzunehmen, um sie religiös zu betreuen u. in ihrem Jugendkampf zu unterstutzen !

2. Ein wirksames Seelsorgemittel, die Jugend in ihrem Glauben zu vertiefen, in den sittlichen Kämpfen zu bewahren und zu treuen Kindern der Kirche u. damit auch zu treuen Staatsbürgern zu erziehen, sind nach, wie vor die katholischen Vereine !

3. Diese Vereine sind durch das als Reichsgesetz anerkannte Konkordat geschützt u. unterstehen ausschliesslich dem Bischof. Niemand hat das Recht, diese Vereine aufzulosen, oder sie durch anderweitige Eingliederung ihrem Ziele zu entfremden ! Die Treue zu den kath. Vereinen ist unser gutes Recht und darf nicht als staatsfeindliche Haltung missdeutet werden !

4. Es ist tief bedauerlich, dass noch immer die ausserkirchliche Betätigung der kath. Jugend, die so schönes geleistet hat, zur korperlichen u. geistigen Ertuchtigung ihrer Mitglieder, verboten ist und es muss umsomehr als ungerecht empfunden werden, als die kath. Jugend zu einem so allgemeinen Verbot keine Veranalssung durch unkprrektes Verhalten gegeben hat.

5. Bezuglich des Eintrittes in die Hitlerjugend ist nicht zurückgenommen die feierliche Erklärung der obersten Führung, dass dieser Eintritt ein freiwilliger sein soll. Es ist zu bedauern, dass im Gegensatz zu diesen Führererklärungen von untergeordneten Stellen Methoden angewandt werden, , die einem Zwang ausserordentlich ähnlich sehen, und manchmal mit Beleidigungen solcher Eltern u. Kinder verbunden sind, welche aus wohlerwogenen Gründen von der öffentlich zugestandenen Freiheit in dieser Sache Gebrauch machen wollen !

6. Hinsichtlich des tatsächlichen Eintritts ist unverändert verpflichtend für die Eltern das Wort des kürzlich erschienenen Hirtenbriefes der deutschen Bischöfe.

In jedem Falle ist es für Euch eine heilige Pflicht, eure Kinder nur in solche Verbände zu schicken, in denen die religiöse Ueberzeugung geachtet, die sittliche Reinheit nicht bedroht, zur Erfüllung der Sonntagspflicht grundsätzlich u. tatsächlich Gelegenheit geboten, das kath. Ehrgefühl nicht durch Schmähungen gegen götl kirchliche Personen oder durch Fälschungen der Kirchengeschichte verletzt u. die Freiheit des Gewissens gewahrt wird !

Die sieben katholischen Pfarrämter der Stadt Aschaffenburg

126

Das Bezirksamt Aschaffenburg erstattete sofort Anzeige gegen die Seelsorger und der Führer des SD-Abschnitts IX legte der Bayerischen Politischen Polizei nahe, „... auch von sich aus die rücksichtslose Verfolgung zu erwirken."[354]

Im November 1937 gingen die sieben unerschrockenen Pfarrer erneut auf Konfrontationskurs gegen nationalsozialistische Eingriffe in das katholische Kirchenleben. Der Bischof Matthias Ehrenfried hatte in seiner Diözese ein Rundschreiben verteilen lassen, das gegen die von den Nationalsozialisten geplante Einführung der Gemeinschaftsschule[355] Stellung bezog. Trotz der Gestapo-Anweisung, dieses Schreiben des Bischofs unverzüglich zu beschlagnahmen, organisierten die Pfarrer in Windeseile die Verbreitung desselben, so daß nur noch 347 Exemplare von der Gestapo sichergestellt werden konnten. Die Mehrzahl der Flugblätter war bereits über persönliche Mittelsmänner an die Eltern schulpflichtiger Kinder verteilt worden.

Die Staatspolizei Würzburg erstattete gegen die sieben Pfarrer Anzeige wegen Übertretung der §§ 6, 19 des Pressegesetzes (Herstellung und öffentliche Verbreitung von Plakaten, Flugblättern und Flugschriften). Das Verfahren wurde am 8. April 1938 gegen alle Beteiligten eingestellt mit der Begründung, die Pfarrer hätten das Rundschreiben lediglich verbreitet, nicht jedoch hergestellt.

Als Initiator dieser Gemeinschaftsaktionen kann wohl Stiftsdekan Anton Heckelmann angenommen werden. Zwischen 1934 und 1936 war er des öfteren von der Gestapo verhört worden – wegen verbotener Vereinsarbeit, einer Fronleichnamsprozession und kritischer Predigtäußerungen. NSDAP-Kreisleiter und Oberbürgermeister Wilhelm Wohlgemuth beurteilte die „politische Zuverlässigkeit" des Geistlichen u. a. wie folgt: „Pfarrer Heckelmann hat an den Volksschulen der Stadt seit 1933 bis heute geflissentlich den Deutschen Gruß vermieden. Die Grußerwiderung geschieht seitens des Pfarrers Heckelmann immer nur durch Hutabnahme. Sein Verhalten gegenüber den bekannten nationalsozialistisch eingestellten Lehrern ist sehr kühl und ablehnend."[356]

---

354) Schreiben Br. Nr. 4631/35/5 vom 13. 12. 1935; ebd. Der Ausgang des Verfahrens konnte nicht ermittelt werden.

355) Durch die Einführung der Gemeinschaftsschule versuchten die Nazis, religiös eingestellte Lehrer sowie Unterricht erteilende Ordensleute aus ihren Lehramtsstellen zu verdrängen und mit parteitreuen Lehrkräften zu besetzen. Im Aschaffenburger Raum ließ sich aufgrund der massiven Opposition der Geistlichen und Gläubigen nirgends die Gemeinschaftsschule durchsetzen.

356) Schreiben der NSDAP Aschaffenburg vom 5. 1. 1938; PA Nr. 594 Gestapo

Abb. 24: Stiftsdekan Anton Heckelmann (Privatbesitz)

Wegen seiner anti-nationalsozialistischen Stellungnahmen als Schriftleiter der Kirchenzeitung wurde Heckelmann vom Gauleiter Dr. Otto Hellmuth und der Gestapo 1937/38 vor dem Sondergericht Bamberg angeklagt; auch dieses Verfahren wurde später eingestellt.[357]

Seit Mai 1938 überwachte die Gestapo strengstens seinen Posteingang. Sie hoffte insbesondere ein Rundschreiben in die Finger zu bekommen, „in welchem Richtlinien für den Klerus und die allgemeine Einstellung der Kirche zum Staat und zur Partei niedergelegt"[358] waren, um den Pfarrer endgültig überführen zu können. Sie wurde aber diesbezüglich nicht fündig. Dieser Mißerfolg mag in der Tatsache begründet sein, daß Anton Heckelmann – nach eigenen Angaben – immer wieder durch ihm wohlgesinnte Personen gewarnt worden war.[359]

---

357) möglicherweise aufgrund des Amnestieerlasses vom 30. 4. 1938 (RGBl. 1938, I, S. 433) aus Anlaß des „Anschlusses Österreichs an das Großdeutsche Reich"
358) Schreiben der Gestapo Aschaffenburg Nr. 1139/38 vom 23. 6. 1938; PA Nr. 594
359) Fragebogen A von Anton Heckelmann; DAW

Im Zweiten Weltkrieg wurde Stadtdekan Anton Heckelmann zum Standortpfarrer der Heeresverwaltung in der Bois-Brulé-Kaserne in Aschaffenburg bestellt.[360] Kurz vor der Kapitulation der Stadt am 3. April 1945 erklärte sich Anton Heckelmann bereit, wegen der Übergabe mit den Amerikanern zu verhandeln.[361] Der Sonderbeauftragte aus dem Führerhauptquartier, SS-Obersturmbannführer Wegener forderte die Verhaftung des Stiftspfarrers und seine Verurteilung zum Tod durch Erhängen. Nur der Einspruch des Kampfkommandanten Major Emil Lamberth verhinderte den Mord an Pfarrer Heckelmann.[362]

4.3.7. „Damit endlich dieser Hetzkaplan verschwindet". — Kaplan Franz Krug[363] und die Schweinheimer Pfadfinder

Während der Rede Adolf Hitlers vor dem Reichstag im Frühjahr 1935, in welcher er die Einführung der Wehrmacht begründete, hatte Kaplan **Franz Krug** in Schweinheim seine Ablehnung dadurch zum Ausdruck gebracht, daß er nicht aufmerksam der kriegstreibenden Rede lauschte, sondern stattdessen mißbilligenden Auges an den aufgestellten NS-Formationen vorbeidefilierte. Einladungen zu Parteiveranstaltungen beantwortete Franz Krug prinzipiell durch Nichterscheinen, ebenso erwiderte er nie den „Deutschen Gruß"[364]

Auch die Kanzeläußerungen des jungen Kaplans waren den Nazis ein Dorn im Auge, pflegte der Seelsorger doch dort in versteckter Form den Nationalsozialismus anzugreifen. Der NSDAP-Ortsgruppenleiter und Erste Bürgermeister von Schweinheim führte darüber Klage: „... Ich habe auch schon wiederholt seine Predigten überwacht, er weiß sich aber immer so auszudrücken, daß man nicht gegen ihn einschreiten kann."[365]

---

360) siehe auch Kapitel 4.6.3.
361) siehe auch Kapitel 4.7.4.
362) Persönliche Angaben im Fragebogen A; DAW; siehe hierzu auch Stadtmüller, Alois, Aschaffenburg im Zweiten Weltkrieg, Aschaffenburg 1970, S. 199
363) Für diese Studie wurde die PA Nr. 5194 Gestapo sowie die Personenakte von Franz Krug, DAW, ausgewertet; außerdem die zu Pfarrer i.R. Franz Krug hergestellte persönliche Verbindung (Juni 1985). Pfarrer Franz Krug feierte am 24. Dezember 1984 seinen 80. Geburtstag. Seit seinem Eintritt in den Ruhestand 1977 lebt er in Bad Kissingen.
364) siehe auch Kapitel 4.3.10.
365) Schreiben des Bezirksamtes Aschaffenburg vom 3. 1. 1936; PA Nr. 5194 Gestapo

Abb. 25: Kaplan Franz Krug (Privatbesitz Ernst Giegerich)

Im Herbst 1935 glauben seine Gegner, ihn endlich dingfest machen zu können. Es wird Kaplan Krug konkret vorgeworfen, im September 1935 im Religionsunterricht der 7. Volksschulklasse in Schweinheim „... nichtöffentlich gehässige, hetzerische und böswillige Äußerungen gegen leitende Persönlichkeiten der NSDAP und eine von leitenden Persönlichkeiten des Staates und der NSDAP geschaffene Einrichtung gemacht zu haben, welche geeignet sind, das Vertrauen des Volkes zur politischen Führung zu untergraben.“[366] Er soll wörtlich gesagt haben: „Rosenberg[367] ist ein Trottel, er soll erst einmal den Katechismus lernen, wenn er den gelernt hätte, dann würde er solche Sachen

---

366) Anklageschrift; PA Franz Krug, DAW
367) Alfred Rosenberg (1893-1946) war von 1934 bis 1945 NSDAP-Weltanschauungsbeauftragter und parteiamtlicher Schulungsleiter. Rosenberg war ein erbitterter Gegner des Christentums.

nicht schreiben. Die vom Jungvolk[368] sind Trottel und da nutzen Trommeln und Pfeifen nichts, wenn ihr innerlich Trottel seid. Das deutsche Volk kann man nicht mit Trommeln und Pfeifen aufbauen, wenn nichts dahinter steckt. Das Jungvolk ist eine Saubande, stillstehen kann jeder Mensch, wenn er angeplärrt wird."[369]

Im Januar 1936 wird gegen Kaplan Krug ein Verfahren beim Sondergericht Bamberg eingeleitet, weil er „den Religionsunterricht und die Kanzel mißbraucht hat, um seine grundsätzliche Gegnerschaft zum Nationalsozialismus zu offenbaren".[370] Das Verfahren muß jedoch, sehr zum Verdruß der örtlichen Nazis, im Mai 1937 mangels ausreichendem Schuldnachweis eingestellt werden. Es wird Kaplan Krug unmißverständlich nahegelegt, in Zukunft solche Äußerungen zu unterlassen, andernfalls werde ihm die Erteilung des Religionsunterrichtes entzogen.

Seit 1936 betreiben die örtlichen Behörden die Versetzung des streitbaren Kaplans, zunächst allerdings ohne Erfolg. Das Bischöfliche Ordinariat in Würzburg verweigert die Strafversetzung von Franz Krug. Die Polizeidirektion Würzburg veranlaßt, daß die Gestapo und der SD-Oberabschnitt Süd in München eingeschaltet werden, „... damit endlich dieser Hetzkaplan verschwindet. Sämtliche Stellen, die bisher angegangen wurden, können oder wollen gegen diesen Hetzer nicht vorgehen. Daß das Bischöfliche Ordinariat Würzburg von sich aus nicht zugreift, ist klar; nachdem Geistliche nur mit Zustimmung des Reichskirchenministers Kerrl festgenommen werden dürfen, so bin ich machtlos."[371]

Daß der streitbare Kaplan schließlich doch versetzt wurde, verdankten die örtlichen NS-Stellen letztendlich Franz Krug selbst. Dieser hatte sich − ohne von den Bestrebungen der Nazis zu wissen − um eine freie Pfarrstelle beworben, um seine im Ruhestand lebenden Eltern bei sich aufnehmen zu können. Im Herbst 1938 übernahm er als Pfarrer die katholische Gemeinde Dorfprozelten im Bezirk Marktheidenfeld.

Bis zu seiner Versetzung 1938 leitete Kaplan Franz Krug den Schweinheimer Stamm der Deutschen Pfadfinderschaft St. Georg (DPSG). Einige Jugendliche aus Schweinheim hatten am 7. Juni 1933 die katholische Pfandfindergruppe ge-

---

368) Alle 10 bis 14jährigen sollten im „Deutschen Jungvolk" und bei den „Jungmädels" organisiert werden, die 14 bis 18jährigen in der „HJ" und im „Bund Deutscher Mädels" (BDM)
369) Anklageschrift; PA Krug, DAW
370) Schreiben des Bezirksamtes Aschaffenburg Nr. 9625 vom 10. 1. 1936; PA Nr. 5194 Gestapo
371) Schreiben der Polizeidirektion Würzburg vom 28. 2. 1936; ebd.

gründet, deren Stammesführer der 18jährige **Willi Giegerich** war. Nach 1934, als jede Jugendarbeit außerhalb der Hitlerjugend immer schwieriger und teilweise von den Nazis massiv behindert und bedroht wurde, traf sich der harte Kern der Schweinheimer Pfadfinder – u. a. **Adam Büttner, Ludwig Vorndran, Ludwig Sommer, Philipp Konrad** und Willi Giegerich – heimlich in der Backstube der elterlichen Bäckerei Giegerich, wo sie ihre Lieder sangen, anstehende Aktivitäten besprachen und versuchten, den nationalsozialistischen Gleichschaltungsbestrebungen entgegenzuwirken. Immer wieder entfernten sie eigenmächtig NS-Werbeplakate, die zum Eintritt in die HJ animieren sollten.[372] Auch reisten sie zu Freundschaftslagern ins Badische und nach Württemberg, da solche Treffen in Bayern bereits verboten waren.

Abb. 26: Heimliche Pfadfindertreffen in der Giegerich'schen Backstube (Privatbesitz Ernst Giegerich)

---

372) Im Nachlaß von Willi Giegerich, der alle Informationen – die Jugendarbeit in der NS-Zeit betreffend – sammelte und versteckte, befinden sich noch einige der abgerissenen NS-Plakate. Alle Unterlagen wurden mir freundlicherweise von seinem Sohn Ernst Giegerich zur Verfügung gestellt.

Am 16. Juli 1937 steckt der Bäckergeselle Willi Giegerich an seinem Arbeitsplatz im Markt-Café Eppig in der Landingstraße seinem Arbeitskollegen
Viktor G. den „Goebbelsbrief"373) zu und ermuntert ihn, diesen zu lesen. Am
nächsten Tag wird Willi Giegerich „zum Schutz von Volk und Staat" verhaftet.
Bei der Vernehmung gibt Willi Giegerich an, das Schriftstück etwa eine Woche
zuvor auf einer Straße gefunden und aufgelesen zu haben. Als Pfadfinder lebe
er nach dem Grundsatz „Jeden Tag eine gute Tat" – und an jenem Tag hätte
eben seine gute Tat darin bestanden, Altpapier auf der Straße aufzusammeln.
So sei er in den Besitz des „Goebbelsbriefes" gekommen. Das Bezirksamt
Aschaffenburg erachtet diese Erklärung als „völlig unglaubwürdig" und erläßt
gegen Willi Giegerich einen „Schutzhaft"-Befehl: „Durch die Verbreitung

Abb. 27: Versprechensfeier im Januar 1939 (Privatbesitz Ernst Giegerich)

373) Der „Goebbelsbrief" vom Juni 1937 war ein anonymer „Offener Brief an den Herrn
Reichsminister für Volksaufklärung", der Machenschaften der NSDAP und ihrer Führer anprangerte. Die Schrift war mit dem Pseudonym „Michael Germanicus" unter-
schrieben und wurde besonders in katholischen Kreisen heimlich weiterverbreitet.

dieser Schrift und durch sein weiteres Verhalten hat sich Giegerich als ein Element erwiesen, von welchem eine unmittelbare Gefährdung der öffentlichen Ruhe und Sicherheit droht. Er war deshalb bis auf weiteres in Schutzhaft zu nehmen."[374] − Acht Wochen lang, bis zum 14. September 1937 wird der 22jährige Bäckergeselle im Landgerichtsgefängnis Aschaffenburg gefangengehalten.

Im Jahre 1938 wurden alle noch bestehenden Jugendorganisationen von den Nationalsozialisten aufgelöst und jede weitere Betätigung unter Androhung schwerer Strafen verboten. Trotz des Risikos arbeiteten die Schweinheimer Pfadfinder im Untergrund weiter und führten weitere Jugendliche ihrer Bewegung zu. In einer heimlich organisierten Feier in der Obernauer Kapelle legten im Januar 1939 neue Mitglieder in Pfadfinderkluft ihr Versprechen ab.

4.3.8. „Ein Dauerzustand, der dem Ansehen der Staatsgewalt nicht zuträglich ist" − Die Pfarrgemeinde von Mömbris[375]

Die Kahlgrund-Gemeinde Mömbris ist ein Musterbeispiel für die Widerstandsfähigkeit des katholischen Milieus gegenüber der nationalsozialistischen Willkürherrschaft.

Die der Verhaftung von Pfarrer **August Wörner**[376] am 28. Dezember 1936 vorausgegangenen Ereignisse hatten in Mömbris Wellen der Wut und Empörung ausgelöst. In der annähernd 4 000 Seelen zählenden Landgemeinde mit ausgeprägter Zigarrenindustrie lebten fast ausschließlich Katholiken. Der Pfarrer − Frontkämpfer im Ersten Weltkrieg und Inhaber des Eisernen Kreuzes 1. Klasse − hatte sich vehement gegen das Aufhängen eines „Stürmer"-

---

374) Schutzhaftbefehl des Bezirksamtes Aschaffenburg vom 20. 7. 1937; Nachlaß Willi Giegerich, im Privatbesitz von Ernst Giegerich.

375) Dieser Studie liegen Polizeiberichte der Gendarmerie-Station Mömbris, Monatsberichte des Bezirksamts Alzenau aus dem Bestand LRA Alz. Nr. 340 und die PA Nr. 17564 und 16062 Gestapo zugrunde; außerdem stützt sie sich auf Angaben aus dem Nachlaß von August Wörner, archiviert im DAW, Karton 1 sowie auf die Memoiren „Wahrheit ohne Dichtung" von Kaplan Hermann Dümig, unveröffentlichtes Manuskript, DAW; mit Pfarrer Hermann Dümig, der in Faulbach im Ruhestand lebt, wurde schriftliche Verbindung aufgenommen; desweiteren wurde die Dokumentation von Elke Fröhlich herangezogen, die den Fall „Der Pfarrer von Mömbris" ausführlich schildert; in: Broszat/Fröhlich 1983 (Band VI), S. 52-75

376) August Wörner, geboren 1893 in Gönz, war seit 1933 Pfarrer in Mömbris.

Kastens[377] in seiner Pfarrei gewehrt, in welchem nicht nur antisemitische, sondern auch „Pfaffen"-Hetze betrieben wurde.

Abb. 28: Aufnahmen der Gestapo von Pfarrer August Wörner
(PA Nr. 17564 Gestapo)

Die öffentliche Aushängung des NS-Kampfblattes schuf Empörung im weitaus größten Teil der katholischen Bevölkerung, deren Ehrgefühl durch die „ständige Verunglimpfung der christlichen Religion und der Geistlichkeit"[378] erheblich verletzt wurde.

Beim Sonntagsgottesdienst am 20. Dezember 1936 hatte Pfarrer Wörner die versammelte Gemeinde[379] aufgefordert, sich in eine Unterschriftenliste gegen den „Stürmer"-Kasten einzutragen. „Bis dahin werde er kein Amt mehr singen, auch zu Weihnachten nicht, statt dessen einen Gottesdienst der Trauer über die Verhöhnung der Priester halten."[380]

377) „Der Stürmer": Eine in zahlreichen öffentlichen Schaukästen in ganz Deutschland ausgehängte NS-Wochenzeitung, die den Zweck verfolgte, Judenhaß zu verbreiten und die Deutschen gegen ihre jüdischen Mitbürger aufzuhetzen. „Der Stürmer" erschien von 1923 - 1945, 1939 mit einer Auflage von 475 000 Exemplaren. Herausgeber war Julius Streicher, der sich unmittelbar nach Ende des Ersten Weltkriegs als antisemitischer Redner hervortat. Streicher wurde vom Internationalen Gerichtshof in Nürnberg zum Tode verurteilt und 1946 hingerichtet; vgl. Kammer/Bartsch 1982 und Wittstadt 1984, Nr. 76

378) Monatsbericht Bezirksamt Alzenau vom 31. 12. 1936; LRA Alz. Nr 340

379) Die Pfarrei Mömbris setzte sich zusammen aus: Mömbris mit Frohnhofen und 3 Mühlen, Brücken, Heimbach mit 2 Mühlen und 1 Hof, Mensengesäß, Niedersteinbach mit Mühle, Rappach, Strötzbach mit 2 Mühlen; vgl. Wittstadt 1984, Nr. 76

380) Broszat/Fröhlich 1983 (Band VI), S. 53

Ein solches Ultimatum konnte Wörner bedenkenlos stellen, denn er wußte, daß der allergrößte Teil seiner Pfarrkinder voll hinter ihm und der katholischen Kirche stand. Tatsächlich begab sich auch eine große Anzahl von Kirchentreuen im Laufe des Sonntags zum Bürgermeister und gleichzeitigen NSDAP-Ortsgruppenleiter Gottfried van Treeck, um sich in die dort ausliegende Unterschriftenliste einzutragen. Hierbei kam es zu heftigen Tumulten, bei denen der Bürgermeister beschimpft und bedroht wurde. Einen Tag später wurden der Landwirt **Rudolf Grünewald,** der Schneidermeister **Karl Mehler,** der Vorsitzende des Kriegervereins **Adolf Vogt** und die als besonders fromm geltende ledige Zigarrenmacherin **Therese Hammer** wegen Rädelsführerschaft verhaftet und in das Aschaffenburger Landgerichtsgefängnis eingeliefert.[381]

Pfarrer Wörner konnte sich zwar auf die Unterstützung seiner Pfarrkinder verlassen, doch NSDAP und Bürgermeister saßen am längeren Hebel: Am 28. Dezember 1936 wurde August Wörner von zwei Gestapo-Leuten außerhalb von Mömbris wegen „verwerflichen Wühlereien" und „schimpflichem und hetzerischem Kanzelmißbrauch"[382] verhaftet und in das Aschaffenburger Gefängnis gebracht.

Verfehlten anderenorts die Verfolgung und Verhaftung von „unliebsamen" Geistlichen nicht ihr Ziel, die Angst vor Repressalien zu schüren, treue Kirchenanhänger einzuschüchtern und in die innere Emigration zu treiben, so erreichte die nationalsozialistische Willkürherrschaft in Mömbris genau das Gegenteil. Hier entwickelte sich aus der „Inschutzhaftnahme" des Priesters neuer politischer Mut und Zivilcourage, die dem NS-Herrschaftsanspruch enge Grenzen setzten und die vorgesetzten Stellen zu Kompromissen nötigten. Die amtlichen Berichte der örtlichen Gendarmerie-Station und des Bezirksamts Alzenau wollen immer wieder glaubhaft machen, daß „die allgemeine politische Stimmung im hiesigen Dienstbezirk als ruhig zu bezeichnen" sei, zeigen aber deutlich auf, wie hilflos die braunen Machthaber dem subtil demonstrierten Widerstandsgeist gegenüberstanden – und dies vier Jahre nach der „Gleichschaltung".
Die nachfolgenden Auszüge aus den amtlichen Lageberichten vermitteln einen guten Eindruck von der Stimmung in Mömbris und den umliegenden Nachbargemeinden.

In seinem Monatsbericht vom 31. Dezember 1936 versucht Gendarmeriekommissär Friedrich Walter[383] die Dezembervorfälle in Mömbris zu analysieren: „Der Vorgang (die Ereignisse um Pfarrer Wörner – M.Sch.) hat gezeigt, daß

---

381) Alle vier wurden auf Neujahr wieder freigelassen.
382) PA Nr. 344 Gestapo
383) siehe auch Kapitel 4.6.2.

das Volk in seiner überwiegenden Mehrheit ganz anders denkt als es nach außen erkennen läßt. Bei Nachforschungen nach den Gründen zu dieser Einstellung gewinnt man immer wieder die Überzeugung, daß Mangel an Vertrauen zu den unmittelbar übergeordneten Stellen die tieferen Ursachen zu der herrschenden Zerrissenheit sind. Was sich am Sonntag, 20. 12. 36 in Mömbris ereignete, brauchte von irgendwelchen Stellen nicht erst entfacht oder genährt zu werden, es war vielmehr der spontane Ausbruch einer seit langem im Volke herrschenden Unzufriedenheit gegen manche Methoden, die aus verschiedensten Anlässen von führenden Stellen angewandt worden sind. Das Volk erträgt eher Gerechtigkeit mit Strenge gepaart, als fortgesetzt Zwang, Androhung von Vergeltungsmaßnahmen, Bloßstellungen, Drohungen irgendwelcher Art u. a. Maßnahmen, welche seine Freiheit einengen..."[384] Gleichzeitig meldet Walter nach Alzenau, daß in seinem Bezirk in letzter Zeit wieder stark gewildert werde.

Auch Bezirksamtsvorstand Böhm in Alzenau gelangt im Dezember 1936 zu folgender Einsicht:
„Die tiefe Kluft, die auf diese Weise zwischen der SA und der großen Mehrheit der Bevölkerung aufgerissen wird, kann sicherlich nicht im Willen der Obersten Führung liegen. Wenn weiteren unliebsamen Ausbrüchen der Volksstimmung auf die Dauer vorgebeugt werden soll, so können rein polizeiliche Maßnahmen allein m. E. nicht genügen. Es müßte vielmehr dafür gesorgt werden, daß in Zukunft die religiösen Gefühle der Bevölkerung nicht mehr verletzt werden..."[385]

Ende Januar 1937 befindet sich Wörner immer noch in „Schutzhaft". Kaplan **Hermann Dümig** läßt zum Zeichen der Trauer weder die Glocken läuten, noch Orgel spielen, noch hält er feierliche Gottesdienste ab, so wie es der Pfarrer im Falle seiner Verhaftung angeordnet hatte.

In der Zwischenzeit war Gendarmeriekommissär Walter von Mömbris wegen seiner Kirchenloyalität zum zweitenmal strafversetzt worden. An seiner Stelle beobachtete jetzt der linientreue Gendarmeriehauptwachtmeister Knöll das Geschehen in Mömbris:
„... Was die kirchliche Angelegenheit in Mömbris betrifft, so ist wohl etwas Ruhe eingetreten, aber von bestimmten Leuten wird im Stillen weiter gestänkert. Das äußert sich durch die vielen Abendandachten, die bis in die späte Nacht

---

384) Polizeibericht der Gendarmerie-Station Mömbris vom 31. 12. 1936; LRA Alz. Nr. 340
385) vgl. Monatsbericht des Bezirksamts Alzenau vom 31. 12. 1936; ebd.

137

hinein gehen und manchmal bis früh 6 Uhr andauern. Es ist unverzeihlich, daß der Bischof keine Änderung trifft, denn sobald ein vernünftiger Geistlicher hier wäre, wäre auch die geheime Hetze verschwunden... Die Jugend wurde in der letzten Zeit sogar zu Ortsgruppenführer van Treeck geschickt mit dem Bemerken, sie wäre bereit, dem Führer zu Liebe am Reichsberufswettkampf teilzunehmen, wenn der Stürmerkasten verschwinde. Man sieht daraus, wie die Jugend schon verhetzt wird..."[386]

Die kirchenpolitischen Spannungen in Mömbris halten auch in der Folgezeit unvermindert an. In den Nachbargemeinden solidarisieren sich die katholischen Geistlichen mit ihrem immer noch inhaftierten Kollegen Wörner, indem sie durch „mehr oder minder nachdrückliche Kanzelkundgebungen" die „Bevölkerung andauernd in einer gewissen Unruhe" halten.[387] Ständig finden die ungewöhnlich vielen Abendandachten statt, die bis in die späte Nacht hinein andauern. Bei diesen Zusammenkünften liest Kaplan Dümig Briefe des Pfarrers aus dem Gefängnis vor, bis es Wörner verboten wird, weiterhin an seine Pfarrkinder zu schreiben[388]. Gendarmeriehauptwachtmeister Knöll muß machtlos feststellen, daß „... die katholische Kirche einen geheimen Kurierdienst hat, wo in später Mitternachtsstunde anscheinend die Instruktionen überbracht werden."[389]

Nach wie vor bleiben in Mömbris die Glocken still. Kurz vor Ostern wird nachts von unbekannter Hand der „Stürmer"-Kasten in Gunzenbach abgesägt, zehn Tage später der „Stürmer"-Kasten in Hohl[390] zum zweitenmal zertrümmert. In Gunzenbach sucht die Polizei fieberhaft nach dem Kasten. Die Nachforschungen führen zu keinem Ergebnis, obwohl man die Holzvorräte überprüft und sogar die Sägeblätter der Gunzenbacher kontrolliert.

Einige Tage später findet die traditionelle Osterprozession durch das Dorf statt, an der auswärtige Nationalsozialisten teilnehmen, um das Mienenspiel der Gunzenbacher zu beobachten und so vielleicht etwas über den Verbleib des corpus delicti zu erfahren. Kuratus Kleinschrodt stimmt unterwegs das Osterlied „Heil uns Heil, alleluja" an. Als man an der Stelle des verschwundenen „Stürmer"-Kastens vorbeizieht, singt die Gemeinde inbrünstig die Stro-

386) Polizeibericht der Gendarmerie-Station Mömbris Nr. 476 vom 26. 2. 1937; ebd.
387) Monatsbericht des Bezirksamts Alzenau vom 28. 2. 1937; ebd.
388) Aus den Memoiren von Hermann Dümig „Wahrheit ohne Dichtung", DAW; in diesem unveröffentlichten Manuskript schildert Dümig seine Erfahrungen und Konflikte mit dem Nationalsozialismus und berichtet von seinen Erlebnissen im KZ Dachau.
389) Polizeibericht der Gendarmerie-Station Mömbris Nr. 851 vom 27. 3. 1937; LRA Alz. Nr. 340
390) Gunzenbach und Hohl gehörten zur politischen Gemeinde Mömbris; vgl. Aschaffenburger Adreßbuch 1936

phe „Hört den Engel froh verkünden: Den ihr sucht, ist nicht zu finden, seht die leere Stätte da! Heil uns Heil, alleluja". Hermann Dümig erinnert sich: „Ich glaube sicher, der Herr hat in Milde das Abschweifen von der Lithurgie bzw. den Triumph und die Siegesfreude auf den Gesichtern und im Herzen der kirchentreuen Gemeinde übersehen. Am Nachmittag war das Geschehen in der ganzen Umgebung in aller Mund. Begreiflich, wenn Kuratus Kleinschrodt sogleich polizeilich vernommen wurde, als ob er es absichtlich so eingerichtet hätte."[391] Er stand im Verdacht, den „Stürmer"-Kasten eigenhändig abgerissen zu haben.

Als Kuratus **Sebastian Kleinschrodt** einige Tage später in seiner Gemeinde öffentlich erklärt, daß er nichts mehr der NSV (Nationalsozialistische Volkswohlfahrt) spende, sondern lieber sein Geld der Caritas zukommen lasse, treten in Mömbris prompt 30 Mitglieder aus der NSV aus. Diese Zahl erhöht sich bis Ende Mai — Pfarrer Wörner ist immer noch in Haft — auf 65. „Die Gründe sind hauptsächlich in der hiesigen Kirchenangelegenheit zu suchen", notiert Gendarmeriehauptwachtmeister Knöll am 26. Mai 1937. Gegen Kuratus Kleinschrodt ordnet die Gestapo Post- und Telefonüberwachung an.

„So ernst, nervenaufreibend und empörend die Ereignisse auch vielerorts und besonders in Mömbris waren, es gab auch Stoff zum Lachen, ein Ventil für angereicherte Wut und Bitternis",[392] erinnert sich Hermann Dümig. Die beiden Hebammen in Mömbris, die ältere Scholastika D. und ihre jüngere Berufskollegin Klara W. konnten sich nicht über Arbeitsmangel in der mit einer sehr hohen Geburtenzahl gesegneten Pfarrei beklagen. Als nun Scholastika D. in ihren Äußerungen eindeutig gegen den inhaftierten Pfarrer Wörner Stellung bezog, ließen sich die katholischen Frauen des Dorfes nur noch von Klara W. entbinden. „Gerne hätte man von Seiten der Partei Verhetzung und Berufsschädigung zusammenkonstruiert"[393], berichtet Hermann Dümig. Deshalb ließ Bürgermeister und NSDAP-Ortsgruppenleiter Gottfried van Treeck eines Tages den Vater eines Neugeborenen zu sich kommen und fragte ihn, warum er zur Geburt seines Kindes nicht Scholastika D. als Hebamme genommen habe. Dieser antwortete schlagfertig: „Van Treeck, das will ich Dir sagen. Wenn ich einmal ein Kind bekomme, dann laß ich die D. als Hebamme kommen. Wenn aber meine Frau ein Kind bekommt, muß ich der überlassen, welche Hebamme sie haben will."[394]

---

391) Memoiren, DAW, S. 14 f.

392) ebd.

393) ebd.

394) aus dem Nachlaß von **August Wörner**; im Originaltext ist der Name der Hebamme D. vollständig angegeben

Das hartnäckig fortdauernde Oppositionsverhalten im Dienstbezirk Mömbris bringt das Bezirksamt Alzenau zu folgender Erkenntnis: „Die Erwartung der Geheimen Staatspolizei, daß durch die lange Haft des Pfarrers Wörner die Stimmung in der Bevölkerung wieder beruhigt werde, hat sich bisher in keinster Weise erfüllt. Es ist im Gegenteil wahrzunehmen, daß in den Augen des Volkes mit der zunehmenden Dauer der Haft des Pfarrers dieser immer mehr zum Märtyrer seiner Glaubensüberzeugung emporwächst und daß damit ein Dauerzustand geschaffen wird, der dem Ansehen der Staatsgewalt nicht zuträglich ist. So, wie die Dinge heute liegen, werden weitere polizeiliche Maßregelungen von Geistlichen das Ziel der inneren Befriedung bestimmt nicht erreichen, sondern nur immer und immer wieder zu ärgerlichen Zwischenfällen ... führen ...“[395]

Am 1. Juli 1937 erhält Mömbris hohen kirchlichen Besuch: Matthias Ehrenfried, Bischof von Würzburg, hält in der Kahlgrund-Gemeinde einen Gottesdienst ab. Aber anstatt der von den Amtsstellen erhofften Ruhigstellung der Kirchengemeinde, tritt der Bischof entschieden für den seit mehreren Monaten inhaftierten Pfarrer Wörner ein und preist ihn als Diener Gottes. Die Rede des Bischofs erhitzt die Gemüter aufs neue und trägt dazu bei, „... das streng religiöse katholische Volk gegen seine Regierung aufzuwiegeln. Man merkt dies auch der hiesigen Bevölkerung heute noch an", klagt Gendarmeriehauptwachtmeister Knöll Ende Juli 1937, „denn es wird nur in ganz vereinzelten Fällen mit dem Deutschen Gruß gegrüßt.[396] Das sind alles Nachwehen der Rede des Bischofs in der hiesigen Pfarrkirche.“[397]

Am 2. August 1937 wird Pfarrer Wörner aus der „Schutzhaft" entlassen.[398] Das Bezirksamt Alzenau notiert Ende August 1937 erleichtert: „Die Lage in Mömbris, wo bisher die Stimmung noch immer unter den Nachwirkungen der Dezembervorfälle litt, hat dadurch eine merkliche Entspannung erfahren.“[399]

---

395) Monatsbericht des Bezirksamts Alzenau vom 31. 3. 1937; LRA Alz. Nr. 340

396) siehe auch Kapitel 4.3.10.

397) Polizeibericht der Gendarmerie-Station Mömbris vom 28. 7. 1937; LRA Alz. Nr. 340

398) Die Gestapo machte für seine Entlassung zur Auflage, daß er nicht mehr nach Mömbris zurückkehren dürfe. Obwohl Wörner immer wieder beteuert hatte, lieber zu sterben als seinen Pfarrkindern untreu zu werden, beugte er sich schließlich der Argumentation seines Verteidigers Dr. Warmuth, daß er als freier Seelsorger mehr erreichen könne als im Gefängnis. Nach seiner Haftentlassung übernahm er die Pfarrei Hettstadt bei Würzburg. Auch dort blieb Wörner seiner anti-nationalsozialistischen Gesinnung treu und fiel jedes Jahr mindestens einmal „unliebsam" auf; vgl. Broszat/Fröhlich 1983 (Band VI), S. 73.
August Wörner starb am 11. 5. 1972

399) Monatsbericht des Bezirksamts Alzenau vom 31. 8. 1937; LRA Alz. Nr. 340

Dennoch setzt die Ruhe nicht in dem gewünschten Maße ein. Gestärkt durch die Solidarität ihrer Anhänger, demonstrieren die Geistlichen von Mömbris und Umgebung auch weiterhin ihre Ablehnung gegenüber dem NS-Regime. Die Auszüge aus den amtlichen Monatsberichten lassen Rückschlüsse darüber zu, wie massiv ein Widerstand seitens der katholischen Kirche hätte sein können; denn die „Basis" war eindeutig mehr kirchen- als parteitreu.

„... Die Stimmung der Landbevölkerung gegenüber der Regierung und ihren Maßnahmen ist im allgemeinen nicht gut. Schuld daran ist hauptsächlich die überaus große Hetze der Geistlichkeit. Die Geistlichkeit hat die Bevölkerung zu 90% in der Hand ..."[400]

„... Immer noch macht sich die obstruktive Haltung der Geistlichkeit gegen die nationalsozialistische Weltanschauung bemerkbar. In Anbetracht dieser Tatsachen befindet sich naturgemäß im hiesigen Dienstbezirk eine Anzahl staatsfeindlicher Elemente. Die Landbevölkerung hängt zu sehr an ihrer Geistlichkeit und wenn etwas gegen die Geistlichkeit unternommen wird, so ist die Stimmung der gut katholischen Bevölkerung nicht zum Besten."[401]

„... Die Weltanschauung des Nationalsozialismus hat im hiesigen Dienstbezirk unter der Bevölkerung und größtenteils auch unter den Parteigenossen noch wenig gute Früchte zu verzeichnen. Die hiesige Bevölkerung ist gut katholisch und romhörig."[402]

„... Die Einführung der Gemeinschaftsschule wird sich im hiesigen Bezirke durch Abstimmung nie ermöglichen lassen, weil die Geistlichkeit die Bevölkerung zum weitaus größten Teil voll und ganz in der Hand hat."[403]

Das immer wieder auftauchende „Eingeständnis mangelnder Durchsetzungsfähigkeit der NSDAP gegenüber kirchlich-katholischer Obstruktion ist als Zeugnis der Resistenzkraft des Katholizismus beweiskräftiger als es kirchliche Darstellungen sein könnten".[404] Die wirksame Opposition der Mömbriser Katholiken zieht auch im übrigen Kahlgrund Kreise und bestärkt die regimekritische Einstellung der durchweg katholischen Landbevölkerung.

---

400) Polizeibericht der Gendarmerie-Station Mömbris Nr. 3 882 vom 28. 11. 1937; ebd.
401) Polizeibericht der Gendarmerie-Station Mömbris vom 27. 1. 1938; ebd.
402) ebenso vom 26. 2. 1938
403) ebenso vom 26. 5. 1938
404) Broszat u. a. 1977 (Band I), S. 16

Das Bezirksamt Alzenau klagt im Februar 1937, daß die Feiern anläßlich des „Heldengedenktages"[405] in den meisten Gemeinden des Bezirks auffallend schlecht besucht waren: „In Alzenau mit seinen rund 3 000 Einwohnern wohnten der Gedenkfeier – abgesehen von den offiziellen Teilnehmern – kaum 80, in Schöllkrippen mit rund 1 500 Einwohnern nur etwa 30 Personen bei. Aus der schlechten Witterung allein läßt sich diese Gleichgültigkeit nicht erklären"[406], sinniert Amtsvorstand Böhm und bringt das Desinteresse an nationalsozialistischen Veranstaltungen mit den Vorgängen in Mömbris in Zusammenhang.

Am 1. April 1938 übernimmt der Mömbriser Kaplan Hermann Dümig die Lokalkaplanei in Feldkahl bei Hösbach. Aber auch dort kommt es zu neuen Schwierigkeiten und Auseinandersetzungen mit den im Ort zahlreichen Nazis. Am 17. Januar 1941 wird der Kaplan aus dem Erstkommunionsunterricht heraus festgenommen und zur „Schutzhaft" in das Aschaffenburger Landgerichtsgefängnis eingewiesen mit der Begründung: „Dümig trägt durch seine Predigten äußerst zersetzende Gedanken ins Volk und gefährdet die Sicherheit des nationalsozialistischen Staates und die Wehrkraft der Armee."[407]

Der tiefere Grund für seine Verhaftung liegt jedoch in seinem politischen Vorleben in Mömbris und seinem Einsatz für Pfarrer Wörner. Beim Verhör gibt ihm Staatsanwalt Berninger – wohl absichtlich – den politischen Bericht über ihn aus Mömbris in die Hand. Im ersten Satz steht da zu lesen: „Dümig, von Mömbris her ein gehässiger Gegner der NSDAP und ihrer Gliederungen, hat auf seiner neuen Stelle in Feldkahl im gleichen Geiste weitergearbeitet."[408] Bezeichnenderweise wird gegen ihn kein Prozeß eingeleitet. Am Ostermontag überreicht der Gefängnisschreiber Hermann Dümig den „Schutzhaftbefehl" in seiner Zelle mit den Worten: „Der rote Schutzhaftbefehl bedeutet unfehlbar Dachau."[409]

Er irrt sich nicht. Am Donnerstag, 3. Juli 1941, morgens um 6 Uhr, wird Hermann Dümig zusammen mit 10 weiteren Gefangenen, jeweils zwei mit Handschellen aneinandergefesselt, durch die Straßen Aschaffenburgs zum Bahnhof geführt. Trotz Begleitung mehrerer Wachtmeister klärt Kaplan Dümig die

---

405) Der Volkstrauertag, ab 1923 zu Ehren der Gefallenen des Ersten Weltkrieges begangen, wurde 1933 von den Nationalsozialisten in „Heldengedenktag" umbenannt und zum Staatsfeiertag erklärt. Mit der Umbenennung wurde der „Heldentod für das Vaterland" zum edelsten Ziel junger Menschen erklärt, Teil der psychologischen Vorbereitung auf den Krieg.

406) Monatsbericht des Bezirksamts Alzenau vom 28. 2. 1937; LRA Alz. Nr. 340

407) Wittstadt 1984, S. XLVIII

408) Memoiren, DAW, S. 21

409) ebd., S. 27

Abb. 29: Kaplan Hermann Dümig (Privatbesitz)

neugierigen Passanten über das Ziel der Reise auf. Er ruft ihnen zu: „Es geht nach Dachau!" Mit einem Sammeltransport wird der Geistliche nach Dachau gebracht und 45 Monate lang, bis zum 5. April 1945, im Konzentrationslager gefangengehalten.[410]

---

410) Das KZ Dachau wurde am 30. 4. 1945 von amerikanischen Truppen befreit.

4.3.9. „Die Stimmung verschlechtert sich zusehends" – Die katholische Landbevölkerung im Kahlgrund[411]

Skepsis gegenüber allen politischen Neuerungen und Festhalten an angestammten Autoritäten und Traditionen kennzeichnete die politische Grundhaltung der eher in ärmlichen Verhältnissen lebenden Kleinbauernfamilien im Kahlgrund, die oftmals ihr kärgliches Einkommen durch Heimarbeit aufbessern mußten.[412] Alltagspflichten wie die Bestellung der Felder, Versorgung des Viehs und Einbringen der Ernte ließen vielfach das Politische ins Nebensächliche abgleiten. Dennoch blieben die Bauern kritisch gegenüber bestimmten nationalsozialistischen Neuordnungen und Lenkungsmaßnahmen, gegen die sie sich massiv zur Wehr setzten, sobald sie ihre unmittelbaren Arbeits- und Lebenszusammenhänge berührten und ihre Autonomie einschränkten. Ihr Widerstand korrespondierte mit dem von der Gestapo gebrauchten Begriff der „Volksopposition".

Als die NSDAP überall in Deutschland – und auch im Kahlgrund – eigene Kindergärten einrichtete[413], um schon die Kleinsten im Sinne des Nationalsozialismus zu erziehen, stößt diese Maßnahme auf wenig Gegenliebe in der Bevölkerung. „Die neuerrichteten Kindergärten der NSV werden teilweise recht schlecht mit Kindern bestückt", notiert Amtsvorstand Böhm für seinen Dienstbezirk im Juni 1937.[414]

Die Reaktion der landwirtschaftlichen Bevölkerung auf spezifisch agrarwirtschaftliche Neuordnungsmaßnahmen setzt der NS-Agrarpolitik im Kahlgrund vielfach Grenzen. Insbesondere die Kleinbauern werden von den Zwangsverordnungen des Reichsnährstandes[415] im Jahre 1937 hart getroffen. Die gesetzlich geregelte Milchleistungsprüfung. z. B. bedeutet für die Landwirte, daß sie für jede Kuh im Stall monatlich 10 Pfennig abliefern müssen, ein Betrag, der für die meisten Kleinbetriebe mit vier bis fünf Kühen eine finanzielle Zumutung darstellt.

---

411) Die Studie stützt sich auf Berichte des Bestands LRA Alz. Nr. 340

412) siehe Kapitel 2.

413) Die NS-Volkswohlfahrt (NSV) versuchte durch die Einrichtung von Kindergärten und anderer sozialer Dienste die konfessionellen Gemeinschaften zu verdrängen.

414) Monatsbericht des Bezirksamts Alzenau vom 29. 6. 1937; LRA Alz. Nr. 340

415) Reichsnährstand: Am 13. 9. 1933 als „Selbstverwaltungsorganisation der deutschen Ernährungswirtschaft" unter Reichsbauernführer Walter Darré ins Leben gerufen. Alle in der Land-, Forst-, Gartenbau- und Fischwirtschaft Tätigen waren gezwungen, in dieser Organisation Mitglied zu werden; RGBl. 1933, I, S. 626

Auch die Obstbaumbesitzer schimpfen erbost über die staatlich verordnete Anlegung von Raupenleimgürteln an den Bäumen[416], die sie zusätzlich überlastet. In Mömbris löst diese Vorschrift Tumulte aus. Viele Obstbaumbesitzer umgehen im Herbst 1937 die Anordnung, indem sie Packpapier um die Bäume legen und somit den Raupenleimgürtel vortäuschen. Als sie gebührenpflichtig verwarnt werden, wehren sie sich erneut: „Auf irgendeine Art und Weise bringen wir das Geld wieder rein und wenn wir für das Winterhilfswerk nichts mehr geben."[417]

Auch eine andere Verbitterung wird deutlich: „Von verschiedenen Landwirten wurden Simmen laut, daß man im Dritten Reich nur Strafen kenne. Wenn ein Landwirt noch so gut politisch eingestellt sei, so vergehe ihnen alle Lust dazu. Bei jeder Geringfügigkeit würde man gleich bestraft. Diese Äußerungen wurden oft gebraucht," berichtet das Bezirksamt Alzenau dem Regierungspräsidenten von Unterfranken.[418]

Gegen solche oppositionellen Einstellungen, die der eigenen Identitäts- und Interessenverteidigung dienen, gingen die NS-Machthaber in aller Regel drastisch vor, stören sie doch die Aufrechterhaltung der Illusion von der „Volksgemeinschaft", die elementarer Inhalt und Propagandaziel der NS-Ideologie ist. Martin Broszat stellt in diesem Zusammenhang fest, daß „der Appell zur Aufopferung der eigenen Interessen zugunsten einer emotionalisierten volksgemeinschaftlichen Fiktion"[419] bei der bäuerlichen Bevölkerung ein wenig wirksames Suggestionsmittel war.

Trotz Verwarnungen lassen sich die eigensinnigen, primär auf ihre materiellen Elementarbedürfnisse bedachten Kahlgrund-Bauern nicht einschüchtern und beantworten die Reglementierungen des Regimes auf ihre eigene Weise: Während das von der Hitlerregierung als Nationalfeiertag vereinnahmte Erntedankfest im Herbst 1936 noch „... in allen Gemeinden des Dienstbezirks Alzenau in würdiger Weise begangen..."[420] wurde, beschließen die Landwirte im Herbst 1937 den Boykott desselben. Im Monatsbericht für den Oktober

---

416) Verordnung zur Schädlingsbekämpfung im Obstbau, RGBl. 1937, I, S. 1143. Die Raupenleimgürtel sollten eine Maßnahme zur Frostspannerbekämpfung sein.
417) Polizeibericht der Gendarmerie-Station Mömbris vom 27.10.1937; LRA Alz. Nr. 340
418) ebd.
419) Broszat u. a. 1981 (Band IV), S. 702
420) Polizeibericht der Gendarmerie-Hauptstation Alzenau vom 30. 10. 1937; LRA Alz. Nr. 340

1937 muß der Bezirksamtsvorstand Böhm feststellen: „Die Mißstimmung der landwirtschaftlichen Bevölkerung trat beim letzten Erntedankfest auffällig zutage. Von einigen örtlichen Ausnahmen abgesehen, war von einer nennenswerten Beteiligung der Landwirte an den Feiern kaum irgendwo etwas zu bemerken. Besonders schlecht war die Beteiligung im oberen Kahlgrund, wo wegen der Milchleistungsprüfung allgemeine Verdrossenheit besteht. In einer Ortschaft bei Mömbris (Gunzenbach – M.Sch.) ging die Teilnahmslosigkeit soweit, daß der vom Ortsgruppenleiter vorbereitete Erntedankfestzug überhaupt nicht in Gang gebracht werden konnte, weil weder Landwirte noch Gespanne zur Stelle waren ...“[421]

Auch die an diesem Erntedankfest öffentlich übertragene Rede des „Führers" wird gezielt boykottiert. So findet in Mömbris zur gleichen Stunde ein Nachmittagsgottesdienst statt. Als die Glocken läuten, wechseln die Leute während der offiziellen Übertragung demonstrativ in die Kirche. „Auch in Gunzenbach war bei der Übertragung der Rede Hitlers kein Landwirt zu sehen,“ beklagt die Gendarmerie-Station Mömbris.[422]

Immer häufiger müssen die vorgesetzten Stellen berichten, daß sowohl parteiamtliche als auch nationale Kundgebungen, bei welchen die Verbundenheit des deutschen Volkes mit dem „Führer" und seiner Politik öffentlich demonstriert werden soll, im Kahlgrund auffallend schlecht besucht werden. „Es ist eine bedauerliche Tatsache, daß sich hauptsächlich die ländliche Bevölkerung... an nationalen Veranstaltungen stets sehr lau beteiligt."[423] Die Verweigerung der geforderten Aktionswilligkeit markiert bestimmte Grenzen der politischen Durchsetzungsfähigkeit des Regimes. Sie gewinnt „... dadurch objektiv den Rang wirksamer Nonkonformität..., unabhängig von den... oft ganz unpolitischen Motiven der an solcher Resistenz Beteiligten."[424]

Bezirksamtsvorstand Böhm macht sich Sorgen: „Die Stimmung... namentlich der landwirtschaftlichen Bevölkerung verschlechtert sich zusehends von Monat zu Monat... Es ist zu befürchten, daß die herrschende Verbitterung durch die in den letzten Tagen ergangenen, außerordentlich einschneidenden Anordnungen zur Bekämpfung der Maul- und Klauenseuche eine weitere Steigerung erfahren wird."[425] Diese sind in der Tat sehr gravierend und schränken u. a. die Persönlichkeitsrechte des einzelnen empfindlich ein. Obwohl nur vereinzelt Seuchenfälle registriert werden, verbietet die Gauleitung

421) Monatsbericht des Bezirksamts Alzenau vom 30. 10. 1937; ebd.
422) Polizeibericht der Gendarmerie-Station Mömbris vom 27. 10. 1937; ebd.
423) Polizeibericht der Gendarmerie-Station Schöllkrippen vom 28. 3. 1938; ebd.
424) Broszat u. a. 1977 (Band I), S. 26
425) Monatsbericht des Bezirksamts Alzenau vom 30. 10. 1937; LRA Alz. Nr. 340

in dem als Seuchengebiet ausgewiesenen Kreis Aschaffenburg-Alzenau „sämtliche Versammlungen oder versammlungsähnliche Veranstaltungen" und nutzt die Gelegenheit zu anti-semitischer Hetze: „Vor allem wird die Landbevölkerung aufgefordert, sich davor zu hüten, irgend einen jüdischen Viehhändler in ihre Dörfer zu lassen."[426]

Abb. 30: Bischof Ehrenfried – Übertrager der Maul- und Klauenseuche? („Beobachter am Main' vom 6. 11. 1937)

Bischof Ehrenfried gefährdet das Volkswohl

NSG. Die Maul- und Klauenseuche bringt den bäuerlichen Betrieben ungeheure Verluste. Da in unserem Gaugebiet und zwar im Westen des Gaugebietes einzelne Maul- und Klauenseuchefälle aufgetreten sind, wurde zur Sicherung der mainfränkischen Landwirtschaft in den Kreisgebieten Aschaffenburg/Alzenau, Obernburg/Miltenberg, Ochsenfurt, Marktheidenfeld/Karlstadt und Würzburg jede Versammlungstätigkeit hauptsächlich in bäuerlichen Orten gesperrt.

Wie der Partei bekannt wurde, sollte am vergangenen Samstag und Sonntag Bischof Ehrenfried in Schweinheim einen Bischofsbesuch abstatten. Bischof Ehrenfried wurde vom Reichspropagandaamt auf die Gefahr hingewiesen, die für die Bauern durch diesen Besuch entstehen kann. Es wurde ihm mitgeteilt, daß größere Ansammlungen in bäuerlichen Orten unter allen Umständen vermieden werden müssen. Er wurde gebeten, seinen Besuch zu verschieben.

Wie wir nun erfahren, hat trotzdem Bischof Ehrenfried am Samstag und Sonntag vergangener Woche nicht nur in Schweinheim, sondern auch in Weibersbrunn Bischofsbesuche durchgeführt. Er war sich darüber klar, daß damit die Gefahr einer Verseuchung nicht nur für die Orte Schweinheim und Weibersbrunn, sondern auch für alle diejenigen umliegenden Ortschaften gegeben war, aus denen Katholiken nach Schweinheim und Weibersbrunn kamen. Weiterer Kommentar überflüssig!

Die bäuerliche Aversion kulminiert bei der im Spätherbst 1937 vom „Reichsnährstand" verordneten Pflichtmilchkontrolle, einer Präventivmaßnahme für die Milchversorgung der Bevölkerung im „Ernstfall". Die Ortsbauernführer überwachen persönlich das Melken und registrieren die Milchleistung jeder einzelnen Kuh.[427] Zusätzlich müssen die Beauftragten der NS-Kreisbauern-

426) ‚Beobachter am Main' vom 28. 10. 1937

427) Viele der älteren Bauern, denen diese Aktion noch vom Ersten Weltkrieg her in Erinnerung war, ahnten den Zweck dieser Kontrollen; zwei Jahre später bewahrheiteten sich ihre Ahnungen. Sofort mit Beginn des Zweiten Weltkrieges unterlagen die Bauern einer strengen Ablieferungspflicht für alle landwirtschaftlichen Erzeugnisse. Entsprechend ihrer registrierten Milchleistung durften die Bauern nur einen bestimmten Anteil zum Selbstverbrauch behalten. Dieser Eigenanteil war oft so knapp bemessen, daß sie in den „Milchküchen" (Milchsammelstellen) fremde Milch ankaufen mußten, um den Eigenbedarf decken zu können; nach Aussagen von verschiedenen älteren Bauern.

schaft bemüht werden, um im Kahlgrund der Durchsetzung dieser Neuverordnung mehr Gewicht zu verleihen.

Nach Angaben von Kreisheimatpfleger Oskar Oberle, Königshofen, ließen sich in einzelnen Dörfern weniger linientreue Ortsbauernführer auf Kompromisse ein: Sie meldeten sich z. B. vor der Kontrolle bei den Landwirten an, so daß diese Gelegenheit hatten, ihre Kühe vorher „anzumelken" oder man molk bei der Kontrolle die Kuh nicht voll aus, wodurch diese „schwarze" Milch den Bauern selbst zukam.

Zu einem anderen Zugeständnis zeigte sich der Ortsbauernführer in Königshofen bereit: Das erste geborene Kalb einer Kuh meldete er der Kreisbauernschaft als „Fehlgeburt". Bis zur Geburt des zweiten Kalbes blieb die Mutterkuh von der Kontrolle ausgenommen. In dieser Zeit stand den Bauern die gesamte Milch zur Verfügung; außerdem hatte man zusätzlich noch ein „schwarzes" Kalb zu schlachten, wovon das ganze Dorf und in erster Linie der Ortsbauernführer profitierte. Diese Praxis führte in Königshofen so weit, daß der Kreisbauernführer – im Hinblick auf die ungewöhnlich hohe Zahl von Fehlgeburten – vorschlug, man sollte im Dorf doch mal den Bullen wechseln, mit dem offensichtlich etwas nicht in Ordnung sei.

Im November 1937 werden **Alfred Jung** und **Michael Gries** aus Schöllkrippen wegen „hartnäckiger Verweigerung der Pflichtmilchkontrolle" in das Alzenauer Amtsgerichtsgefängnis eingeliefert.
Trotz dieser, der Abschreckung dienenden Verhaftungen wächst die Unzufriedenheit gegenüber den Produktions- und Ablieferungskontrollen des Regimes. In der Volksabstimmung am 10. April 1938[428] sehen viele Bauern eine zusätzliche Möglichkeit, ihrer Nonkonformität Ausdruck zu verleihen: Allein in Schöllkrippen beschließen von 797 Wahlberechtigten 20 mit Nein zu stimmen und drei Personen geben ungültige Wahlzettel ab. Der übereifrige örtliche Gendarmeriehauptwachtmeister weiß auch die Namen der Verweigerer zu nennen sowie deren Gründe:

„In dringendem Verdacht, mit ‚Nein' gestimmt zu haben, stehen hier **folgende Personen** (Hervorheb. – M.Sch.):
1. **Jung Alfred**, led. Landwirt
2. **Jung Franz**, led. Landwirt   } (1.-3.) Gebrüder
3. **Jung Richard**, led. Landwirt
4. **Gries Michael**, Maurermeister
5. **Ehefrau** des **Gries**
6. **Pfaff August**, Landwirt
7. **Ehefrau** d. **Pfaff**

---

428) In der Volksabstimmung ging es um den sogenannten Anschluß Österreichs an das Großdeutsche Reich.

8. **Pfaff Albin**, Landwirt
9. **Ehefrau d. Pfaff** Albin
10. **Pfarr Ferdinand**, Landwirt
11. **Ehefrau d. Pfarr**
12. **Pfaff Max**, Landw. u. Sägewerksbes.
13. **Ehefrau d. Pfaff** Max
14. **Fleckenstein Andreas**, Landwirt
15. **Ehefrau d. Fleckenstein**
16. **Pfarr Katharina**, Mutter d. unter Ziffer 10 gen. **Pfarr**

Die vorgen. Personen sind ... Gegner der Pflichtmilchkontrolle und Gemeinschaftsschule."[429]

Auch in den zum gleichen Dienstbezirk zählenden Kleinstortschaften Kleinblankenbach, Großblankenbach, Großlaudenbach, Eichenberg, Krombach, Sommerkahl und Schneppenbach müssen insgesamt 20 Nein-Stimmen registriert werden, die durchweg „... auf Verärgerung über die Pflichtmilchkontrolle und Frostspannerbekämpfung zurückzuführen"[430] sind. In Gunzenbach werden ebenfalls 42 Nein-Stimmen und 8 Nichtwähler festgestellt. Erbittert kommentiert die zuständige Gendarmerie-Station Mömbris dieses oppositionelle Verhalten: „In Gunzenbach sind eben noch sehr dickköpfige Menschen, die über alles zu nörgeln haben."[431]
Diese angebliche „Dickköpfigkeit" zeigt in Wirklichkeit den intakten und wachen Sinn der Bauern für die Verteidigung der eigenen Interessen.

Im Frühjahr 1940 wird – bedingt durch die Kriegssituation – die polizeiliche Sperrstunde auf 23 Uhr festgelegt. Auch diese Anordnung stößt bei den Bauern im Kahlgrund auf heftige Kritik. Sie argumentieren, daß sie bis Einbruch der Dunkelheit auf den Feldern arbeiten müßten. Bis sie im Sommer dann nachhause kämen, könnten sie nicht einmal mehr ein Glas Bier in der Wirtschaft trinken. Um den Unmut der Bauern zu beschwichtigen und um größerer Opposition vorzubeugen, sehen sich die Behörden gezwungen, im Kahlgrund ein partielles Zugeständnis zu machen. Im Juni 1940 meldet der Landrat von Alzenau: „Der Beginn der Polizeistunde wurde auf Wunsch der landwirtschaftlichen Bevölkerung für die Samstage allgemein auf 24 Uhr festgesetzt."[432]

---

429) Polizeibericht der Gendarmerie-Station Schöllkrippen vom 28. 4. 1938; LRA Alz. Nr. 340
430) ebd.; Die Bauern weigerten sich, die Obstbäume zu spritzen, mit der Begründung, daß hierdurch die Knospen und die unter den Bäumen wachsende junge Getreidesaat verbrannt würden.
431) Polizeibericht der Gendarmerie-Station Mömbris vom 28. 4. 1938; LRA Alz. Nr. 340
432) Monatsberichte des Landratsamts Alzenau vom 30. 4. und 30. 6. 1940; ebd.

4.3.10. „Der grüßt in Teufels Namen" – Der „Deutsche Gruß"[433)]

Anfang August 1933 führten die Nationalsozialisten den Hitlergruß als offizielle deutsche Grußform ein und versuchten hartnäckig den „Deutschen Gruß" in allen Lebensbereichen durchzusetzen. Die ‚Aschaffenburger Zeitung' kommentierte diese Neuerung wie folgt: „... Darin wird die Verbundenheit des ganzen deutschen Volkes mit seinem Führer auch nach außen hin klar in Erscheinung treten" – und drohte gleichzeitig: „... Wer nicht in den Verdacht kommen will, sich bewußt ablehnend zu verhalten, wird daher den Hitlergruß erweisen."[434)]
Offensichtlich fehlte bei einem Großteil der hiesigen Bevölkerung die propagierte „Verbundenheit mit dem Führer", denn im Oktober sah sich das NS-Kampfblatt genötigt festzustellen: „Die Sitte des Deutschen Grußes hat sich leider noch nicht allgemein eingebürgert ..."[435)]

Im Kahlgrund kann – oder vielmehr – will man sich auch Jahre später nicht an das nationalsozialistische Begrüßungsritual gewöhnen. Im Monatsbericht für Februar 1936 hält die Gendarmerie-Station Geiselbach fest, daß sich „... der deutsche Gruß bei der bejahrten Volksschicht nicht recht durchsetzen will."[436)] Fünf Jahre nach der NS-Machtübernahme konnte sich Hitler offenbar immer noch nicht der Zuneigung der Kahlgrund-Bevölkerung erfreuen. Daß der Hitlergruß von großen Teilen des Landvolkes bewußt abgelehnt wurde, zeigt ein Kommentar der gleichen Gendarmerie-Station aus Juni 1938: „Die Anwendung des deutschen Grußes durch die Bevölkerung unter sich läßt noch viel zu wünschen übrig. Die Parteiversammlungen ausgenommen, wird der deutsche Gruß im allgemeinen nur dann gegeben, wenn jemand ein Amtszimmer betritt. In manchen Gemeinden ist die Anwendung des deutschen Grußes so selten, daß z. B. in Kaufläden oder Wirtschaften ein Eintretender neugierig angesehen wird, der sich des deutschen Grußes bedient."[437)]

Diese Beobachtung deckt sich mit folgender Überlieferung:
„Katharina Hofmann, ‚Hefekathrinche' genannt, wohnte im ehemaligen kleinen Hirten- und Armenhaus in Gunzenbach. Sie war eine gutmütige, einfach

---

433) nachfolgende Angaben wurden den Monatsberichten im Bestand LRA Alz. Nr. 339 und 340 entnommen
434) ‚Aschaffenburger Zeitung' vom 5. 8. 1933
435) ‚Aschaffenburger Zeitung' vom 19. 10. 1933
436) Polizeibericht der Gendarmerie-Station Geiselbach vom 27. 6. 1938; LRA Alz. Nr. 340
437) ebd.

denkende und nicht mit Reichtümern gesegnete Frau. So zählte sie auch zu dem Personenkreis, der im Dritten Reich die sogenannte ‚Winterhilfe‘ empfing. Zur Herbstzeit hatte sie wieder einmal ihre Winterhilfe im Bürgermeisteramt erhalten und verabschiedete sich vom Bürgermeister mit einem dankbaren und ehrlichen ‚Grüß Gott‘. Das Gemeindeoberhaupt rief sie unverzüglich zurück und stellte sie zur Rede: ‚Kathrinche, wie sieht's denn mit dem ‚Deutschen Gruß‘ aus bei Dir?‘ Ohne zu zögern gab sie zur Antwort: ‚Ja, do könnt ich ach en Zentner devo brauche, en moim Öfche brennt nämlich alles.‘ Ob Kathrinche wirklich die feine, zerbröckelte Steinkohle, den Grus, mit dem Deutschen Gruß verwechselt hatte?"[438]

Die katholischen Dorfgeistlichen unterstützten den gezielten Boykott des „Hitlergrußes" und die damit verbundene, öffentliche Ablehnung des NS-Regimes. Von **Kaplan Kehl**, der als Stellvertreter des inhaftierten Pfarrers Wörner[439] nach Mömbris bestellt worden war, ist bekannt, daß er anläßlich einer Bittprozession im Mai 1937, an welcher die Katholiken der Ortschaften Mömbris, Schimborn, Gunzenbach und Krombach teilnahmen, von der Kanzel herunter predigte: „Wir grüßen mit dem katholischen Gruß und der katholische Gruß ist ‚Gelobt sei Jesus Christus‘ und wer mit einem anderen Gruß grüßt, der grüßt in Teufels Namen."[440]
Die nachdrückliche Aufforderung zur Verweigerung des „Hitlergrußes" war in diesen Gemeinden gar nicht notwendig, denn auch dort wurde „nur in ganz seltenen Ausnahmefällen"[441] der ausgestreckte rechte Arm auf Schulterhöhe erhoben und die Worte „Heil Hitler" gesprochen.

4.3.11.   „Noch nichts von einem Nationalsozialismus gehört" — Die „kirchliche Front der Frauen"[442]

Der hartnäckige Kleinkrieg zwischen den hiesigen Ortsgeistlichen und den Nationalsozialisten läßt sich bis zum Zusammenbruch des „Dritten Reiches" durchgehend verfolgen. Die beharrliche Resistenzkraft des katholischen Mi-

---

438) mitgeteilt von Frau Käthchen Pfarr, Pfarrhaushälterin in Schwebenried, gebürtig in Rappach; zitiert nach Winter 1985, S. 208
439) siehe Kapitel 4.3.8.
440) Polizeibericht der Gendarmerie-Station Mömbris vom 12.5.1937; LRA Alz. Nr. 340
441) ebd.
442) Grundlage für diese Studie sind Berichte der Sicherheitsdienst(SD)-Außenstelle Aschaffenburg; Abt. 483, Nr. 7325, HHStAW (im weiteren: ‚SD-Bericht vom ...‘)

lieus erhielt in den Kriegsjahren neuen Auftrieb, als in vielen Familien Gefallene und Verwundete zu beklagen waren und Friedenssehnsucht die Menschen erfüllte. Die katholische Bevölkerung versuchte, Trost und Mut in ihrem Glauben zu finden, und dieses Bedürfnis band sie noch stärker an die Kirche. Berichte des NS-Sicherheitsdienstes (SD) von 1944 machen die Niederlage des NS-Herrschaftsanspruchs in diesem Milieu deutlich. Der Machteinfluß der NSDAP war zu diesem Zeitpunkt so drastisch gesunken, daß die SD-Außenstelle Aschaffenburg[443] im Frühjahr 1944 an das Reichssicherheitshauptamt nach Berlin berichtet, man könne meinen, „die Volksgenossen in diesen Gegenden (Stadt- und Landbezirk Aschaffenburg − M.Sch.) hätten noch nichts von einem Nationalsozialismus gehört."[444]

In diesen letzten Kriegsjahren sind es maßgeblich Frauen und Mütter, die sich der Parteiführung verweigern. Die V-Männer des SD beobachten, daß „in vielen Orten zum ersten Male deutlich sichtbar die sogenannte ‚Kirchliche Front der Frauen' " unter Führung der Ortsgeistlichen in Erscheinung tritt und daß diese „auf dem Land und auch in der Stadt Aschaffenburg heute schon so stark sei, daß Widersprüche seitens der Männer von den Frauen glattweg gebrochen würden."[445] NSDAP-Veranstaltungen und -Feiern werden − trotz persönlicher Einladung − von den Frauen kaum mehr besucht. Ein SD-Berichterstatter folgert aus diesem Verweigerungsverhalten, daß „die Parteifeiern erst dann die entsprechende Würde und Verwurzelung im Volke finden, ... wenn sich die deutsche Frau frei von der Kirche macht, da ohne ihre Mithilfe ein Umschwung auf diesem Gebiet unmöglich ist. Man kann ruhig behaupten, daß gerade die Frauen und Mütter die aktivsten Propagandisten der Kirche sind, deren Willen sich die Männer in fast in jeder Hinsicht unterordnen."[446]

Gemeinsam mit den Ortspfarrern gründen die Frauen Singgemeinschaften und Chöre, wodurch die „seinerzeitige Zerschlagung der Jugendverbände ... bis zu einem hohen Grad ausgeglichen werden konnte".[447] Überall in Stadt

---

443) Die SD-Außenstelle Aschaffenburg beschäftigte 154 V-Männer, die angewiesen waren, Menschen, mit denen sie zusammentrafen, geschickt und indirekt auszuhorchen, um auf Basis dieses Materials an übergeordneter Stelle in mühsamer Kleinarbeit ermitteln zu können, wie Maßnahmen der Regierung, der Partei und das Kriegsgeschehen im Volke wirkten; vgl. Broszat u. a. 1977 (Band I), S. 593
Die SD-Außenstelle Aschaffenburg unterstand zeitweise (nach Juni 1944 nicht mehr) dem SD-Abschnitt Frankfurt am Main.
444) SD-Bericht vom 6.3.1944
445) ebd.
446) SD-Bericht vom 13.5.1944
447) SD-Bericht vom 6.3.1944

und Land entstehen solche Singgruppen nicht nur für Erwachsene, sondern auch und gerade für Kinder und Jugendliche, mit der Absicht, die Jugend stärker an die Kirche zu binden und sie NS-Organisationen und -Veranstaltungen zu entziehen. Die SD-Außenstelle Aschaffenburg berichtet, es gäbe „hier in der Stadt und im ganzen ländlichen Bereich – und dieser ist sehr groß – nicht eine einzige Pfarrgemeinde, in der seitens der Geistlichkeit in den letzten Monaten nicht wenigstens der Versuch unternommen wurde Singgemeinschaften zu gründen..."[448] – und, daß ein Nichtzustandekommen nur auf die hoffnungslose Unmusikalität einzelner Ortspfarrer zurückzuführen sei. In solchen Fällen übernähmen katholische Ordensschwestern die Funktion des Chorleiters. Allein in den sieben städtischen Pfarreien[449] zählte der SD elf Erwachsenen- und Kinderchöre; einige Pfarrer erteilten auch Musikunterricht für Geige und Harmonium.

Den NS-Jugendverbänden war somit vielerorts die Arbeit erschwert. Die Nationalsozialisten ärgerte besonders, daß der Kirche jetzt jederzeit und zu jedem Anlaß „ein einsatzbereiter Klangkörper" zur Verfügung stand, „was besonders bei Begräbnissen, Gefallenengottesdiensten, Mütter- und Monatskommunion usw. von der Bevölkerung dankbarst empfunden wird".[450] Die örtliche NSDAP hatte nichts Gleichwertiges mehr dagegen zu halten. Die einst so pompösen Veranstaltungen und Feiern, die dem Zwecke dienten, Gedanken und Gefühle im nationalsozialistischen Sinne zu standardisieren, waren zu lächerlichen (Ohn)Macht(s)demonstrationen verkommen. Die Ortsgruppenleiter haben „außer ihrem Wort in den meisten Fällen nichts, was sie für ihre Feierveranstaltungen noch heranziehen könnten", berichtete ein V-Mann. „Es stehen ihnen in vielen Fällen nur die Fahnen der NSDAP, aus der ganzen Umgebung zusammengezogene, jetzt im Kriege noch vorhandene Reste der Formationen, die HJ (diese allerdings auch nur als stille Teilnehmer) und evtl. eine Singschar der Volksschule, falls noch Lehrer zur Führung einer solchen da sind, zur Verfügung. Weitere mitgestaltende Kräfte, z. B. Musiker... müssen oft aus der weiteren Umgebung ... herangezogen werden."[451]

448) ebd.
449) siehe auch Kapitel 4.3.6.
450) SD-Bericht vom 6. 3. 1944
451) ebd.

4.3.12. Einzelfälle und Episoden

„Von Pfarrer **(Alfons) Schneider** (Einfügung und Hervorhebung – M.Sch.) aus Großwelzheim, der die Märzwahl 1933 im Religionsunterricht mit den Worten kommentierte: ‚Kinder, jetzt haben die Leute aber was gemacht', ist bekannt, daß er sich 1935 in der Pfarrkirche unter der Tumba versteckte, um sich einer drohenden Verhaftung durch die Gestapo zu entziehen."[452)]

1938 wurde Alfons Schneider wegen Beleidigung des Propagandaministers Joseph Goebbels angeklagt, später jedoch amnestiert.

Wegen kritischer Predigtäußerungen verwarnte ihn die Gestapo viermal und drohte ihm stets schärfere Maßnahmen an.[453)]

*

Äußerst verhaßt bei den Nazis war der junge Alzenauer Kaplan **Alfred Heckelmann**. 1933/34 erhielt er wiederholt Vorladungen vor das Bezirksamt wegen seiner „staatsfeindlichen" Predigtäußerungen und wurde mündlich verwarnt. Vom 3. bis 6. Juli 1933 wird er in „Schutzhaft" genommen. Bereits am Tag nach seiner Entlassung, am 7. Juli, wird er erneut gegen 21 Uhr verhaftet und für drei Tage in das Landgerichtsgefängnis in Aschaffenburg eingeliefert.

Nach seiner Entlassung versuchen die örtlichen Nazis, durch gezielte, öffentliche Diffamierungen den streitbaren Kaplan mundtot zu machen. So fordern bei einer sogenannten Heldengedenkfeier vor dem Kriegerdenkmal der NSDAP-Kreisleiter K. aus Kahl und seine Anhänger: „Hängt ihn auf!" An der Schule in Alzenau entdeckt Kaplan Heckelmann eines Tages einen gegen ihn gerichteten Anschlag: „Der Lump verführt eure Jugend; weg mit ihm."[454)] Diese Drohungen halten den Kaplan jedoch nicht davon ab, dem Nationalsozialismus weiterhin den Kampf anzusagen. Die Gauleitung in Würzburg veranlaßt, daß Heckelmann im Februar 1934 wiederum kurzfristig in Polizeihaft genommen wird.

Schließlich wird der 27jährige Priester noch im gleichen Jahr auf Betreiben der NS-Behörden aus seiner Pfarrei in Alzenau ausgewiesen und nach Wasserlosen im Kreis Hammelburg versetzt. Aber auch dort macht er den Nazis das Leben schwer. Im Mai 1936 wird beim Sondergericht Bamberg gegen ihn Anklage erhoben wegen Vergehens gegen das Heimtückegesetz, Kanzelmißbrauchs

---

452) Geschichtsverein Karlstein (Hrsg.), Karlsteiner Geschichtsblätter, Ausgabe 4, Karlstein März 1983, S. 9

453) von Hehl 1984, S. 1494

454) Personenakte von Alfred Heckelmann; DAW

und Beleidigung. Das Verfahren muß jedoch später mangels Beweisen gegen ihn eingestellt werden. Am 3. September 1938 erhält Kaplan Heckelmann Schulverbot für ganz Mainfranken.

*

Im Mai 1936 führt Stadtpfarrer Dr. **Karl Pfeifer**[455] sog. „Bibelstunden mit religiösen Aussprachen" in der Josephspfarrei in Aschaffenburg-Damm ein. Die NSDAP erhält Wind von der Sache. Der stellvertretende Ortsgruppenleiter, Karl Becker, vermutet in diesen Bibelstunden „... eine Maßnahme, die sicherlich nur dazu beitragen wird, daß die Hetze und Verhetzung der treuen Schäflein weitere Formen annehmen wird, denn ... außer Verhaltensregeln gegen unsere Parteiarbeit ... wird ... verdammt wenig zu hören sein ..."[456] Karl Becker, der sich als „Beauftragter für den kulturellen Frieden" sieht, fordert die NSDAP-Kreisleitung auf, „die Sache zu überwachen, wenn nicht gar gänzlich zu verbieten".[457] Auf Anweisung von Oberbürgermeister Wohlgemuth wird daraufhin dem Pfarrer die Abhaltung weiterer Bibelstunden mit der Begründung untersagt, daß diese anmelde- und genehmigungspflichtig seien. Mit solchen Auflagen schuf sich die NSDAP eine gewisse Überwachungsmöglichkeit ihr suspekter Veranstaltungen.

In einem äußerst emotional gehaltenen Brief an das Bezirksamt legt der Stadtpfarrer Beschwerde gegen diese Verfügung ein: „... Sie werden doch nicht in Aschaffenburg mit seinen 30 000 Katholiken gegen uns Ausnahmesetze erlassen wollen, wo Sie doch immer wieder von der Volksgemeinschaft schreiben. Solche Verordnungen wären ein Faustschlag für die Volksgemeinschaft ... Es dürfte Ihnen bekannt sein, daß Reichspräsident von Hindenburg sterbend gewünscht hat, daß das Christentum in Deutschland gepredigt wird. Sehen Sie, dieses Testament erfüllen wir in den Bibelstunden. Sie werden uns doch nicht daran hindern wollen ..."[458]

---

455) siehe auch Kapitel 4.3.6.
456) Schreiben der NSDAP-Ortsgruppe Damm vom 12.6.1936; LRA Asch. Nr. 2297
457) ebd.
458) Schreiben vom 26.6.1936; ebd.

Die Angelegenheit wird der Bayerischen Politischen Polizei in München überstellt. Über den Ausgang ist bislang nichts Näheres bekannt.[459]

*

An einem Sonntag im April 1937 veranlaßt der 35jährige Kuratus **Ferdinand Kiessner** in der Pfarrkirche von Wasserlos trotz Verbotes eine Geld- und Lebensmittelsammlung für das notleidende Kapuzinerkloster in Aschaffenburg. Er bringt zwei Waschkörbe voll Lebensmittel zusammen, die er durch dritte Personen dem Kloster übergeben läßt. Die Höhe der Geldspenden ist nicht bekannt.

Von der „Einvernahme" des Geistlichen sieht die Politische Polizei in München ab.[460]

*

Auch Pfarrer **Otto Staab** aus Alzenau macht sich der „unerlaubten kirchlichen Sammlung" schuldig. In ihrem Schreiben vom 22. April 1937 veranlaßt die Geheime Staatspolizei in München „neuerliche Erhebungen und gegebenenfalls Strafanzeige" gegen Pfarrer Staab, weil er bei seinem Aufruf zur Sammlung für die Kapuziner versucht habe, „staatliche Maßnahmen (WHW und NSV) in Mißkredit zu bringen."[461]

*

Anzeigen, Verwarnungen und Verhaftungen von Priestern wegen sogenannten Kanzelmißbrauchs tauchen in den Quellen besonders häufig auf.

Der Benefiziat und Präses **Otto Schmidt** in Kleinostheim bekommt die Härte und Rigorosität des NS-Regimes bereits am 5. März 1933 zu spüren. Wegen kritischer Predigtäußerungen an diesem Wahlsonntag erhält er einen Strafbefehl über 100 RM. Im Laufe des Monats Juli 1934 predigt er an jedem Sonntag „in staatsabträglicher und beunruhigender Weise" über Gemeinschaftsschule und Betätigung kirchlicher Vereine: „Katholische Arbeiter, seid wachsam und schließt euch fest zusammen. Tragt nicht das heidnische Zeichen, das Hakenkreuzzeichen."[462] Otto Schmidt wird daraufhin mehrmals angezeigt und zu Geldstrafen verurteilt; desweiteren ordnet die Gestapo seine Überwachung an.

---

459) Stadtpfarrer Dr. Karl Pfeifer wurde Opfer des Bombenangriffs auf Aschaffenburg am 21. November 1944. Er saß im Keller des Pfarrhauses als Bomben in unmittelbarer Nähe detonierten. Er rief: „Jetzt hat es meine Kirche getroffen", und erlag einem Herzschlag; vgl. Stadtmüller 1970, S. 70

460) Polizeibericht Nr. 787 der Gendarmerie-Station Alzenau vom 10. 5. 1937; LRA Alz. Nr. 340

461) ebd.

462) Wittstadt 1984, S. XLV

Wegen Beleidigung Adolf Hitlers in einer Predigt 1938 leitet das Amtsgericht eine gerichtliche Untersuchung ein. Das Sondergericht verurteilt Otto Schmidt zu vier Monaten Gefängnis, die er vom 27. Oktober 1939 bis 13. Februar 1940 verbüßt.
Auch den Ortsgruppenleiter von Kleinostheim beleidigt der Geistliche 1939, was ihm wiederum eine Geldstrafe von 150 RM einbringt. Nach seiner Haftentlassung erhält Otto Schmidt Schulverbot und wird aus seiner Pfarrei ausgewiesen. Von 1939 bis 1945 unterliegt er einer besonders scharfen Post- und Telefonüberwachung.

Die Gestapo charakterisierte Otto Schmidt als einen jener Priester, „die infolge ihrer fanatischen Einstellung bei jeder sich bietenden Gelegenheit dem heutigen Staat gegenüber eine feindliche Haltung einnehmen und immer wieder versuchen, mit allen zu Gebote stehenden Mitteln zu hetzen".[463]

*

Am 10. Dezember 1940 wird mit Verordnung Nr. 5976 das Läuten der Kirchenglocken – außer zum sonntäglichen Hauptgottesdienst – verboten. Doch was hört man am 1. Weihnachtsfeiertag 1940 in Geiselbach? – Während der Wandlung ertönen zusätzlich die Glocken und auch zur Messe am Nachmittag.

Gendarmeriemeister Dürer vom Gendarmerie-Posten Geiselbach spricht sofort beim verantwortlichen Pfarrer **Alois Christ** vor. Pfarrer Christ – seit August 1937 vom Regierungspräsidenten mit Schulverbot belegt – erklärt, die Verordnung so verstanden zu haben, daß lediglich bei Taufen oder Trauungen die Glocken stumm zu bleiben hätten. Die Wandlung sei in der Anordnung nicht erwähnt. Deshalb werde er auch am 2. Feiertag genauso läuten wie am ersten. Und tatsächlich: ‚Süßer die Glocken nie klangen' als am 2. Weihnachtsfeiertag.

Gendarmeriemeister Dürer vom Gendarmerie-Posten Geiselbach sucht am nächsten Tag in einem Schreiben beim „Herrn Landrat Alzenau" um Hilfe und Untersützung nach, „um die behördliche Autorität nicht untergraben zu lassen".[464]
Dieser Vorfall verdeutlicht, daß selbst nach sieben Jahren NS-Diktatur „... die weltanschauliche Gleichschaltung der Gläubigen noch nicht gelungen war und auch bis zum Ende des Regimes nicht gelingen sollte."[465]

---

463) ebd.
464) Polizeibericht des Gendarmerie-Postens Geiselbach Nr. 1935 vom 27. 12. 1940; LRA Alz. Nr. 340
465) Wittstadt 1984, o.S.

4.4. Verfolgung und Widerstand im evangelischen Milieu

Die Situation der evangelischen Kirche vor 1933 war komplex und widersprüchlich. Es gab keine einheitliche Kirche, sondern 28 selbständige Landeskirchen, die verschiedenen evangelischen Bekenntnissen und theologischen Richtungen angehörten. Diese kircheninterne Uneinheitlichkeit erleichterte es der nationalsozialistischen Bewegung, im evangelischen Milieu Fuß zu fassen.

Schon vor der NS-Machtübernahme konnten die Nationalsozialisten in der evangelischen, mittelständischen Bürgerschaft beachtlichen Rückhalt gewinnen. Mit ihrem Appell an Opferbereitschaft, Idealismus und nationale Gemeinschaft, ihrer Kampfansage gegen atheistischen Sittenverfall und dem Aufruf zum „positiven Christentum" fanden die Nazis vor allem bei obrigkeitsgläubigen, rechtstendierenden Protestanten durchaus Sympathie. Die NSDAP konnte auf die Unterstützung einer innerkirchlichen Hilfstruppe in Gestalt der „Deutschen Christen" (DC) zählen. Diese 1932 entstandene evangelische Glaubensbewegung, die sich weitgehend mit nationalsozialistischen Ideen identifizierte, nannte sich selbst „evangelische Nationalsozialisten" oder auch „SA Christi".[466]

Auch in der evangelischen Kirchengemeinde in Aschaffenburg[467] gab es Anhänger der „Deutschen Christen". Sie engagierten sich schon frühzeitig in der lokalen NS-Politik. Hans Adelmann, Georg Ries und Diakon Ludwig Schauer gehörten dem Kirchenvorstand der evang.-luth. Stadtpfarrei an. Parallel dazu hatten sie führende Positionen in der Stadtverwaltung inne: Ludwig Schauer – ein Nationalsozialist der ersten Stunde – vertrat seit Ende 1929 die NSDAP-Fraktion im Aschaffenburger Stadtrat, nach 1933 bekleidete er das Amt des 2.

---

466) vgl. Aleff 1983, S. 53

467) Mitte der 30er Jahre betrug der evangelische Bevölkerungsanteil in Aschaffenburg 12,7%, im Bezirk Alzenau rund 3%. Bis 1932 existierte lediglich eine Stadtpfarrei in der Pfaffengasse in Aschaffenburg. Die kleinen evangelischen Landgemeinden wurden von Reisepredigern und Hilfsgeistlichen betreut. Im Juni 1908 war die Gründung eines „Evangelisch-kirchlichen Hilfsvereins Aschaffenburg-Nord" erfolgt, der 1932 den Grundstein zur St. Pauluskirche in Aschaffenburg-Damm legte (Einweihung 1934); zum Sprengel der Pfarrstelle Damm gehörte der nördliche Teil der Stadt sowie die Gemeinden Johannesberg, Oberafferbach, Frohnhofen, Laufach und Hain i. Sp.; vgl. Evang.-luth. Pfarramt St. Paulus (Hrsg.), St. Paulusgemeinde Aschaffenburg-Damm. Festschrift zum 50jährigen Bestehen, Aschaffenburg 1984
Im Bezirk Alzenau gab es 1933 lediglich die zur Pfarrei Aschaffenburg zählende Tochterkirchengemeinde Alzenau, zu deren Betreuungsgebiet sämtliche Gemeinden des Bezirksamtes Alzenau gehörten; vgl. Winter 1985

Stellvertretenden Oberbürgermeisters und ehrenamtlichen Bürgermeisters; Georg Ries, Direktor und Mathematikprofesssor an der Aschaffenburger Oberrealschule, fungierte als NSDAP-Kreisrichter und der Bauingenieur und Fachlehrer Hans Adelmann war Schulungsleiter der Partei. Sowohl Schauer als auch Adelmann waren Mitglieder der SA; Schauer darüber hinaus noch Verlagsleiter des NSDAP-Kampfblattes ‚Aschaffenburger Zeitung'.

Dem Protokollbuch des evangelischen Kirchenvorstands Aschaffenburg[468] aus jener Zeit ist zu entnehmen, daß es immer wieder zu heftigen Kontroversen zwischen den Anhängern der „Deutschen Christen" und den bekenntnistreuen Vorstandsmitgliedern kam. Während Schauer, Ries und Adelmann daran interessiert waren, den Nationalsozialismus in die evangelische Kirchengemeinde hineinzutragen, widersetzten sich dieser Zielsetzung vor allem Stadtdekan **Rudolf Fürst** und **Walter Hennighaußen**, Pfarrer der Paulusgemeinde in Damm. Verantwortlich gelebter christlicher Glaube war für Dekan Fürst und Pfarrer Hennighaußen nicht mit der NS-Ideologie vereinbar und ihr Gewissen gebot ihnen, der NS-Herrschaft zu widerstehen. Sie unterstützten den bayerischen Landesbischof **D. Hans Meiser,** unter dessen Führung sich die Auseinandersetzungen mit den „Deutschen Christen" 1933/34 in Bayern verschärften. Im Zuge dieser Entwicklung erfolgte schließlich die Hinwendung der evangelischen Kirchengemeinde zur „Bekennenden Kirche" (BK).[469] Die Bekennende Kirche mit **Martin Niemöller , Dietrich Bonhoeffer** und **Helmut Gollwitzer**[470] erwies sich im Kampf gegen die faschistische Kirchen- und Rassenpolitik als wichtige politische Gegenströmung, wie sie der Katholizismus in dieser organisierten Form nicht hervorzubringen vemochte.

---

468) Protokollbuch des Kirchenvorstands 1892-1948; Archiv des evangelischen Pfarramts Aschaffenburg, Nr. P 1

469) Im September 1933 gründete Pfarrer Martin Niemöller in Berlin-Dahlem den „Pfarrer-Notbund", der das Führerprinzip und den „Arier"-Paragraphen in der Kirche ablehnte, nichtarische Pastoren unterstützte und die Machtansprüche der „Deutschen Christen" zurückwies. Dem Pfarrer-Notbund gehörten im Januar 1934 etwa 7 000 Geistliche an, den „Deutschen Christen" ca. 2 000. Aus dem Pfarrer-Notbund entstand in den ersten Monaten des Jahres 1934 die „Bekennende Kirche"; vgl. Aleff 1983, S. 53

470) Pfarrer Martin Niemöller (geb. 1892, gest. 1984) wurde 1937 wegen „Hoch- und Landesverrats" zu einer Gefängnisstrafe verurteilt. Von 1938-1941 wurde er als „persönlicher Gefangener des Führers" im KZ Sachsenhausen in Einzelhaft festgehalten und war anschließend bis 1945 im KZ Dachau inhaftiert.
Dietrich Bonhoeffer (geb. 1906), evangelischer Theologe, seit 1935 Leiter des Predigerseminars der Bekennenden Kirche in Finkenwalde, wurde 1943 verhaftet und am 9. April 1945 im KZ Flossenbürg von der SS ermordet; vgl. Drobisch, Klaus / Fischer, Gerhard, Ihr Gewissen gebot es. Christen im Widerstand gegen den Hitlerfaschismus, Berlin 1980
Helmut Gollwitzer (geb. 1908), evangelischer Theologe, Verfechter der gesellschaftlichen und politischen Dimension der Theologie, ab 1957 Professor an der Freien Universität in Berlin.

Die Unabhängigkeit des eigenen Bekenntnisses wurde von den hiesigen Protestanten entschieden verteidigt. Über 700 Mitglieder der Aschaffenburger Kirchengemeinde schlossen sich mit ihrer Unterschrift der Bekennenden Kirche an und setzten sich mit ihren bekenntnistreuen Geistlichen gegen die NS-Kirchenpolitik des „Reichsbischofs" Ludwig Müller zur Wehr.

Abb. 31: Flugblatt zur Kirchensituation 1934 in Deutschland (Archiv des evangelischen Pfarramts Aschaffenburg; im weiteren: ‚AdePA')

4.4.1. „Eine Zusammenarbeit ist unter diesen Umständen nicht mehr möglich" — Der Kampf im Kirchenvorstand des evangelischen Dekanats Aschaffenburg[471]

Im Kirchenvorstand des evangelischen Dekanats Aschaffenburg verschärften sich im Frühjahr 1934 die Spannungen zwischen den zahlenmäßig zwar schwachen, aber einflußreichen Anhängern der „Deutschen Christen" und den bekenntnistreuen Vorstandsmitgliedern, die sich gegen nationalsozialistische Eingriffe in das evangelische Kirchenleben — letztendlich erfolgreich — zur Wehr setzten.

In einer Vorstandssitzung am 26. April 1934 versuchte der „Deutsche Christ" Ludwig Schauer, den Pfarrer Walter Hennighaußen zu maßregeln, weil sich dieser auf einer Versammlung die Bemerkung erlaubt hatte, daß Adolf Hitler die Kirchenvorstandswahlen beeinflußt hätte. Die Zurechtweisung von Pfarrer Hennighaußen wurde von den übrigen Vorstandsmitgliedern offenbar stark mißbilligt.

Zu einer eindeutigen Stellungnahme kam es in der Sitzung am 4. September 1934. Dekan Rudolf Fürst berichtete von der Tagung der bayerischen Landessynode[472], an der er am 23. August in München teilgenommen hatte. Der Kirchenvorstand nutzte die Abwesenheit von u.a. Schauer, Adelmann und Ries und verabschiedete mit den Stimmen von neun der anwesenden elf Vorstandsmitglieder folgende schriftliche Erklärung an Landesbischof D. Hans Meiser:

„Zusammen mit unserer Gemeinde haben wir heute den Bericht über die Landessynode am 23. August 1934 gehört. Mit der Landessynode stellen wir uns dankbar hinter den Landesbischof in dem Kampf für eine wahrhaft einige und bekenntnistreue evangelische Kirche in Deutschland". — Die Resolution schloß mit der Aufforderung, am „Kampf um eine echte und wahrhaft einige Kirche unter allen Umständen festzuhalten."[473] Diese Treueerklärung an

---

471) Die Angaben wurden im wesentlichen dem Bestand „Lokales zum Kirchenkampf 1933-1938", Fach III, lfd. Nr. 10 und dem Protokollbuch des Kirchenvorstands 1892-1948, Nr. P 1 des Archivs des evangelischen Pfarramts Aschaffenburg (AdePA) entnommen. (im weiteren: ‚P1 - AdePA')

472) Die Synoden sind gesetzgebende Leitungsorgane der evangelischen Landeskirchen, die von gewählten Laien und Geistlichen gebildet werden. Die Landeskirchen Bayern und Württemberg schlossen sich den „Freien Synoden" (Widerstandssynoden) der Bekennenden Kirche an.

473) vgl. Schreiben an den Evang.-luth. Landeskirchenrat in München vom 5. 9. 1934; P 1 - AdePA

Landesbischof Meiser bedeutete eine klare Absage an den nationalsozialistischen „Reichsbischof" Ludwig Müller.[474]

Die Anhänger der „Deutschen Christen" suchten daraufhin nach Möglichkeiten, sich für die „Überrumpelung" Genugtuung zu verschaffen. In den ersten Oktobertagen 1934 hatte die Gestapo den mutigen und unerschrockenen bayerischen Landesbischof Meiser verhaftet und stellte ihn bis 1. November 1934 unter bewachten Hausarrest.[475] Als „Rechtswalter" setzten die Nazis kurzerhand August Jaeger ein. Diesen Umstand nutzten Adelmann, Ries und Schauer und brachten in der Vorstandssitzung am 25. Oktober 1934 einen Antrag ein, mit welchem sie über folgende Erklärung eine Abstimmung forderten: „Der Kirchenvorstand Aschaffenburg und die Kirchenverwaltung erkennen die neue Rechtslage voll und ganz an und stellen sich geschlossen hinter sie."[476]

Da sie von vornherein wußten, daß dieser Antrag bei der Mehrheit des Kirchenvorstands auf entschiedene Ablehnung und Mißbilligung stoßen würde, hatte Ludwig Schauer eine Erklärung vorbereitet, mit welcher er ankündigte, daß er und seine Freunde bei der Regierung von Unterfranken eine Sperrung der Kirchensteuermittel veranlassen würden. „Damit hat Schauer dem Pfarramt, dem Kirchenvorstand, der gesamten Geistlichkeit, ja dem bekenntnistreuen Teil der Gemeinde und der rechtmäßigen Kirchenleitung und Landesbischof D. Meiser den schärfsten, rücksichtslosesten Kampf angesagt," folgerte Dekan Fürst.[477]

---

474) Ende April 1933 hatte Hitler den Wehrkreispfarrer und Gauleiter der „Deutschen Christen" in Ostpreußen, Ludwig Müller, zu seinem „Vertrauensmann und Bevollmächtigten in Angelegenheiten der evangelischen Kirche" ernannt – mit dem Auftrag, eine „Reichskirche" zu schaffen. Einen Monat später wählten die Vertreter der Landeskirchen nicht Müller, sondern Pfarrer Fritz von Bodelschwingh zum Reichsbischof. Ende Juni 1933 wurde von Bodelschwingh zum Rücktritt gezwungen. Am 27. 9. 1933 setzte die Nationalsynode, unter massiver Beeinflussung des kirchlichen Wahlkampfes durch die Nationalsozialisten, Ludwig Müller als „Reichsbischof" durch. Er förderte die „Gleichschaltung" der Kirche, überführte evangelische Jugendverbände in die Hitlerjugend und entließ „nichtarische" oder politisch mißliebige Kirchenmänner.

475) Das Dienstgebäude von Landesbischof Meiser wurde rund um die Uhr von NS-Posten bewacht. Der „Rechtswalter" August Jaeger war entschlossen, mit einem Gewaltstreich kurzfristig die bayerische Landeskirche auf NS-Linie zu bringen. Meisers Verhaftung steigerte die Erregung nicht nur in den Münchener evangelischen Gemeinden, sondern vor allem auch unter den Protestanten Frankens und weit über Bayern hinaus; vgl. „Der Landesbischof unter Hausarrest", Süddeutsche Zeitung vom 3.10.1984, Verfasser Jürgen Marder

476) Antrag zur Geschäftsordnung vom 25.10.1934; P 1 – AdePA

477) Schreiben vom 26.10.1934; ebd.

„Der Ton der Vorlesung war nicht weniger scharf als die Sprache der Erklärung", berichtete Rudolf Fürst an den Landeskirchenrat in München und bat dringend um eine rechtliche Klarstellung der Sachlage und um Ratschlag, wie sich der Kirchenvorstand künftig den „Deutschen Christen" in den eigenen Reihen gegenüber zu verhalten habe. „Hier wie auch schon vorher hat sich gezeigt, daß eine Möglichkeit der Verständigung nicht besteht. Man kann den D.C. die handgreiflichsten Gegengründe aufzeigen, sie bleiben unbeirrbar auf allen ihren Anschauungen und Aussprüchen. Daß ich in der Sitzung sachlich ganz scharf mit Schauer abrechnete, sei ausdrücklich gesagt ... Eine wirkliche Zusammenarbeit mit diesen Leuten ist natürlich nicht mehr möglich."[478]

Der evangelische Kreisdekan in Ansbach, Helmut Kern, der von den Auseinandersetzungen in Aschaffenburg erfuhr, tröstete Dekan Fürst: „Lieber Freund ... es ist gut, daß die Scheidung der Geister in Deinem Kirchenvorstand eingetreten ist. So weißt Du doch, mit wem Du rechnen kannst und wer für die bekennende Gemeinde erledigt ist ..."[479]

Der Antrag von Ludwig Schauer wurde von den Staatsaufsichtsbehörden zurückgewiesen, da er von falschen Voraussetzungen ausging und einer Rechtsgrundlage entbehrte.

So gestärkt, arbeiteten Dekan Fürst und Pfarrer Hennighaußen weiterhin entschlossen den Gleichschaltungsabsichten der „Deutschen Christen" entgegen. Offenbar war es den beiden streitbaren Geistlichen gelungen, selbst der NSDAP nahestehende Vorstandsmitglieder auf ihre Seite zu ziehen. In der Sitzung am 10. Dezember 1934 kam es zu hitzigen Meinungsverschiedenheiten, weil sich verschiedene Vorstandsmitglieder nicht mehr dem Wortführer der „Deutschen Christen", Ludwig Schauer, unterordnen wollten. Schauer bestritt zwar den Fraktionszwang bei Abstimmungen, betrachtete es aber als selbstverständlich für Mitglieder der NSDAP, „daß sie mindestens in allen äußeren Angelegenheiten nicht auf eigene Faust, sondern in Gefolgschaft ihres jeweiligen Führers ihre Stimme abgeben."[480]

---

478) ebd.
479) Schreiben vom 31.10.1934; ebd.
480) Sitzungsprotokoll vom 10.12.1934; ebd.

Abb. 32: Pfarrer Walter Hennighaußen, links Dekan Rudolf Fürst
(Foto: H. Eymann)

Uneinigkeit erbrachte auch die Frage, ob NSDAP-Mitglieder zum Gottesdienst in Parteiuniform erscheinen sollten. Dekan Fürst behielt sich weitere Schritte vor und wurde darin von anderen Vorstandsmitgliedern unterstützt. Die unbeirrt zur Abwehr entschlossene „Bekenntnisfront" im Aschaffenburger Kirchenvorstand zeitigte einige Tage später die ersten Früchte: Am 13.Dezember 1934 teilte Baurat Hans Adelmann dem Dekanat schriftlich mit, daß er aus der Ortsgruppe der „Deutschen Christen" ausgetreten sei.
Zunehmend isoliert, schied auch Ludwig Schauer am 29.April 1935 aus dem evangelischen Kirchenvorstand aus. Sein Rücktrittsgesuch wurde einstimmig angenommen.
Mehr und mehr verlor die Fraktion der „Deutschen Christen" im Aschaffenburger Kirchenvorstand an Boden. Am 25.März 1936 reichte Georg Ries „wegen Überbürdung" sein Rücktrittsgesuch ein. Auch dieses wurde – bis auf eine Stimme – einmütig angenommen. Pfarrer Hennighaußen bedauerte Ries' Haltung im Kirchenkampf.
Schließlich erklärte auch Hans Adelmann am 8.März 1939 seinen Rücktritt, nachdem er in den letzten Jahren an keiner Sitzung mehr teilgenommen hatte.

4.4.2. „Wir wehren uns gegen die ungeistlichen Gewaltmethoden" – Die bekenntnistreue Kirchengemeinde im Dekanat Aschaffenburg[481]

In seinem Kampf um eine bekenntnistreue evangelische Kirche konnte Dekan Rudolf Fürst auf sämtliche Geistliche im Kirchenbezirk des Dekanats Aschaffenburg zählen.[482] Auch wußte er einen Großteil seiner Kirchengemeinde hinter sich. Durch die Auseinandersetzungen mit den "Deutschen Christen" war ihr christliches Verantwortungsbewußtsein geschärft worden und sie stellten sich hinter die klar formulierte Kampfansage ihres aufrechten Geistlichen: "... Wir wehren uns gegen die ungeistlichen Gewaltmethoden der jetzigen Reichskirchenleitung..., insbesondere gegen die Amtsenthebungen bekenntnistreuer Pfarrer ohne jegliches geordnete Verfahren, nach reiner Willkür... Wir wehren uns gegen eine Kirchenleitung, die zwar fortwährend vom Bekenntnis redet, aber dauernd gegen das Bekenntnis handelt..."[483] Ihr Kampf um eine in christlichem Glauben gründende Wahrheit war im Schatten des übermächtigen katholischen Milieus ungleich schwieriger und forderte den Einsatz jedes einzelnen.

Ein Schreiben von Adolf Kolb an Dekan Fürst zeigt die mutige und konsequente Haltung vieler Protestanten, die sich dagegen zur Wehr setzten, daß die braunen Machthaber ihre Kirche gleichzuschalten suchten und die "Deutschen Christen" als fünfte Kolonne benutzten: "Das Essener Flugblatt[484] und insbesondere die Rede von Pfarrer Putz haben mich nun hinreichend aufgeklärt über das Treiben der Deutschen Christen. Weil nun schon manchmal in der Kirche die Rede davon war, daß schwere Tage bevorstehen..., bitte ich Sie, die Versicherung entgegennehmen zu wollen, daß ich und meine Familie Ihnen und Ihren Mitarbeitern vollstes Vertrauen schenken, daß wir Sie als treue Hüter des reinen lutherischen Evangeliums stützen und daß wir Ihnen folgen, wohin es auch gehen mag...; auf mich und meine Familie können Sie sich felsenfest verlassen, mag kommen was kommen mag..."[485]

---

481) Der Bericht stützt sich im wesentlichen auf den Schriftverkehr des Bestands Fach III, lfd. Nr. 4 und 10; Nr. P 1 AdePA.

482) Zum Kirchenbezirk des Dekanats Aschaffenburg zählten die Tochterkirchengemeinden in Kreuzwertheim (Pfarrer Ludwig Rieger), Alzenau (Vikar Hans Reutner), Amorbach (Pfarrer Hermann Wagner), Miltenberg (Pfarrer Friedrich Schmidt), Kleinheubach (Pfarrer Hanns Wagner), Eschau (Pfarrer Edgar Neumann).

483) Aktennotiz vom Juli 1934; P 1 – AdePA

484) Eine im Keller des Essener Rechtsanwalts (und späteren Bundespräsidenten) Gustav Heinemann hergestellte verbotene Schrift der Bekennenden Kirche.

485) Brief vom 11.5.1934; P 1 – AdePA

**An alle evangelischen Gemeindeglieder
in Aschaffenburg.**

Im Auftrag des Landesbischofs wird zur Aufklärung über
die kirchliche Lage

Pfarrer Putz Hilfsarbeiter am Landeskirchenrat
in München

zu unserer Gemeinde sprechen über

Gottes Ruf an unsere Kirche.

Wir laden alle herzlich und dringend ein zu

Bekenntnisgottesdiensten

am Dienstag, den 8. Mai 1934 abends:
19.30 Uhr in der Pauluskirche,
20.30 Uhr in der Stadtkirche.

Evang.-Luth. Pfarramt

Nach der Verhaftung von Landesbischof D. Hans Meiser Anfang Oktober 1934 verbot das Bayerische Staatsministerium für Unterricht und Kultus, "die zur Zeit in Gange befindlichen organisatorischen Veränderungen in der Evangelischen Kirche ... im Religionsunterricht an den Schulen weder nach ihrer sachlichen noch nach ihrer persönlichen Seite" zu diskutieren.[486]

Dekan Fürst forderte daraufhin alle Pfarrämter seines Bezirks auf, zum Zeichen der Empörung und des Protestes gegen die Willkür des NS-Regimes die Kirchengemeinden zu einem Trauer- und Bittgottesdienst zu versammeln und über die Verhaftung von Bischof Meiser zu informieren. Altar und Kanzel wurden schwarz verkleidet, die Altarkerzen gelöscht und die Kirchenglocken blieben still. Solche symbolischen Handlungen – dem katholischen Interdikt entsprechend – erwiesen sich als wirkungsvoller öffentlicher Ausdruck der Ablehnung nationalsozialistischer Willkür.

---

486) Schreiben vom 13. 10. 1934; ebd.

Bereits am 16. Oktober 1934 kursierten überall in den Kirchengemeinden Unterschriftenlisten: "Wir Unterzeichneten sind aufs Tiefste erschüttert durch die kirchlichen Vorgänge in Bayern und Reich. Wir klagen die Reichskirchenleitung an, daß sie den Geist des Evangeliums verrät, indem sie mit Polizeigewalt die Kirche bauen will. Als evangelische Christen müssen wir das aufs Allerschärfste verurteilen ... Helfen Sie ..., daß diese Reichskirchenleitung verschwindet und eine echte Kirche gebaut werden kann. Helfen Sie, daß unser Landesbischof D. Meiser uns zurückgegeben und von der schmachvollen Freiheitsberaubung erlöst wird. Wir sehen in ihm nach wie vor unseren alleinigen rechtmäßigen Bischof."[487]

Am 1. November 1934 übersandte Dekan Fürst voller Stolz das vorgenannte Protestschreiben zusammen mit 495 Unterschriften an den Stellvertreter des "Führers", Rudolf Heß in Berlin und an den Reichsstatthalter von Bayern, Franz Ritter von Epp in München. Diese kurzfristig durchgeführte Unterschriftenaktion war eine beachtliche Leistung angesichts der überall im Landbezirk von Aschaffenburg verstreut lebenden Protestanten.

Abb. 34: Einladung zu einer Veranstaltung der Aschaffenburger "Deutschen Christen" (AdePA)

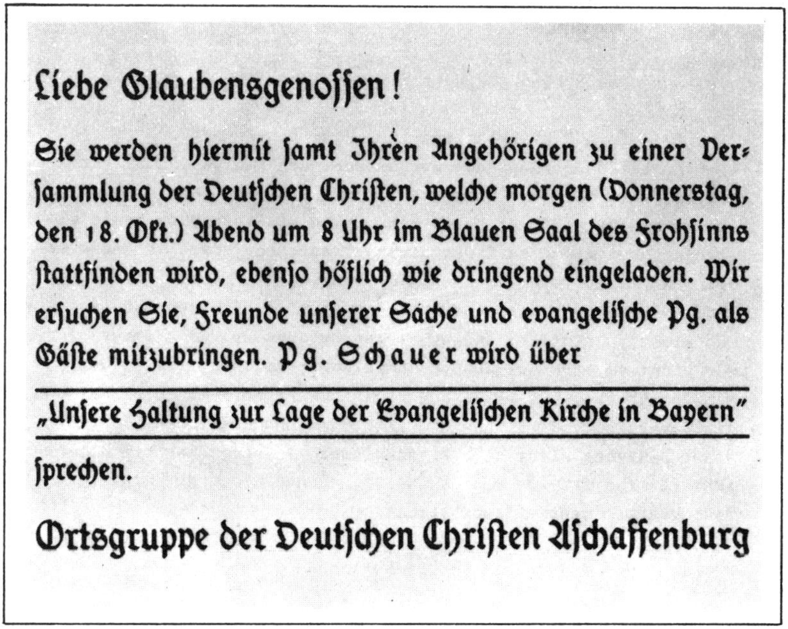

Liebe Glaubensgenossen!

Sie werden hiermit samt Jhren Angehörigen zu einer Versammlung der Deutschen Christen, welche morgen (Donnerstag, den 18. Okt.) Abend um 8 Uhr im Blauen Saal des Frohsinns stattfinden wird, ebenso höflich wie dringend eingeladen. Wir ersuchen Sie, Freunde unserer Sache und evangelische Pg. als Gäste mitzubringen. Pg. S c h a u e r wird über

"Unsere Haltung zur Lage der Evangelischen Kirche in Bayern"

sprechen.

Ortsgruppe der Deutschen Christen Aschaffenburg

---

487) Protestnote vom 16. 10. 1934; ebd.

Immer wieder versuchte die Aschaffenburger Ortsgruppe der "Deutschen Christen" Kirchentreue für die nationalsozialistische Kirchenpolitik zu gewinnen. In Handzetteln forderte sie zum Besuch von Informationsveranstaltungen auf.

Abb. 35: Dankschreiben des bayerischen Landesbischofs D. Hans Meiser an Dekan Rudolf Fürst (AdePA)

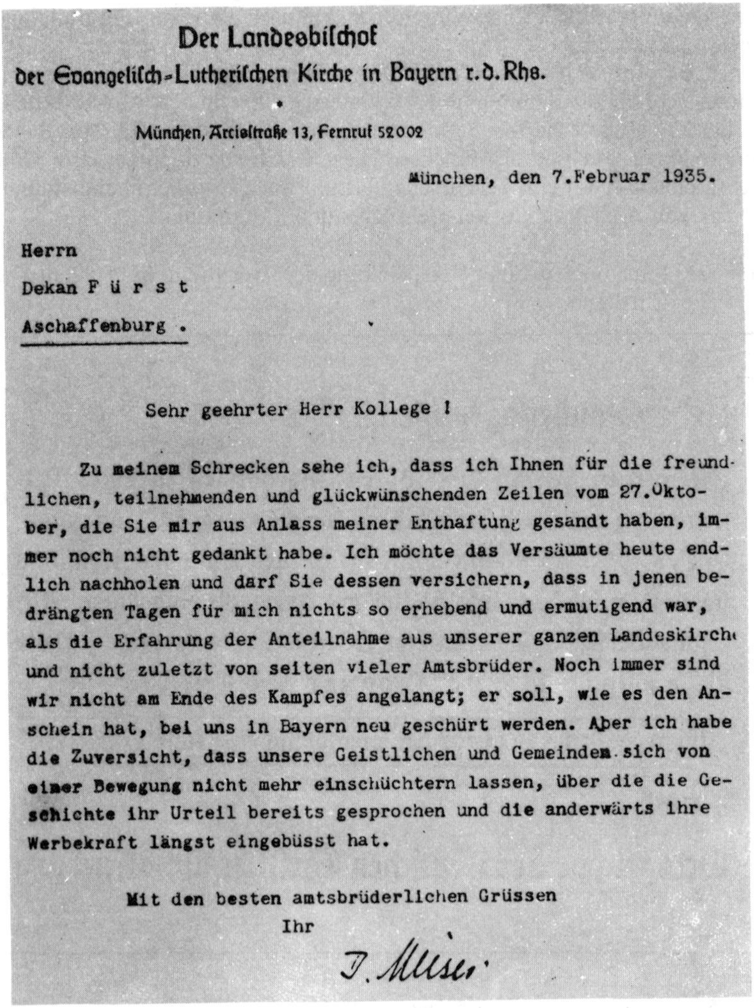

Der Landesbischof
der Evangelisch-Lutherischen Kirche in Bayern r.d.Rhs.

München, Arcisstraße 13, Fernruf 52002

München, den 7.Februar 1935.

Herrn

Dekan F ü r s t

Aschaffenburg .

Sehr geehrter Herr Kollege !

Zu meinem Schrecken sehe ich, dass ich Ihnen für die freundlichen, teilnehmenden und glückwünschenden Zeilen vom 27.Oktober, die Sie mir aus Anlass meiner Enthaftung gesandt haben, immer noch nicht gedankt habe. Ich möchte das Versäumte heute endlich nachholen und darf Sie dessen versichern, dass in jenen bedrängten Tagen für mich nichts so erhebend und ermutigend war, als die Erfahrung der Anteilnahme aus unserer ganzen Landeskirche und nicht zuletzt von seiten vieler Amtsbrüder. Noch immer sind wir nicht am Ende des Kampfes angelangt; er soll, wie es den Anschein hat, bei uns in Bayern neu geschürt werden. Aber ich habe die Zuversicht, dass unsere Geistlichen und Gemeinden sich von einer Bewegung nicht mehr einschüchtern lassen, über die die Geschichte ihr Urteil bereits gesprochen und die anderwärts ihre Werbekraft längst eingebüsst hat.

Mit den besten amtsbrüderlichen Grüssen
Ihr

J. Meiser

Ein äußerst zynisch gehaltenes Rundschreiben des Universitätsprofessors Wolf Meyer-Erlach in München mit Agitationsanweisungen zur Verstärkung der Bewegung der "Deutschen Christen" konnte von dem bekenntnistreuen Pfarrer Lindner in Würzburg abgefangen und in hektographierter Form an alle unterfränkischen Dekanate zur Information weitergeleitet werden. Der mutige Geistliche glaubte, "den Herren Kollegen einen Dienst zu tun, wenn ich das heute bei mir eingelaufene Schreiben nicht in Umlauf setze, sondern jedem Dekanat einen Abdruck zugehen lasse."[488]

Die Gestapo fahndete nach verbotenen Schriften der Bekennenden Kirche. Im November 1934 ordnete der Reichsminister des Inneren an, "daß bis auf weiteres alle Veröffentlichungen in der Tagespresse, in Kirchenzeitungen, Gemeinde- und Wochenblättern, in Zeitschriften, Flugschriften und Flugblättern, die sich mit dem evangelischen Kirchenstreit befassen", verboten sind.[489] Die Gestapo untersagte mit Verfügung vom 10. Dezember 1934 "alle Veranstaltungen kirchlichen und konfessionellen Charakters in profanen Räumen."[490] Demzufolge mußte in Aschaffenburg sogar eine harmlose Weihnachtsfeier der Evangelischen Jugend abgesagt werden.

Aber die Bekenntnisfront der Protestanten am bayerischen Untermain wuchs von Tag zu Tag. Bis einschließlich 8. Januar 1936 hatten insgesamt 732 Kirchenmitglieder schriftlich ihren Beitritt zur Bekennenden Kirche erklärt.[491]

Am 7. April 1935 sollte Vikar Hopf aus Aschaffenburg in einem Bekenntnisgottesdienst der Bekennenden Kirche in Offenbach am Main predigen. Aber auch dort erschien der Polizei die Verbreitung des Evangeliums offensichtlich sehr gefährlich. Kurz vor Beginn des Gottesdienstes wurde Vikar Hopf, schon im Talar, eröffnet, daß das Predigen für nichthessische Geistliche in Offenbach verboten sei. Der Befehl, vom Reichsstatthalter persönlich erlassen, schrieb vor, daß die Predigt unter Umständen mit Gewalt verhindert werden sollte. Trotz heftiger Proteste setzte man Vikar Hopf in ein Polizeiauto und schob ihn über die "Grenze" ins nahegelegene Bayern ab.[492]

---

488) Schreiben vom 15. 10. 1934; ebd.
489) Anordnung vom 23. 11. 1934; ebd.
490) Verfügung vom 17. 12. 1934; ebd.
491) Bestand "Mitgliederliste der BK 1935"; ebd.
492) Evangelische Kirche in Frankfurt am Main 1929-1945: "Alles für Deutschland – Deutschland für Christus", Katalog zur Ausstellung 1985

Abb. 36: Rote Mitgliederkarte der Bekennenden Kirche (AdePA)

Im Mai 1935 folgte Landesbischof D. Hans Meiser einer persönlichen Einladung des Dekans Fürst und besuchte die evangelische Kirchengemeinde in Aschaffenburg. Rudolf Fürst hatte die Ordnungsbehörde der Stadt rechtzeitig über den Besuch des Bischofs informiert und gebeten, am 5. Mai den Konzertsaal im Bürgerlokal 'Frohsinn' für einen Gottesdienst freundlicherweise zur Verfügung zu stellen, weil mit einer großen Besucherzahl zu rechnen wäre und die evangelischen Räumlichkeiten nicht ausreichten. Lange Zeit erhielt Dekan Fürst weder eine Zu- noch Absage der Behörde. Er lud sämtliche evangelischen Pfarrgemeinden der näheren und weiteren Umgebung ein, die freudig zusagten und u. a. aus Frankfurt, Offenbach, Bad Nauheim, Babenhausen, Lohrhaupten, ja selbst aus Worms mit Omnibussen oder der Bahn anzureisen gedachten.

Zwei Tage vor dem geplanten hohen Besuch teilte das Bezirksamt Aschaffenburg Dekan Fürst telefonisch mit, daß der Gottesdienst im 'Frohsinn'-Saal nicht gestattet würde. In Windeseile mußte der enttäuschte Geistliche die Veranstaltung umorganisieren. Dennoch wurde der Besuch des Landesbischofs ein großer Erfolg und stärkte die Widerstandsbereitschaft des bekenntnistreuen Milieus, in einem unmenschlichen Regime Zeugnis für die Menschlichkeit abzulegen. "Unzählige Evangelische aus der Umgebung und auch aus

Abb. 37: Landesbischof Meiser nimmt die Einladung nach Aschaffenburg an (AdePA)

Der Landesbischof
der Evangelisch-Lutherischen Kirche in Bayern r.d.Rhs.

*

München, Arcisstraße 13, Fernruf 52002

München, den 18.April 1975.

An das

Evang.-Luth. D e k a n a t

A s c h a f f e n b u r g .

      Sehr geehrter Herr Kollege !

      Ich will mich Ihrer Bitte, die zugleich im Namen der benachbarten hessischen Pfarrer gestellt ist, nicht versagen und gerne einmal nach Aschaffenburg kommen, zumal ich diesen Plan ja schon länger erwogen habe. Als Zeitpunkt könnte ich Sonntag, den 5.Mai oder Sonntag, den 19.Mai zur Verfügung stellen. Ich würde am Vormittag die Hauptpredigt halten und am Nachmittag im Rahmen einer gottesdienstlichen Veranstaltung, die ich Sie mit einem biblischen Wort einzuleiten ersuche, eine Ansprache übernehmen. Vielleicht könnte in dem Nachmittagsgottesdienst dann auch ein hessischer Pfarrer sprechen, wenn er sich dadurch nicht allzu sehr gefährdet. Weitere Veranstaltungen bitte ich <u>nicht</u> in das Programm aufzunehmen, da ich nur sehr wenig Zeit zur Vorbereitung habe und mich deshalb auf das Nötigste beschränken muss. Auch muss ich trachten, möglichst am Sonntag abend die Rückreise wieder anzutreten.

      Lassen Sie mich *bald* wissen, welchen Tag Sie gewählt haben; alle weitere Vorbereitung darf ich dann in Ihre Hand legen.

      Mit herzlichen Segenswünschen für das Osterfest und vielen amtsbrüderlichen Grüssen auch an die Kollegen

             Ihr

             D. Meiser

Hessen strömten in die Stadtkirche, um Bischof Meiser predigen zu hören. Wer in der überfüllten Kirche keinen Platz gefunden hatte, konnte die Gottesdienste über Lautsprecher im Gemeindehaussaal miterleben. Auch in der Pauluskirche sprach er am Vormittag und Nachmittag dieses Sonntages."[493]

Abb. 38: Landesbischof D. Hans Meiser bei seinem Besuch in Aschaffenburg am 5. Mai 1935, in Begleitung von u. a. Dekan Rudolf Fürst (links) und Pfarrer Karl Veidt von der Bekennenden Kirche aus Frankfurt (vierter von rechts)[494]   (Foto: H. Eymann)

---

493) Evang.-luth. Pfarramt St. Paulus 1984, S. 46

494) Karl Veidt von der St. Paulsgemeinde in Frankfurt am Main war eine zentrale Figur der kirchlichen Opposition jener Jahre.

4.4.3. "Das grenzt schon an eine kleine Revolution, was dieser Herr hier macht" - Vikar Hans Reutner[495]

Die Verhaftung des bayerischen Landesbischofs Meiser am 12. Oktober 1934 löste überall in Bayern unter den bekenntnistreuen Protestanten eine Welle der Empörung und des Protestes aus.[406] Daraufhin erteilte die Bayerische Politische Polizei allen Bezirksämtern Anweisung, die Predigten von evangelischen Geistlichen unauffällig zu überwachen.

Am Sonntag, den 14. Oktober 1934 hält Vikar Hans Reutner von der Tochterkirchengemeinde Alzenau eine Ansprache in Dettingen. Mit der Überwachung der Predigt ist Gendarmeriekommissär Müller betraut. Er berichtet am nächsten Tag: "Der ... Predigt lag der Satz aus dem Korintherbrief 'Uns ist bange' zu Grunde. Auf diesem Satz baute sich die ganze Predigt auf. Vikar Reutner erwähnte am Anfang seiner Predigt, daß ihm das Predigen noch niemals so schwer gefallen sei, wie heute ... Seit dem 400-jährigen Bestehen der evangelischen Kirche sei die Sache noch niemals so ernst gewesen wie heute ... Er führte u. a. noch folgendes aus: 'Uns ist bange, wenn ich sehe und höre, was geschehen soll. Uns ist bange um unsere Deutsche evangelische Kirche (wiederholt). Uns ist bange um die evangelische Kirche, die aufgebaut werden soll. Wir haben bange, daß ein Haus gebaut werden soll, in dem Christus auszieht. Das verträgt unser Volk nicht, daß ihm unsere wahre, von Christus gestiftete Kirche geraubt wird.' ..."[497]

Im Anschluß daran verlas Vikar Reutner eine Mitteilung des Landesbischofs, in welcher dieser seine Amtsenthebung bekanntgab und seine Kirchenanhänger aufforderte, dem "Reichsbischof" die Gefolgschaft zu verweigern. Reutner betonte, daß "... der Landesbischof Meiser auch in Zukunft der Leiter der evangelischen Kirche sei und bleibe."[498]

Die klare Einstellung zur Bekennenden Kirche führte schließlich zur Versetzung von Hans Reutner. In einem Schreiben an die NSDAP-Kreisleitung am 7. November 1934 forderte der Alzenauer Ortsgruppenleiter Schmidt die Abberufung des Vikars:

---

495) Die Angaben entstammen im wesentlichen Winter 1985, S. 209-213
496) Delegationen aus dem ganzen Land kamen in jenen Tagen u. a. zum bayerischen Reichsstatthalter Franz Ritter von Epp, NSDAP-Gauleiter und bayerischen Innenminister Adolf Wagner sowie zu dem damaligen Kultusminister Hans Schemm mit schärfsten Protesten: "Sie alle nahmen kein Blatt vor den Mund."; 'Süddeutsche Zeitung' vom 3. 10. 1984, Verfasser Jürgen Marder
497) Winter 1985, S. 211
498) ebd.

"Der Vikar Reutner, über welchen ich bereits verschiedene Berichte gemacht habe (!), treibt immer noch sein Unwesen. Einliegend übersende ich Ihnen zwei Flugblätter, die auf Veranlassung des Herrn Vikars Reutner verteilt wurden. Es ist unerhört, welche gemeine Stellungnahme dieser Herr dem Reichsbischof gegenüber einnimmt. Er bezeichnet ihn öffentlich als einen Lügner. Er hat außerdem verbreitet, daß Landesbischof Meiser wieder in sein Amt eingesetzt sei und den Sieg errungen habe. Wenn ich mir die Kreise näher betrachte, die Herr Reutner als Anhänger hat, so steigen in mir große Bedenken auf. Ich behaupte, daß diese Kreise nach wie vor einem Lager angehören, das vom Nationalsozialismus nichts wissen will. Die Nationalsozialisten, d. h. die evangelischen Mitglieder der Gemeinde, die wirkliche Nationalsozialisten sind, billigen unter keinen Umständen die Handlungsweise des Herrn Reutner. In einer gestern stattgefundenen Versammlung des evgl. Gemeindevereins ist es nach Berichten von einwandfreien Zeugen hoch hergegangen. Eine wüste Hetze betrieb Reutner gegen den Reichsbischof.

Ich kann es nicht länger verantworten, daß ein solcher Geistlicher hier noch Dienst macht. Die Ruhe und Ordnung ist stark gefährdet. Ich muß dringend bitten, daß Herr Reutner schnellstens von Alzenau versetzt wird. Der Inhalt der Flugblätter beweist so richtig, mit welchen gemeinen Waffen gekämpft wird. Ich habe nichts dagegen, wenn die Geistlichen 'ihren Theologenstreit' unter sich ausmachen, daß aber das Volk vollständig durcheinandergehetzt wird, kann ich unter keinen Umständen länger mitmachen und bitte, schnellstens Maßnahmen zu ergreifen.

Herr Reutner betont öffentlich, auch mit dem Zwecke, die Partei herunterzusetzen, daß die Partei sich in diese Sache nicht zu mischen habe. Jawohl, das sehe ich ein. In meiner Eigenschaft als Ortsgruppenleiter habe ich aber dafür zu sorgen, daß außerhalb der Kirche Ruhe und Ordnung herrscht.

Das grenzt schon an eine kleine Revolution, was dieser Herr hier macht... Aus diesem Grunde erachte ich es für meine verdammte Pflicht, die Augen aufzuhalten, nicht des Kirchenstreites willen, sondern einer viel gefährlicheren Klique gegenüber, die da am Werk ist."[499]

Das unbeugsame, aufrechte Verhalten des Vikars wird dem bayerischen Ministerpräsidenten gemeldet. Ein Denunziant gibt in einem Brief verschiedene kritische Äußerungen Reutners anläßlich der Mitgliederversammlung des Evangelischen Vereins in Alzenau wieder und kommt zu folgendem Schluß: "Herr Vikar Reutner hat die Gemeinde gegen die Reichskirche und deren Führer aufgewiegelt. Seine Schwiegermutter, eine Frau Murr aus Aschaffenburg, geht bei die Katholiken und erklärt: nach der Saarabstimmung geht es Euch genauso wie es jetzt mit uns (der bayer. Landeskirche) gemacht wird ..."[500]

---

499) ebd. S. 211 f.
500) vgl. Abschrift des Schreibens vom 8. 11. 1934; P 1 – AdePA

Vikar Reutner wird polizeilich vernommen und erfährt dadurch von dem Brief. Da er sich verleumdet fühlt, wendet sich Reutner direkt an den Ministerpräsidenten und bittet diesen, ihm den Namen des Briefeschreibers doch mitzuteilen. Dies erscheint den "höheren Stellen" denn doch zuviel der Aufmüpfigkeit. Zu Beginn des Jahres 1935 wird Vikar Hans Reutner versetzt. Im Frühjahr 1935 amtiert bereits Vikar Weidringer in der Alzenauer Tochterkirchengemeinde. Aber auch Vikar Weidringer unterstützt den Kampf der Bekennenden Kirche gegen die nationalsozialistische Kirchenpolitik, wie aus einer Predigtüberwachung in Kahl Anfang April 1935 hervorgeht.

Ein bislang letzter Hinweis auf diesen Kampf findet sich zwei Jahre später in einem Bericht der Gendarmerie-Hauptstation Alzenau an das Bezirksamt vom 18. Juli 1937: "Darin wird mitgeteilt, daß Vikar Weidringer während eines Bittgottesdienstes in der evangelischen Kirche Alzenau die Namen der inhaftierten oder mit Redeverbot belegten Geistlichen verlesen hat."[501] Der Gestapo war nämlich freie Hand gegen Mitglieder der Bekennenden Kirche gegeben worden, nachdem Hitler einsehen mußte, daß sein Plan, eine nationalsozialistische evangelische "Reichskirche" unter dem "Reichsbischof" Müller zu schaffen, nicht verwirklicht werden konnte.

4.5. "Der Arbeiter ist beschissen dran" – Sogenannte Heimtückereden

Mit der "Notverordnung zur Abwehr heimtückischer Angriffe gegen die Regierung der nationalen Erhebung"[502] vom 21. März 1933 und dem "Gesetz gegen heimtückische Angriffe auf Staat und Partei und zum Schutz der Polizeiuniformen"[503] vom 20. Dezember 1934, das die Verordnung vom März 1933 inhaltlich erweiterte, hatten sich die neuen Machthaber eine Möglichkeit geschaffen, selbst die harmloseste Kritik strafrechtlich zu verfolgen und politische Gegner zu terrorisieren. Der Bespitzelung und Denunziation waren damit Tür und Tor geöffnet.

Die eigens für die Ahndung von "Heimtücke"-Fällen gebildeten Sondergerichte[504] waren eine neue Form der politischen Schnelljustiz, ohne Revisions-

---

501) Winter 1985, S. 213

502) RGBl. 1933, I, S. 135

503) RGBl. 1934, I, S. 1269

504) Für Aschaffenburg war das Sondergericht beim Landgericht Bamberg zuständig, ab 1943 das Sondergericht beim Landgericht Würzburg.

möglichkeiten und mit eingeschränkten Rechtsmitteln für die Angeklagten. Diese Sondergerichte entwickelten sich im Laufe der Jahre zu einem Instrument der Unterdrückung der öffentlichen Meinung, angefangen von regimeablehnenden Äußerungen bis hin zu unreflektierten Meckereien über bestimmte NS-Führer.

Viele "staatsabträgliche Äußerungen" artikulierten die ungelösten, verschleppten und oftmals verschärften Probleme von sozial Schwachen. In ihrer Verärgerung und Verbitterung über die Nichterfüllung ihrer Erwartungen tendierten diese sozial benachteiligten Menschen dazu, ihrem Unmut Luft zu verschaffen und das NS-Regime anzuklagen. Dabei wurde häufig die Konsequenz solcher spontanen Unmutsäußerungen nicht genau bedacht bzw. die Gefährlichkeit des Polizeistaates unterschätzt. Jede kritische, beleidigende oder obszöne Bemerkung wurde primär politisch interpretiert, d. h., sie konnte nach Ansicht der Nationalsozialisten das "Vertrauen des Volkes" erschüttern und war damit der Verfolgung und Bestrafung ausgesetzt.

Die "Heimtückereden" erscheinen – jede für sich betrachtet – politisch ohne Bedeutung und sinnlos, konnten sie doch keine ernsthaften Störungen des Regimes oder einen politischen Umsturz bewirken. "Die Heimtückereden stellten infolge ihrer Naivität und Vereinzelung nur bedingt ein Potential für Widerstandsaktionen dar. In ihrer Subjektivität fehlt ihnen das Gespür für politische Solidarität und die notwendige Systematik eines Widerstandskampfes, die stets über ein spontanes Murren hinausgehen muß."[505] Dennoch birgt diese Nonkonformität "im Grenzbereich zwischen politischer Opposition und privater Nichtanpassung ... alle Elemente des zivilen Ungehorsams und der zeitweisen individuellen Verweigerung ... Der Heimtückediskurs ist somit nicht als Nörgelei und Kritikastertum abzutun, selbst wenn beides in ihm vorkommt. Er ist vielmehr eine Art sprachliche, wenngleich diffuse Herausforderung, die dennoch die NS-Führung beunruhigte, da sie die Gefahr der Erosion der Volksgemeinschaft signalisierte. Der Nationalsozialismus mußte, wenn er seine Herrschaft stabil halten wollte, darauf achten, daß der Heimtückediskurs quantitativ nicht zunahm."[506]

Orte, an denen "Heimtückereden" besonders häufig vorkamen, waren die Gastwirtschaften. "Das Wirtshaus ist der Ort der Öffentlichkeit von Unterschichten, zumal in einer Gesellschaft, in dem Regime nicht konforme Vereinigungen (Gewerkschaften, Clubs, Verbände) verboten sind; der einzige öffentliche Ort also, an dem sie eine Kritik artikulieren können, selbst wenn diese gefährlich ist."[507] Obwohl "staatsabträgliches Verhalten" sich oftmals in ange-

---

505) Broszat u. a. 1981 (Band IV), S. 491

506) ebd.

507) ebd., S. 496

trunkenem Zustand äußerte, läßt sich nicht feststellen, welche Bedeutung dem Alkohol wirklich zukam, denn die Angeklagten "bemühten sich durchweg mit dem Hinweis auf ihre Volltrunkenheit als zeitweise unzurechnungsfähig anerkannt zu werden."[508] Fest steht, daß "Heimtückereden" ihren Ursprung nicht im Alkoholkonsum hatten, sondern Kritik an politischen und sozialen Maßnahmen des NS-Regimes darstellten. Alkohol senkte lediglich die Hemm- und Vorsichtsschwelle.

Am 10. Juni 1933 wird gegen **Konrad Börner** aus Kahl Anzeige erstattet, "weil er in einer Gastwirtschaft den 'Herrn Reichskanzler Adolf Hitler in der Weise beleidigt hat, daß dieser das größte Arschloch von der Welt sei und daß jetzt der Kommunismus ans Ruder käme'."[509]

*

Im Wirtshaus A. in Weibersbrunn war es offensichtlich besonders gefährlich, seine Meinung zu äußern, überwachte doch dort die Gastwirtsfrau I. A. jede kritische Bemerkung ihrer Kunden.[510]

Mitte Juni 1937 diskutierten mehrere Gäste am Wirtshaustisch über den Nationalsozialismus. Der 65-jährige Bürstenmacher **Franz Rüppel** artikulierte im Laufe des Gesprächs seinen Respekt für den jüdischen Viehhändler Josef Oppenheimer aus Goldbach und bringt versteckt seine Abneigung gegenüber dem Weibersbrunner NSDAP-Ortsgruppenleiter zum Ausdruck, was ihm eine Anzeige einbringt. In der Vernehmung kann sich Franz Rüppel an nichts mehr erinnern: "Ich bin sehr gedächtnisschwach und kann mir deshalb nichts lange merken". Doch diese Schutzbehauptung findet bei der Polizei keinen Glauben. Der Fall wird ans Sondergericht Bamberg weitergeleitet. 1938 muß das Strafverfahren eingestellt werden, da bei der richterlichen Einvernahme nicht zweifelsfrei nachgewiesen werden konnte, auf wen sich die Mißfallensäußerung bezog.

Auch der ebenfalls in besagtem Weibersbrunner Gasthaus anwesende Kraftwagenführer **Richard Blumenthal** wird denunziert. Er soll bemerkt haben: "Ja mit 350 000 Juden können sie schon fertig werden, aber nicht mit 23 Millionen Katholiken." Die Gendarmerie folgert: "Aus den Redensarten dieser Person war zu entnehmen, daß diese gegen den Nationalsozialismus eingestellt ist und sich womöglich auch hetzerisch gegen die NSDAP betätigt." Bei der Vernehmung leugnet Blumenthal. Als ihm vorgehalten wird, es seien Zeugen vorhanden, die seine Äußerung bestätigten, hofft er: "Nun ja, der Kopf wird draufbleiben."

---

508) ebd., S. 497

509) Winter 1984, S. 179

510) vgl. zum Folgenden: Sammlung Schumacher Karton 31/2 und PA Nr. 11464 Gestapo

Im Februar 1938 läßt der Reichsminister der Justiz mit Erlaß "RJME vom 4.2. 1938; III g[11] 41/38" die Strafverfolgung einstellen.

Die Denunziationen fanden in der Dorfbevölkerung von Weibersbrunn kein positives Echo; die Gastwirtschaft des A. wurde in der Folgezeit boykottiert.

*

Am 18. März 1938 nimmt die Gendarmerie den ledigen Holzdrechsler **Josef Decker** in der Gastwirtschaft Kunkel in Kleinblankenbach fest.[511] Er hatte dort während der im Rundfunk übertragenen Rede Hitlers "durch abfälliges Mienenspiel und verächtliche Gebärden sein Mißfallen an der Rede des Führers zum Ausdruck gebracht". Am nächsten Tag wird Josef Decker in das Amtsgerichtsgefängnis Alzenau eingewiesen.

*

Einen ständigen Nährboden für "Heimtückereden" bildete die unvermindert schlechte wirtschaftliche Situation großer Teile der Bevölkerung. Die zahlreichen Aufforderungen der Nazis zu Spendenaktionen aller Art und Sammlungen für das Winterhilfswerk (WHW)[512], organisiert über den Verkauf von Plaketten, Blumen und Abzeichen, verstärkten die Mißstimmung im Volk bis hin zur Verbitterung.

Die Lageberichte des Gendarmeriekommissärs Friedrich Walter von Mömbris zu Beginn des Jahres 1935 verdeutlichen das Dilemma und strafen die Propagierung der Beseitigung der Arbeitslosigkeit und des wirtschaftlichen Aufschwungs – zumindest in dieser Region – Lügen:
"Leute, welche·mit der Einsammlung der letzten Eintopfspende[513] betraut waren, erklärten mir, daß viele Familien mit Mühe und Not dazu zu bewegen gewesen seien, 5 Pfennige zu geben. Es ist der Wunsch laut geworden, solche Familien zu Eintopfspenden überhaupt nicht heranzuziehen, da sie unstreit-

---

511) vgl. zum folgenden: Polizeibericht der Gendarmerie-Station Schöllkrippen vom 28.3.1938; LRA Alz. Nr. 340

512) Das „Winterhilfswerk", auch „Winterhilfe" genannt, war eine alljährlich von der NSV (Nationalsozialistische Volkswohlfahrt) durchgeführte Sammel- und Spendenaktion; der Ertrag des WHW sollte zur Unterstützung ausgewählter Hilfsbedürftiger verwendet werden. Wer hilfsbedürftig war, ging aus einer nationalsozialistischen Darlegung über die Aufgabenstellung des NSV hervor: „... Darum werden nur rassisch wertvolle, erbgesunde Familien von der NSV unterstützt..." Jüdische Familien oder Menschen mit vermeintlich erbbedingten Krankheiten wurden nicht zu den Hilfsbedürftigen gezählt; vgl. Kammer/Bartsch 1982

513) „Eintopfsonntag": Die gesamte Bevölkerung wurde an einem Sonntag im Monat aufgerufen, nur einfache Eintopfgerichte zu essen und das gesparte Geld dem WHW zu spenden; Mitarbeiter der NSV gingen in die Haushalte, um den Geldbetrag einzusammeln.

bar zu dem Kreis der Bedürftigen gehörten und eher berechtigt wären, eine Gabe zu empfangen als Opfer zu bringen."[514]

„Unter den Erwerbslosen gibt es viele Leute, welche nunmehr 5 Jahre ohne Arbeit sind ... In vielen Familien herrscht graue Not. Manche Erwerbszweige ... wollen sich nicht überzeugen lassen, daß sich die wirtschaftlichen Verhältnisse besonders gebessert hätten ... Die Erwerbslosen marschieren Woche um Woche in unverminderter Stärke zum Stempellokal."[515]

Abb. 39: Eine Vielzahl von Sammlungen verpflichtete die Deutschen zu Spenden („Beobachter am Main' vom 6. 10. 1937)

Das Programm des WHW.
Erster Eintopfsonntag am 10. Oktober

Das neue vom Führer soeben eröffnete Winterhilfswerk des deutschen Volkes wird die Mittel zur Unterstützung bedürftiger Volksgenossen außer durch die Pfundspende, die Spende für die Türplakette, die Kleidersammlung und sonstige Veranstaltungen in der Hauptsache wieder durch Eintopfsonntage und Reichsstraßensammlungen aufbringen, d. h. also durch die tätige Hilfsbereitschaft aller Deutschen.

Eintopfsonntage sind der kommende Sonntag, der 14. November, der 12. Dezember, der 9. Januar, der 13. Februar und der 13. März. Von den sechs Reichsstraßensammlungen findet die erste am 16. und 17. des laufenden Monats statt. Die ehrenamtlich tätigen Sammler — in diesem Monat sind es die Angehörigen der Deutschen Arbeitsfront — werden dem Spender 5 verschiedene Buchzeichen mit dem Bildnis des Führers zur Auswahl anbieten. Am 6. und 7. November sammeln SA, SS und NSKK gegen Abgabe von Edelsteinabzeichen aus Elektron, von denen 12 verschiedene Ausführungen vorhanden sein werden.

Zum Tag der Nationalen Solidarität, an dem sich die führenden Männer aus Partei und Staat mit der Sammelbüchse in den Dienst des großen Hilfswerkes stellen werden, ist der 4. Dezember, ein Samstag, bestimmt worden. Die dritte Reichsstraßensammlung wird sich über drei Tage, den 17. und 18. Dezember und den anschließenden Sonntag erstrecken. Hitlerjugend und BdM werden silberne Abzeichen in verschiedenen Arten anbieten. Als Tag der Weihnachtsfeiern für die Betreuten ist der Tag vor Heiligabend in Aussicht genommen.

Der Monat Januar bleibt diesmal allein den Gaustraßensammlungen vorbehalten, sodaß eine Ueberschneidung von Reichs- und Gaustraßensammlung, wie sie im vorigen Jahr verschiedentlich unzweckmäßigerweise eintrat, vermieden ist. Die vierte Reichsstraßensammlung fällt auf den 5. und 6. Februar. Auch für diese halten sich wieder SA, SS und NSKK bereit. Der Spender kann unter den 10 verschiedenen Werbeabzeichen auswählen.

Die beiden letzten Straßensammlungen finden im März statt, und zwar die fünfte am 5. und 6. und die sechste am 26. und 27. März. Für die eine stellen sich zum dritten Male — die Männer der SA, der SS und des NSKK zur Verfügung, für die andere nochmals die DAF. Der Spender wird mit Porzellan- bzw. Kunstharzabzeichen, die es in 10 verschiedenen Mustern geben wird, ausgezeichnet.

---

514) Polizeibericht der Gendarmerie-Station Mömbris Nr. 117 vom Januar 1935; LRA Alz. Nr. 339

515) ebd.; Nr. 390 vom März 1935

179

„Die Armut und Not des Volkes tritt nirgends erschreckender zutage als bei den immer wiederkehrenden Sammlungen zu den verschiedenen Wohlfahrts-einrichtungen ... Erzählte mir doch ein Metzger meines Dienstbezirkes, daß ihm eine Frau, als er ihr zu Mittag Fleisch zum Kochen angeboten habe, erklärt habe, sie habe heute kein Geld, um Fleisch bezahlen zu können, da sie ihren letzten Pfennig zur Auslösung irgendeiner Plakette hingelegt habe. Sie werde nun ihre Plaketten in den Kochtopf legen, um Suppe damit zu kochen. Ich habe schon in früheren Berichten darauf hingewiesen, daß der größte Teil der hiesi-gen Bevölkerung unterstützungsbedürftig ist und daß es keinen Sinn hat, von solchen Leuten etwas zur Linderung der allgemeinen Not zu verlangen. Die Leute werden dadurch nur ärgerlich und mißmutig."[516]

Vor diesem Hintergrund erklären sich die „Meckereien". Verständlich wird auch, weshalb das NS-Regime „Heimtückereden" mit solcher Heftigkeit ver-folgte, formulierten sie doch eine „Art Gegenbild gegen die Scheinwelt natio-nalsozialistischer Selbstdarstellung."[517]

*

Am Samstag, 30. Oktober 1937, nachts um 12 Uhr, wird der 34 Jahre alte Hilfs-arbeiter **Paul Pfeiffer** von Schöllkrippen wegen Vergehens gegen das „Heim-tückegesetz" festgenommen.[518] Paul Pfeiffer, den der Gendarmerie-Haupt-wachtmeister als „arbeitsscheuen Menschen" diffamiert, „... welcher nach wie vor eine marxistische Gesinnung an den Tag legt", hatte in der erwähnten Nacht in der Gaststätte Eugen Pfarr in Schöllkrippen[519] öffentlich seine Mei-nung über die Deutsche Arbeitsfront (DAF) und das Winterhilfswerk zum Ausdruck gebracht. Er soll gesagt haben: „Der Arbeiter ist beschissen dran ... die anderen kriegen die neuen Anzüge und wir kriegen das Lumpenzeug. Wenn die Winterhilfe verteilt wird, gehören Arbeiter hinein" – und über die Deutsche Arbeitsfront: „Die Arbeitsfront ist die größte Gaunerei, die es auf der Welt gibt."

*

Die Person Adolf Hitlers unterlag im Laufe der Jahre einer zunehmenden Ta-buisierung und Sakralisierung. Äußerungen gegen ihn wurden unbarmherzig von den Faschisten verfolgt, schienen sie ihnen doch besonders geeignet, das Vertrauen des Volkes in die politische Führung zu erschüttern.

---

516) ebd.; Nr. 691 vom 24. 5. 1935

517) Broszat u. a. 1981 (Band IV), S. 491

518) zum folgenden: Polizeibericht der Gendarmerie-Station Schöllkrippen Nr. 2972 vom 28. 11. 1937; ebd.

519) Eugen Pfarr war bis März 1937 NSDAP-Ortsgruppenleiter in Schöllkrippen. Er wurde am 9. März 1937 vom Kreisgericht Aschaffenburg wegen „beleidigender Anrem-pelungen der Gendarmerie" und „eigennützigen Verhaltens gegenüber den Volksge-nossen" für ein Jahr seines Amtes enthoben; vgl. Monatsbericht des Bezirksamts Alze-nau vom 31. 3. 1937; LRA Alz. Nr. 340

Im Herbst 1936 trifft die Ehefrau des Ingenieurs Prätorius in Schöllkrippen auf der Straße die Hebamme des Ortes. In dem Gespräch unter Frauen spielt **Martha Prätorius**[520] auf die angebliche körperliche Unzulänglichkeit Adolf Hitlers an, die auch in anderen Kreisen häufig Gesprächsstoff liefert.[521] Martha Prätorius soll gesagt haben: „Kein Wunder, daß dieser keine Frau liebt, der bekommt keinen Steifen mehr, den haben sie ihm kaputtgeschossen." Auch auf Hermann Göring ist Frau Prätorius nicht gut zu sprechen: „Der Göring, der ist ein Schweinehund, ein Schweinehund ist der, ein Aufschneider." Göring war in den Augen vieler der Inbegriff des „Bonzentums".

Die Äußerungen werden aktenkundig und am 16. März 1938 wird Martha Prätorius in der Hauptverhandlung am Landgericht Aschaffenburg „wegen Beleidigung des Führers zu 4 Monaten und wegen Beleidigung des Generalfeldmarschalls Göring zu 2 Monaten, zusammengefaßt zu einer Gefängnisstrafe von 5 Monaten und zur Tragung der Kosten verurteilt".

*

Auch gegen den 67jährigen, kriegsversehrten Schuhmacher **Otto Peter** aus Großblankenbach wird Anzeige wegen Vergehens gegen das „Heimtückegesetz" erstattet.[522] Otto Peter ist dringend verdächtig, im Frühjahr 1937 eine Schmähkarikatur angefertigt zu haben, auf welcher Adolf Hitler auf einem Arbeiter kniend und dahinter ein höhnisch grinsender Beamter dargestellt worden sein soll. Peter wird weiter beschuldigt, daß er diese Karikatur durch seinen Sohn auf der Heeresbaustelle der Firma Hallinger in Schweinheim habe anschlagen lassen.
Trotz eidlicher Aussage des Zeugen L. konnte der Schuhmacher vom Oberstaatsanwalt des Landgerichts Bamberg nicht überführt werden. Das Verfahren mußte am 19. April 1938 eingestellt werden.

*

Bei vielen „Heimtücke"-Äußerungen zeigt sich, wie sehr die Härte und Entschlossenheit der NS-Diktatur unterschätzt wurde.

An einem Sommerabend 1935 begegnet der 54jährige Schneider **Josef Neumeier**[523] dem Arbeiter J. V. aus Hörstein. Neumeier soll zu ihm gesagt haben:

---

520) vgl. zum Folgenden: Polizeibericht der Gendarmerie-Station Schöllkrippen vom 28. 3. 1938; ebd.
521) siehe hierzu auch Broszat u. a. 1981 (Band IV), S. 487
Die Tatsache, daß Hitler nicht verheiratet war, wurde oftmals als persönlicher Defekt angesehen. Es kursierte in Unterfranken der Witz: „Der Bauer ohne Sau, der Hitler ohne Frau, der Metzger ohne Fleisch, das ist das Dritte Reich."; vgl. Wittstadt 1984, Nr. 73 vom 8. 10. 1936
522) vgl. zum Folgenden: Polizeibericht der Gendarmerie-Station Schöllkrippen vom 28. 3. 1938; LRA Alz. Nr. 340 und Sammlung Schumacher, Karton 31/1
523) vgl. zum Folgenden: Polizeibericht der Gendarmerie-Station Dettingen Nr. 1679 vom 25. 11. 1935; LRA Alz. Nr. 339

„Dummer Kerl, tret doch aus der Partei aus, es hat ja doch keinen Wert, man weiß ja nicht, wo das Geld hinkommt." Solche diffusen Zweifel an der funktionsgerechten Verwendung von Parteigeldern werden von den Faschisten als besonders heimtückische Hetze empfunden. Gegen Josef Neumeier wird ein Verfahren eingeleitet.

Auch gegen seine **Ehefrau Eva** ist ein Strafverfahren bei der Staatsanwaltschaft Aschaffenburg wegen Beleidigung der SA und HJ anhängig. Sie soll, anläßlich einer antisemitischen Demonstration der SA und HJ in Hörstein, am offenen Fenster ihres Schlafzimmers zu ihrem Mann gesagt haben: „Horch, Josef, jetzt ziehen sie wieder im Dorf herum und schreien ‚Die Juden hinaus, wer bei einem Juden kauft, ist ein Volksverräter.' ... Tät die Saubande besser daheim bleiben, pfui!"

*

„Heimtückereden" übten diffuse, aber von den Nazis als Defaitismus empfundene Verunsicherung aus; anders ist es nicht zu erklären, wieso sie mit derartiger Penetranz verfolgt wurden.

Mitte April 1937 meldet der Aschaffenburger NSDAP-Kreisamtsleiter und Kreisobmann der DAF, Karl H., folgenden Vorfall: „Am Samstag, den 27. März 1937 nachts ... kurz nach 23 Uhr ging ich die Wermbachstraße entlang ... auf dem linksseitigen Gehsteig. Etwa in gleicher Höhe wie ich, jedoch auf dem rechtsseitigen Gehsteig, gingen die Brüder **Karl und Gottfried Hofmann.** Beide haben antinationale Gespräche geführt, weshalb ich mich veranlaßt sah, diese zur Rede zu stellen. Ich hatte nämlich gehört, wie der Kleinere von den beiden Hofmann sagte: ‚Was ist er denn, der Adolf, der Zigeuner, der Zigeuner soll selbst erst einmal Kinder hinsetzen.' Darauf sagte der Größere von den beiden (Karl Hofmann): ‚Sei ruhig, da drüben geht ja auch so ein Bonze' oder so ähnlich. Ich fragte die beiden Brüder Hofmann, ob sie sich nicht schämen würden, solche Redensarten zu führen, worauf mich der kleinere Hofmann (Gottfried Hofmann) an der Brust faßte und dabei meinen schwarzen Selbstbinder heruntergerissen hat. Der Größere der beiden Hofmann muß mich scheinbar dann erkannt haben, denn er sagte: ‚Du kannst mich nach Dachau bringen, aber dann schlagen wir Dich zuerst tot.'[524]

Gegen die Beschuldigten wurde Strafanzeige erstattet. Das Verfahren war unter Aktenzeichen SG.Js 430/37 beim Sondergericht Bamberg anhängig. Im Sommer 1937 mußte die Strafsache eingestellt werden, da nicht mit Sicherheit festgestellt werden konnte, welcher der Gebrüder Hofmann welche Äußerung gemacht hatte.

*

---

524) PA Nr. 2031 Gestapo

Im Sommer 1941 wird der ledige Schauspieler **August Holler** wegen Vergehens gegen das „Heimtückegesetz" zur Anzeige gebracht.[525] Er hatte am 6. Juni abends im „Hopfengartenbraustübl" eine Bekannte getroffen. Sie begrüßte ihn mit „Heil Hitler", worauf August Holler „in sehr staatsabträglicher Weise" antwortete: „Sagen Sie doch zu mir nicht mehr ‚Heil Hitler', ich kann das nicht mehr hören, das ist genau als wenn ich sage 'Heil Holler' oder ‚Heil Hirsch'." Als die Bekannte August Holler darauf hinwies, daß diese Bemerkung ihm den Kopf kosten könne, meinte er nur: „Nein, nein".

Diese Begebenheit zeigt deutlich, wie gering nach wie vor das Risiko der Strafverfolgung eingeschätzt wurde. Da Holler Heeresangehöriger war, ging die Anzeige an das zuständige Kriegsgericht. Das Strafmaß konnte bis jetzt nicht in Erfahrung gebracht werden.

4.6.   Ausgewählte Einzelfälle von politischem Mut

4.6.1.   „Ein hohes Maß an ausgleichender Gerechtigkeit" – Die Bezirksamtmänner in Alzenau[526]

Während es den Nationalsozialisten gelungen war, schon kurz nach der Machtübernahme im Prozeß der administrativen „Gleichschaltung" nahezu alle Verwaltungsstellen mit Parteimitgliedern zu besetzen, blieben die bayerischen Bezirksämter von nationalsozialistischen Eingriffen relativ unbehelligt. Die NSDAP verfügte nicht über die erforderliche Zahl von fachlich qualifizierten Verwaltungsjuristen, die die Stellen der Bezirksamtmänner – in Bayern traditionsgemäß mit juristisch geschulten Regierungsräten besetzt – einnehmen konnten. Demzufolge blieben die meisten der bayerischen Bezirksamtmänner auch nach dem Machtwechsel im März 1933 in ihren Positionen.

Diese ‚alten' Bezirksamtmänner mußten sich immer wieder gegen willkürliche, eigenmächtige und ungesetzliche Übergriffe von SA-Sonderbeauftragten, SS, Gau-, Kreis- und NSDAP-Ortsgruppenleitern zur Wehr setzen, „die in ihrem jeweiligen Herrschaftsgebiet ein persönliches Regiment zu errichten versuchten, das nicht auf verwaltungstechnischen Fachkenntnissen basierte, sondern auf dem unstillbaren Machthunger und Ehrgeiz der braunen Prominenz."[527]

525) vgl. zum Folgenden: Schreiben der Kriminal-Polizei Aschaffenburg vom 7. 6. 1941; PA Nr. 2142 Gestapo; siehe auch Kapitel 4.3.10.

526) Die Angaben basieren im wesentlichen auf dem Bestand LRA Alz. Nr. 339

527) Broszat/Mehringer 1981 (Band V), S. 626

Die Bezirksämter stellten nach Angaben von Karl Bosl eine „gewachsene bayerische Institution" dar, die in den Amtssprengeln großes Ansehen genoß, weil sie über ein „hohes Maß von ausgleichender Gerechtigkeit" verfügten.[528] Man hielt buchstabengetreu an Gesetzen und Rechtsbestimmungen fest und achtete peinlich genau darauf, daß alles seine bürokratische Richtigkeit hatte.

Ein solch ungebrochenes Rechtsempfinden zeigt Oberamtmann **Alois Gatterbauer** vom Bezirksamt Alzenau anläßlich einer antisemitischen Terroraktion der SS gegen jüdische Hörsteiner Bürger im August 1933.
Das eigenmächtige Eindringen der SS in den Kompetenzbereich des Bezirksamts beschwört eine Konfliktsituation mit dem SA-Sonderkommissar, der Aschaffenburger SS-Führung und der Bayerischen Politischen Polizei in München herauf, was letztendlich dazu beigetragen haben mag, daß Gatterbauer Anfang 1934 an ein anderes Bezirksamt versetzt wird.

Laut Polizeibericht des Dettinger Gendarmeriekommissärs Müller war folgender schwerwiegender Zwischenfall vorausgegangen:
„Am 28. August 1933 abends gegen 9 Uhr wurden in Hörstein der verheiratete Metzger Moritz Löwenthal und der ledige 19 Jahre alte Student Siegfried Rothschild und der ledige Kaufmann Arthur Hecht von dort von 6 SS-Leuten aus Aschaffenburg schwer mißhandelt.
Nach den Feststellungen von Herrn Dr. Schlicht von Kahl ist Löwenthal der Unterkiefer zerschmettert, mehrere Zähne sind gelockert, das rechte Auge ist vollständig mit Blut unterlaufen, es sieht dies aus wie ein Blutfleck, außerdem hat er am Rücken 10 - 12 blutunterlaufene Striemen. Rothschild und Hecht haben im Gesicht und am übrigen Körper ebenfalls schwere Verletzungen."[529]

An jenem Tag – Kirchweihmontag – waren Hecht und Rothschild von einigen SS-Männern aus dem Tanzsaal der Gaststätte ‚Zum Ritter' geholt worden. Sie fuhren mit ihren Opfern auf das freie Feld außerhalb der Ortschaft und schlugen sie brutal nieder. Dann hielt man den Juden eine Pistole vor die Brust mit der Bemerkung: „Ihr müßt jetzt warten, bis die anderen kommen, dann werdet ihr doch erschossen."[530] Einige SS-Leute fuhren mit dem Auto nach Hörstein zurück, zerrten dort den nur mit einer Hose bekleideten jüdischen Metzger Moritz Löwenthal aus seiner Wohnung und brachten ihn zu seinen Leidensgenossen, die immer noch am Boden lagen. Auch Löwenthal wurde von den SS-Männern so brutal mißhandelt, daß er am nächsten Tag ins Krankenhaus eingeliefert werden mußte.

---

528) Bosl, Karl, Die nationalsozialistische Machtergreifung vor 50 Jahren; in: Landkreisverband Bayern, Sondernummer April 1983, S. 10
529) Polizeibericht Nr. 1128 der Gendarmerie-Station Dettingen vom 30. 8. 1933; LRA Alz. Nr. 339
530) ebd.

Gendarmeriekommissär **Felix Müller** von Dettingen[531] ermittelt daraufhin unverzüglich gegen die Gewalttäter und Oberamtmann Alois Gatterbauer läßt bereits am nächsten Tag den aus Hörstein stammenden, verheirateten SS-Mann K. V. wegen Verdachts der Mittäterschaft bzw. Anstiftung zur Mißhandlung verhaften und in das Amtsgerichtsgefängnis Alzenau einweisen.

Jetzt beginnt der Konflikt um die Zuständigkeit für den Fall: SS-Führer Jehl aus Aschaffenburg verlangt telefonisch „unter allen Umständen" die sofortige Haftentlassung des Hörsteiner SS-Mannes. Er argumentiert, auch wenn die Schuld des V. erwiesen sei, „... gehe (es) nicht an, daß der SS-Mann verhaftet werde, selbst wenn er einen Juden erschlagen hätte."[532] Jehl droht gleichzeitig, die Angelegenheit werde schwere Folgen nach sich ziehen, denn die Sache sei schon „nach oben" gemeldet.

Oberamtmann Gatterbauer, der einzig nach seinem Rechtsempfinden handelt und sich nicht von politischen Ambitionen beeinflussen läßt, hält weiterhin an der Inhaftierung des SS-Mannes fest, „über dessen Freilassung das zuständige Gericht bzw. die Staatsanwaltschaft zu bestimmen habe".[533] Er läßt dem SS-Führer Andreas Jehl telefonisch bestellen, daß er „über seine Äußerung sehr ungehalten sei".[534]

Gendarmeriekommissär Felix Müller trägt daraufhin den Streitfall dem Sonderkommissar Fritz Stollberg in Aschaffenburg vor, der offenbar Partei für das Bezirksamt zu ergreifen scheint und der Politischen Polizei in München den Sachverhalt erklärt. Dennoch bleiben diese Bemühungen ohne Erfolg, denn am Abend des 29. August 1933 erteilt die Bayerische Politische Polizei den Befehl, den SS-Mann umgehend aus der Haft zu entlassen. Daraufhin erstattet Gendarmeriekommissär Müller beim Oberstaatsanwalt für den Landgerichtsbezirk Aschaffenburg Anzeige gegen die SS-Gewalttäter und auf Anraten der Staatsanwaltschaft auch Anzeige gegen SS-Führer Jehl wegen versuchter Beamtennötigung.

Laut ,Stürmer' vom 16. September 1933 leitete die Oberstaatsanwaltschaft in Bamberg eine Voruntersuchung gegen die SS-Männer ein. Ob es aber wirklich zu einer Verurteilung gekommen ist, ließ sich bislang nicht in Erfahrung bringen.

---

531) Als lokale Polizeiexekutive unterstanden die Gendarmerie-Stationen auch während der NS-Zeit ausschließlich dem Bezirksamt.

532) Polizeibericht der Gendarmerie-Station Dettingen Nr. 1118 vom 29. 8. 1933; LRA Alz. Nr. 339

533) Polizeibericht der Gendarmerie-Hauptstation Alzenau Nr. 1109 vom 29. 8. 1933; ebd.

534) Polizeibericht der Gendarmerie-Station Dettingen Nr. 1118 vom 29. 8. 1933; ebd.

Abb. 40: „Der Stürmer" vom 16. September 1933 (Winter 1984)

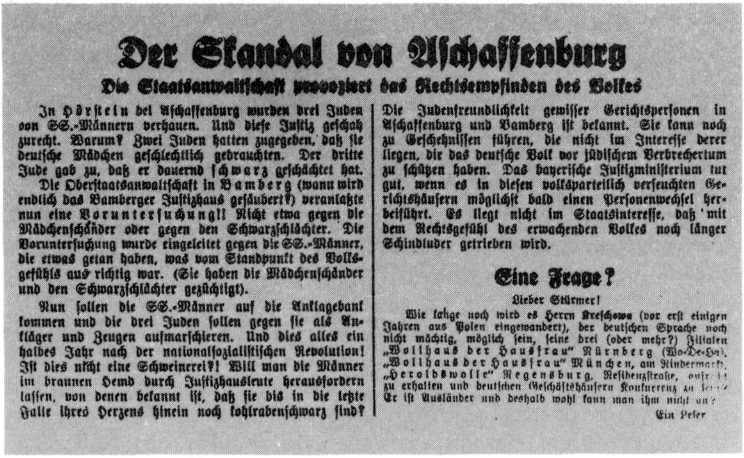

Der Skandal von Aschaffenburg

Die Staatsanwaltschaft provoziert das Rechtsempfinden des Volkes

In Hörstein bei Aschaffenburg wurden drei Juden von SS.-Männern verhauen. Und diese Justiz geschah zurecht. Warum? Zwei Juden hatten zugegeben, daß sie deutsche Mädchen geschlechtlich gebrauchten. Der dritte Jude gab zu, daß er dauernd schwarz geschächtet hat. Die Oberstaatsanwaltschaft in Bamberg (wann wird endlich das Bamberger Justizhaus gesäubert?) veranlaßte nun eine Voruntersuchung! Nicht etwa gegen die Mädchenschänder oder gegen den Schwarzschlächter. Die Voruntersuchung wurde eingeleitet gegen die SS.-Männer, die etwas getan haben, was vom Standpunkt des Volksgefühls aus richtig war. (Sie haben die Mädchenschänder und den Schwarzschlächter gezüchtigt).

Nun sollen die SS.-Männer auf die Anklagebank kommen und die drei Juden sollen gegen sie als Ankläger und Zeugen aufmarschieren. Und dies alles ein halbes Jahr nach der nationalsozialistischen Revolution! Ist dies nicht eine Schweinerei?! Will man die Männer im braunen Hemd durch Justizhausleute herausfordern lassen, von denen bekannt ist, daß sie bis in die letzte Falte ihres Herzens hinein noch kohlrabenschwarz sind?

Die Judenfreundlichkeit gewisser Gerichtspersonen in Aschaffenburg und Bamberg ist bekannt. Sie kann noch zu Geschehnissen führen, die nicht im Interesse derer liegen, die das deutsche Volk vor jüdischem Verbrechertum zu schützen haben. Das bayerische Justizministerium tut gut, wenn es in diesen volksparteilich verseuchten Gerichtshäusern möglichst bald einen Personenwechsel herbeiführt. Es liegt nicht im Staatsinteresse, daß mit dem Rechtsgefühl des erwachenden Volkes noch länger Schindluder getrieben wird.

Eine Frage?

Lieber Stürmer!

Wie lange noch wird es Herrn Kreschows (vor erst einigen Jahren aus Polen eingewandert), der deutschen Sprache noch nicht mächtig, möglich sein, seine drei (oder mehr?) Filialen „Wollhaus der Hausfrau" Nürnberg (Bo-De-Hai), „Wollhaus der Hausfrau" München, am Rindermarkt, „Heroldswolle" Regensburg, Residenzstraße, außer zu erhalten und deutschen Geschäftshäusern Konkurrenz zu ... Er ist Ausländer und deshalb wohl kann man ihm nicht an ...

Ein Peter

Fünf Monate später, mit Wirkung vom 1. Februar 1934 wurde Bezirksamtsvorstand Alois Gatterbauer nach Eichstätt/Bayern versetzt.

Gatterbauers Nachfolger **Benedikt Böhm** scheint aber ebenfalls ein ‚alter' Bezirksamtmann gewesen zu sein, dessen politische „Zuverlässigkeit" für die NSDAP nicht eindeutig feststand. Auch er vertrat korrekt die bisher übliche Dienstauffassung, die nicht immer mit dem politischen Ehrgeiz der örtlichen Parteileiter in Einklang zu bringen war.

In seinem Monatsbericht vom Januar 1937 mißbilligt Bezirksamtsvorstand Böhm die Personalentscheidungen des Mömbriser Bürgermeisters und gleichzeitigen NSDAP-Ortsgruppenleiters Gottfried van Treeck. Van Treeck hatte kurzerhand drei langjährige Gemeindehilfskräfte (Gemeindediener und Schulhausputzer) aus dem Dienst entlassen, weil sie sich in eine Protestliste gegen die Aufhängung eines „Stürmer"-Kastens im Ort eingetragen und die Rücknahme ihrer Unterschriften verweigert hatten.[535] Unter den fristlos Entlassenen befand sich auch ein Familienvater, der acht Kinder zu versorgen hatte.

---

535) siehe auch Kapitel 4.3.8.

Daraufhin beschwert sich Böhm bei der NSDAP-Kreisleitung und der Kreis-amtsleitung der NS-Volkswohlfahrt (NSV) über diese „m. E. ebenso ungerech-ten wie unklugen Maßregelungen" und hofft, „... daß von dort aus das Notwen-dige geschieht, um den Übereifer des Ortsgruppenleiters wieder in die rechten Bahnen zurückzuführen".536)

Am 26. Januar 1937 wurde das „Deutsche Beamtengesetz"537) verabschiedet, wonach die bayerischen Bezirksamtmänner künftig nicht mehr als Fachbeam-te der Verwaltung zu behandeln waren, sondern den Status von politischen Beamten erhielten. Dies hatte zur Folge, daß sie wegen „mangelnder politi-scher Eignung" in den Wartestand oder vorzeitigen Ruhestand versetzt wer-den konnten.538) Im Regierungsbezirk Unterfranken wollte man aus diesem Grunde sechs Bezirksamtmänner aus dem Dienst entlassen, unter ihnen auch den Alzenauer Amtmann, der laut Beurteilung, „keinerlei Verbindung zur Be-wegung" hatte und „eine Zusammenarbeit mit dem Kreisleiter nicht finden" konnte.539)

4.6.2. „Eigenhändig antisemitische Plakate entfernt" – Gendarme-riekommissär Friedrich Walter540)

Die Eigenmächtigkeiten und Übergriffe der NSDAP-Funktionäre auf Angele-genheiten der Verwaltung wirkten sich auch in vielen Polizeistationen verunsi-chernd aus und erschütterten die Dienstwilligkeit mancher örtlicher Gendar-men, zumal wenn es sich, wie im Falle des Gendarmeriekommissärs **Friedrich Walter,** um Polizeibeamte handelte, die dem Nationalsozialismus aus Über-zeugung ablehnend gegenüberstanden. Seine persönliche Zivilcourage mußte Friedrich Walter mit zwei Strafversetzungen bezahlen.

---

536) Monatsbericht des Bezirksamts Alzenau vom 31. 1. 1937; LRA Alz. Nr. 340

537) RGBl. 1937, I, S. 41

538) Laut Broszat waren Anfang 1935 nur 25 % der bayerischen Bezirksamtmänner in der NSDAP organisiert, dagegen zum gleichen Zeitpunkt 91 % der städtischen Bürger-und Oberbürgermeister und 69 % der Gemeindebürgermeister in Bayern; vgl. Broszat/Mehringer 1983 (Band V), S. 629

539) ebd., S. 631; Benedikt Böhm blieb bis August 1946 Vorstand des Bezirksamts Alze-nau

540) Grundlage dieses Berichts sind Dokumente des Bestands LRA Alz. Nr. 339; außer-dem wurde die Studie von Elke Fröhlich, „Der Pfarrer von Mömbris", herangezogen; in: Broszat/Fröhlich 1983 (Band VI)

„Dem katholischen Milieu seiner unterfränkischen Heimat ganz und gar verhaftet, war Walter der Partei schon lange ein Dorn im Auge. Die SD-Außenstelle Aschaffenburg trug eine Menge an Unrühmlichem – im nationalsozialistischen Sinne – über ihn zusammen: Er habe sich ‚bereits‘ im Jahre 1925 an einer Rom-Pilgerfahrt beteiligt, der ‚schwarze Bruder‘ sei damals Mitglied des ‚katholischen Männerapostulats‘ gewesen und habe in seinem damaligen Dienstort im unterfränkischen Laufach als eifriger BVP-Anhänger und Gegner der nationalsozialistischen Bewegung gegolten."[541]

Walters anti-nationalsozialistische Gesinnung kommt in seinen monatlichen Lageberichten über die allgemeine politische Stimmung in seinem Dienstbezirk Laufach deutlich zum Ausdruck. Während andere Gendarmerie-Stationen weisungsgetreu ehemalige Sozialdemokraten und Kommunisten bespitzeln lassen und übereifrig jedes „staatsfeindliche Verhalten" an ihre vorgesetzten Stellen berichten, prangert Friedrich Walter hingegen immer wieder das plebejische Rabaukentum der in seinem Bezirk wohnhaften Nazis an. Scharfsinnig und bedacht informiert er seine Vorgesetzten im Bezirksamt Aschaffenburg über nationalsozialistische Übergriffe und scheut sich nicht, fanatisierte Parteianhänger unverhohlen als Terroristen zu bezeichnen.

Als Beispiel sei hier auszugsweise Walters Lagebericht vom 23. August 1934 an das Bezirksamt Aschaffenburg zitiert: „Die letzten Tage standen hier vollständig im Zeichen der mit der Abstimmung[542] zusammenhängenden Geschehnisse ... Manche Personen konnte man mit einem gewissen Sarkasmus sich gegenseitig ansprechen hören: ‚Nun, lebst Du auch noch?'

Hoch schlugen die Wellen der Empörung bei vielen Personen in Laufach und Hain i/Sp., wo die Jugend in mehr oder weniger geschmackvoller Form gegen vermeintliche Neinsager demonstrierte. Wenn es in Laufach Sprechchöre der Hitlerjugend waren, welche in verschiedenen Gassen und vor den Häusern einzelner Personen unter gemeinsamem Hersagen gereimter Sprüche die Leute an ihre Verpflichtung dem Vaterland gegenüber mahnten, vielleicht auch an den Pranger stellen wollten, so war es in Hain die Beschmierung der Häuser einzelner Bürger mit unflätigen Ausdrücken, riesengroßen Hackenkreuzen[543] und Forderungen mit Terrorakten, welche die Bevölkerung ohne Unterschied des Standes und der politischen Weltanschauung in anhaltende Erregung versetzten ...

---

541) ebd., S. 59

542) Volksabstimmung am 19. August 1934; in seiner Funktion als „Führer und Reichskanzler" verlangte Hitler von den Deutschen, daß sie ihn gleichzeitig als „Staatsoberhaupt" anerkennen sollten.

543) Ob diese bei dem Wort „Hackenkreuz" des öfteren auftauchende falsche Orthographie von dem ansonsten sehr rechtschreibgewandten Walter beabsichtigt war oder nicht, sei dahingestellt.

Wie bereits durch eine Anzeige zur Kenntnis gebracht wurde, hat in Hain das Hoftor des Altbürgermeisters Reis den Hauptteil an Beschmierung über sich ergehen lassen müssen. Beiliegendes Lichtbild veranschaulicht die geschmacklose Aufschrift auf diesem Hoftor. Die Behausung des Kolonialwarenhändlers Lorenz Gensler in Hain trug neben großen, mit Ölfarbe aufgetragenen Hackenkreuzen die Aufschrift ‚36 gehören erschossen‘. Ferner fanden sich Aufschriften wie ‚Arschlöcher‘, ‚Vaterlandsverräter‘ auch im Versammlungsraum der katholischen Jugend in Hain ... Es wurde mir einmütig versichert, daß an solchen Zwischenfällen, die die nationalsozialistische Bewegung weit und weit auf das schwerste kompromittiere, einzig und allein die Führung der betreffenden Hitlerjugend schuld sei ...“[544]

Abb. 41: „Hoftor des Altbürgermeisters Philipp Reis von Hain. Aufgenommen am 22. 9. 1934 von Walter, Gend.komm.“ (Bestand LRA Asch. **Nr. 2299**)

544) Polizeibericht der Gendarmerie-Station Laufach Nr. 1091 vom 23. 8. 1934; LRA Asch. Nr. 2299

Nachdem Friedrich Walter eigenhändig antisemitische Transparente der NSDAP-Ortsgruppe Laufach entfernt hatte und deswegen im ‚Stürmer' angeprangert worden war, erfolgte Anfang November 1934 seine Strafversetzung nach Mömbris.[545] Dort knüpfte der Gendarmeriekommissär überaus gute persönliche Beziehungen zu Pfarrer August Wörner[546], die im Laufe der Zeit so weit gediehen, daß Walter seine Bienenstöcke im Pfarrhof aufstellen durfte, worüber sich die Dorfnazis nicht genug aufregen konnten.

„Man warf ihm auch vor, daß er Leute wegen Ruhestörung während des sonntäglichen Hauptgottesdienstes angezeigt, hingegen bei ‚hetzerischen Reden' des Pfarrers Wörner weggehört und nie Anzeige erstattet, sondern im Gegenteil dem Pfarrer die gegen ihn gerichteten Anzeigen vorgelegt habe, um die Denunzianten bloßzustellen. Darüber hinaus beschuldigte man den Gendarmerie-Kommissär auch, anderen sogenannten ‚Staatsfeinden' mitgeteilt zu haben, wer sie angezeigt hatte. Das wußten SD und NSDAP-Ortsgruppenleitung aber alles nur vom Hörensagen, ohne taugliche Beweismittel."[547]

Als am 20. Dezember 1936 die Mömbriser SA mit einem provozierenden, antiklerikalen Schmählied[548] durch das Dorf zog und die religiösen Gefühle der katholischen Bevölkerung verletzte, bildete sich spontan eine Gegendemonstration, an der sich etwa 800 Katholiken beteiligten und die in einer tumultartigen Auseinandersetzung mit der SA endete. Gendarmeriekommissär Walter stellte sich dabei unverhohlen auf die Seite der empörten Katholiken. „Er griff in keiner Weise ein und fragte gespielt naiv den Nazi-Lehrer Barthelmes, was er denn in Gottes Namen tun solle."[549] Seine Berichterstattung über diesen Vorfall schloß Walter mit der Bemerkung: „Die Situation war so peinlich, wie sie nicht hätte peinlicher sein können' – peinlich für die Nazis meinte er natürlich."[550]

Sein Verhalten wurde ihm kurz darauf als Begünstigung des Aufruhrs ausgelegt und brachte ihm erneut eine Strafversetzung ein, diesmal nach Kleinwallstadt im Bezirk Obernburg am Main.

---

545) Im Meldeverzeichnis Laufach von 1920-1937 ist Friedrich Walter vom 4. 11. 1930 bis 6. 11. 1934 registriert.

546) siehe Kapitel 4.3.8.

547) Broszat/Fröhlich 1983 (Band VI), S. 59 f.

548) Die SA sang das Lied der deutschen Glaubensbewegung mit folgendem Text: „Der Papst hockt in Rom auf seidenem Thron / Es hocken bei uns seine Pfaffen / Was hat einer deutschen Mutter Sohn / Mit Papst und Pfaffen zu schaffen?"; aus dem Nachlaß von August Wörner; Karton 1, DAW

549) Broszat/Fröhlich 1983 (Band VI), S. 60

550) ebd.

Was der 46jährige Gendarmeriekommissär von Bürgermeister und NSDAP-Ortsgruppenleiter Gottfried van Treeck hielt, machte er in seiner Berichterstattung mit orthographischen Mitteln riskant deutlich:
„Bei den ersten beiden Nennungen des Namens van Treeck vertauschte er das ,T' noch mit einem ,D'. Das konnte allenfalls noch als Tippfehler ausgelegt werden. Bei den weiteren Erwähnungen schrieb Walter aber nur noch ,Bürgermeister van Dreck'. Vermutlich rechnete der Gendarmerie-Kommissär damit, daß dieses Wortspiel auch im Bezirksamt Alzenau Schmunzeln hervorrufen würde."[551]

Nach seiner Strafversetzung im Januar 1937 verlieren sich bislang die Spuren des in seinem Rechtsempfinden ungebrochenen Gendarmeriekommissärs.

4.6.3. „Sie sind uns als Gegner bekannt" — Zigarrenhändler Karl Weber[552]

Aus dem bürgerlichen Mittelstand sind kaum Versuche bekannt, sich gegen die nationalsozialistische Gewaltherrschaft aufzulehnen. Zu stark war in dieser gesellschaftlichen Schicht die Identifizierung mit der nationalsozialistischen Bewegung und zu groß die Angst vor eventueller sozialer Isolierung oder gar Verfolgung. Besondere Erwähnung verdient daher die aufrechte und mutige Gesinnung des Zigarrenhändlers Karl Weber aus Aschaffenburg.

Karl Weber, Jahrgang 1905, fühlte sich keiner politischen Richtung zugehörig. 1933, 28 Jahre alt und unverheiratet, mußte er sechs unmündige Geschwister ernähren. Er betrieb ein schon von seinem Großvater aufgebautes Zigarrengeschäft am Aschaffenburger Hauptbahnhof und verfolgte als politisch interessierter Mensch kritisch die Entwicklung des nationalsozialistischen Machtanspruchs.

Der kleine Laden war nicht nur ein Umschlagplatz von Tabakerzeugnissen, sondern auch von Nachrichten. Auch die Geistlichkeit kaufte gerne ihre Glimmstengel beim „Zigarren-Weber". Er erzählt: „Ich hatte viele Pfarrer — auch von auswärts — als Kunden, von denen ich wußte, daß sie gegen Hitler waren. In so einem Geschäft erfährt man ja viel Neues und wenn ich wußte, daß irgendetwas im Busch war, irgendeine Gefahr drohte, dann warnte ich sie mit einem geheimen Handzeichen, das Außenstehende nicht erkennen konnten.

---

551) ebd.
552) Grundlage dieses Berichts sind vor allem das Interview mit Karl Weber am 22. März 1984 sowie Dokumente der PA Nr. 4306 Gestapo

Wir begrüßten uns per Handschlag und der dabei eingezogene, in der Hand behaltene Ringfinger signalisierte dem Betreffenden, daß er vorsichtig sein sollte."

Mit der zunehmenden Diskriminierung der jüdischen Bevölkerung auch in Aschaffenburg[553] entwickelte sich der Zigarrenladen mehr und mehr zu einer heimlichen Anlaufstelle der jüdischen Mitbürger, zu einer Börse für inoffizielle Nachrichten. Sie konnten sich dort besprechen, ohne Gefahr zu laufen, von Karl Weber verraten zu werden. Viele der Aschaffenburger Juden waren seine persönlichen Freunde.[554] Dies blieb von den Aschaffenburger Nazis natürlich nicht unbemerkt und vor allem nicht ungestraft. Karl Weber: „Die haben mein Geschäft dauernd beobachtet. Besonders für die Hintertür interessierten die sich, wer da ein- und ausgeht. Aber von mir erfuhren die nichts."

Eines Tages kommt der örtliche Leiter des Einzelhandelsverbands in das Geschäft mit einem Schild unter dem Arm „Hier werden Juden nicht bedient" und legt Karl Weber die Aushängung desselben nahe. Dieser weist ihn energisch zurück: „Ich erklärte ihm, daß ich dieses Schild nicht anbringen würde, denn es wäre Verrat an meinen jüdischen Freunden und Bekannten. Daraufhin war er sehr entrüstet und drohte mir, daß harte Maßnahmen gegen mich getroffen würden. Trotzdem habe ich das Schild nicht anbringen lassen. Konsequenzen hatte dies zunächst noch nicht so sehr ..."

Aber die Schikanen gegen Karl Weber häuften sich von nun an. „Des öfteren schauten Braunhemden zur Tür herein und riefen: ‚Na, hier ist ja immer noch kein Nazi drin. Es wird langsam Zeit, daß hier ein Nazi reinkommt!' Sie wollten mich verängstigen und aus dem Geschäft vertreiben."
Auch auf andere Weise versuchte man, Karl Weber zu demütigen. So mußte er eines Tages in der Herstallstraße das Trottoir verlassen, als ihm dort drei SS-Führer, unter ihnen Jehl und Satter, begegneten. Sie duldeten nicht, daß er mit ihnen den gleichen Gehsteig benutzte. Bei einer der zahlreichen Vorladungen hatte NSDAP-Kreisrichter Georg Ries[555] ihm angekündet: „Sie sind uns als Gegner bekannt und als solcher werden Sie in Zukunft behandelt!"

Unbeirrt demonstrierte Karl Weber weiterhin seine Ablehnung gegenüber dem Nationalsozialismus. Er erinnert sich: „Ich hatte mir im ‚Tivoli'[556] den

---

553) siehe hierzu: Pollnick 1984, S. 149 ff., S. 170 ff.
554) Nach eigenen Angaben unterhält Karl Weber heute noch regelmäßigen Briefwechsel mit im Ausland lebenden, ehemaligen Aschaffenburger Juden.
555) Georg Ries war auch Mathematikprofessor an der Aschaffenburger Oberrealschule; siehe auch Kapitel 4.4.1.
556) ehemaliges Aschaffenburger Kino in der Sandgasse (heute Passage Pelz-Drescher)

Film ,Leise flehen meine Lieder' angesehen. Am gleichen Abend fand im Deutschhaussaal am Stadttheater die traditionelle ,Schlageter-Gedächtnisfeier'[557] statt. Zufällig fielen Veranstaltungs- und Kinoende in eine Zeit. Der SA-Sturm von der Schlageter-Feier marschierte mit der Hakenkreuzfahne die Sandgasse hoch. Ich verdrückte mich in die Ohmbachsgasse, um die Fahne nicht grüßen zu müssen, diesen Unsinn. Der Sturmführer W., mit ihm hatte ich in der Firma August Kirsch gelernt, hatte mich jedoch beobachtet, ließ den Sturm Halt machen, sprang mir nach und rief: ,Weber, Sie haben die Fahne nicht gegrüßt. Sie kommen sofort her und grüßen die Fahne!' Hunderte von Menschen standen herum und ich mußte hin und die Fahne grüßen ...Zwei Tage später wurde ich wieder zum Kreisrichter Ries bestellt, der mich anschrie: ,Sie wollten die Fahne nicht grüßen. Wir werden weitere Maßnahmen gegen Sie ergreifen.'"

Abb. 42: Zigarrenhändler Karl Weber, Jahrgang 1905 (Foto: Hans-Joachim Schmittner)

---

557) Albert Leo Schlageter: Mitglied der der NSDAP nahestehenden Großdeutschen Arbeiterpartei; 1923 wegen Sabotagehandlungen im Ruhrgebiet von einem französischen Kriegsgericht verurteilt und am 26. 5. 1923 standrechtlich erschossen; Schlageter wurde zu einem „Märtyrer" der NS-Bewegung.

Die Konsequenz für sein oppositionelles Verhalten mußte Karl Weber kurz nach Beginn des Zweiten Weltkrieges, um die Jahreswende 1939/40 tragen. Obwohl er vom Musterungsoffizier aus Gesundheitsgründen als wehruntauglich erklärt worden war, wurde er dennoch zur Wehrmacht eingezogen. Karl Weber berichtet: „Ich hatte den Musterungsoffizier noch gefragt, ob ich einen Uk-Antrag[558] einreichen sollte. Aber er antwortete mir: ‚Nein, das ist nicht notwendig. Sie sind nicht tauglich. Sie werden nie Soldat.' Das war im September/Oktober 1939, im Dezember hatte ich schon meine Bereitstellung und am 10. Januar 1940 war ich Soldat. Ich erfuhr später, daß jemand einen anonymen Brief an das Wehrbezirkskommando geschrieben hatte."

Die Nationalsozialisten ahnten nicht, daß sie sich durch diesen Racheakt eine Laus in den Pelz gesetzt hatten, denn Webers Opposition konnten sie nicht brechen.

Karl Weber wurde in die Schreibstube des Wehrbezirkskommandos in der Würzburger Straße in Aschaffenburg eingezogen, arbeitete sich hoch bis zum Wehrbezirksfeldwebel, zum „I a", legte die Zahlmeisterprüfung in Kassel ab und wurde schließlich zur „rechten Hand" des Kommandeurs und Standortältesten, Oberstleutnant Kurt von Hünersdorff. In dieser Eigenschaft war er auch für die Ausstellung von Wehrmachts-Reisepässen zuständig. Im Spätsommer 1942 erhielt Karl Weber in seiner Schreibstube Besuch von einem Herrn Koch. Dr. Fritz Koch unterhielt zusammen mit seinem jüdischen Kollegen Ernst Rosenthal eine Rechtsanwaltskanzlei in der Weißenburger Straße 16.

Dr. Koch bat Karl Weber eindringlich: „Sie müssen mir unbedingt helfen. Mein Sohn wird von der Gestapo gesucht. Er hat Mitglieder für eine Berliner Widerstandsorganisation geworben. Bitte stellen Sie ihm Reisepapiere aus nach Uman in der Ukraine."

Im Staatsarchiv konnte ich die Personenakte von **Fritz Koch jr.** der Gestapostelle Würzburg ausfindig machen und somit die Vorgeschichte weitgehend recherchieren. Die nachfolgenden Angaben basieren auf dieser Quelle.[559]
Was war geschehen? –
Der 1922 geborene Sohn Friedrich Karl Koch, seit 1940 Student der Philosophie und Rechtswissenschaft in Frankfurt am Main, war im April 1942 nach Berlin umgezogen, um Slawistik zu studieren. Friedrich, genannt Fritz, lernte dort den Berliner Landgerichtsrat **Dr. Ernst Straßmann** kennen, der im Begriff war, mit anderen Antifaschisten eine Untergrundorganisation mit dem Ziel

---

558) Uk-Stellung: Kurzform für Unabkömmlichstellung während des Zweiten Weltkrieges, d. h. Freistellung vom Wehrdienst.

559) vgl. zum Folgenden: PA Nr. 4306 Gestapo

aufzubauen, Vorbereitungen für den Fall eines eventuellen Zusammenbruchs des „Dritten Reiches" zu treffen. Die NSDAP-Ortsgruppe Aschaffenburg-Ost ermittelte, daß Dr. Straßmann Verbindung hat „mit früheren Gewerkschaftsführern in Berlin etc. und mit Wehrmeldeämtern in Berlin, Briefe sollen in nächster Zeit an den ‚Unbekannten Soldaten' für Propagandazwecke benutzt werden, man sucht Fäden nach Süddeutschland zu spinnen, will in die Wirtschaft eindringen".[560]

Bei einem Besuch in Aschaffenburg am 25./26. Juli 1942 trifft sich Fritz Koch mit einem alten Bekannten, dem Fabrikantensohn Theodor N., erzählt diesem von der Organisation und versucht, ihn zur Mitarbeit zu gewinnen und zwischen Frankfurt und Würzburg Kurier-Dienste zu übernehmen.
Doch Theodor N. denunziert ihn noch am gleichen Tag, einem Sonntag und erstattet gegen Fritz Koch Anzeige wegen „Verdachts hochverräterischer Unternehmungen". Da Fritz Koch jr. bereits wieder nach Berlin abgereist ist, bleiben der Aschaffenburger Gestapo vorläufig die Hände gebunden.

Am 1. August erscheint Fritz Koch jr. „freiwillig" auf der Dienststelle der Aschaffenburger Kriminalpolizei – er war offensichtlich gewarnt worden – und meldet eine Sache, „die staatspolitisch von Bedeutung sei". In dem über 10stündigen Verhör gesteht Fritz Koch nach anfänglichem Leugnen und Verschleiern die Existenz der Straßmann-Organisation. Er wird in der gleichen Nacht um 1.45 Uhr früh in das Gerichtsgefängnis Aschaffenburg eingeliefert. Man verständigt seine Mutter von der Verhaftung ihres Sohnes und droht ihr die sofortige Inhaftnahme für den Fall an, daß sie sich mit irgendjemandem in Verbindung setzt.

Die weitere Rekonstruktion des Falles Koch läßt aufgrund mangelnder Unterlagen keine eindeutigen Aussagen zu. Es bleiben Fragen offen.
Fest steht, daß die Akte Koch von Aschaffenburg an die für den Regierungsbezirk Mainfranken zuständige „Geheime Staatspolizei – Staatspolizeistelle Nürnberg-Fürth – Außendienststelle Würzburg" weitergeleitet worden ist. Dort geht am 3. August 1942 ein Telefonanruf eines „SS-Sturmbannführers und Kriminaldirektors Otto" der Stapo Nürnberg-Fürth ein, der dahingehend informiert, „... daß Beamte der Stapo-Stelle Nürnberg-Fürth mit der Überstellung des Koch von Aschaffenburg nach Nürnberg beauftragt sind ..."[561] Auch seien die „... Formalitäten zur Entlassung des Koch aus dem Landgerichtsgefängnis Aschaffenburg von der Außendienststelle Würzburg vorzubereiten und für die Entgegennahme durch die Beamten der Stapo Nürnberg-Fürth bei

---

560) Schreiben der NSDAP-Kreisleitung Aschaffenburg-Alzenau vom 26. 7. 1942; ebd.
561) Bericht der Gestapo Würzburg Nr. 6047/42gII A vom 3. 8. 1942

der Außendienststelle Würzburg bereit zu halten ..."[562] Am 4. August wird
Fritz Koch an die Stapo-Stelle Nürnberg „entlassen".

Hier verlieren sich die Spuren von Fritz Koch jr. Ob dies eine Interimslösung in
Form einer „Schein-Entlassung" war – immerhin war Kochs Vater Hauptmann der Heeresbetreuungsabteilung 7[563] und hatte somit Beziehungen –
oder ob Fritz Koch jr. bei der Überführung nach Nürnberg fliehen konnte, hier-
über lassen sich nur Vermutungen anstellen. Es ist kaum davon auszugehen,
daß die Gestapo in Nürnberg Fritz Koch lediglich verwarnt und wieder auf
freien Fuß gesetzt hat, denn in diesem Falle wäre Vater Koch nicht genötigt gewesen, bei Karl Weber um falsche Ausweispapiere für seinen Sohn vorstellig
zu werden.

Karl Weber stellte dem besorgten Vater einen Reisepass der Wehrmacht aus.
„Ich habe falsche Geheimzahlen eingesetzt. Wenn Geheimzahlen auf dem Pa-
pier standen, haben die Streifen darüber hinweggesehen. Feld- und Ortskommandanten sowie Sonderführer konnten so nach Rußland eingeführt werden.

Ich habe den jungen Mann als Sonderführer nach Uman in die Ukraine eingeschleust. Sobald er aus dem Reichsgebiet war, war er den Klauen der Gestapo
entkommen. Es hat alles geklappt. Die wissen heute noch nicht, daß ich den Befehl gefälscht habe."[564]

Trotz der erfolgreichen Flucht endet die Geschichte tragisch. Karl Weber: „Bei
den Absatzbewegungen aus der Ukraine ist der Bub ums Leben gekommen. Er
war in Kampfhandlungen hineingekommen ... Dr. Koch wurde nach dem
Krieg Landgerichtspräsident von Aschaffenburg und später Bayerischer Justizminister.[565] Als Justizminister besuchte er mich eines Tages und wir sprachen
über diese Sache. Er meinte: ‚Tja, es hat halt doch nicht viel genutzt, mein Junge ist gefallen.' Da habe ich ihm erklärt: ‚Aber eines habe ich Ihnen erspart,
Herr Koch, Sie haben Ihr Kind nicht auf dem Schafott sterben sehen müssen.'"

Auch dem Stiftsdekan und Standortpfarrer Anton Heckelmann[566] hilft Karl
Weber uneigennützig aus der Klemme, als dieser in den Kriegsjahren wegen

---

562) ebd.

563) laut Vernehmungsprotokoll von Fritz Koch am 1. 8. 1942; PA Nr. 4306 Gestapo

564) hier und zum Folgenden vgl.: Gespräch mit Karl Weber am 22. 3. 1984

565) Dr. Fritz Koch wurde mit Wirkung vom 1. 4. 1946 Landgerichtspräsident von
Aschaffenburg; von 1950 bis 1954 war er Bayerischer Staatssekretär und danach bis 1957
Bayerischer Justizminister. Er starb am 16. 1. 1967.

566) siehe auch Kapitel 4.3.6.

„Verächtlichmachung der Wehrmacht" vor dem Militärgericht angeklagt ist. Der wegen seiner antinationalsozialistischen Haltung wohlbekannte 63jährige Pfarrer hatte während einer Truppenvereidigung den Kasernenhof der Bois-Brulé-Kaserne in Aschaffenburg überquert, ohne seinen Hut abzunehmen und den „Deutschen Gruß" zu erweisen.[567] Vom Bataillonskommandeur zur Rede gestellt, redete sich Pfarrer Heckelmann heraus, daß der Hut zu seiner Amtskleidung gehöre. Aber das nutzte ihm nicht viel; der Bataillonskommandeur brachte die unterlassene „Ehrbezeigung" zur Anzeige.

Karl Weber: „Die Anklageakten liefen über den Schreibtisch meines direkten Vorgesetzten, Oberstleutnant von Hünersdorff. Sobald bezüglich Pfarrer Heckelmann etwas in der Geheimpost war, verständigte ich meinen Kollegen Hugo Karpf[568], Sachbearbeiter der Pferdebeschaffungskommission, Abteilung IIa. Hugo Karpf las stillschweigend über meine Schulter hinweg die Ermittlungen Pfarrer Heckelmann betreffend und informierte diesen vorab über den Fortgang des Verfahrens. So war Pfarrer Heckelmann immer schon benachrichtigt, wenn er vernommen werden sollte und konnte sich entsprechend präparieren. Der Fall ging hin und her und eines Tages sagte Herr von Hünersdorff zu mir: ‚Sagen Sie einmal, wer ist das eigentlich, dieser Herr Heckelmann?' Ich antwortete ihm: ‚Das ist der höchste katholische Geistliche unserer Stadt.' Worauf Herr von Hünersdorff meinte: ‚Klug ist der Mann nicht und das findet man doch sonst in diesen Kreisen.' Herr von Hünersdorff gab die Sache an den Divisionspfarrer weiter und die Angelegenheit Heckelmann wurde so unter den Tisch gekehrt. Als Standortältester konnte Hünersdorff das eigenmächtig verantworten."

Nach den verheerenden Bombenangriffen auf Aschaffenburg im Winter 1944 kam Karl Weber dem Pfarrer Heckelmann erneut zu Hilfe. Die Stiftskirche ‚St. Peter und Alexander' war u. a. am Joch schwer getroffen worden, das die Hauptlast der Kirche trug und sich, nach Angaben von Karl Weber, in unmittelbarer Nähe der Kanzel befand. Die Kanzel mußte unbedingt abgesichert werden, sonst wäre die fast 1 000 Jahre alte Kirche eingestürzt.[569]

---

567) siehe auch Kapitel 4.3.10.
568) siehe auch Kapitel 4.1.1.

569) Die Stiftskirche ‚St. Peter und Alexander' wurde erstmals in einer Urkunde Otto II. im Jahre 974 erwähnt. In ihr befinden sich Matthias Grünewalds ‚Beweinung Christi' und andere Kunstwerke.
Die Bombardierungen vom 5. 11., 21. 11. und 29. 12. 1944 hatten die Kirche erheblich beschädigt. Fünf Sprengbomben trafen das Gebäude. Den größten Schaden richtete eine Bombe an, die in der Nähe der Südhochschiffwand im Seitenschiff detoniert war. Sie riß den 7. Pfeiler heraus und erschütterte das Mauergefüge so, daß auch der 6. Pfeiler neu gesetzt werden mußte; vgl. Klewitz, Martin, Die Baugeschichte der Stiftskirche St. Peter und Alexander zu Aschaffenburg, Aschaffenburg 1953, S. 26

Pfarrer Heckelmann hatte zwar dringende Hilfe beim örtlichen Luftschutzleiter Oberbaurat Adelmann angefordert, doch der Einsatz der Dachdeckerkompanie wurde ihm verweigert, da die Nazis kein Interesse an der Erhaltung von Kirchengebäuden hatten. Der Pfarrer klagte Karl Weber sein Leid. Dieser setzte sich daraufhin selbst mit dem Chef der Dachdeckerkompanie in Verbindung und erklärte geschickt: „Der Herr Heckelmann will doch gar nicht das Gotteshaus gesichert haben, sondern in allererster Linie der Stadt Aschaffenburg das Kunstdenkmal Stiftskirche erhalten." Dieser Argumentation konnte sich der Einsatzleiter nicht verschließen. Pfarrer Heckelmann erhielt die Dachdeckerkompanie zugeteilt und die alte Stiftskirche wurde als „Kunstdenkmal" gerettet.

4.7.   Verfolgung und Widerstand im Zweiten Weltkrieg

4.7.1.   „In Großostheim trägt kein Pole ein ‚P' " − Zur Situation der Zwangsarbeiter in der Landwirtschaft

Nur wenige Wochen nach dem Kriegsüberfall der deutschen Wehrmacht auf Polen am 1. September 1939 trafen von dort die ersten Zwangsarbeitertransporte in Aschaffenburg ein. Die polnischen Bürger wurden als „Fremdarbeiter" von der Zivilregierung des „Generalgouvernements"[570] zwangsverpflichtet, um die landwirtschaftliche Erzeugung im kriegsführenden Deutschland sicherzustellen und die eingezogenen Arbeiter in der Industrie zu ersetzen. Durch den Krieg trat der in der deutschen Landwirtschaft schon seit Jahren

---

570) Am 17. 9. 1939 griff die sowjetische Armee in Polen ein. Das Gebiet des polnischen Staates wurde entsprechend dem Deutsch-Sowjetischen Nichtangriffsvertrag vom 23. 8. 1939 zwischen dem Deutschen Reich und der Sowjetunion aufgeteilt. Es handelte sich um ehemalige russische Gebiete, die im Frieden von Brest-Litowsk der jungen Sowjetunion aberkannt worden waren. Die neugebildeten „Reichsgaue" Danzig-Westpreußen und Wartheland und das Gebiet Oberschlesien wurden als „eingegliederte Ostgebiete" zum deutschen Reichsgebiet erklärt. Das übrige, von deutschen Truppen besetzte Polen (die Bezirke Warschau, Krakau, Radom und Lublin) stand nach der Kapitulation Polens am 27./28. 9. 1939 als „Generalgouvernement" unter deutscher „Machthoheit". „Generalgouverneur" war der in den Nürnberger Prozessen zum Tode verurteilte Hans Frank.

herrschende Arbeitskräftemangel noch augenfälliger zutage. Die ausländischen Zwangsarbeiter und Kriegsgefangenen wurden daher in der ersten Phase des Krieges hauptsächlich in der Landwirtschaft eingesetzt.[571]

Obwohl man auch in der Landwirtschaft am bayerischen Untermain stets über Arbeitskräftemangel geklagt hatte, war man mit dem schlagartig einsetzenden Zustrom von Arbeitsverpflichteten jetzt sichtlich überfordert, denn der Winter nahte und die Arbeit auf dem Feld ruhte. Die Zahl der eingetroffenen Deportierten[572] übertraf den Arbeitskräftebedarf doch sehr. In einem Lagebericht der örtlichen Verwaltung heißt es hierzu: „In Aschaffenburg sind 250 polnische Gesindekräfte mit Frauen und Kindern eingetroffen, obwohl von der Kreisbauernschaft Aschaffenburg nur 150 angefordert worden waren. Dem zuständigen Sachbearbeiter der Kreisbauernschaft bereitet es die größten Schwierigkeiten, diese Leute unterzubringen, weil die Bauern des hiesigen Dienstbereiches über Winter keine zu bezahlenden Kräfte einstellen wollten ... Die Kreisbauernschaft will versuchen, die restlichen Familien nach Frankfurt, bzw. Frankfurter Gegend abschieben zu können."[573]

Viele Polen kamen bei Bauern im Landgebiet Aschaffenburg unter. Die ausländischen Verpflichteten waren während ihres Arbeitseinsatzes in Deutschland praktisch rechtlos. Sie konnten weder Arbeitsstelle noch Wohnort selbst wählen, durften sich nicht versammeln und organisieren. Die Diskriminierung und Entrechtung der Polen kam in vielfältigen Formen zum Ausdruck: Sie waren zum Tragen eines weißen Stoffstücks am rechten Ärmel mit dem Aufdruck „P" – analog dem Judenstern – verpflichtet. Unter der Maßgabe, daß der Lebensstandard der Polen seit jeher unter dem der Deutschen gelegen habe, wurde den polnischen Arbeitern 15% ihres ohnehin kärglichen Verdienstes als so-

---

571) Von September 1939 bis Mai 1940 erhielt die deutsche Landwirtschaft, vor allem der Großgrundbesitz, 560 000 Arbeitskräfte; damit beschäftigte allein die Landwirtschaft 59% aller Arbeitsverpflichteten. 19% waren im Handwerk, 22% in der Kriegswirtschaft eingesetzt. Im Laufe der Kriegsjahre verschoben sich die prozentualen Anteile zugunsten der Rüstungsindustrie.

572) Nur ein verschwindend geringer Teil der Arbeiter kam freiwillig ins „Deutsche Reich". Angesichts der unbefriedigenden Ergebnisse der Anwerbungskampagnen bedienten sich NS-Behörden und SS-Kommandos zunehmend perfider Methoden und grausamster Mittel, um Menschen aus den überfallenen und unterjochten Ländern zur Zwangsarbeit in Deutschland zu verpflichten. Die Faschisten scheuten selbst vor Verschleppungen nicht zurück. Fritz Sauckel, der „Generalbevollmächtigte für den Arbeitseinsatz" mußte im März 1944 zugeben, daß von den mittlerweile über 5 Millionen „Fremdarbeitern" in Deutschland „nicht mehr als 200 000 freiwillig gekommen" sind; vgl. Seeber, Eva, Zwangsarbeiter in der faschistischen Kriegswirtschaft, Berlin 1964, S. 118 f.

573) zitiert nach: ebd., S. 150

genannte „Sozialausgleichsabgabe" abgezogen.[574] Bereits am 5. September 1939 war eine Verordnung über die Behandlung von Ausländern[575] erschienen, die als Grundlage für die Vielzahl von Sonderbestimmungen diente: „Fremdarbeiter" durften ihren Aufenthaltsort nicht wechseln, während der nächtlichen Sperrstunden ihre Unterkunft nicht verlassen, keine deutschen Veranstaltungen kultureller, gesellschaftlicher oder kirchlicher Art besuchen, der Besuch von Gaststätten war ihnen untersagt, ebenso der Besitz von Radioapparaten und deutschen Zeitungen. Die Benutzung von Fahrrädern und öffentlichen Verkehrsmitteln war ihnen verboten, „weil dies dem eigenmächtigen Verlassen der Arbeitsstelle und einem ‚unkontrollierten Umherschweifen der Polen im Reich förderlich' sei".[576]

Diese diskriminierenden Sonderbestimmungen sollten jedes Gefühl der Solidarität beim deutschen Volk im Keime ersticken, eine tiefe Kluft zwischen den „Fremdarbeitern" und der deutschen Bevölkerung schaffen. Zu Beginn des Jahres 1940 hatte einer der „Betreuer" der ausländischen Arbeiter, der Leiter der Deutschen Arbeitsfront, Robert Ley, mit kaum zu überbietendem Zynismus die ideologische Grundlage der Demütigungen klar umrissen: „Es ist unser Schicksal, zu einer hochwertigen Rasse zu gehören. Eine tiefer stehende Rasse braucht weniger Raum, weniger Kleider, weniger Essen und weniger Kultur als eine hochstehende Rasse."[577]

Um die Isolierung von der deutschen Bevölkerung wirksam durchzusetzen, waren die Landwirte angewiesen worden, die deportierten Arbeiter in getrennten Räumen, wie Ställen, Baracken etc. unterzubringen. Auch war ihnen strengstens untersagt, mit den Polen an einem Tisch die Mahlzeiten einzunehmen. Ebenso sollte in den Arbeitspausen jede persönliche Kontaktaufnahme unterlassen werden. Ein Flugblatt des „Volksbunds für das Deutschtum im Ausland" (VDA) mit dem Titel „Unsere Stellungnahme zur Frage der Polen im Reich" schloß mit der Aufforderung: „Deutscher! Der Pole ist niemals dein Kamerad! ... Halte dir stets vor Augen, daß du ein Angehöriger des Herrenvolkes bist."[578]

Trotz der Androhung schwerster Strafen bei Nichteinhaltung der Bestimmungen gelang es den Faschisten nicht, die Gesamtheit der Aschaffenburger Land-

---

574) Die russischen Zwangsarbeiter mußten als „Ostarbeiter" das diskriminierende Kennzeichen „OST" auf ihrer Kleidung tragen. Auch sie hatten eine „Ostarbeiterabgabe" zu leisten.

575) RGBl. 1939, I, S. 1667

576) Schminck-Gustavus, Christoph U., Zwangsarbeitsrecht und Faschismus. Zur „Polenpolitik" im „Dritten Reich"; in: Kritische Justiz, Heft 1/1980 (13. Jahrg.), S. 18

577) zitiert nach: Seeber 1964, S. 154

578) ebd., S. 156

bevölkerung zu einer feindseligen Haltung gegenüber den polnischen Landarbeitern zu bewegen. Wie wenig Früchte Verhetzungskampagnen und Strafandrohungen in der einheimischen Bevölkerung trugen, zeigt ein Bericht aus dem Kreis Aschaffenburg vom 19. Februar 1940. „Darin wird den höheren Organen mitgeteilt, in den Dörfern sei man noch viel zu human gegenüber dem ‚polnischen Gesindel'. Es käme jetzt darauf an, die Bauern ‚über die Polengefahr zu schulen, damit sie die Peitsche als ein ständiges Hilfsmittel zu Rate ziehen'."[579]

Neben der Gestapo waren es vor allem die Ortsbauernführer, die als Spitzel die Einhaltung der Behandlungsvorschriften überwachten. Selbst die kleinsten Lockerungen im menschlichen Umgang mit den Zwangsverpflichteten wurden unnachsichtig geahndet. Harte Strafen wurden angedroht, wenn die Landarbeiter mit Kleidung versorgt oder wenn Briefe vermittelt wurden. Alle Post der polnischen Arbeiter sollte über die Staatspolizeistellen laufen, um eventuelle Fluchtanleitungen oder Kriegsberichte abzufangen.

Auch in Großostheim waren bereits in der ersten Hälfte des Jahres 1940 polnische Zwangsarbeiter auf den Bauernhöfen eingesetzt. Im Juli 1940 wurden sie vom Arbeitsamt Aschaffenburg nach Kirchzell bei Miltenberg weitervermittelt. Die Abreise der polnischen Arbeiter löste bei vielen Großostheimer Bauern Bedauern aus, denn es hatten sich freundschaftliche Beziehungen in dieser Zeit entwickelt. Ein Großteil der Großostheimer Bevölkerung war deshalb auch am 11. Juli am Bahnhof versammelt, um die polnischen Arbeiter zu verabschieden.

Am 6. August 1940 wird die Gestapo Würzburg bei dem verheirateten Landwirt **Eduard Hock** in dessen Wohnung in Großostheim vorstellig. Ihm wird vorgeworfen, den polnischen Landarbeiter Kazimierz Olejnik während seines Arbeitseinsatzes allzu „menschlich" behandelt zu haben. Er soll ihm Kleider geschenkt und großzügig Bewegungsfreiheiten zugestanden haben. Aus dem Vernehmungsprotokoll spricht Eduard Hocks offene Sympathie für Kazimierz Olejnik: „Der Pole Olejnik war bei mir etwa 8 Monate beschäftigt. Während dieser Zeit hat er gut gearbeitet und ich war mit ihm sehr zufrieden. Aus diesem Grunde kann es vorgekommen sein, daß ich gegen denselben mitunter nicht so war, wie es vielleicht hätte sein sollen ... Ich dachte ... nicht, daß ich mich strafbar mache, wenn ich meinem Polen gewisse Aufmerksamkeiten erweise ..."[580]

---

579) ebd., S. 163
580) Vernehmungsprotokoll vom 6. 8. 1940; PA Nr. 1 743 Gestapo

Auch seine 18jährige Tochter, **Therese Hock,** wird von der Gestapo vernommen. Sie hatte nach Olejniks Versetzung zusammen mit anderen Großostheimern den Landarbeiter in Kirchzell besucht und ihm Briefe überbracht, die noch an seine Adresse in Großostheim gerichtet waren. Sonntags drauf kam Kazimierz Olejnik zu Besuch nach Großostheim. Es entwickelte sich ein herzlicher Briefwechsel mit der Familie Hock. Therese ließ sich mit Kazimierz Olejnik fotografieren und schenkte ihm einen Abzug, was strengstens verboten war.

Sowohl Vater als auch Tochter Hock werden „staatspolizeilich scharf verwarnt" und der Tochter bei nochmaligen Beanstandungen mit Polizei- oder „Schutzhaft" gedroht.

Die unverhohlen demonstrierte Sympathie mit den polnischen Arbeitern gab den Machthabern Anlaß zur Sorge. „In einem Gestapo-‚Stimmungsbericht' vom 31. August 1940 wurde das Verhalten der Bevölkerung von Großostheim als ‚mit einem gesunden Volksempfinden nicht vereinbar' verurteilt, da die Masse der Mittel- und Kleinbauern zum Beispiel darauf bestand, trotz strenger Verbote gemeinsam mit den Polen an einem Tisch zu essen. Darüber hinaus war in demselben Ort von den Bauern verhindert worden, daß sich die Gestapo einmischte, als die Polen auf einigen Höfen streikten."[581]

Auch Verstöße der Zwangsarbeiter gegen das Ausgangsverbot, von 20 bis 6 Uhr im Winter und von 21 bis 5 Uhr im Sommer, gegen das Verbot, Kinos und Gaststätten zu besuchen sowie öffentliche Fernsprecher und Fahrräder zu benutzen, duldeten oder unterstützten die Bauern oftmals, so daß diese Zwangsverordnungen häufig nur mit Polizeigewalt durchgesetzt werden konnten.

Im Oktober 1941 wird dem Gendarmerieposten in Amorbach, Kreis Miltenberg, abends um 21.30 Uhr gemeldet, daß in der Gastwirtschaft Etzel noch ein polnischer Arbeiter sitze. Der zuständige Gendarmeriemeister eilt daraufhin unverzüglich in die Dorfwirtschaft, wo er den Kreisbauernführer von Amorbach mit dem Landwirt und Ölmüller **Adolf Höflich** aus Großostheim in einen heftigen Disput verwickelt findet. In dem Wortwechsel geht es offenbar um den Polen Peter Bartnik, der schon seit 14 Tagen bei Adolf Höflich arbeiten sollte, aber immer noch auf dem Schafhof des Amorbacher Kreisbauernführers beschäftigt ist. Auf den Vorhalt, weshalb er seit nachmittags mit dem Polen Koniezny in der Wirtschaft sitze, gibt Adolf Höflich an, daß sie Peter Bartnik besuchen wollten und Koniezny als Dolmetscher fungieren sollte. Da Peter Bartnik aber auf dem Feld arbeitete, mußten sie so lange in der Gastwirtschaft einkehren. Als der Gendarmeriemeister ihm vorhält, daß dies doch strengstens verboten sei, gibt Adolf Höflich trotzig zu Protokoll: „In Großostheim trägt kein Pole

---

581) Seeber 1964, S. 228 f.

ein ‚P', auch verkehren sie dort in der Wirtschaft, wo andere Gäste sind, ohne daß es beanstandet wird."[582]

Der Miltenberger Landrat Rüttiger schaltet die Gestapo ein: „Ich bitte gegen Höflich einschreiten zu wollen, da dessen Verhalten auf das schärfste verurteilt werden muß. Ich möchte hervorheben, daß schon früher die Bewohner von Großostheim ein sehr merkwürdiges Verhalten gegenüber den Polen an den Tag legten... Auch besteht bei den Bauern des Landkreises Miltenberg große Erregung über die Großostheimer Bevölkerung, die immer die Polen aufzuhetzen sucht."[583]

Am 3. Februar 1942 wird Adolf Höflich „staatspolizeilich" verwarnt, da er „einem Polen ein Fahrrad zur Benutzung überlassen, ihn außerhalb seines Beschäftigungsorts ohne kreispolizeiliche Erlaubnis mitgenommen hat ... mit ihm in einer für Polen nicht bestimmten Wirtschaft gezecht" hat.[584]

Im Januar 1942 werden in Feldkahl das Gastwirtsehepaar **Gustav und Genoveva Stenger** „staatspolizeilich" strengstens verwarnt und ihnen der Entzug der Gastwirtschaftskonzession und die Einweisung in ein Konzentrationslager angedroht, weil sie am 2. November 1941 abends um 22.15 Uhr den vier in Feldkahl beschäftigten Polen den Aufenthalt in der Küche des Gasthauses gestattet und an sie Bier ausgeschenkt hatten.[585]

Mit brutaler Härte gingen die NS-Behörden gegen alle engeren Beziehungen zwischen polnischen Männern und deutschen Frauen vor. Die von „Reichsführer-SS" Heinrich Himmler am 8. März 1940 herausgegebenen Richtlinien „zur Behandlung der Zivilarbeiter polnischen Volkstums" sahen u. a. vor: „Wer mit einer deutschen Frau oder einem deutschen Mann geschlechtlich verkehrt oder sich ihm sonst unsittlich nähert, wird mit dem Tode bestraft."[586] Bei dem geringsten Verdacht zeigten Spitzel die betreffenden Personen bei der Gestapo an, die jeden Fall von Liebesbeziehungen besonders intensiv verfolgte. Nach den Himmler-Richtlinien war die Aufdeckung von Geschlechtsbeziehungen zwischen Polen und Deutschen die zweitwichtigste Aufgabe der Gestapo nach der „Bekämpfung von Widersetzlichkeiten und Arbeitsunlust".[587]

---

582) vgl. Polizeibericht Nr. 222 des Gendarmeriepostens Amorbach vom 5. 10. 1941; PA Nr. 1 771 Gestapo

583) ebd.

584) ebd.

585) PA Nr. 15 235 Gestapo

586) Schminck-Gustavus 1980, S. 19

587) ebd., S. 193

Bei dem Landwirt Valentin Zieger in Großostheim war seit November 1939 die junge polnische Landarbeiterin **Sofie Stefaniak** beschäftigt. Dem Zieger'- schen Anwesen gegenüber wohnte der 21jährige, ledige Konfektionsschneider **Ernst H.** Er verliebte sich in die Polin und sie trafen sich heimlich nachts, um zusammen sein zu können. Ernst H. beabsichtigte Sofie Stefaniak zu heiraten und wollte daher ihre „Einbürgerung in das Deutsche Reich" in die Wege leiten.

Doch dazu kam es nicht mehr. Die beiden Liebenden wurden bei der Gestapo denunziert und am 2. April 1941 zur „Schutzhaft" in das Landgerichtsgefängnis Aschaffenburg eingeliefert. Am 5. Juli 1941 erteilte die Gestapo Würzburg An- weisung, Ernst H. wegen „Schändung der deutschen Ehre" in das KZ Sachsen- hausen zu überführen, wo der junge Mann bis 6. Oktober 1941 gefangen gehal- ten wurde. Bei seiner Entlassung mußte Ernst H. unterschreiben, daß er u. a. „über Einrichtungen des Konzentrationslagers nicht sprechen darf".[588]

Das Schicksal von Sofie Stefaniak konnte bislang nicht in Erfahrung gebracht werden. Der damaligen „Rechtsprechung" zufolge wurden polnische Men- schen, die mit deutschen Menschen Geschlechtsbeziehungen aufnahmen, in aller Regel mit „Sonderbehandlung" bestraft, d.h. mit dem Tode durch den Strang.

---

588) siehe Abb. 43

Abb. 43: Häftlingserklärung bei Entlassung aus dem Konzentrationslager Sachsenhausen (PA Nr. 1715 Gestapo)

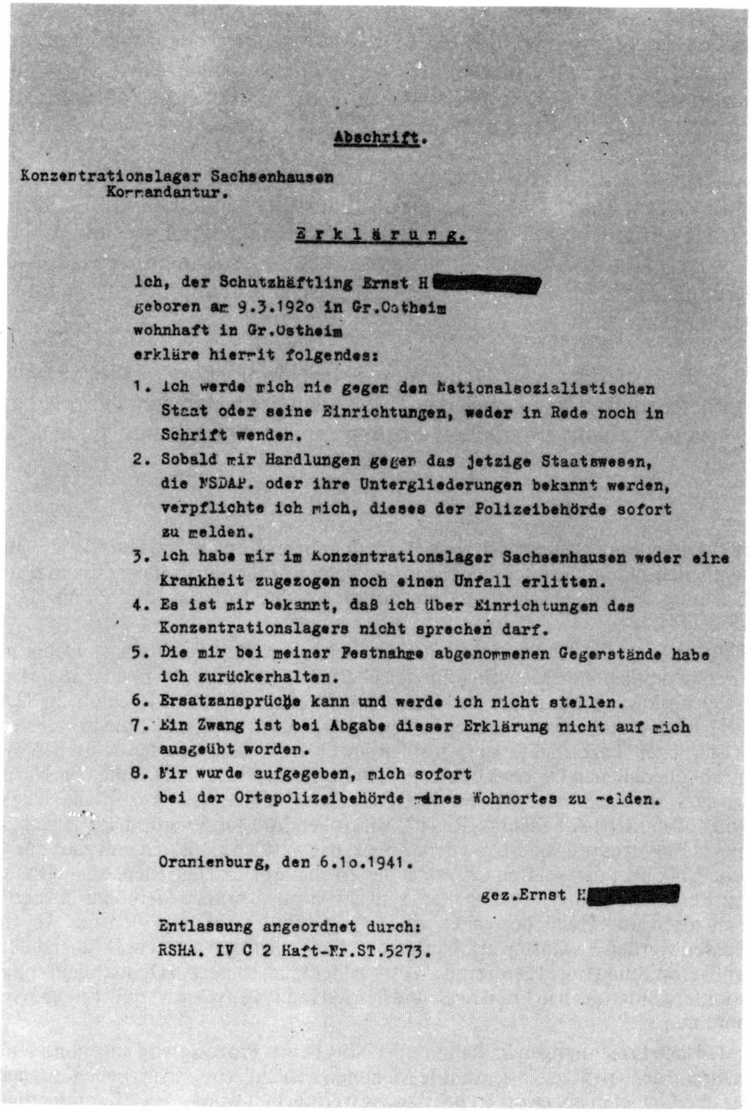

Abschrift.

Konzentrationslager Sachsenhausen
    Kommandantur.

Erklärung.

Ich, der Schutzhäftling Ernst H▬▬▬
geboren am 9.3.192o in Gr.Ostheim
wohnhaft in Gr.Ostheim
erkläre hiermit folgendes:

1. Ich werde mich nie gegen den Nationalsozialistischen Staat oder seine Einrichtungen, weder in Rede noch in Schrift wenden.
2. Sobald mir Handlungen gegen das jetzige Staatswesen, die NSDAP. oder ihre Untergliederungen bekannt werden, verpflichte ich mich, dieses der Polizeibehörde sofort zu melden.
3. Ich habe mir im Konzentrationslager Sachsenhausen weder eine Krankheit zugezogen noch einen Unfall erlitten.
4. Es ist mir bekannt, daß ich über Einrichtungen des Konzentrationslagers nicht sprechen darf.
5. Die mir bei meiner Festnahme abgenommenen Gegenstände habe ich zurückerhalten.
6. Ersatzansprüche kann und werde ich nicht stellen.
7. Ein Zwang ist bei Abgabe dieser Erklärung nicht auf mich ausgeübt worden.
8. Mir wurde aufgegeben, mich sofort bei der Ortspolizeibehörde meines Wohnortes zu melden.

Oranienburg, den 6.1o.1941.

gez.Ernst H▬▬▬

Entlassung angeordnet durch:
RSHA. IV C 2 Haft-Nr.ST.5273.

4.7.2. „Alle Kräfte sollen zunächst arbeitsfähig bleiben" – Zur Situation der Zwangsarbeiter und Kriegsgefangenen in der Kriegswirtschaft[589]

In den Kriegsjahren wurden deutsche Arbeitskräfte in der Wirtschaft immer knapper und ab 1942 ausländische Zwangsarbeiter verstärkt in der Kriegsindustrie beschäftigt.[590] Von etwa 500 000 im Jahre 1939 stieg die Zahl der „Fremdarbeiter" im Laufe der Kriegsjahre auf 12 Millionen an.[591]

Auch in Aschaffenburg mußten Zwangsarbeiter die Kriegswirtschaft in Bewegung halten. Vom 24. Mai bis zum 23. Juni 1942 brachten allein 12 Transporte ca. 1 500 russische Männer und Frauen an den bayerischen Untermain. Sie wurden an direkt oder indirekt kriegswichtige Unternehmen der Stadt Aschaffenburg und der Bezirke Alzenau, Lohr, Aschaffenburg, Obernburg und Miltenberg verteilt.

Der Jahresbericht der Deutschen Arbeitsfront (DAF), Kreisverwaltung Aschaffenburg-Alzenau, notierte 2 315 ausländische Arbeiter, die in 34 Lagern – davon 23 reinen „Ostarbeiter"-Lagern – untergebracht waren. Ende 1942 wa-

---

589) Dieser Bericht stützt sich – die Aschaffenburger Verhältnisse betreffend – im wesentlichen auf die Veröffentlichungen von Peter Körner, „Sparsamster Einsatz, größte Leistung. Ausländer schufteten im Dritten Reich"; in: ‚Main-Echo' vom 11. und 15. 2. 1984.

590) Bis Ende 1942 stellten die Polen den weitaus größten Teil der nach Deutschland zwangsverpflichteten Menschen aus den überfallenen Staaten. An zweiter Stelle kamen tschechoslowakische Bürger und nach dem Überfall auf die Sowjetunion am 22. Juni 1941 folgten massenweise russische Zwangsarbeiter, von den Nationalsozialisten als „Ostarbeiter" bezeichnet. Auch aus den im Frühjahr 1940 von der deutschen Wehrmacht überfallenen Ländern Frankreich, Belgien und Niederlande holten die Nazis unter dem Motto „Europa arbeitet für Deutschland" arbeitslose französische, belgische und holländische Arbeiter ins „Reich". Mit großem Aufwand wurde die „Freiwilligkeit" dieses Einsatzes propagiert, mit dem Zweck, das westliche Ausland und auch das deutsche Volk über den wahren Charakter der Zwangsarbeit zu täuschen. Man wandte bei der Rekrutierung der „Westarbeiter" zunächst nicht so brutale Methoden an, denn die Franzosen und Holländer galten als „artverwandt", während Polen und vor allem Russen von den Faschisten als „Untermenschen" eingestuft wurden. Da aber die „Freiwilligenwerbung" nicht genügend „Westarbeiter" zum Einsatz in Deutschland anlocken konnte, wurden auch in Frankreich und Belgien seit 1942 Zwangsverpflichtungen vorgenommen.

591) Nach Errechnungen im Rahmen der Nürnberger Prozesse wird angenommen, daß während der Kriegszeit insgesamt 12 Millionen ausländische „Zivilarbeiter" aus den besetzten Gebieten angeworben oder zwangsverpflichtet wurden; vgl. Kammer/Bartsch 1982

ren allein in der Stadt Aschaffenburg 1 243 Zwangsarbeiter beschäftigt[592], die zum größten Teil aus der Sowjetunion und Polen, aber auch aus Frankreich, Belgien, den Niederlanden und verschiedenen anderen Ländern kamen. Nur wenigen war es erlaubt, privates Quartier zu beziehen. Die überwiegende Mehrheit, nämlich 950 mußten unter den denkbar unwürdigsten Bedingungen in den 18 existierenden Aschaffenburger Lagern – hauptsächlich der Wehrwirtschaft und Rüstungsindustrie – ihr Leben fristen:

Lager Aba-Werk, Schönbergweg: 53 Russen
Lager Baugeschäft Straub, Goldbacher Straße: 41 Russen, davon zwei aus der Ukraine
Lager Herdfabrik Koloseus, Goldbacher Straße 27: 14 Russen
Lager Lenkradwerk Petri, Bahnweg 3a: 18 Polen und 1 Franzose
Lager Blatz & Co., Obernauer Straße 125: 14 Russen
Lager Matra-Werke, Mittelstraße 5: 6 Franzosen
Lager Ultra-Werk, Mühlstraße 47: 34 Russen
Lager Ultra-Werk, Müllerstraße 34: 20 Franzosen
Lager Tritschler, Bardroffstraße 22: 16 Russen, 5 Polen, 2 Franzosen
Lager Seibert, Großostheimer Straße 25: 107 Russen, davon 30 aus der Ukraine, 82 Polen, 3 Italiener, 1 Ungar
Lager Deutsche Arbeits-Front, Ludwigsallee: 81 Russen
Lager Bauhof, Rosenstraße 1: 81 Russen
Lager VDM, Hefner-Alteneckstraße: 12 Russen
Lager Wagner & Neher, Leiderer Stadtweg 78: 25 Franzosen
Verfügungslager des Generalbevollmächtigten für die Regelung der Bauwirtschaft, Neuer Hafen: 245 Russen
Lager der Reichsautobahn, Hefner-Alteneckstraße: 42 Arbeiter aus dem Protektorat Böhmen und Mähren
Lager der Zellstoff, Äußere Glattbacher Straße: 30 Polen, 16 Franzosen
DAF-Lager, Hefner-Alteneckstraße: 60 Russen für die Kleiderfabriken[593]

Im Lager des Aba-Werkes und im Schießhauslager[594] lebten nachweislich vier Jugendliche im Alter von 14 und 15 Jahren.[595]

Für die zu erstellenden Baracken gab es genaue Vorschriften, so daß die einzelnen Lager einander sehr ähnelten. Die Lager unterstanden formell der Deut-

---

592) Bis September 1943 stieg die Zahl auf 2 242.

593) vgl. Körner, 11. 2. 1984

594) Das Schießhauslager war ebenfalls ein Lager der Reichsautobahn und befand sich auf dem Gelände der heutigen Grünewald-Schule.

595) Mit Beginn des Jahres 1942 wurden auch Kinder und Jugendliche zur Zwangsarbeit verpflichtet.

schen Arbeitsfront, die Lagerführer wurden jedoch vom betreffenden Betrieb bezahlt.[596]

Über die Lebensverhältnisse in den Aschaffenburger Barackenlagern liegen bislang noch keine detaillierten Untersuchungen vor. Die Berichte des Kreiswirtschaftsberaters bei der Aschaffenburger NSDAP-Kreisleitung lassen jedoch Rückschlüsse über die Lebensbedingungen der Lagerinsassen zu. Die Unterbringung in Gemeinschaftslagern versetzte die ausländischen Arbeiter in die Stellung von Gefangenen. Den Nazis war wichtig, daß die Insassen zusammengehalten und überwacht werden konnten, befürchtete man doch ständig – und berechtigt – Fluchtversuche.

Abb. 44: „Ostarbeiter"-Lagerbaracke am Leiderer Hafen („Main-Echo' vom 11. 2. 1984)

Die Ernährung der ausgezehrten ausländischen Arbeiter war mangelhaft und die Versorgung funktionierte nicht reibungslos. Offiziell standen im Jahre 1942 jedem „Fremdarbeiter" wöchentlich 2 800 Gramm Brot, 450 Gramm Fleisch, 225 Gramm Fett und 30 Gramm Mehl zu.[597] Obst, frisches Gemüse oder Kar-

---

596) siehe hierzu: Seeber 1964
597) vgl. Seeber 1964, S. 191

toffeln waren nicht vorgesehen. Aus dem Jahresbericht 1942 der DAF-Kreisverwaltung Aschaffenburg-Alzenau geht hervor, „daß alle Kräfte, die dem Arbeitseinsatz zugeführt werden, z u n ä c h s t (Sperrung – M.Sch.) so arbeitseinsatzfähig bleiben" sollen, „daß sie den an sie gestellten Forderungen jederzeit gewachsen sind".[598] Das kleine Wörtchen „zunächst" verweist darauf, daß auf Dauer keine Notwendigkeit gesehen wurde, die Arbeitskräfte zu schonen und menschenwürdig zu ernähren. Die Formulierung korrespondiert mit den Grundsätzen des „Generalbevollmächtigten für den Arbeitseinsatz", Fritz Sauckel, der folgende Anweisung erteilt hatte: „... Alle diese Menschen müssen so ernährt, untergebracht und behandelt werden, daß sie bei denkbar sparsamstem Einsatz die größtmögliche Leistung hervorbringen ..."[599]

Abb. 45: Beim Essenholen an der Lagerküche im Leiderer Hafen („Main-Echo' vom 11. 2. 1984)

Die primitiven Barackenlager entsprachen offenbar in den seltensten Fällen den hygienischen Anforderungen. Fleckfiebererkrankungen häuften sich und der Ungezieferplage war kaum Herr zu werden. Die NS-Behörden griffen immer erst dann ein, wenn sich aufgrund der unzulänglichen Hygieneverhältnisse und der schlechten Ernährung Seuchen auszubreiten drohten.

---

598) zitiert nach: Körner, 15. 2. 1984
599) zitiert nach: Kammer/Bartsch 1982

Ausgesprochen katastrophal war die Versorgung der Zwangsarbeiter mit Kleidung, Schuhen und Wäsche. Bis Kriegsende wollten die örtlichen Instanzen dieses gravierende Problem nicht beheben, obwohl die Kleiderlager voll waren. Vor allem in den harten Kriegswintern litten die ausländischen Arbeiter sehr darunter, daß sie weder warme Kleidung noch angemessenes Schuhwerk besaßen. Die wenigsten hatten dergleichen aus ihrer Heimat mitbringen können. Ein Lagebericht im September 1942 hält fest, daß von 860 Arbeitern 91 ohne Leibwäsche und viele ohne Schuhe waren.[600]

„Daran sollte sich nichts mehr ändern. Hilfe erhielten die Ausländer 1942, aber auch noch 1944 vor allem von deutschen Kollegen, deren Besitz selbst immer knapper wird. Offiziell hofft man auf die ‚schlechtesten Sachen der Altkleidersammlung‘, die man in den Kleiderfabriken in einen ‚einigermaßen tragbaren Zustand‘ versetzen will. Im Sommer 1944 das gleiche Bild: die Kleidung wird als ‚besorgniserregend‘ oder ‚furchtbar schlecht‘ bezeichnet. Für 3 500 Fremdarbeiter gab es innerhalb des letzten Halbjahres nur 80 Hemden. Leibwäsche fehlt fast gänzlich, der Gesundheitszustand wird katastrophal... Deutsche Arbeitsfront und der Kreiswirtschaftsberater weisen auf die vollen Kleiderlager hin. Man solle doch Vorräte freigeben und damit die benötigte Arbeitskraft erhalten, statt sie dem Risiko sinnloser Vernichtung durch Fliegerbomben auszusetzen. Dieser Appell vom Oktober 1944 verhallt ungehört."[601]

Die mangelhafte Ernährung führte neben Infektionskrankheiten häufig auch zu nichtinfektiösen Darm- und Magenerkrankungen der Zwangsarbeiter und -arbeiterinnen. Viele von ihnen waren − infolge der Not in den überfallenen Ländern und menschenunwürdigen Transportbedingungen − in einem schlechten Gesundheitszustand nach Deutschland gekommen. Die Krankenhäuser lehnten die Aufnahme von „Ostarbeitern" aufgrund der fehlenden Krankenversicherung ab. So tauchte der Vorschlag auf, in einem der Aschaffenburger Lager eine Krankenbaracke einzurichten. Zwei unter den russischen Arbeitern ausfindig gemachte Ärzte mußten die medizinische Betreuung der Kranken übernehmen.

Einer der beiden Ärzte war **Dr. Alexander Nicitin**, geboren 1907 in Riga/Lettland. Er kam im Juni 1942 mit einem „Ostarbeiter"-Transport nach Aschaffenburg. Nachdem er kurze Zeit in der Industrie beschäftigt war, bestimmte ihn im Herbst 1942 die DAF-Kreisverwaltung Aschaffenburg zum Lagerarzt. Dr. Alexander Nicitin versorgte die kranken Zwangsarbeiter aus den Gemeinschaftslagern in Aschaffenburg und den Landkreisen Aschaffenburg, Alzenau, Lohr, Miltenberg und Obernburg.

---

600) vgl. Körner, 15. 2. 1984
601) ebd.

Dr. Alexander Nicitin war im Schießhauslager und nach dessen Auflösung im DAF-Lager Auhof untergebracht. Dort lernte er im Herbst 1943 den 48jährigen Lagerkoch **Konrad Köhler** aus Aschaffenburg kennen. Schon bald entwickelte sich zwischen den beiden Männern ein freundschaftliches Verhältnis. Konrad Köhler zeigte sein Wohlwollen, indem er den Arzt bevorzugt mit Lebensmitteln versorgte und ihn einige Male in seine Wohnung einlud. Immer häufiger unterhielten sie sich über politische Themen und Konrad Köhler ließ bei solchen Gesprächen seine Sympathie für die kommunistische Idee durchblicken. Der Lagerarzt sah in dem Lagerkoch einen Verbündeten und bat ihn, ihn doch über das Weltgeschehen und die aktuelle Kriegslage auf dem Laufenden zu halten. Mitte Mai 1944 berichtete ihm Konrad Köhler, ein ausländischer Sender hätte durchgegeben, bald würden in Deutschland feindliche Luftlandetruppen abgesetzt und Waffen und Munition für die Kriegsgefangenen und ausländischen Arbeitskräfte abgeworfen.

Diese Mitteilung war für Dr. Alexander Nicitin von großer Wichtigkeit, denn er leistete seit langem Vorarbeit, um aktive Widerstandsgruppen unter den russischen Zwangsarbeitern aufzustellen, mit denen er zu gegebener Zeit den bewaffneten Aufstand in Aschaffenburg durchzuführen gedachte.
Dazu kam es aber nicht mehr. Dr. Alexander Nicitin ahnte nicht, daß er schon seit längerer Zeit im Verdacht stand, „in den von ihm betreuten ‚Ostarbeiter'-Lagern konspirative, kommunistische Wühl- und Zersetzungsarbeit" zu leisten.[602]

Am 18. Juli 1944 wurde er wegen „staatsfeindlichem Verhalten" verhaftet und in das Notgefängnis in Würzburg eingewiesen. Bei seiner Vernehmung gab er nach anfänglichem, hartnäckigem Leugnen zu, daß es ihm mit der Organisierung des bewaffneten Widerstands in Aschaffenburg ernst gewesen sei und er einen bis ins Detail durchdachten Plan hatte: „Ich wollte in jedem Lager in Aschaffenburg, Großostheim und Schweinheim, soweit es sich um männliche Insassen handelte, Widerstandsgruppen bilden ... Ich bin davon überzeugt, daß der größte Teil der Ostarbeiter bedenkenlos mitgemacht hätte, sobald ich dazu aufgerufen hätte ..."[603]

Tatsächlich war es in einigen Lagern bereits zu Unruhen und Tätlichkeiten gegen die Lagerführung gekommen und in den Güldener Motorenwerken in der Hefner-Alteneckstraße fand die Lagerleitung 80 versteckte Messer und Dolche, die heimlich geschliffen worden waren.[604]

---

602) vgl. Bericht der Gestapo Würzburg Nr. 6 975/44 vom 23. 11. 1944; Nr. PA Nr. 4 400 Gestapo
603) ebd.
604) Gerloff, Hans, Kriegschronik der Stadt Aschaffenburg 1939-1945, unveröffentlichtes Manuskript, S. 150; Stadt- und Stiftsarchiv Aschaffenburg

Abb. 46: Aufnahmen der Gestapo von Konrad Köhler (PA Nr. 4 400 Gestapo)

Im Zuge der Ermittlungen ließ die Gestapo am 7. Oktober 1944 den Lagerkoch Konrad Köhler wegen „eines Verbrechens gegen die Verordnung über außerordentliche Rundfunkmaßnahmen vom 1. 9. 1939, §§ 1 und 2"[605] verhaften und in das Landgerichtsgefängnis Aschaffenburg einweisen. § 2 dieser Verordnung – die Weiterverbreitung von Nachrichten ausländischer Sender – sah eine „Sonderbehandlung" vor, d. h. die Verurteilung zum Tode. Am 19. Oktober 1944 wurde Konrad Köhler in die Haftanstalt Würzburg überführt.

Am 6. Dezember 1944 stellte Konrad Köhler einen Antrag auf Haftentlassung wegen seines schlechten Gesundheitszustands, der sich durch die Haftbedingungen rapide verschlimmerte. Das Gesuch wurde abgelehnt. Am 8. Januar 1945 mußte Konrad Köhler wegen eines Rippenfellergusses mit Erscheinungen von Herzschwäche in das ‚Staatliche Luitpoldkrankenhaus' eingewiesen werden. Am 16. Januar 1945 wurde er wegen eitriger Rippenfellentzündung operiert. Am 25. Januar 1945 um 13 Uhr starb Konrad Köhler. Als Todesursache gab der behandelnde Arzt, Oberstabsarzt Dr. Pervulesko, Lungenentzündung, Rippenfelleiterung und Kreislaufschwäche an.[606]

Der russische Lagerarzt Dr. Alexander Nicitin war am 24. November 1944 wegen „versuchter Bildung von Widerstandsgruppen und Vorbereitung zum bewaffneten Widerstand gemäß Anordnung des RSHA"[607] hingerichtet worden.

---

605) vgl. Schlußbericht der Gestapo Würzburg vom 20. 12. 1944; PA Nr. 4 400 Gestapo
606) Bericht der Gestapo Würzburg vom 26. 1. 1945; ebd.
607) Bericht der Gestapo Würzburg vom 18. 1. 1945; ebd.
RSHA: Reichssicherheitshauptamt

Weitere 86 Zwangsarbeiter überlebten ihren „Einsatz" in Aschaffenburg ebenfalls nicht. In den Bestattungslisten des Friedhofsamtes sind teilweise merkwürdige Todesursachen angegeben, die weiterer Nachforschung und Aufklärung bedürfen: „als Spion erschossen", „Schädelbruch", „Verblutung" etc.[608]

Abb. 47: Gedenktafel auf dem Aschaffenburger Altstadtfriedhof. „Hier ruhen 86 arbeitsverpflichtete Ausländer des Zweiten Weltkrieges …" (Foto: Hans-Joachim Schmittner)

Unter ähnlich menschenunwürdigen Bedingungen fristeten auch die Kriegsgefangenen aus den überfallenen Ländern ihr Leben. Für Aschaffenburg war das „Stammlager" in Bad Orb zuständig. Von dort aus wurden sie zur Arbeit in der Land- und Kriegswirtschaft eingesetzt. Im Aschaffenburger Stadtteil Leider existierte ein Kriegsgefangenenlager, welches in den ersten Kriegsjahren häufig Ziel der Aschaffenburger Sonntagsspaziergänger wurde.

Am 15. März 1942 registrierte das Arbeitsamt Aschaffenburg insgesamt 1 549 zur Arbeit herangezogene Kriegsgefangene, davon 687 französische und 862

---

608) vgl. Körner, Peter, Die Spuren ihrer Leiden sind vom Vergessen fast verweht; in: ‚Main-Echo' vom 31. 10. 1981

russische Gefangene. Sie waren überwiegend in kriegswichtigen Unternehmen und wehrmachtseigenen Einrichtungen der Stadt und der Landkreise Aschaffenburg und Obernburg zur Arbeit eingesetzt.[609]

Die Lebenssituation und das Elend dieser Kriegsgefangenen ist bislang ebenfalls noch ein ungeschriebenes Kapitel Aschaffenburger Lokalgeschichte. Viele dieser Menschen überlebten ihr Gefangenendasein in Aschaffenburg nicht.

Abb. 48: Mahnmal für die russischen Kriegsgefangenen auf dem Altstadt-friedhof   (Foto: **Hans-Joachim Schmittner**)

---

609) vgl. Stadtmüller, Alois, Maingebiet und Spessart im Zweiten Weltkrieg, Aschaffenburg 1983, S. 62-65

Sie wurden anfangs noch auf dem Altstadtfriedhof beerdigt, 60 Gefangene nebeneinander, in einem Abstand von 80 cm. Später machte man sich nicht mehr die Mühe, die Toten vom Leiderer Lager in die Innenstadt zu überführen. Wer von den Kriegsgefangenen sein Leben verlor, kam an Ort und Stelle in ein Grab im Lager.[610]

Mit der sogenannten „Wehrkraftschutzverordnung" vom November 1939[611] hatten sich die Machthaber die rechtliche Grundlage geschaffen, den privaten Umgang mit Kriegsgefangenen zu verbieten. Zuwiderhandlungen zogen in aller Regel Gefängnisstrafen von 1 bis 1½ Jahren nach sich. Jeder kleinste Solidaritätsbeweis mit den Gefangenen erforderte unter dem herrschenden Terror hohen persönlichen Mut. Doch fanden auch im hiesigen Raum Menschen immer wieder Mittel und Wege, um die desolate Situation der Kriegsgefangenen menschenwürdiger zu gestalten. In einem geheimen Lagebericht der Gestapo vom 14. September 1940 wird das „würdelose Benehmen deutscher Volksgenossen" in den Glanzstoff-Werken in Elsenfeld angeprangert, wo die Arbeiter darauf bestanden, das Essen mit den dort beschäftigten polnischen Kriegsgefangenen zu teilen.[612]

In der zweiten Hälfte des Jahres 1941 waren in der Herdfabrik Koloseus in Aschaffenburg 20 französische Kriegsgefangene in einem werkseigenen Lager mit einem Wachmann untergebracht und arbeiteten auch dort im Betrieb. Unter ihnen befand sich der 32jährige **Claudius Beraud**, Gefangenen-Nr. 25097, und der 23jährige **Josef Kieken**, Gefangenen-Nr. 20316. Im gleichen Betrieb war in der Schlosserei **Magdalena K.** beschäftigt und als Küchenhilfe **Anneliese Sch.** Das Elend der Kriegsgefangenen erbarmte wohl die beiden Frauen, denn sie steckten den Franzosen ab und an heimlich ein Stück Seife oder Seifenpulver zu und übernahmen es trotz strengsten Verbotes, die Wäsche und Kleidung von Claudius Beraud und Josef Kieken zu flicken und herzurichten. Magdalena K. kam auch sonntags in den Betrieb, um mit den Kriegsgefangenen gemeinsam das Essen einzunehmen. Samstag abends, wenn die beiden Frauen wußten, daß der Wachposten des mit Stacheldraht gesicherten Lagers beurlaubt war und die Gefangenen daher bessere Möglichkeiten hatten, das Lager zu verlassen, holten sie Claudius Beraud und Josef Kieken ab, brachten sie heimlich in das Zimmer von Magdalena K., bewirteten sie dort mit Fleisch, Brot und Wein und schenkten ihnen weitere Lebensmittel.

Wie die Natur so spielt und gegen ihr feindliche, von anderen Menschen will-

---

610) Das Leiderer Gefangenenlager befand sich teilweise auf dem Gelände des heutigen Waldfriedhofs. Dort liegen acht russische Kriegsgefangene begraben.
611) Verordnung zur Ergänzung der Strafvorschriften zum Schutz der Wehrkraft des Deutschen Volkes vom 25. 11. 1939, RGBl. 1939, I, S. 2319
612) Seeber 1964, S. 229

kürlich gesteckte Grenzen rebelliert, – verliebte sich im Laufe der Wochen Magdalena K. in Claudius Beraud und Anneliese Sch. in Josef Kieken. Sie tauschten heimlich Briefe aus: „... wir sind hier arme Gefangene ohne Freiheit, aber jetzt unsere Gefangenschaft ist nicht mehr so schwer, das ist doch schön, wenn eine gute Freunde haben ... wir sind bei die Gitter wie Samstag um 11 Uhr. Bitte wenn möglich ist ein Mantel für mich, weil es ist zu gefährlich mit Soldatenkleidung ... ich habe nur eine Bitte, sei sehr vorsichtig, ich will Dich nicht unglücklich machen, ich habe Dich zu gern ...“[613]

Die Beziehungen stehen unter keinem guten Stern. Am 6. Dezember 1941 erstattet der „Betriebsführer“ der Firma Koloseus, Richard S., bei der Kriminalpolizei in Aschaffenburg Anzeige wegen „unerlaubten Verkehrs mit Kriegsgefangenen“. Bereits am nächsten Tag werden die 26jährige Magdalena K. und die 20jährige Anneliese Sch. verhaftet und im Aschaffenburger Landgerichtsgefängnis in Polizeiverwahrung genommen. Die Gestapo Würzburg wird eingeschaltet. Claudius Beraud und Josef Kieken werden am 8. Dezember 1941 morgens um 5 Uhr zu ihrem „Stammlager“ nach Bad Orb abtransportiert.

Schon am 20. Januar 1942 verurteilt das Sondergericht Bamberg Magdalena K. zu einer Zuchthausstrafe von drei Jahren und Anneliese Sch. zu einer Zuchthausstrafe von zwei Jahren, unter gleichzeitiger Aberkennung der bürgerlichen Ehrenrechte und zur Tragung der Verfahrenskosten. In der Urteilsbegründung heißt es u. a.: „Der Geschlechtsverkehr einer deutschen Frau mit einem Kriegsgefangenen verstößt gröblich gegen das gesunde Volksempfinden. Dies bedarf keiner weiteren Erläuterung und Begründung ... Das Verhalten der Angeklagten ist deshalb auf das Schärfste zu verurteilen und erweist sich somit als ein schwerer Fall des fortgesetzten verbotenen Umgangs mit Kriegsgefangenen gemäß §4 der VO. zur Ergänzung der Strafvorschriften zum Schutz der Wehrkraft des deutschen Volkes vom 25. 11. 1939.“[614]

Die Lage sowohl der ausländischen Zwangsarbeiter als auch der Kriegsgefangenen verschlimmerte sich in der letzten Phase des Zweiten Weltkrieges. Vom 25. August 1944 bis zum 3. April 1945 durchlebte Aschaffenburg einen sinnlosen Verteidigungskampf. Die Stadt wurde von mehr als 20 Bombenangriffen heimgesucht. Sie verwandelte sich unter der Belagerung der amerikanischen Truppen in ein Brand- und Trümmerfeld. Die sechs Jahre zuvor von den Faschisten angeordnete strengste Isolierung der ausländischen Arbeitskräfte wurde jetzt ad absurdum geführt. Gemeinsam mit den Aschaffenburgern rannten Polen, Russen und Franzosen bei Fliegeralarm und Bombenangriffen um ihr Leben – und oftmals waren sie auch im Sterben zusammen.

---

613) PA Nr. 3 478 Gestapo
614) Urteil SG. Js. 1 422/41; ebd.

Abb. 49: „Ostarbeiterinnen" bei der Evakuierung 1944 im Stadtteil Damm (‚Main-Echo' vom 15. 2. 1984)

4.7.3. „Der Hitler soll mich am Arsch lecken" — Sogenannte Heimtückereden im Zweiten Weltkrieg

Mit Beginn des Zweiten Weltkrieges tauchte eine neue Kategorie von „Heimtückereden" auf, deren Bedeutung in den Folgejahren zunahm. Die „wehrzersetzenden" Reden gegen Aufrüstung und Krieg nahmen die Form des offenen zivilen Ungehorsams an und wurden strafverschärfend verfolgt. Lag das Strafmaß bislang überwiegend bei 1 bis 6 Monaten Gefängnis, so verhängten die Sondergerichte jetzt härteste Zuchthaus- und Gefängnisstrafen, ja selbst Todesurteile.[615] Das Abhören ausländischer Rundfunksender machte dabei einen wesentlichen Teil der „politischen" Delikte aus.[616]

---

615) Broszat u. a. 1981 (Band IV), S. 449 f.

616) Mit Kriegsbeginn am 1. 9. 1939 wurde mit der „Verordnung über außerordentliche Rundfunkmaßnahmen", RGBl. 1939, I, S. 169 allen Deutschen das „absichtliche Abhören ausländischer Sender" verboten.

Am 4. September 1939 kommt der Schneidermeister **Jakob Häusler** in die Gastwirtschaft ‚Zum Ladehof' in Aschaffenburg und erzählt, ein ausländischer Sender habe soeben durchgegeben, die deutschen Truppen sollten die Gewehre umdrehen und Adolf Hitler beim Auftauchen an der Front erschlagen. Ein am Tisch Sitzender ruft daraufhin noch „Bravo", worüber sich die übrigen Gäste nach Aussagen des Denunzianten, sehr empörten.[617]

*

Der verheiratete Fabrikarbeiter **Karl Seitz** erzählt am 22.Oktober 1939 unvorsichtigerweise im Gasthaus ‚Stolzenberger' in Stockstadt, daß er französische Sender abhöre. Zu seinem Gesprächspartner, einem SA-Mann, sagt er u. a.: „Wir werden ja doch belogen, wir sind die Dummbeutel und bleiben sie auch. Wir werden von den Unseren belogen. Der Führer hat erwähnt, wir hätten in Polen 10 000 Mann an Toten gehabt und die Franzosen sagen 100 000. Das glaube ich auch."[618]

Der SA-Mann erkärt ihm daraufhin, daß das Abhören ausländischer Sender verboten sei und er deswegen „fortkommen" könne. Karl Seitz versucht, die unbekannte dunkle Bedrohung, die die Erwähnung eines Konzentrationslagers in ihm hervorruft, zu überspielen: „Was, Du mich nach Dachau, die sollen mich fort tun, dann soll der Staat meine Familie ernähren, wenn ich von Dachau zurückkomme, kannst Du was erleben."[619] Als dann Karl Seitz auch noch die SA beschimpft, deutet ihm der SA-Mann an, daß er die Sache zur Anzeige bringen werde.

Am 24. November 1939 wird der Vater von vier kleinen Kindern wegen „staatsfeindlichem Verhalten" zur „Schutzhaft" in das Aschaffenburger Gefängnis eingeliefert. Die Gestapo Würzburg betreibt seine Überführung in ein KZ.

Nur dem persönlichen Einsatz von Wilhelm Wohlgemuth − in seiner Funktion als NSDAP-Kreisleiter − ist es zuzuschreiben, daß der 38 Jahre alte Karl Seitz nach neun Wochen Gefängnishaft entlassen wird. In seinem Gesuch an Gauleiter Dr. Otto Hellmuth argumentiert Wohlgemuth, daß „die Äußerung des Seitz im großen und ganzen keinen schwerwiegenden Schaden angerichtet hat, da im wesentlichen SA-Männer Zuhörer waren".[620]

*

---

617) PA Nr. 1 235 Gestapo; aus der Akte geht nicht hervor, ob ein Strafverfahren eingeleitet wurde
618) PA Nr. 14 158 Gestapo
619) ebd.
620) ebd.

Im November 1939 soll der verheiratete Milchhändler **Sebald Hohm** aus Main-aschaff in der Gaststätte ‚Zum Ziegelbergerhof' folgende Äußerung gemacht haben: „Wenn der Krieg rum ist, wird's für Hitler anders und für uns auch." In seiner Wohnung soll Hohm gerufen haben: „Der Hitler soll mich am Arsch lek-ken. Wenn er uns keine Bezugsscheine geben will, soll er keinen Krieg führen. Wenn ich könnte, wie nicht, hätte ich den Obersten schon längst die Hälse ab-geschnitten."

Der Landrat von Aschaffenburg befürwortet die Überführung Hohm's in ein Konzentrationslager.[621]

*

Am 5. August 1940 erteilt die Gestapo Würzburg Anweisung, den verwitweten Fabrikarbeiter **Thaddäus Hofmann** in Hösbach „... wegen seiner zersetzenden und die Widerstandskraft des deutschen Volkes lähmenden Äußerungen <u>sofort</u> in Polizeihaft zu nehmen und in das zuständige Amtsgerichtsgefängnis einzuliefern... Nach Eingang der Mitteilung über die erfolgte Festnahme wer-de ich Anzeige dem Oberstaatsanwalt bei dem Sondergericht in Bamberg vor-legen."[622]

Der 58jährige ist „dringend verdächtig, fortgesetzt teils öffentlich, teils nicht öf-fentlich hetzerische und von niedriger Gesinnung zeugende Äußerungen über Anordnungen des Staates gemacht zu haben, die geeignet sind, das Vertrauen des Volkes zur politischen Führung zu untergraben, wobei er, soweit es sich um nichtöffentliche Äußerungen handelt, damit rechnen mußte, daß sie in die Öffentlichkeit dringen werden ..."[623]

Anfang Juni 1940 soll Thaddäus Hofmann im Gasthof ‚Jägerhof' in Schmerlen-bach dem Elektromonteur W. B. gegenüber – als dieser von 600 verlorenen Flugzeugen erzählte und diesen Verlust als minimal bezeichnete – geäußert haben: „Mach noch einmal eine Null dran, dann glaube ich es eher. Sage 6 000, wir bekommen doch nicht alles gesagt."

Im Mai 1940 soll er in der Gastwirtschaft Völker in Hösbach bemerkt haben: „Wir verlieren den Krieg. Der Engländer hat noch nie einen Krieg verloren, er gewinnt auch diesen wieder." Kurz nachdem die ersten Kriegsverluste in Frankreich amtlich bekannt gegeben wurden, soll Hofmann auf einer Fahrt von Goldbach nach Aschaffenburg zu seinen Mitreisenden gesagt haben: „Ihr schwätzt ein Zeug zusammen. Ihr wißt alle nichts, ich weiß mehr. Wir haben über 1 Million Tote, das weiß ich sicher." Die Gestapo vermutet, daß Hofmann ausländische Sender abhört. Dies ist ihm aber nicht nachzuweisen.

---

621) vgl. PA Nr. 2 109 Gestapo
622) Bericht Nr. 7 516/40, Stapo Würzburg vom 5. 8. 1940; PA Nr. 1 928 Gestapo
623) Haftbefehl des Sondergerichts Bamberg vom 20. 8. 1940; ebd.

Am 21. Oktober 1940 verurteilt das Sondergericht Bamberg Thaddäus Hofmann „wegen eines fortgesetzten Vergehens gegen § 1 des Heimtückegesetzes" zu einer Gefängnisstrafe von sechs Monaten und zur Tragung der Prozeßkosten.[624]

*

Eine besonders tragische Begebenheit ereignete sich im Herbst 1940.[625] Am Nachmittag des 2. Oktober erstattete die Postschaffnersehefrau Maria M. bei der Gestapo Aschaffenburg Anzeige, daß der Kaufmann **Julius Stenger** schon seit Monaten ausländische Sender abhöre, und zwar täglich um 6.30 Uhr, kurz nach 22 Uhr und um 23 Uhr. Maria M. wohnte als Mieterin im Erdgeschoß des Hauses von Julius Stenger in der Schulstraße 31 im Stadtteil Aschaffenburg-Damm.

Gegen 6.30 Uhr des folgenden Tages versteckt sich Kriminaloberassistent Sauer in der Wohnung von Frau M., um deren Angaben zu überprüfen. Tatsächlich erlauscht er Radiostimmen, die aus dem 1. Stock des Hauses kommen, schleicht nach oben in die nicht abgeschlossene Wohnung und ertappt Julius Stenger in flagranti beim Abhören des verbotenen Senders Radio London. Julius Stenger versucht wiederholt, den Sender zu verstellen, wird aber von dem Gestapobeamten Sauer daran gehindert. Sauer nimmt den 63jährigen wegen Abhörens deutschfeindlicher Sender vorläufig fest und bringt ihn zum Verhör auf die Dienststelle der Gestapo, die im Südturm des Schlosses Johannisburg im 3. Stock untergebracht war.

Julius Stenger, der im Ersten Weltkrieg acht Tage verschüttet war, bevor man ihn fand und ausgrub, litt seit dieser Zeit unter Depressionen und Schlaflosigkeit. Der zu 100 Prozent Kriegsbeschädigte befand sich deshalb auch in ärztlicher Behandlung. Trotz wiederholter Untersuchungen war ihm all die Jahre über eine Kriegsrente verweigert worden. Sein Leiden verschlimmerte sich noch, als er 1938 seine Kolonialwaren- und Kohlenhandlung in der Schulstraße schließen mußte. Die SA hatte immer wieder Männer vor seinem Geschäft postiert, um die Leute am Betreten zu hindern und so den wirtschaftlichen Ruin des ehemaligen Sozialdemokraten und politischen Gegners herbeizuführen, was ihnen schließlich im Sommer 1938 gelang.

Die für ihn unerwartete Verhaftung kurz vor 7 Uhr am Morgen des 3. Oktober 1940 und die zu befürchtende Strafe – möglicherweise KZ – versetzten Julius Stenger in einen schweren depressiven Zustand. Seine Niedergeschlagenheit fiel auch den Gestapobeamten auf. Widerspruchslos gab Julius Stenger die

---

624) Urteil Proz. Reg. Nr. SG 118/1940; ebd.
625) Der Bericht basiert auf dem Interview mit dem Sohn Josef Stenger am 14.6.1985 und der PA Nr. 15241 Gestapo

ihm zur Last gelegte Tat zu. Er saß dabei auf einem Stuhl in einer Ecke des Dienstzimmers, 4 Meter vom offenstehenden Fenster entfernt. Als Kriminal-oberassistent Sauer um 7.45 Uhr Schreibpapier holen ging, um das Geständnis schriftlich festzuhalten, sprang der 63jährige aus dem offenen Fenster, ohne daß ihn die Gestapobeamten – nach offizieller Darstellung – daran hindern konnten. Julius Stenger fiel drei Stockwerke tief in den Schloßgraben und blieb regungslos liegen. Der herbeigerufene Arzt Dr. Ferdinand Spahn konnte nur noch den Tod feststellen.

*

Im August 1944 hält der „Abwehrbeauftragte" A. K. des Rüstungsbetriebes Aba-Werk in Aschaffenburg es für seine Pflicht, den dort beschäftigten Geschäftsführer **Hermann Joachimi** bei der Gestapo Würzburg anzuzeigen: „Veranlassung dafür gaben mir zugetragene staatsfeindliche Redensarten. In letzter Zeit nun häuften sich derartige defaitistische Äußerungen, die z. T auf Abhören feindlicher Sender schließen lassen, in einem Maße, daß ich mich als Wehrbeauftragter zu einer Anzeige gezwungen sehe."[626]

Wiederholt soll der 50jährige Geschäftsführer anderen Angestellten gegenüber geäußert haben, „... daß ein Wunder geschehen müsse, wenn wir den Krieg gewinnen." In einem Fall soll Joachimi bei einem Gespräch über die Regierung gesagt haben: „Die sollen sich einmal richtig ausscheißen, dann haben sie einmal etwas Richtiges getan."

Bei Fliegeralarm soll Joachimi in spöttischer Weise auf einen deutschen Jagdbomber gedeutet haben, der nach seiner Meinung „wieder 5 Liter Benzin getankt hätte".[627] Er wollte damit zum Ausdruck bringen, daß die deutsche Luftwaffe keinen Treibstoff mehr habe und zu einer effektiven Abwehr überhaupt nicht mehr fähig sei. Auch über die Wirkung der V 1 habe er sich lustig gemacht. Ferner soll er Witze mit „zersetzender Tendenz" anderen Personen erzählt haben, u. a. einen solchen über einen „102-Mann-Panzer": Ein Mann fährt, einer schießt und 100 Mann schieben. Desweiteren soll Joachimi einen Ritterkreuzträger als Trottel bezeichnet haben.

Einige Wochen zuvor wollte Hermann Joachimi in Urlaub gehen, meinte aber dann, er wolle „noch ca. 14 Tage damit warten, da bis dahin doch der Krieg verloren sei und er dann immer noch gehen könne."[628] Außerdem soll er erzählt haben, daß „ein General mit der weißen Fahne zum Feinde übergelaufen sei; endlich einmal hätte ein Vernünftiger den Anfang gemacht."[629]

---

626) Schreiben vom 8. 8. 1944; PA Nr. 1720 Gestapo

627) Schreiben der Gestapo Würzburg vom 30. 8. 1944; ebd.

628) Schreiben vom 8. 8. 1944; ebd.

629) ebd.

In der sofort eingeleiteten Zeugenvernehmung im Aba-Werk versuchen die Angestellten, ihren Kollegen auf schlitzohrige Weise zu decken, denn auch sie sind offenbar von der Aussichtslosigkeit des Krieges überzeugt. Der Verkaufsleiter **Peter Caspari** gesteht freimütig: „Ich habe Äußerungen, die Joachimi getan hat, nie als staatsfeindlich aufgefaßt, denn es kommt bei derartigen Äußerungen stets nur auf die Auffassung an."[630]

Am 15. August 1944 um 10.30 Uhr wird Hermann Joachimi wegen Vergehens gegen das „Heimtückegesetz" verhaftet und am nächsten Tag in das Gerichtsgefängnis in Würzburg eingeliefert. Seine Wohnung in der Dalbergstraße sowie sein Büro im Aba-Werk werden nach „staatsfeindlichem Material" durchsucht. Da man nichts dergleichen findet, wird das Radio von der Kripo beschlagnahmt, da man vermutet, daß Herman Joachimi seine Informationen durch das Abhören ausländischer Sender – Beromünster und Soldatensender Calais – bezogen habe.

Die Gestapo verfolgt den Fall mit besonderer Intensität, da Hermann Joachimi Mitglied der NSDAP war und bis 1938 der SA angehörte. In seiner „politischen Beurteilung des Kaufmanns Joachimi" führt NSDAP-Kreisleiter Wilhelm Wohlgemuth an: „... Joachimi ... ist zwar Mitglied der Partei seit 1. 5. 1933 unter Nr. 3 068 251, doch erfolgte die Aushändigung der Mitgliedskarte erst am 16. 11. 35, da schon damals berechtigte Zweifel an der politischen Zuverlässigkeit des Joachimi bestanden haben. Wenn er trotzdem in der Partei aufgenommen wurde, so geschah dies vor allem deshalb, weil er nach der Machtübernahme infolge Bekanntschaft mit dem damaligen Standartenführer der SA in die SA kam und dort auch eine Funktion ausübte ... Ich halte Joachimi für durchaus fähig, gerade in der Jetztzeit die ... zur Schau getragene Tarnung fallen zu lassen und sich nun so zu geben, was er in Wirklichkeit ist, ein politisch unzuverlässiger Kantonist. Heil Hitler!"[631]

Bereits 1933 hatte Hermann Joachimi „in politischer Hinsicht Anlaß zu Beanstandungen" gegeben. Gegen ihn war ein Parteigerichtsverfahren eingeleitet worden, das ihm das Tragen des NSDAP-Parteiabzeichens für die Dauer von drei Monaten untersagte. Auch 1934 war Joachimi den örtlichen Nazis „unlieb-

---

630) Vernehmungsprotokoll Peter Caspari; ebd.

631) Beurteilung vom 15. 8. 1944; ebd.

sam" aufgefallen, weil er „Maßnahmen des Führers anläßlich der Röhm-Revolte[632] abträglich kritisiert"[633] hatte.

Die Gestapo kommt zu dem Schluß: „Das Verhalten des Joachimi rechtfertigt strengste Bestrafung... Nach dem Ermittlungsergebnis handelt es sich bei Joachimi um einen gefährlichen Staatsfeind, dessen Verhalten umso verwerflicher ist, als er in seiner Eigenschaft als Geschäftsführer eines Rüstungsbetriebes einen unheilvollen Einfluß auf seine Gefolgschaft ausgeübt hat und dies zu einer Zeit, in der alle Kräfte des deutschen Volkes zur Abwehr des Massenansturms unserer Gegner bis zum äußersten angespannt sind."[634]

Die Gestapo Würzburg leitet den Vorgang an die Gestapo München weiter. Diese schaltet den „Volksgerichtshof" in Berlin ein, wo ab November 1944 das Strafverfahren unter Az. 5 a J 1280/44 anhängig ist. (Der „Volksgerichtshof" war kein Gericht im rechtsstaatlichen Sinne, sondern ein Terrorinstrument der Faschisten.) Hermann Joachimi wird zwischenzeitlich in das berüchtigte Zuchthaus Plötzensee in Berlin überführt, in dem sich eine Hinrichtungsstätte befand.

Bis zum 24. November 1944 ist noch kein Urteil gegen Hermann Joachimi ergangen. Die Gestapo Würzburg notiert den Fall „zur Wiedervorlage am 3. März 1945". Zu diesem Zeitpunkt aber hat sich das Blatt der Geschichte bereits gewendet. Kriegsdeutschland steht kurz vor der Kapitulation und Befreiung. Am 25. April 1945 befreien sowjetische Truppen das Zuchthaus Plötzensee und geben den Gefangenen, unter ihnen auch Hermann Joachimi, die Freiheit zurück.

632) Am 1. Juli 1934 ließ Adolf Hitler den Stabschef der SA, Ernst Röhm, weitere hohe SA-Führer sowie andere, der NSDAP mißliebige Personen ermorden, unter dem Vorwand, Röhm und seine Anhänger hätten einen Putsch vorbereitet. Die Mordaktionen wurden von der SS durchgeführt.

633) Schreiben der Kriminalpolizei Aschaffenburg, Tgb. Nr. 5108 vom 15. 8. 1844; PA Nr. 1720 Gestapo

634) Schreiben der Gestapo Würzburg vom 30. 8. 1944; ebd.

4.7.4. „Ein abschreckendes Beispiel, weil keiner mehr kämpfen wollte" – Der Zusammenbruch und die Befreiung von Faschismus und Krieg[635]

Nahezu acht Monate, vom 25. August 1944 bis zum 3. April 1945, war Aschaffenburg Schauplatz eines sinnlosen Verteidigungskampfes, dessen Verlängerung über jede menschliche und auch militärische Vernunft hinaus erzwungen worden war. Bei dem verheerenden Bombengroßangriff am 21. November 1944 waren 344 Aschaffenburger ums Leben gekommen, 160 Bürger schwer oder leicht verletzt und etwa 20 000 Menschen – die Hälfte der Aschaffenburger Bevölkerung – obdachlos geworden. Die Stadt lag in Schutt und Trümmern.

Am 22. März 1945 überschritten amerikanische Truppen bei Oppenheim den Rhein. Am Palmsonntag, den 25. März 1945, erreichten amerikanische Panzerspitzen gegen Mittag Aschaffenburg und besetzten das westliche Mainufer. In Schweinheim schlugen bereits am Nachmittag die ersten amerikanischen Panzergranaten ein. Feldwebel **Engelbert Ballmann** hatte kurz vor dem Erscheinen der Amerikaner den Auftrag erhalten, das Aschaffenburger Verpflegungsmagazin in die Luft zu sprengen. Er führte den Befehl jedoch nicht aus, sondern übergab im Stadtteil Leider einem Einwohner die Schlüssel, damit sich die Menschen dort mit Lebensmitteln versorgen konnten, was auch reichlich genutzt wurde.[636]

Die in Aschaffenburg befindliche Garnison deutscher Soldaten hatte überall Kampfstellungen bezogen. Die Nilkheimer Eisenbahnbrücke war – aus welchen ungeklärten Motiven und Gründen auch immer – nicht gesprengt worden, sodaß die amerikanischen Truppen auf diesem Wege über den Main in die Nähe der Stadt gelangen konnten. Aber auch die unzureichende Ausrüstung an schweren Waffen machte eine Verteidigung der Stadt von vornherein aussichtslos. Der Kampfkommandant in Aschaffenburg, Emil Lamberth, von Beruf Lehrer, erwog – nach Angaben von Alois Stadtmüller – in der Nacht des Palmsonntag bereits die Übergabe der Stadt.[637] Dieser mutige und weitsichtige Schritt hätte der Stadt und ihren Menschen unermeßlichen Kummer, Leid und Tod erspart.

---

635) Alle Angaben über den Kriegsverlauf in den letzten Tagen vor der Befreiung wurden Stadtmüller 1970 (1. und 2. erweiterte Auflage) entnommen.

636) vgl. ebd. (1. Auflage), S. 171

637) Lamberth hatte kurz vor dem Eintreffen der Amerikaner sämtliche Bürgermeister der Orte bis Miltenberg angewiesen, alle Geheimsachen zu verbrennen.

Lamberth konnte jedoch diese Entscheidung nicht mehr alleine fällen, denn in der gleichen Nacht waren zwei Sonderbeauftragte aus dem „Führerhauptquartier" mit dem Befehl nach Aschaffenburg gekommen, die „Festung" unbedingt zu halten. Hitler hatte, als Oberster Befehlshaber über die Wehrmacht, in einer „Geheimen Kommandosache" strikte Anweisung erteilt, die Stadt Aschaffenburg ohne Rücksicht auf die Zivilbevölkerung bis zum letzten Mann zu halten und jeden zu erschießen, der sich dieser Anordnung widersetzen sollte.[638] Die Bevölkerung wußte nicht, daß Aschaffenburg zur „Festung" erklärt war.

Die beiden „Sonderbeauftragten" waren SS-Obersturmbannführer Wegener und der Stabsapotheker Stumpf. Der SS-Mann Wegener blieb in den letzten Tagen bis zur Kapitulation der böse Geist der Stadt. Er durchsuchte die Bunker nach Soldaten, die sich dort möglicherweise in Zivil versteckt hielten und ließ sich des öfteren in die umliegenden Ortschaften fahren, um auch hier Soldaten aufzustöbern, die des sinnlosen Kämpfens müde waren. Fieberhaft verfolgte der „Sonderbeauftragte" Wegener in den Dörfern mutige Männer und Frauen, die den Krieg und die nationalsozialistische Terrorherrschaft nicht mehr länger fortsetzen wollten und durch das Hissen weißer Fahnen den Amerikanern ihre Bereitschaft zur Ergebung signalisierten.

In Hösbach wollte der brutale SS-Führer den Pfarrer hängen lassen, weil dieser am Karfreitag die weiße Fahne am Kirchturm aufgezogen hatte.[639] Das Todesurteil wurde aber offenbar nicht vollstreckt. Als der Hilfspolizist **Georg Heller** den „Sonderbeauftragten" in der gleichen Angelegenheit nach Johannesberg fahren sollte, irrte dieser im Artilleriebeschuß bewußt so lange auf Umwegen herum, bis Wegener die Sache schließlich abbrach.[640]

Wegener forderte auch die Verhaftung und Hinrichtung von Stadtdekan und Stiftspfarrer Anton Heckelmann[641], der sich bereit erklärt hatte, wegen der Übergabe der Stadt mit den Amerikanern zu verhandeln. Emil Lamberth konnte jedoch den Mord verhindern.

Schon am Montag der Karwoche, den 26. März 1945, war in Mainaschaff auf dem Kirchturm die weiße Fahne gehißt worden, um die Amerikaner zu bewegen, den seit Sonntag andauernden Artilleriebeschuß einzustellen. Die örtliche Kampfleitung entfernte die weiße Fahne und wollte Kaplan **Luitpold Bekker** und den 15jährigen **Manfred Roth** vor das Standgericht bringen. Da beide

---

638) vgl. ebd., S. 196
639) ebd., S. 199
640) ebd.
641) siehe auch Kapitel 4.3.7. und 4.6.3.

sich versteckt hielten, verhafteten zwei Offiziere als Geiseln Pfarrer **Johann Albert** und den Vater des Jungen und brachten sie zum Bunker am Schleusenaufgang. Beide sollten standrechtlich erschossen werden. Nur dem blitzschnellen Handeln von Abschnittskommandant **Jakob Dincher** ist es zu verdanken, daß die beiden Verhafteten nicht ermordet wurden. Als er durch einen Melder von den Vorfällen in Mainaschaff erfuhr, schickte er sofort Leutnant Binz dorthin und ließ den Vater des Jungen und den Pfarrer wieder in Freiheit setzen.[642] In Mainaschaff wurde per Ortsschelle bekanntgegeben, daß das Hissen von weißen Fahnen verboten sei und mit dem Tode bestraft werde.

Auch in Hösbach hatten am Montag, den 26. März 1945, tapfere Bürger versucht, ihr Dorf vor der Zerstörung durch die Amerikaner zu retten: **Johanna Fäth** von der Firma Fäth & Sauer hatte drei weiße Bettlaken zur Verfügung gestellt, die – an Bohnenstangen befestigt – von **Leonhard Rausch** und **Alfred Kreß** auf dem Kirchturm angebracht wurden. Die Jagdbomber, die aus geringer Höhe das Dorf beschossen, stellten daraufhin sofort das Bombardement ein. Die weißen Fahnen mußten jedoch auf Anordnung eines einflußreichen Hösbacher Nazis kurze Zeit später wieder abgenommen werden. Demzufolge war Hösbach am Karfreitag einem verheerenden Artilleriefeuer ausgeliefert, das 15 Menschen das Leben kostete und das Dorf verwüstete.[643]

Auch in Goldbach waren viele Bürger schon am Montag der Osterwoche zur Übergabe ihres Dorfes bereit, um sinnloses Blutvergießen zu vermeiden. Am späten Vormittag hatte **Käthe Sommer** beherzt die weiße Fahne am Kirchturm gehißt. Daraufhin versammelte sich dort eine größere Menschenmenge, die zu der Auffassung kam, die Fahne hinge zu tief und könne möglicherweise von den Amerikanern nicht gesehen werden. **Josef Schmitt** erstieg den Glockenturm und brachte das Zeichen der Ergebung an höherer Stelle – jetzt weithin sichtbar – an.

Käthe Sommer hielt sich versteckt und auch Josef Schmitt war gewarnt worden: „Die Nazis suchen Dich. Versteck Dich besser!" Tatsächlich wollte man Josef Schmitt am Nachmittag verhaften, aber er hatte sich bereits bei einem Arbeitskollegen in Oberafferbach versteckt. Spät abends kehrte er jedoch heimlich wieder zurück, nachdem er erfahren hatte, daß Goldbach brenne. Fast die ganze Nacht über stand Aschaffenburg unter schwerem Artilleriebeschuß, wovon auch Goldbach in Mitleidenschaft gezogen war.

---

642) Stadtmüller 1970 (1. Auflage), S. 224

643) ‚Main-Echo' vom 22. 3. 1985

Josef Schmitt schützte sich mit seiner Familie in einem Bunker. Schließlich kehrte er um Mitternacht vorsichtig in seine Wohnung zurück, um Lebensmittel und Kleidung zu holen. Als er um 5 Uhr morgens noch nicht wiedergekommen war, ging seine Tochter Elfriede ihn suchen. Sie fand ihren Vater tot am Hauseingang. Er war durch den Luftdruck einer in unmittelbarer Nähe detonierenden Granate getötet worden.[644]

Dem beherzten und unerschrockenen Eingreifen des Alzenauer Bürgermeisters **Michael Antoni** ist es zu verdanken, daß dem Kahlgrund viel Blutvergießen und größere Zerstörung erspart wurden.[645]

Der damalige Ortskommandant in Alzenau, Kimmel, notierte in jenen Tagen in seinen handschriftlichen Aufzeichnungen: „Zivilbevölkerung zum größten Teil feindliche Haltung gegen uns, weil wir verteidigen wollen. Offene Revoltierung durch Bürgermeister Antoni, Volkssturm hat versagt ..."[646]

Bürgermeister Antoni hatte klipp und klar erklärt: „Alzenau wird nicht verteidigt! Wir hissen die weiße Fahne!"[647] Antoni hatte erkannt, daß eine Verteidigung in Alzenau, der Eingangspforte zum Kahlgrund, zugleich auch eine Zerstörung der gesamten Region zur Folge gehabt hätte. Ohne Rücksicht auf die Gefahr, in die er sich begab, widersetzte sich Antoni energisch den Anordnungen des Ortskommandanten und verhinderte die Errichtung von Panzersperren, womit der Volkssturm an der Sandgrube beauftragt war. Kurz entschlossen schickte er die Männer des Volkssturmes nach Hause.

Es kam zu einer heftigen Auseinandersetzung mit dem Ortskommandanten Kimmel, der gleichzeitig NSDAP-Ortsgruppenleiter und Bataillonsführer in Alzenau war.[648] Kimmel beschimpfte den mutigen Bürgermeister als „Vaterlandsverräter" und „Sabotagekerl".

Das Verhalten des Bürgermeisters wurde der NSDAP-Kreisleitung in Aschaffenburg gemeldet und an den Sonderbeauftragten der NS-Parteileitung nach München berichtet. Michael Antoni wurde daraufhin sämtlicher Ehrenämter enthoben. Es erfolgte ein Haftbefehl gegen ihn wegen angeblichen Landesverrats und der Auftrag, ihn dem Standgericht zu übergeben. Der Haftbefehl wurde auch in den umliegenden Ortschaften bekanntgegeben; jeder Soldat der Wehrmacht hatte den Befehl, den Bürgermeister bei Antreffen zu erschießen.

---

644) Erzählt von Frau Elfriede Bodlin, geb. Schmitt, am 16. 4. 1985
645) Die nachfolgenden Angaben entstammen dem Bericht von Walter, Ullrich, „Alzenau wird nicht verteidigt – wir hissen die weiße Fahne"; in: 'Main-Echo' vom 30. 3. 1985
646) ebd.
647) ebd.
648) Kimmel beging am 8. April 1945 in der Nähe von Haßfurt Selbstmord.

Abb. 50: Bürgermeister Michael Antoni von Alzenau, der „Retter des Kahlgrunds" („Main-Echo' vom 30. 3. 1985)

Michael Antoni war gezwungen, sich einige Tage im Wald zu verstecken, wo er sich aus Baumstämmen und Moos einen Unterschlupf baute. Kimmel schickte einen Oberleutnant mit acht Soldaten auf die Suche. Michael Antoni bemerkte sie rechtzeitig und versteckte sich daraufhin im Keller der Volksschule, wo ihn **Hausmeister Pistner und** seine **Frau** mit dem Lebensnotwendigsten versorgten.

Unter großer Lebensgefahr fuhr er mit einem Motorradfahrer unbemerkt den Amerikanern entgegen, die bereits am Meerhof acht Langrohrgeschütze aufgebaut hatten. Als der Motorradfahrer die Amerikaner sah, bekam er Angst um sein Fahrzeug und kehrte um. Der Bürgermeister ging mutig mit seiner weißen Fahne zu Fuß weiter und forderte den amerikanischen Kommandanten auf, nach Alzenau hineinzufahren, denn der Ort werde nicht verteidigt.
Am Morgen des Karfreitag 1945 zogen die Amerikaner ohne Kampf in Alzenau ein.
Bürgermeister Michael Antoni erhielt später den Ehrennamen „Retter des Kahlgrundes".

Auch Hörstein war Dienstag nach Palmsonntag kampflos den Amerikanern übergeben worden, um das Dorf vor der Zerstörung zu retten. Leutnant **Gustav Schäfer** war noch in der Nacht nach Hörstein geschickt worden mit dem Befehl, den dortigen Bürgermeister zu verhaften, weil dieser widerstandslos

228

die Gemeinde übergeben hatte. Diesen Befehl führte Leutnant Gustav Schäfer aber nicht aus.[649]

In immer mehr umliegenden Ortschaften waren amerikanische Truppen vorgerückt, die Verteidigung der Stadt Aschaffenburg erwies sich als immer sinn- und aussichtsloser. Die zur Verfügung stehenden deutschen „Verteidiger" setzten sich aus Grenadier-Ersatzbataillonen 15 verschiedener Einheiten zusammen. Darunter befanden sich selbst 17jährige Rekruten, die noch keine fünf Wochen an Kriegswaffen ausgebildet waren. Nur ein Teil der Soldaten wußte mit Panzerfaust und Handgranate umzugehen. Die Verteidiger waren der Stärke der amerikanischen Artillerie und den seit Tagen anhaltenden Angriffen der amerikanischen Jagdbomber auf die Stadt nicht gewachsen. Ein Großteil der Aschaffenburger hatte die Stadt bereits verlassen und suchte sich auf dem Land in Sicherheit zu bringen. Viele Menschen hielten sich aber noch in Bunkern und Luftschutzkellern versteckt, um den Bombenangriffen zu entgehen.

Angesichts der sich verschärfenden hoffnungslosen Situation ließ Oberbürgermeister und NSDAP-Kreisleiter Wilhelm Wohlgemuth am Mittwoch, den 28. März 1945, ein Flugblatt an die Bevölkerung verteilen, in welchem er zum Verlassen der Stadt aufforderte:

„An die Bevölkerung Aschaffenburgs!
Meine lieben Volksgenossen!

Seit Tagen habe ich Euch aufgefordert, die Stadt zu verlassen, weil die Gefahr besteht, daß die Stadt Brennpunkt des Kampfes wird. Auf Grund der Entwicklung in den letzten Stunden ist an dieser Tatsache nicht mehr zu zweifeln. Wir müssen mit den härtesten Kämpfen in unserer Stadt rechnen. Der heutige Nachmittag und Abend und evtl. noch der morgige Tag ist die letzte Möglichkeit für Frauen, Kinder, Kranke und Greise zum Verlassen der Stadt. Wer jetzt noch bleibt, sage nicht, nicht rechtzeitig gewarnt worden zu sein.

Die Frauen, die mit uns Männern hier bleiben, müssen zum letzten Einsatz für die Zukunft und das Leben ihrer Kinder bereit sein.

Wer sich morgen früh noch in der Stadt befindet, gehört zu einer Kampf- und Schicksalsgemeinschaft, die kein eigenes Ich mehr kennt, sondern nur den grenzenlosen Haß gegenüber unseren verfluchten Feinden und Hingabe für Führer und Volk.

Tag und Nacht werden wir, die wir in der Stadt verbleiben, kämpfen und arbeiten. Unsere ganze Kraft setzen wir ein, um unsere Widerstandskraft zu stärken, damit wir dem Feind den größten Schaden zufügen können, denn wir wissen,

---

649) Stadtmüller 1970 (1. Aufl.), S. 230

daß Deutschland leben wird, wenn seine Männer und Frauen zum Sterben bereit sind. gez. Wohlgemuth, Kreisleiter"[650]

Die Kriegsmüdigkeit der Bevölkerung und auch der Soldaten wurde immer deutlicher spürbar. Kampfkommandant Emil Lamberth sah sich genötigt, ebenfalls ein Flugblatt verteilen zu lassen, um der schwindenden ‚Moral' und nachlassenden Kampfbereitschaft entgegenzuwirken.

Abb. 51: „Ich verbiete, daß jemand innerhalb 24 Stunden länger als 3 Stunden ruht." (Stadtmüller 1970)

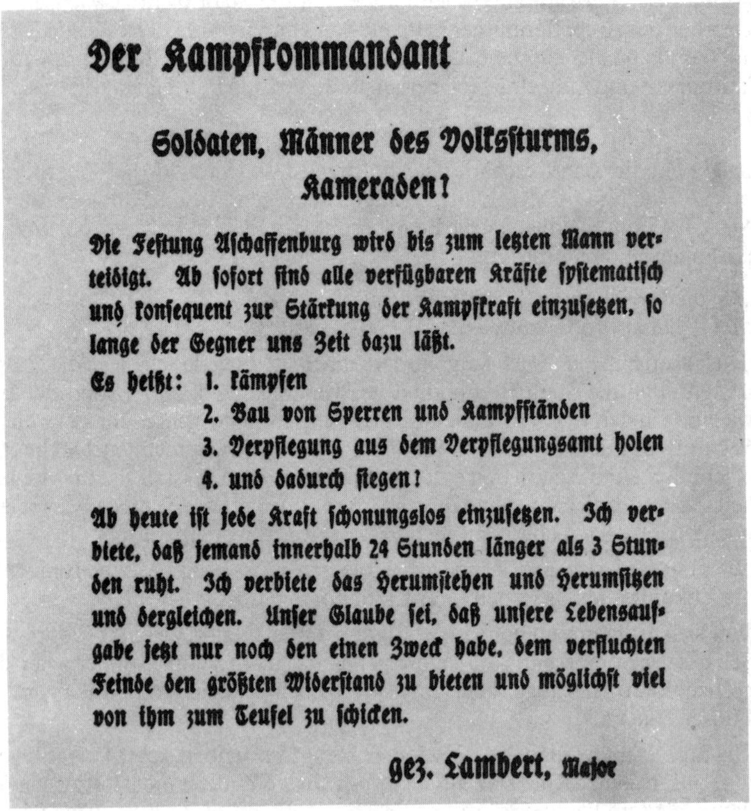

Der Kampfkommandant

Soldaten, Männer des Volkssturms, Kameraden!

Die Festung Aschaffenburg wird bis zum letzten Mann verteidigt. Ab sofort sind alle verfügbaren Kräfte systematisch und konsequent zur Stärkung der Kampfkraft einzusetzen, so lange der Gegner uns Zeit dazu läßt.

Es heißt: 1. kämpfen
2. Bau von Sperren und Kampfständen
3. Verpflegung aus dem Verpflegungsamt holen
4. und dadurch siegen!

Ab heute ist jede Kraft schonungslos einzusetzen. Ich verbiete, daß jemand innerhalb 24 Stunden länger als 3 Stunden ruht. Ich verbiete das Herumstehen und Herumsitzen und dergleichen. Unser Glaube sei, daß unsere Lebensaufgabe jetzt nur noch den einen Zweck habe, dem verfluchten Feinde den größten Widerstand zu bieten und möglichst viel von ihm zum Teufel zu schicken.

gez. Lambert, Major

---

650) zitiert nach: ebd., S. 239 f. Das Original des Flugblattes befindet sich im Aschaffenburger Stadt- und Stiftsarchiv.

Jeder Fall von „Feigheit vor dem Feind" wurde dem Standgericht übergeben, das in abgekürzten Strafverfahren Urteile fällen und vollstrecken konnte. Das Standgericht in Aschaffenburg befand sich im Keller des Stabsgebäudes der Jägerkaserne in der Würzburger Straße 45. Es war von Kampfkommandant Major Lamberth gebildet worden und hatte während seiner makabren Tätigkeit über etwa 40 Fälle zu befinden. Es verurteilte drei kampfmüde, sogenannte fahnenflüchtige Soldaten zum Tode und befahl die Erschießung von **Hauptmann Baur** auf den bloßen Verdacht der Spionage hin, ohne Verhandlung.

Hier in der Jägerkaserne fand auch die „Verhandlung" gegen Leutnant **Friedel Heymann** statt, eines der düstersten Kapitel in der Geschichte der Stadt Aschaffenburg. Ein Unschuldiger wurde für eine wahnsinnige Idee ermordet. Es ist mit Sicherheit anzunehmen, daß Kampfkommandant Lamberth den Fall Heymann benutzte, um ein Exempel zu statuieren, das auf die verteidigungsmüden und teilweise resignierten Soldaten als auch auf die Aschaffenburger Bürger aufschreckend wirken sollte. Später äußerte sich Lamberth zu der Frage, wie es zu diesem Urteil kommen konnte, sinngemäß: „Ich habe ein abschreckendes Beispiel gebraucht, weil keiner mehr kämpfen wollte und ein Offizier mußte es sein."[651]

Der 26jährige Friedel Heymann – im Zivilleben Student der Rechtswissenschaften – war am 2. Februar 1945 wegen einer schweren Verwundung an der linken Hand ins Teillazarett der Artilleriekaserne nach Aschaffenburg gekommen und von dort zur ambulanten Behandlung ins Reservelazarett in der Turnhalle in Schweinheim überwiesen worden. Er trug das EK I und EK II sowie das Verwundeten-Abzeichen und war zur Verleihung des Deutschen Kreuzes in Gold vorgeschlagen. Am 23. März 1945 heiratete er Anneliese Büttner vor dem Standesbeamten Welzbacher; am nächsten Tag fand die kirchliche Trauung in der Pfarrkirche Maria Geburt in Schweinheim statt.

Am Kardienstag, den 27. März 1945, erschienen zweimal Streifen bei ihm zuhause und kontrollierten seine Papiere, die in Ordnung waren. Einer der Soldaten meinte zu Friedel Heymann: „Ich würde mich bei der Kampftruppe melden", worauf Friedel Heymann erwiderte: „Ich tue, was mein Arzt sagt."[652] Als Verwundeter unterstand er dem Chefarzt des Lazaretts und hatte nur dessen Anordnungen zu folgen.

---

651) Alle Angaben zum Fall basieren im wesentlichen auf dem Gespräch mit der Witwe von Friedel Heymann, Frau Anneliese Heymann-Heßler, am 24. 6. 1985 sowie auf einem von Frau Heymann-Heßler verfaßten schriftlichen Bericht über den Ablauf der Ereignisse.
652) Bericht von Anneliese Heymann-Heßler

Der Lazarettarzt Dr. Barbey hatte Friedel Heymann mitgeteilt, er müsse mit der Amputation der ganzen linken Hand rechnen, da die Wunde (ein Granatsplitter hatte ihm den Zeigefinger abgerissen) nach der Operation nicht heilte und sich bereits schwarz verfärbte.

Frau Heymann-Heßler berichtet weiter: „Obwohl auch bei dieser zweiten Kontrolle die Papiere in Ordnung befunden wurden, forderte man meinen Mann auf, mitzukommen, da Oberleutnant Altpeter die Papiere ebenfalls sehen wollte, was keinen rechten Sinn machte, denn ein Oberleutnant steht rangmäßig unter einem Hauptmann und ein solcher hatte die Papiere ja bereits gesehen. Der Hauptmann nahm die Papiere – einschließlich der wichtigen Lazarettpapiere – an sich und steckte sie in seine linke Jackentasche. Auf meinen Hinweis, daß wir seit zwei Tagen nichts gegessen hätten – infolge des Beschusses konnten wir die Küche nicht benutzen – zeigte sich der Hauptmann entgegenkommend und war bereit, so lange zu warten. Aber mein Mann lehnte dieses Angebot ab: ‚Ach Annelie, ich komme ja gleich wieder.‘ Dies sollten seine letzten Worte an mich sein."

Friedel Heymann wird umgehend vor das „Standgericht" gebracht. Wer die Verhaftung veranlaßt hat, ist später ebensowenig zu klären wie das spurlose Verschwinden der beweisträchtigen Lazarettpapiere.

Das Standgericht – unter dem Vorsitz von Major Robert Jung und dem Beisitzenden Leutnant Wolfgang Bonfils[653] verurteilt Heymann noch am gleichen Abend wegen „Fahnenflucht und Feigheit vor dem Feind" zum Tode durch den Strang.[654] In der kurzen „Verhandlung" kann sich Friedel Heymann kaum verteidigen.

Am nächsten Morgen – Mittwoch, den 28. März 1945 – bestätigt Kampfkommandant Emil Lamberth offiziell das Todesurteil. Um 9 Uhr wird Leutnant Friedel Heymann vor das damalige Café Höfling in der Herstallstraße 5 gebracht. Der Verband an seiner linken Hand ist durch einen Handschuh ersetzt, um seine Verwundung der Öffentlichkeit vorzuenthalten. Bevor der Offizier gehängt wird, reißt ihm Lamberth vor einer größeren Menschenansammlung, die sich rasch am „Scharfen Eck" eingefunden hat, die Schulterstücke, EK I, EK II sowie das Verwundeten-Abzeichen ab und wirft sie ihm vor die Füße. Neben Friedel Heymann läßt Lamberth ein Plakat anschlagen mit dem Text: „Feiglinge und Verräter hängen! Gestern starb ein Offiziersanwärter aus Elsaß-Lothringen bei der Vernichtung eines Feindpanzers den Heldentod. Er lebt weiter. Heute hängt ein Feigling im Offiziersrock, weil er Führer und Volk verriet. Er ist für immer tot!"[655]

Kurz vor der Hinrichtung überfliegt ein Jagdbomber die Stadt. Kampfkommandant Lamberth wirft sich angstvoll zu Boden und sucht sich zu schützen, er, der im Begriff steht, Friedel Heymann wegen „Feigheit vor dem Feinde" ermorden zu lassen.

Mit gefesselten Händen läßt Friedel Heymann alles über sich ergehen. Sein Tod ist eine beschlossene Sache, jede Verteidigung zwecklos. Anneliese Heymann-Heßler: „Mein Mann hätte schreien sollen, aber was hätte es genützt, bei

---

653) Jung und Bonfils wurden am 16. 5. 1950 vom Schwurgericht Würzburg wegen eines „Vergehens der fahrlässigen Tötung" an Friedel Heymann zu 15 bzw. 9 Monaten Gefängnis verurteilt. Die Strafe galt in beiden Fällen durch die Untersuchungshaft als verbüßt; vgl. Stadtmüller 1970 (1. Aufl.), S. 249

654) Nach Angaben von Emil Lamberth soll der „Sonderbeauftragte" Stabsapotheker Stumpf die „Schande des Stranges" und nicht die Erschießung gefordert haben. Laut Zeugenaussagen jedoch soll Lamberth in seinem Gefechtsstand im Schloßkeller in betrunkenem Zustand ausgerufen haben: „Ich laß ihn baumeln"; vgl. Troller, George, Erste deutsche Stadt als Klägerin; in: ‚Die neue Zeitung – Eine amerikanische Zeitung für die deutsche Bevölkerung' vom 4. 1. 1946

655) Stadtmüller 1970 (1. Aufl.), Abb. 143

einem Haufen Betrunkener, die seinen Tod schon bestimmt und mit Vorbedacht eingeleitet hatten, die sich als Opfer einen verwundeten Frontsoldaten ausgesucht hatten."

Friedel Heymann besteigt das aus zwei Böcken und Brettern zusammengebaute Gerüst. Ein Gefreiter und Reserveoffiziers-Bewerber legt ihm um den Hals einen Strick, der am Geschäftsschild des Café Höfling befestigt ist. Der ermordete Friedel Heymann hängt dort sieben Tage, bis zum Einmarsch der Amerikaner am Dienstag, den 3. April 1945.

Abb. 53: Der ermordete Friedel Heymann (Stadt- und Stiftsarchiv; die Veröffentlichung des Fotos erfolgt mit Sondererlaubnis von Frau Heymann-Heßler)

Die junge, erst seit fünf Tagen verheiratete Anneliese Heymann wußte nichts von der tragischen Ermordung ihres Mannes. Sie wartete immer noch vergeblich auf seine Rückkehr. Erst einige Tage später erfuhr sie die furchtbare Wahrheit: „Am Karsamstag, als wir von den Amerikanern aus dem Keller herausgeholt wurden und weiter zurück mußten, sagte mir eine Frau das für mich Unfaßbare, und daß es bereits am Mittwoch früh geschehen sei. Andere Keller-Insassen beruhigten mich, indem sie sagten: ‚Du weißt doch, daß die Frau nicht ganz richtig im Kopf ist.‘ ... Ich konnte auch nicht an die schreckliche Stelle gehen, denn in der Stadt wurde noch gekämpft ...

Am Dienstag nach Ostern wollte ich gerade meine Freundin mitnehmen, um nach meinem Mann zu sehen, als ein paar Männer zu uns kamen, die meinen Vater kannten. Sie erzählten, daß sie meinen Mann mit einem Handwagen auf den Friedhof gebracht hätten.

Meine Mutter begleitete mich dorthin und so sah ich das schrecklichste Bild meines Lebens ...“

Abb. 54: Zum Gedenken an den ermordeten Friedel Heymann: Die Heymannstraße in Aschaffenburg   (Foto: Hans-Joachim Schmittner)

Am Karfreitag, den 30. März 1945, warfen amerikanische Jagdbomber bei 176 Anflügen über 90 600 kg Bomben über Aschaffenburg ab, 33 Raketen und über 2 Millionen 50-kalibrige Munition wurden verschossen.[656] Überall – auch in den Kasernen – war man der Meinung, daß weiteres Blutvergießen sinnlos und nicht zu verantworten sei. Dennoch kämpften die deutschen Soldaten – eingeschüchtert wohl auch durch die brutale Ermordung Friedel Heymanns – weiter, während die Bevölkerung in den Bunkern ohnmächtig die Zerstörung der Stadt miterlebte.

Am Karsamstag, den 31. März 1945, warf ein Flugzeug ein hektographiertes Ultimatum über Aschaffenburg ab, welches auf die hoffnungslose Lage der Stadt hinwies und die bedingungslose Kapitulation forderte. Zum Zeichen der Ergebung sollte eine weiße Fahne an der Pionierkaserne gehißt werden. Falls Kampfkommandant Lamberth dieser Aufforderung nicht nachkommen sollte, werde man Aschaffenburg dem Erdboden gleichmachen.[657]
Trotz der Kriegsmüdigkeit der Aschaffenburger dauerte es noch drei Tage, bis sich Emil Lamberth endlich zur Kapitulation entschloß. In dieser Zeit war die Stadt schwersten Beschüssen ausgesetzt, die noch vielen Menschen das Leben kosteten und die Stadt noch mehr verwüsteten.

Nach über achttägiger Belagerung gab Emil Lamberth schließlich am Dienstag, den 3. April 1945 den Befehl, mit den Amerikanern Verbindung aufzunehmen und Aschaffenburg zu übergeben. An den vier zerschossenen und ausgebrannten Türmen des Schlosses Johannisburg wurden weiße Fahnen angebracht, die weit über die Stadt hin sichtbar waren. Morgens um 9 Uhr begab sich Major Emil Lamberth, der in seiner widersprüchlichen Haltung so viel Unheil über Aschaffenburg gebracht hatte, zusammen mit 52 Soldaten in amerikanische Gefangenschaft. Oberbürgermeister und NSDAP-Kreisleiter Wilhelm Wohlgemuth hatte sich einen Tag vor der Kapitulation abgesetzt, konnte aber fünf Tage später verhaftet werden.

Die einst so schöne 1 000jährige Stadt am Main lag in Schutt und Asche. Fast in jeder Familie waren Kriegsopfer zu beklagen, Tausende von Menschen standen ohne Obdach da.

Der 8. Mai 1945, der Tag der bedingungslosen Kapitulation der deutschen Wehrmacht, brachte das Ende des Zweiten Weltkrieges und die Befreiung von der faschistischen Terror- und Gewaltherrschaft. Das 1 000jährige Reich des Nationalsozialismus, an welchem auch Aschaffenburger Bürger mitgebaut hatten, war nach 12 Jahren Tod, Elend und Verwüstung bringende Geschichte geworden.

---

656) vgl. ebd., S. 272
657) vgl. ebd., S. 274

Abb. 55: Kriegsende in Aschaffenburg (Stadtmüller 1970)

Im Januar 1946 ersuchte Aschaffenburg als erste deutsche Stadt die amerikanischen Militärbehörden um die Erlaubnis, Anklage zu erheben – gegen den ehemaligen Kampfkommandanten Emil Lamberth, Oberbürgermeister und NSDAP-Kreisleiter Wilhelm Wohlgemuth, den flüchtigen SS-Obersturmbannführer Andreas Jehl sowie den ebenfalls flüchtigen „Sonderbeauftragten" Wegener – wegen „unnötiger Verlängerung des aussichtslosen Kampfes". Die Stadt stützte sich hierbei auf Gesetz Nr. 10, Art. 2b „Verwüstungen, die nicht durch militärische Notwendigkeit gerechtfertigt sind", das bereits bei den Nürnberger Prozessen Anwendung gefunden hatte.[658]

Emil Lamberth wurde im November 1949 vom Schwurgericht Würzburg wegen der Hinrichtung von Friedel Heymann und der Erschießung des Flieger-Hauptingenieurs Baur als Totschläger in zwei Fällen mit der Begründung „vorsätzlich einen Menschen getötet zu haben, ohne Mörder zu sein" zu einer Gesamtgefängnisstrafe von vier Jahren verurteilt, auf die 17 Monate Untersuchungshaft angerechnet wurden. Der Staatsanwalt hatte sieben Jahre Zuchthaus und fünf Jahre Ehrverlust beantragt. Vom Verdacht, Kriegsverbrecher zu sein, hatte eine amerikanische Kommission Lamberth bereits im November 1945 freigesprochen.[659]

---

658) vgl. Troller, 4. 1. 1946
659) vgl. Stadtmüller 1970 (1. Aufl.), S. 251

237

Emil Lamberth arbeitete nach Verbüßung der restlichen Haft wieder in seinem Beruf als Lehrer und Erzieher von Kindern. Er starb 1962 im Alter von 66 Jahren.

Wilhelm Wohlgemuth, der einen Tag vor der Kapitulation Aschaffenburgs aus der Stadt geflüchtet war, konnte bereits fünf Tage später verhaftet werden. Am 21. September 1948 verurteilte ihn die Spruchkammer Aschaffenburg-Stadt zu vier Jahren Sonderarbeit, unter Anrechnung der drei Jahre Internierungshaft; desweiteren zur Abgabe von 500 DM an einen Wiedergutmachungsfonds und zu lebenslänglicher Unfähigkeit, ein öffentliches Amt zu bekleiden und die politischen Rechte auszuüben. Bereits 1952 war Wohlgemuth wieder als Steuerberater tätig. Er starb am 6. April 1978 in Aschaffenburg.[660]

Gegen Andreas Jehl wurde, soweit bekannt ist, nie ein ordentliches Verfahren vor einem Gericht eingeleitet. Er mußte sich lediglich vor der Aschaffenburger Spruchkammer im Zuge der „Entnazifizierung" verantworten.

Die Spuren des flüchtigen „Sonderbeauftragten" SS-Obersturmbannführer Wegener wurden bis nach Österreich verfolgt. Er konnte jedoch nie festgenommen und zur Rechenschaft gezogen werden.

---

660) vgl. Pollnick 1983, S. 73

Abkürzungsverzeichnis

ADGB	Allgemeiner Deutscher Gewerkschaftsbund
AdePA	Archiv des evangelischen Pfarramts Aschaffenburg
Afa-Bund	Allgemeiner freier Angestelltenbund
BDM	Bund Deutscher Mädel
BK	Bekennende Kirche
BVP	Bayerische Volkspartei
DAF	Deutsche Arbeitsfront
DAW	Diözesanarchiv Würzburg
DC	Deutsche Christen
DNVP	Deutschnationale Volkspartei
DPSG	Deutsche Pfadfinderschaft St. Georg
Gestapa	Geheimes Staatspolizeiamt
Gestapo	Geheime Staatspolizei
HHStAW	Hessisches Hauptstaatsarchiv Wiesbaden
HJ	Hitlerjugend
KdF	Kraft durch Freude
KJVD	Kommunistischer Jugendverband Deutschlands
KL	Konzentrationslager
KPD	Kommunistische Partei Deutschlands
KZ	Konzentrationslager
LRA	Landratsamt
NBP	Nationale Bürgerpartei
NS	Nationalsozialismus
NSBO	Nationalsozialistische Betriebszellenorganisation
NSDAP	Nationalsozialistische Deutsche Arbeiterpartei
NS-Hago	Nationalsozialistische Handwerks-, Handels- und Gewerbeorganisation
NSV	Nationalsozialistische Volkswohlfahrt
Pg.	Parteigenosse (der NSDAP)
RFB	Roter Frontkämpferbund
RGBl.	Reichsgesetzblatt
RGO	Revolutionäre Gewerkschaftsopposition
RHD	Rote Hilfe Deutschlands
RSHA	Reichssicherheitshauptamt
SA	Sturmabteilung (der NSDAP)

SD	Sicherheitsdienst
SG	Sondergericht
SPD	Sozialdemokratische Partei Deutschlands
SS	Schutzstaffel (der NSDAP)
Stapo	Staatspolizei
StAWü	Staatsarchiv Würzburg
Tgb.	Tagebuch
USPD	Unabhängige Sozialdemokratische Partei Deutschlands
VDM	Vereinigte Deutsche Metallwerke
WHW	Winterhilfswerk

Interview- und Korrespondenzverzeichnis

Bodlin Elfriede, geb. Schmitt, Goldbach, am 16. 4. 1985

Dümig Hermann, Faulbach, am 9. 4. 1985

Fischer Betty, geb. Fürst, Aschaffenburg, am 2. 4. 1984

Flaschenträger Johann, Goldbach, am 1. 4. 1984

Frenzel Kurt, Aschaffenburg, am 3. 12. 1984

Geis Alfred, Hösbach, am 11. 12. 1984

Giegerich Ernst, AB-Schweinheim, am 11. 6. 1985

Heymann-Heßler Anneliese, geb. Büttner, Aschaffenburg, am 24. 6. 1985

Janik Ernst, Großostheim, am 22. 10. 1984

Karpf Hugo, Aschaffenburg, am 9. 4. 1984

Knorr Elisabeth, geb. Windischmann, Goldbach, am 30. 3. 1984

Krebs Emanuel, Goldbach, am 1. 11. 1984

Krug Franz, Bad Kissingen, im Juni 1985

Rosswag Fanny, in Aschaffenburg, im Juli 1984

Sell Trudel, Goldbach, am 23. 10. 1984

Siegert Kurt, Aschaffenburg, am 22. 3. 1984

Stenger Josef, Aschaffenburg, am 14. 6. 1985

Stock Rudi, Aschaffenburg, am 16. 11. 1984

Weber Karl, Aschaffenburg, am 22. 3. und 27. 8. 1984

Windischmann Else, Goldbach, am 3. 4. 1985

Quellen

Archiv des evangelischen Pfarramts Aschaffenburg (AdePA)

- Protokollbuch des Kirchenvorstands 1892-1948, Nr. P 1
- Bestand Fach III, lfd. Nr. 4 und 10

Diözesanarchiv Würzburg (DAW)

- Fragebogen A: Nationalsozialistische Verfolgung katholischer Geistlicher
- Nachlaß August Wörner

Hessisches Hauptstaatsarchiv Wiesbaden (HHStAW)

- Signatur Abt. 483, Nr. 7325

Staatsarchiv Würzburg (StAWü)

- Bestand LRA Alzenau Nr. 338, 339, 340
- Bestand LRA Aschaffenburg Nr. 2297, 2299, 2300, 2308, 2309, 2310
- Personenakten der Gestapostelle Würzburg
- Sammlung Schuhmacher

Stadt- und Stiftsarchiv Aschaffenburg

- ‚Aschaffenburger Zeitung'
- ‚Beobachter am Main'
- ‚Main-Echo'
- ‚Aschaffenburger Volksblatt'

Literatur

Aleff, Eberhard (Hrsg.), Das Dritte Reich, Gerlingen 1983

Arndt, Paul, Die Heimarbeit im rhein-mainischen Wirtschaftsgebiet, Jena 1913

Bachmann, Karlheinz, Heimbuchenthaler Geschichtsbuch 1282–1982, hrsg. vom Heimat- und Geschichtsverein Heimbuchenthal 1982

Blanke, Thomas / Erd, Rainer / Mückenberger, Ulrich / Stascheit, Ulrich, Kollektives Arbeitsrecht. Quellentexte zur Geschichte des Arbeitsrechts in Deutschland, Band 2: 1933 bis zur Gegenwart, Reinbek bei Hamburg 1975

Bosl, Karl, Die nationalsozialistische Machtergreifung vor 50 Jahren; in: Landkreisverband Bayern, Sondernummer April 1983

Broszat, Martin / Fröhlich, Elke / Wiesemann, Falk (Hrsg.), Bayern in der NS-Zeit, Band I: Soziale Lage und politisches Verhalten der Bevölkerung im Spiegel vertraulicher Berichte, München 1977

Broszat, Martin / Fröhlich, Elke / Grossmann, Anton (Hrsg.), Bayern in der NS-Zeit. Band IV: Herrschaft und Gesellschaft im Konflikt, München / Wien 1981

Broszat, Martin / Mehringer, Hartmut (Hrsg.), Bayern in der NS-Zeit. Band V: Die Parteien KPD, SPD, BVP in Verfolgung und Widerstand, München 1983

Broszat, Martin / Fröhlich, Elke (Hrsg.), Bayern in der NS-Zeit. Band VI: Die Herausforderung des Einzelnen, München 1983

Drobisch, Klaus / Fischer, Gerhard (Hrsg.), Ihr Gewissen gebot es. Christen im Widerstand gegen den Hitlerfaschismus, Berlin 1980

Dümig, Hermann, Wahrheit ohne Dichtung, unveröffentlichtes Manuskript, Diözesanarchiv Würzburg

Elze, Mirjam, Wir waren die Verfemten! Die Veränderungen im Leben einer sozialdemokratischen Familie; in: Galinski, Dieter / Lachauer, Ulla, Alltag im Nationalsozialismus 1933–1939. Jahrbuch zum Schülerwettbewerb Deutsche Geschichte um den Preis des Bundespräsidenten, o. O. 1981

Evangelische Kirche in Frankfurt am Main 1929–1945: „Alles für Deutschland – Deutschland für Christus", Katalog zur Ausstellung 1985

Evang.-Luth. Pfarramt St. Paulus (Hrsg.), St. Paulusgemeinde Aschaffenburg-Damm. Festschrift zum 50jährigen Bestehen, Aschaffenburg 1984

Frankfurter Wörterbuch, bearbeitet von Herber, Stephan / Schembs, Hans-Otto / Waibler, Helmut, 13. Lieferung Reibach-Schönbein, Frankfurt am Main 1982

Gerloff, Hans, Kriegschronik der Stadt Aschaffenburg 1939–1945, unveröffentlichtes Manuskript, Stadt- und Stiftsarchiv Aschaffenburg

Geschichtsverein Karlstein (Hrsg.), Karlsteiner Geschichtsblätter, Ausgabe 4, März 1983

Gotto, Klaus / Repgen, Konrad (Hrsg.), Die Katholiken und das Dritte Reich, Mainz 1983

Grebing, Helga, Geschichte der deutschen Arbeiterbewegung, München 1970

Griebel, Emil, Chronik des Marktes Mömbris, hrsg. vom Markt Mömbris 1982

Hanauer Hefte, So begann es 1933. Naziterror und erster Widerstand in Hanau Stadt und Land; Schriftenreihe der VVN – Bund der Antifaschisten Main-Kinzig, Nr. 2, o. J.

Kammer, Hilde / Bartsch, Elisabet, Jugendlexikon Nationalsozialismus, Reinbek bei Hamburg 1982

Klewitz, Martin, Die Baugeschichte der Stiftskirche St. Peter und Alexander zu Aschaffenburg, Aschaffenburg 1953

Körner, Peter, Die Spuren ihrer Leiden sind vom Vergessen fast verweht, ‚Main-Echo‘ vom 31. 10. 1981

Körner, Peter (Red.), Vergangen, nicht vergessen – Sieben Jahrhunderte jüdische Gemeinde in Aschaffenburg. Wegweiser durch das Dokumentationszentrum Wolfsthalplatz, hrsg. von der Stadt Aschaffenburg 1984

Körner, Peter, Sparsamster Einsatz, größte Leistung. Ausländer schufteten im Dritten Reich, ‚Main-Echo‘ vom 11. 2./15. 2. 1984

Lauber / Rothstein, Der 1. Mai unter dem Hakenkreuz, Gerlingen 1983

Lexikon der deutschen Geschichte, Stuttgart 1977

Lux, Gerd-Peter, Einige Aspekte zum Beginn des Dritten Reiches in Kahl am Main; in: Unser Kahlgrund. Heimatjahrbuch 1983, hrsg. von der Arbeitsgemeinschaft für Heimatforschung und Heimatpflege Kahlgrund e.V. Sitz Alzenau 1983

Mann, Reinhard, Was wissen wir vom Widerstand? Datenqualität, Dunkelfelder und Forschungsartefakte; Vortrag auf der Tagung „Widerstand gegen den Nationalsozialismus", Universität Bielefeld / Zentrum für Interdisziplinäre Forschung (ZIF), Bielefeld 3./4. Juni 1978, vervielfältigtes Manuskript

Mausbach-Bromberger, Barbara, Arbeiterwiderstand in Frankfurt am Main, Frankfurt am Main 1976

MERIAN-Heft ‚Spessart' 6/29

Müller, Werner, Opposition und Widerstand gegen die nationalsozialistische Herrschaft im Alltag; in: Internationale wissenschaftliche Korrespondenz zur Geschichte der deutschen Arbeiterbewegung (IWK), Heft 1, Berlin 1984

Niethammer, Lutz (Hrsg.), Lebenserfahrung und kollektives Gedächtnis. Die Praxis der ‚Oral History', Frankfurt 1980

Peukert, Detlev, Die KPD im Widerstand, Wuppertal 1984

Pollnick, Carsten, Aschaffenburg unter dem Terror der braunen Flut; verschiedene Folgen im ‚Aschaffenburger Volksblatt' 1983–1984

Pollnick, Carsten, Aschaffenburger Stadtoberhäupter, Aschaffenburg 1983

Pollnick, Carsten, Die Entstehung einer Diktatur. Zum Thema Nationalsozialismus in Aschaffenburg; verschiedene Folgen im ‚Aschaffenburger Volksblatt' 1982–1983

Pollnick, Carsten, Die Entwicklung des Nationalsozialismus und Antisemitismus in Aschaffenburg 1919–1933, Aschaffenburg 1984

Reich, Konstantin, 900 Jahre Laufach, Laufach 1984

Roth, Elisabeth (Hrsg.), Hösbach − Geschichte und Gegenwart eines Dorfes vor dem Spessart, Hösbach 1983

Rücker, Edmund, 1282–1982: Kahl am Main im Wandel der Jahrhunderte, hrsg. von der Gemeinde Kahl 1982

Schminck-Gustavus, Christoph U., Zwangsarbeitsrecht und Faschismus. Zur „Polenpolitik" im „Dritten Reich"; in: Kritische Justiz, Nr. 1/1980 (13. Jahrg.)

Schultheis, Herbert, Juden in Mainfranken 1933–1945, Bad Neustadt a. d. Saale 1980

Seeber, Eva, Zwangsarbeiter in der faschistischen Kriegswirtschaft, Berlin 1964

SPD-Kreisverband Aschaffenburg-Stadt (Hrsg.), 1878 – 1978: 100 Jahre SPD in Aschaffenburg, Aschaffenburg 1979

Stadtmüller, Alois, Aschaffenburg im Zweiten Weltkrieg, Aschaffenburg (1. und 2. erweiterte Auflage) 1970

Stadtmüller, Alois, Maingebiet und Spessart im Zweiten Weltkrieg, Aschaffenburg 1983

Troller, George, Erste deutsche Stadt als Klägerin; in: ‚Die neue Zeitung − Eine amerikanische Zeitung für die deutsche Bevölkerung' vom 4. 1. 1946

Ullrich, Walter, „Alzenau wird nicht verteidigt − wir hissen die weiße Fahne", ‚Main-Echo' vom 30. 3. 1985 van Roon, Ger, Widerstand im Dritten Reich, München 1984

von Hehl, Ulrich, Priester unter Hitlers Terror; in: Veröffentlichungen der Kommission für Zeitgeschichte, Band 37, Mainz 1984

Wendehorst, Alfred, Das Bistum Würzburg 1803–1957, Würzburg 1965

Wenisch, Siegfried, Quellen zur Zeitgeschichte im Staatsarchiv Würzburg; in: Mainfränkisches Jahrbuch zur Geschichte und Kunst, Band 32, o. O. 1980

Winter, Helmut, Der Kahlgrund im Dritten Reich; in: Unser Kahlgrund. Heimatjahrbuch 1983, 1984, 1985, hrsg. von der Arbeitsgemeinschaft für Heimatforschung und Heimatpflege Kahlgrund e.V. Sitz Alzenau 1983, 1984, 1985

Wittstadt, Klaus (Bearb.), Die kirchliche Lage nach den Regierungspräsidentenberichten 1933–1943, Band VI: Regierungsbezirk Unterfranken 1933–1944; in: Veröffentlichungen der Kommission für Zeitgeschichte, Reihe A: Quellen, Band 31, Mainz 1984

Wolff, Hellmuth, Der Spessart. Sein Wirtschaftsleben, Aschaffenburg 1905

Wörterbuch der Geschichte, Berlin 1983

Abbildungsverzeichnis

Abb. 1: Stadt- und Landkreis Aschaffenburg

Abb. 2: Handzettel, verteilt bei der Demonstration in der Herstallstraße (Privatbesitz Carsten Pollnick)

Abb. 3: Aschaffenburg unter dem Hakenkreuz (Pollnick 1984)

Abb. 4: Ergebnisse der Reichstagswahl am 5. März 1933 im Landkreis Aschaffenburg ('Aschaffenburger Zeitung' vom 6. 3. 1933)

Abb. 5: Auszüge aus der KPD-Zeitung 'Der Arbeitslose' (LRA Alz. Nr. 339)

Abb. 6: Aufforderung der KPD zur Bildung einer Einheitsfront (Privatbesitz Carsten Pollnick)

Abb. 7: Kundgebung am 1. Mai 1933 auf der Großmutterwiese (Foto: H. Eymann)

Abb. 8: Kundgebung am 1. Mai am Bahnhof in Schöllkrippen (Unser Kahlgrund, Heimatjahrbuch 1984)

Abb. 9: Hugo Karpf, Jahrgang 1905 ('Main-Echo' vom 16. 1. 1985)

Abb. 10: Josef Hartmann ('Main-Echo' vom 2. 4. 1985)

Abb. 11: Bernhard Junker (100 Jahre SPD in Aschaffenburg)

Abb. 12: Georg Dewald (100 Jahre SPD in Aschaffenburg)

Abb. 13: Jean Stock (100 Jahre SPD in Aschaffenburg)

Abb. 14: Anonymes Schreiben an Kurt Siegert (Privatbesitz Kurt Siegert)

Abb. 15: "Werbung" für die NSV-Mitgliedschaft (Privatbesitz Kurt Siegert)

Abb. 16: Warnung an der Haustür (Bestand LRA Asch. Nr. 2309)

Abb. 17: "Im Namen des Volkes . . ." ('Beobachter am Main' vom 11. 6. 1935)

Abb. 18: Auszüge aus einer illegalen KPD-Schrift mit Verhaltensanweisungen zur Arbeit im Untergrund (Bestand LRA Asch. Nr. 2299)

Abb. 19: Pfarrer Dr. Engelbert Weigand (Privatbesitz Pfarrer i. R. Ernst Janik)

Abb. 20: Geistlicher Rat Joseph Weidenbörner (Privatbesitz)

Abb. 21: Die Hauptstraße in Goldbach, in der sich Rathaus und Pfarrhaus befanden (Postkarte von 1933)

Abb. 22: Die Goldbacher "Jugendkapelle" (Foto: Hans-Joachim Schmittner)

Abb. 23: Selbstverfaßte Protestnote der sieben katholischen Pfarrämter in Aschaffenburg (PA Nr. 594 Gestapo)

Abb. 24: Stiftsdekan Anton Heckelmann (Privatbesitz)

Abb. 25: Kaplan Franz Krug (Privatbesitz Ernst Giegerich)

Abb. 26: Heimliche Pfadfindertreffen in der Giegerich'schen Backstube (Privatbesitz Ernst Giegerich)

Abb. 27: Versprechensfeier im Januar 1939 (Privatbesitz Ernst Giegerich)

Abb. 28: Aufnahmen der Gestapo von Pfarrer August Wörner (PA Nr. 17564 Gestapo)

Abb. 29: Kaplan Hermann Dümig (Privatbesitz)

Abb. 30: Bischof Ehrenfried – Übertrager der Maul- und Klauenseuche? ('Beobachter am Main' vom 6. 11. 1937)

Abb. 31: Flugblatt zur Kirchensituation 1934 in Deutschland (Archiv des evangelischen Pfarramts Aschaffenburg; im weiteren: ‚AdePA')

Abb. 32: Pfarrer Walter Hennighaußen, links Dekan Rudolf Fürst (Foto: H. Eymann)

Abb. 33: Aufruf zu einer Veranstaltung der Bekennenden Kirche (AdePA)

Abb. 34: Einladung zu einer Veranstaltung der "Deutschen Christen" (AdePA)

Abb. 35: Dankschreiben des bayerischen Landesbischofs D. Hans Meiser an Dekan Rudolf Fürst (AdePA)

Abb. 36: Mitgliedskarte der Bekennenden Kirche (AdePA)

Abb. 37: Landesbischof Meiser nimmt die Einladung nach Aschaffenburg an (AdePA)

Abb. 38: Landesbischof D. Hans Meiser bei seinem Besuch in Aschaffenburg am 5. Mai 1935, begleitet von Dekan Fürst (links) und Pfarrer Veidt aus Frankfurt von der Bekennenden Kirche (Foto: H. Eymann)

Abb. 39: Eine Vielzahl von Sammlungen verpflichtete die Deutschen zu Spenden ('Beobachter am Main' vom 6. 10. 1937)

Abb. 40: "Der Stürmer" vom 16. September 1933 (Unser Kahlgrund 1984)

Abb. 41: "Hoftor des Altbürgermeisters Philipp Reis von Hain. Aufgenommen am 22. 9. 1934 von Walter, Gend.komm." (Bestand LRA Asch. Nr. 2299)

Abb. 42: Zigarrenhändler Karl Weber, Jahrgang 1905 (Foto: Hans-Joachim Schmittner)

Abb. 43: Häftlingserklärung bei Entlassung aus dem Konzentrationslager Sachsenhausen (PA Nr. 1715 Gestapo)

Abb. 44: "Ostarbeiter"-Lagerbaracke am Leiderer Hafen ('Main-Echo' vom 11. 2. 84)

Abb. 45: Beim Essenholen an der Lagerküche am Leiderer Hafen ('Main-Echo' vom 11. 2. 1984)

Abb. 46: Aufnahmen der Gestapo von Konrad Köhler (PA Nr. 4400 Gestapo)

Abb. 47: Gedenktafel auf dem Aschaffenburger Altstadtfriedhof: "Hier ruhen 86 arbeitsverpflichtete Ausländer des Zweiten Weltkrieges . . ." (Foto: Hans-Joachim Schmittner)

Abb. 48: Mahnmal für die russischen Kriegsgefangenen auf dem Altstadtfriedhof (Foto: Hans-Joachim Schmittner)

Abb. 49: "Ostarbeiterinnen" bei der Evakuierung 1944 im Stadtteil Damm ('Main-Echo' vom 15. 2. 1984)

Abb. 50: Bürgermeister Michael Antoni von Alzenau, der "Retter des Kahlgrunds" ('Main-Echo' vom 30. 3. 1985)

Abb. 51: "Ich verbiete, daß jemand innerhalb 24 Stunden länger als 3 Stunden ruht." (Stadtmüller 1970)

Abb. 52: Friedel Heymann (Privatbesitz Anneliese Heymann-Heßler)

Abb. 53: Der ermordete Friedel Heymann (Stadt- und Stiftsarchiv; die Veröffentlichung des Fotos erfolgt mit Sondererlaubnis von Frau Heymann-Heßler)

Abb. 54: Zum Gedenken an den ermordeten Friedel Heymann: Die Heymannstraße in Aschaffenburg (Foto: Hans-Joachim Schmittner)

Abb. 55: Kriegsende in Aschaffenburg (Stadtmüller 1970)

Namensregister

Adelmann, Hans, Bauingenieur, NSDAP-Schulungsleiter, Aschaffenburg, S. 158 ff.; 198
Albert, Johann, kath. Pfarrer, Mainaschaff, S. 226
Altpeter, Oberleutnant, Aschaffenburg, S. 232
Antoni, Michael, Bürgermeister, Alzenau, S. 227 f.
Bachmann, Emil, KPD-Mitglied, Wintersbach, S. 82
Ballmann, Engelbert, Feldwebel, Aschaffenburg, S. 224
Barbey, Dr., Lazarettarzt, Aschaffenburg, S. 232
Barthelmes, Lehrer, Mömbris, S. 190
Bartnik, Peter, poln. Zwangsarbeiter, Amorbach/Großostheim, S. 202
Bathon, Gottfried, Landwirt, BVP-Funktionär, Gunzenbach, S. 109
Bauer, Emil, kath. Pfarrer, Kahl, S. 115 f.
Bauer, Gastwirt, Wintersbach, S. 82
Bauer, Willy, Wintersbach, S. 82
Baur, Johann, S. 231, 237
Becker, Karl, stellvertr. NSDAP-Ortsgruppenleiter, Aschaffenburg-Damm, S. 155
Becker, Luitpold, Kaplan, Mainaschaff, S. 225 f.
Becker, Willy, Schneider, SPD-Stadtrat, Aschaffenburg, S. 57
Beraud, Claudius, franz. Kriegsgefangener, Aschaffenburg, S. 215 f.
Bernhard, Marie, Goldbach, S. 123
Berninger, Staatsanwalt, Aschaffenburg, S. 142
Bilz, Engelbert, Arbeiter, Hörstein, S. 104
Binz, Leutnant, o. O., S. 226
Bittel, Peter, Landwirt, BVP-Funktionär, Omersbach, S. 109
Blum, Sebastian, KPD-Funktionär, Oberbessenbach, S. 80
Blumenthal, Richard, Kraftwagenführer, o. O., S. 177
Bodlin, Elfriede, geb. Schmitt, Goldbach, S. 227
Böhm, Benedikt, Bezirksamtsvorstand, Alzenau, S. 104, 137, 144, 146, 186 f.
Börner, Konrad, Kahl, S. 177
Bonfils, Wolfgang, Leutnant, Aschaffenburg, S. 233
Bonhoeffer, Dietrich, evang. Theologe, S. 159
Bott, Alois, Schneidermeister, SPD-Funktionär, Hörstein, S. 57
Brand, Alois, KPD-Funktionär, Aschaffenburg, S. 78 f.
Brand, Eduard, KPD-Mitglied, Wintersbach, S. 82
Brandstätter, Jakob, jüd. Kolonialwarenhändler, Goldbach, S. 74 f.
Brenzel, Otto, KPD-Reichstagsabgeordneter, Frankfurt a. M., S. 83
Brummer, Johann, Gewerkschaftsfunktionär, Aschaffenburg, S. 50, 53, 59

Büttner, Adam, DPSG, AB-Schweinheim, S. 132
Büttner, August, KPD-Mitglied, Aschaffenburg, S. 78
Büttner, Johann, Fuhrknecht, Aschaffenburg, S. 105
Büttner, Josef, KPD-Mitglied, Aschaffenburg, S. 78
Caspari, Peter, Verkaufsleiter, Aschaffenburg, S. 222
Christ, Alois, kath. Pfarrer, Geiselbach, S. 157
Christ, Wilhelm, Goldbach, S. 123
Daus, Josef, KPD-Funktionär, Krombach, S. 80
Decker, Josef, Holzdrechsler, Kleinblankenbach, S. 178
Dewald, Georg, Tapezierer, SPD-Funktionär, Aschaffenburg, S. 40, 52, 56, 61 ff.
Diener, Karl, Landwirt, BVP-Funktionär, Heinrichsthal, S. 109 f.
Diener, Rosalie, Heinrichsthal, S. 110
Dietz, Otto, Gewerkschaftssekretär, Aschaffenburg, S. 50
Dincher, Jakob, Abschnittskommandant, o. O., S. 226
Dinsenbacher, Anton, Arbeiter, KPD-Funktionär, Kahl, S. 90 f.
Dinsenbacher, KPD-Gemeinderat, Alzenau, S. 80
D., Scholastika, Hebamme, Mömbris, S. 139
Dümig, Hermann, Kaplan, Mömbris/Feldkahl/Faulbach, S. 134, 137 ff., 142 f.
Dürer, Gendarmeriemeister, Geiselbach, S. 157
Ehrenfried, Matthias, kath. Bischof, Würzburg, S. 107, 113, 123, 127, 140, 147
Eisenhauer, Adam, Schlosser, SPD-Stadtrat, Aschaffenburg, S. 56
Endres, Gottfried, kath. Pfarrer, Aschaffenburg, S. 125
Englert, geb. Zeller, Alzenau-Kälberau, S. 45
Faber, Christian, KPD-Funktionär, Weilbach, S. 87 f.
Fäth, Johanna, Hösbach, S. 226
Faller, Ludwig, Dreher, Sozialdemokrat, Kahl, S. 58, 117
Faust, Georg, S. 32
Fischer, Betty, geb. Fürst, Aschaffenburg, S. 78, 80
Flaschenträger, Johann, Arbeiter, Goldbach, S. 117, 120, 122
Fleckenstein, Andreas, Landwirt, Schöllkrippen, S. 149
Fleckenstein, Fritz, NSDAP-Bürgermeister, Goldbach, S. 119 f.
Frenzel, Kurt, Buchdrucker, Gewerkschafter, Aschaffenburg, S. 53 ff., 60, 66
Freund, Georg, Arbeiter, Hörstein, S. 104
Fritz, Otto, Kaplan, Kahl, S. 115 ff.
Fronober, Fritz, Reichsbannerführer, Aschaffenburg, S. 56
Fürst, Rudolf, evang. Stadtdekan, Aschaffenburg, S. 159 ff.
Gans, Dr., H., Geheimer Kommerzienrat, Frankfurt a. M., S. 25
Gatterbauer, Alois, Bezirksamtsvorstand, Alzenau, S. 58, 184 ff.
Geis, Alfred, Maurer, Sozialdemokrat, Goldbach/Hösbach, S. 68, 73 f.
Geis, Valentin, Arbeiter, KPD-Funktionär, Hösbach, S. 94 f.
Gensler, Lorenz, Kolonialwarenhändler, Hain, S. 189
Giebfried, Philipp, kath. Pfarrer, Aschaffenburg, S. 125
Giegerich, Ernst, AB-Schweinheim, S. 130, 132 f.

Giegerich, Willi, Stammesführer der DPSG, AB-Schweinheim, S. 132 f.
Gollwitzer, Helmut, evang. Theologe, S. 159
Grammig, Otto, Gewerkschaftssekretär, Aschaffenburg, S. 53
Gries, Michael, Maurermeister, Schöllkrippen, S. 148
Griesemer, Karl, KPD-Mitglied, Aschaffenburg, S. 78, 84, 105
Grimm, Josef (Seppl), KPD-Funktionär, Aschaffenburg, S. 78 f., 80, 85
Groß, Philipp, Gewerkschaftssekretär, Aschaffenburg, S. 53
Grünewald, Rudolf, Landwirt, Mömbris, S. 136
G., Viktor, Aschaffenburg, S. 133
Haab, Mathias, KPD-Mitglied, Aschaffenburg, S. 78, 103
Haas, Arbeiter, Krombach, S. 103
Haberl, Xaver, KPD-Mitglied, Aschaffenburg, S. 78, 84
Häfner, Jean, Bauunternehmer, KPD-Funktionär, Langenselbold, S. 102
Häusler, Jakob, Schneidermeister, Aschaffenburg, S. 218
Hammer, Therese, Zigarrenmacherin, Mömbris, S. 136
Hartmann, Joseph, Kolonialwarenhändler, Sozialdemokrat, Schimborn,
    S. 57 f.
Haus, Adam, BVP-Funktionär, Aschaffenburg, S. 109
Hecht, Arthur, Kaufmann, Hörstein, S. 184
Heckelmann, Alfred, Kaplan, Alzenau, S. 154 f.
Heckelmann, Anton, kath. Stadtdekan, Aschaffenburg, S. 125, 127 ff., 196 f.,
    225
Heim, Lorenz, Bürgermeister, Goldbach, S. 119
Heinemann, Gustav, Rechtsanwalt, Essen, S. 165
Heininger, KPD-Funktionär, Langenselbold, S. 90
Heller, Georg, Hilfspolizist, Aschaffenburg, S. 225
Hellmuth, Dr., Otto, NSDAP-Gauleiter, Würzburg, S. 31, 107, 128, 218
Hennighaußen, Walter, evang. Pfarrer, AB-Damm, S. 159, 161, 163 f.
Hepp, Heinrich, Goldbach, S. 123
Hermani, Anna, Aschaffenburg, S. 85 ff.
Hermani, Anneliese, Aschaffenburg, S. 85 ff.
Hermani, Oskar, Kaufmann, KPD-Funktionär, Aschaffenburg, S. 85 ff., 88
H., Ernst, Konfektionsschneider, Großostheim, S. 204
Herold, Josef, Bauarbeiter, Sozialdemokrat, AB-Schweinheim, S. 75 f.
Heymann, Friedel, Leutnant, AB-Schweinheim, S. 231 ff., 237
Heymann-Heßler, Anneliese, AB-Schweinheim, S. 231 ff.
Hiller, Kriminalassistent, Aschaffenburg, S. 66
Hirsch, Hermann, jüd. Darmhändler, Goldbach, S. 74
Hirsch, NSBO-Beauftragter, Aschaffenburg, S. 54
H., Karl, DAF-Kreisobmann, Aschaffenburg, S. 73, 106, 182
H., Martha, Arbeiterin, Großwelzheim, S. 100 f.
Hock, Eduard, Landwirt, Großostheim, S. 201 f.
Hock, Josef, Maurer, Grünmorsbach, S. 99 f.
Hock, Joseph, Schachtmeister, Sozialdemokrat, Haibach, S. 75

Hock, Therese, Großostheim, S. 202
Höfler, Arbeiter, Krombach, S. 103
Höfler, Konrad, Arbeiter, KPD-Mitglied, Hösbach, S. 94
Höflich, Adolf, Landwirt und Ölmüller, Großostheim, S. 202 f.
Hofmann, Gottfried, Aschaffenburg, S. 182
Hofmann, Karl, Aschaffenburg, S. 182
Hofmann, Katharina, Gunzenbach, S. 150 f.
Hofmann, Thaddäus, Fabrikarbeiter, Hösbach, S. 219 f.
Hoffmann, Philipp, Arbeiter, KPD-Funktionär, Großwelzheim, S. 81, 96 f., 102
Hohm, Sebald, Milchhändler, Mainaschaff, S. 219
Holler, August, Schauspieler, Aschaffenburg, S. 183
Hopf, Vikar, Aschaffenburg, S. 169
Hümpfner, Gustav, Ratsinspektor, SPD-Stadtrat, Aschaffenburg, S. 56
Hünersdorff von, Kurt, Oberstleutnant, Aschaffenburg, S. 194, 197
Hummel, Alois, Schneider, KPD-Funktionär, Großheubach/Aschaffenburg, S. 87 ff.
Huth, Fritz, BVP-Funktionär, Michelbach, S. 109
Huth, Hugo, Polizeibeamter, SPD-Stadtrat, Aschaffenburg, S. 56
Jäger, Max, kath. Pfarrer, Aschaffenburg, S. 125
Jahreis, Kriminalkommissar, Aschaffenburg, S. 60
Janik, Ernst, Kaplan, Laufach, S. 111 ff.
Jehl, Andreas, Kaufmann, SS-Obersturmbannführer, Aschaffenburg, S. 32, 68, 185, 192, 237 f.
Joachimi, Hermann, Kaufmann, Aschaffenburg, S. 221 ff.
Johanni, Gendarm, Goldbach, S. 73
Jung, Alfred, Landwirt, Schöllkrippen, S. 148
Jung, Franz, Landwirt, Schöllkrippen, S. 148
Jung, Richard, Landwirt, Schöllkrippen, S. 148
Jung, Robert, Major, Aschaffenburg, S. 233
Junker, Bernhard, SPD-Stadtrat, Aschaffenburg, S. 57, 59, 67
Kammer, Franz, Schneider, KPD-Funktionär, Wörth, S. 87 f.
Karpf, Hugo, Schneider, Gewerkschaftsfunktionär, Aschaffenburg, S. 50, 55, 66, 197
K., Bartholomäus, Arbeiter, Sommerkahl, S. 100
Kehl, Kaplan, Mömbris, S. 151
Keller, Eduard, kath. Pfarrer, Aschaffenburg, S. 125
Keller, Jakob, kath. Pfarrer, Aschaffenburg, S. 125
Keller, Rudolf, Werkmeister, SPD-Stadtrat, Aschaffenburg, S. 56
Kempf, Anna, Alzenau, S. 91 f.
Kempf, Richard, Kraftwagenführer, KPD-Funktionär, Alzenau, S. 90 ff.
Kern, Helmut, evang. Kreisdekan, Ansbach, S. 163
Kieken, Josef, franz. Kriegsgefangener, Aschaffenburg, S. 215 f.
Kiessner, Ferdinand, kath. Kuratus, Wasserlos, S. 156
Kihn, Friedrich, Regierungsrat, Aschaffenburg, S. 33

Kihn, Dr., W., Arzt, Schöllkrippen, S. 24
Kimmel, NSDAP-Ortsgruppenleiter, Alzenau, S. 227
Kläre, Otto, KPD-Funktionär, Aschaffenburg, S. 78 f.
Kleinschrodt, Sebastian, kath. Kuratus, Gunzenbach, S. 138 f.
K., Magdalena, Aschaffenburg, S. 215 f.
Knöll, Gendarmeriehauptwachtmeister, Mömbris, S. 137 ff.
Knorr, Elisabeth, geb. Windischmann, Goldbach, S. 117, 119, 123 f.
Koch, Dr., Fritz, Rechtsanwalt, Aschaffenburg, S. 194 ff.
Koch, Fritz, Student, Aschaffenburg, S. 194 ff.
Koch, Josef, KPD-Funktionär, Großostheim, S. 80
Koch, Michael, kath. Pfarrer, Krombach, S. 109
Koch, Oswald, Kahl, S. 117
Köhler, Konrad, Lagerkoch, Aschaffenburg, S. 211 f.
Köhler, Valentin, KPD-Mitglied, Aschaffenburg, S. 78 f.
Kolb, Adolf, Aschaffenburg, S. 165
Koniezny, poln. Zwangsarbeiter, Großostheim, S. 202
Konrad, Philipp, DPSG, AB-Schweinheim, S. 132
Kraus, Jakob, KPD-Funktionär, Aschaffenburg, S. 78 f.
Krausert, Alois, Goldbach, S. 120
Krausert, Emil, Geistl. Rat i. R., Goldbach, S. 118
Krebs, Emanuel, Altbürgermeister, Goldbach, S. 117 f., 119 f., 123
Krebs, Hildegard, Goldbach, S. 123
Kreß, Alfred, Hösbach, S. 226
Krimm, Albert, Gewerkschaftsfunktionär, Aschaffenburg, S. 50
Krosse, Bernhard, SPD-Funktionär, Aschaffenburg, S. 56
Krug, Franz, Kaplan, AB-Schweinheim/Bad Kissingen, S. 129 ff.
Kuhn, Hauptwachtmeister, Stockstadt, S. 103
Kuhn, Franz, KPD-Funktionär, Aschaffenburg, S. 79
Kunz, Gendarmeriekommissär, Großostheim, S. 81
Laibacher, Peter, KPD-Mitglied, Hösbach, S. 82, 95
Lamberth, Emil, Kampfkommandant, Aschaffenburg, S. 129, 224 f., 230 ff.,
    236 ff.
Lieb, Franz, Kaufmann, Schriftleiter der 'Aschaffenburger Nachrichten',
    Aschaffenburg, S. 61 f.
Lill, Paul, Gewerkschaftsfunktionär, Aschaffenburg, S. 50
Lindner, evang. Pfarrer, Würzburg, S. 169
Link, Hans, KPD-Funktionär, Aschaffenburg, S. 94
Link, Simon, KPD-Funktionär, Aschaffenburg, S. 94
Löwenthal, Moritz, Metzger, Hörstein, S. 184
Löwenthal, Siegbert, Goldbach, S. 75
Lommel, Georg, Gewerkschaftsfunktionär, Aschaffenburg, S. 56
Mack, Wilhelm, Schneider, KJVD-Funktionär, Amorbach, S. 87 f.
Mai, Leo, Schneider, KPD-Funktionär, Amorbach, S. 87 f.
Mantel, Adam, Gewerkschaftssekretär, Aschaffenburg, S. 50

Matt, Dr., Wilhelm, Bürgermeister, Aschaffenburg, S. 25, 32
Mehler, Karl, Schneidermeister, S. 136
Mehrer, Johann, Schlosser, SPD-Stadtrat, Aschaffenburg, S. 57, 60, 67
Meidhof, Anna, Goldbach, S. 120
Meiser, D. Hans, evang. bayer. Landesbischof, München, S. 159, 161 f., 166 ff.
Mensch, Josef, KPD-Mitglied, Aschaffenburg, S. 78 f.
Meyer-Erlach, Wolf, Universitätsprofessor, München, S. 169
Miltenberger, Dr., Generalvikar, Würzburg, S. 114
M., Maria, Postschaffnersehefrau, AB-Damm, S. 220
Mössinger, Polizeiamtsleiter, Aschaffenburg, S. 56
Morawe, Paul, Elektromonteur, KPD-Funktionär, Amorbach, S. 87 f.
Müller, Kaplan, Goldbach, S. 123
Müller, Felix, Gendarmeriekommissär, Dettingen, S. 173, 184 f.
Müller, Ignatz, Alzenau, S. 103
Murr, Aschaffenburg, S. 174
Neumann, Edgar, evang. Pfarrer, Eschau, S. 165
Neumeier, Eva, Hörstein, S. 182
Neumeier, Josef, Schneider, Hörstein, S. 181 f.
Nicitin, Dr., Alexander, russ. Arzt und Zwangsarbeiter, Riga/Aschaffenburg,
   S. 210 ff.
Nicolay, Arbeiter, Krombach, S. 103
Niebler, Georg, Eisenbahnspengler, SPD-Funktionär, Aschaffenburg, S. 56, 67
Niemöller, Martin, evang. Pfarrer, Berlin, S. 159
Nöthling, Vitalis, Spengler, KPD-Mitglied, Alzenau, S. 81
N., Theodor, Fabrikantensohn, Aschaffenburg, S. 195
Oberle, Oskar, Kreisheimatpfleger, Königshofen, S. 148
Olejnik, Kazimierz, poln. Zwangsarbeiter, Großostheim, S. 201 f.
Opel, Karl, Gewerkschaftsfunktionär, Aschaffenburg, S. 50, 53, 56
Oppenheimer, Bernhard, Goldbach, S. 75
Oppenheimer, Josef, jüd. Viehhändler, Goldbach, S. 74 f., 177
Ostheimer, Eugen, SPD-Funktionär, Aschaffenburg, S. 50, 56, 67
Panocha, Friedrich, KPD-Mitglied, Aschaffenburg, S. 78, 84, 103
Pervulesko, Dr., Oberstabsarzt, Würzburg, S. 212
Peter, Otto, Schuhmacher, Großblankenbach, S. 181
Petermann, Erwin, Aschaffenburg, S. 66
Pfaff, Albin, Landwirt, Schöllkrippen, S. 149
Pfaff, August, Landwirt, Schöllkrippen, S. 148
Pfaff, Max, Landwirt und Sägewerksbesitzer, Schöllkrippen, S. 149
Pfarr, Eugen, Gastwirt, NSDAP-Ortsgruppenleiter, Schöllkrippen, S. 180
Pfarr, Ferdinand, Landwirt, Schöllkrippen, S. 149
Pfarr, Katharina, Schöllkrippen, S. 149
Pfarr, Käthchen, Pfarrhaushälterin, Rappach/Schwebenried, S. 151
Pfarrer, Heinrich, Buchdrucker, SPD-Stadtrat, Aschaffenburg, S. 57
Pfarrer, Martin, KPD-Funktionär, Aschaffenburg, S. 78, 94

Pfeifer, Karl, kath. Pfarrer, Aschaffenburg, S. 125, 155 f.
Pfeiffer, Paul, Arbeiter, Schöllkrippen, S. 180
Pfeiffer, Berufsschullehrer, o. O., S. 71
Pfeuffer, Emil, Perlenstickerei-Fabrikant, BVP-Funktionär, Geiselbach, S. 109
Pistner, Schulhausmeister, Alzenau, S. 228
Pohl, Konrad, Bauhüttenleiter, SPD-Stadtrat, Aschaffenburg, S. 56
Prätorius, Martha, Ingenieursehefrau, Schöllkrippen, S. 181
Pröls, Schuldirektor, Marktheidenfeld, S. 71
Putz, evang. Pfarrer, München, S. 165
Rachor, Hermann, KPD-Mitglied, Mainaschaff, S. 102 f.
Rachor, Josef, Goldbach, S. 120
Rady, Kaspar, KPD-Funktionär, Hösbach, S. 80, 82, 94
Rausch, Leonhard, Hösbach, S. 226
Regenstein, Moritz, Goldbach, S. 75
Reichold, Schreiner, o. O., S. 104
Reis, Philipp, Altbürgermeister, Hain i. Sp., S. 189
Repp, Lorenz, Schlosser, KPD-Funktionär, Kahl, S. 97, 101 f.
Reuter, Alois, KPD-Funktionär, Hösbach, S. 94
Reutner, Hans, evang. Vikar, Alzenau, S. 165, 173 ff.
Richter, Alfred, KPD-Mitglied, Aschaffenburg, S. 78 f.
Rieger, Ludwig, evang. Pfarrer, Kreuzwertheim, S. 165
Ries, Georg, Direktor der Oberrealschule, NSDAP-Kreisrichter, Aschaffenburg, S. 158 ff., 192
Rollmann, Sebastian, Schneider, Gewerkschaftsfunktionär, Aschaffenburg, S. 50
Rosswag, Fanny, geb. Dewald, Aschaffenburg/Doôben (Südafrika), S. 61
Roth, Manfred, Mainaschaff, S. 225 f.
Rothschild, Josef, Goldbach, S. 75
Rothschild, Siegbert, KPD-Funktionär, Hörstein, S. 80
Rothschild, Siegfried, Student, Hörstein, S. 184
Rothschild, Willy, Goldbach, S. 75
Rüppel, Franz, Bürstenmacher, Weibersbrunn, S. 177
Rüttiger, Landrat, Miltenberg, S. 203
Sagmeister, Direktor der Kahlgrundbahn, Schöllkrippen, S. 27
Satter, SS-Führer, Aschaffenburg, S. 192
Sauer, Kriminalassistent, Aschaffenburg, S. 220 f.
Schäfer, Gustav, Leutnant, o. O., S. 228 f.
Schäfer, Leonhard, Maurer, Gewerkschaftsfunktionär, Aschaffenburg, S. 50, 76
Schäfer, Rudolf, Goldbach, S. 120
Schäfer, Wilhelm, Landwirt, BVP-Funktionär, Vormwald, S. 109
Schallenberger, Alois, KPD-Mitglied, Aschaffenburg, S. 78 f.
Sch., Anneliese, Aschaffenburg, S. 215 f.
Schauer, Ludwig, evang. Diakon, Bürgermeister, Aschaffenburg, S. 29, 158 ff.

Schebler, Gebhard, Kaplan, Goldbach, S. 123
Sch., Holzwollefabrikant, Führer der Hago, Kahl, S. 116
Schlarb, Kahl, Gewerkschaftsfunktionär, Aschaffenburg, S. 54
Schlicht, Dr., Arzt, Kahl, S. 184
Schmidt, NSDAP-Ortsgruppenleiter, Alzenau, S. 173 f.
Schmidt, Friedrich, evang. Pfarrer, Miltenberg, S. 165
Schmidt, Otto, kath. Präses, Kleinostheim, S. 156 f.
Schmitt, SS-Sturmbannführer, Kahl, S. 116
Schmitt, Josef, Goldbach, S. 226 f.
Schmitt, Valentin, KPD-Funktionär, Trennfurt, S. 87 f.
Schneider, Alfons, kath. Pfarrer, Großwelzheim, S. 154
Schönfeld, Hans, Goldbach, S. 74
Schwarzmann, Johann, KPD-Mitglied, Aschaffenburg, S. 78
Schwind, Vinzenz, Kriminalbeamter, Aschaffenburg, S. 63
Seitz, Karl, Fabrikarbeiter, Stockstadt, S. 218
Sell, Trudel, Goldbach, S. 117, 122
Sellmer, Rudolf, Buchhändler, Aschaffenburg, S. 28
Siegert, Artur, Reichsbannermitglied, Aschaffenburg, S. 69
Siegert, Kurt, Elektroingenieur, Sozialdemokrat, Aschaffenburg, S. 63, 68 ff.
Siegert, Wilhelm, Schuldirektor, Völklingen/Saar, S. 70
Siemen, Heinrich, KPD-Mitglied, Aschaffenburg, S. 78
Sommer, Käthe, Goldbach, S. 226
Sommer, Ludwig, DPSG, AB-Schweinheim, S. 132
Sommer, Toni, Aschaffenburg, S. 32
Spahn, Dr., Ferdinand, Arzt, Aschaffenburg, S. 221
Speyerer, Dr., Kurt, Studienprofessor, Aschaffenburg, S. 32
S., Richard, "Betriebsführer" der Firma Koloseus, Aschaffenburg, S. 216
Staab, Otto, kath. Pfarrer, Alzenau, S. 156
Stefaniak, Sofie, poln. Zwangsarbeiterin, Großostheim, S. 204
Steigerwald, Arbeiter, Krombach, S. 103
Stein, Lorenz, Arbeiter, KPD-Funktionär, Hösbach, S. 94
Stenger, Christian, KPD-Funktionär, Sommerkahl, S. 80
Stenger, Genoveva, Gastwirtsehefrau, Feldkahl, S. 203
Stenger, Gustav, Gastwirt, Feldkahl, S. 203
Stenger, Julius, Kaufmann, Aschaffenburg, S. 220 f.
Stock, Anneliese, Aschaffenburg, S. 65
Stock, Jean, Buchdrucker, SPD-Funktionär, Aschaffenburg, S. 56 f., 58 f., 63 ff.
Stock, Rudi, Aschaffenburg, S. 64 ff.
Stollberg, Fritz, SA-Standartenführer, Aschaffenburg, S. 32, 103, 185
Straßmann, Dr., Ernst, Landgerichtsrat, Berlin, S. 194 f.
Straus, Dr., Georg, Steuerberater, Aschaffenburg, S. 66
Stühler, o. O., S. 52
Stumpf, Stabsapotheker, "Sonderbeauftragter", Aschaffenburg, S. 225, 233
Thomas, Konrad, Eisendreher, Kahl, S. 104 f.

Thomas, Wilhelm, Schüler, Frankenthal, S. 105

Treeck van, Gottfried, Bürgermeister und NSDAP-Ortsgruppenleiter, Mömbris, S. 136, 138 f., 186 f., 191

Väth, Paul, KPD-Funktionär, Oberbessenbach, S. 80

Veidt, Karl, evang. Pfarrer, Frankfurt a. M., S. 172

Vetter, Georg, KPD-Mitglied, Großostheim, S. 81

Vogel, Georg, Brauereibesitzer, Aschaffenburg, S. 67 f.

Vogt, Adolf, Mömbris, S. 136

Vogt, Karl, Alzenau, S. 103

Volz, August, KPD-Mitglied, Aschaffenburg, S. 78

Vorndran, Ludwig, DPSG, AB-Schweinheim, S. 132

Wagner, Hanns, evang. Pfarrer, Kleinheubach, S. 165

Wagner, Hermann, evang. Pfarrer, Amorbach, S. 165

Walter, Friedrich, Gendarmeriekommissär, Laufach/Mömbris, S. 136 f.,
178 ff., 187 ff.

Walter, Konrad, Arbeiter, Hörstein, S. 104

Walther, Gerrit, Aschaffenburg, S. 29

Weber, Karl, Zigarrenhändler, Aschaffenburg, S. 66, 191 ff.

Wegener, SS-Obersturmbannführer, "Sonderbeauftragter", Aschaffenburg,
S. 129, 225 f., 237 f.

Weidenbörner, Joseph, kath. Geistl. Rat, Goldbach, S. 109, 117 ff.

Weidringer, evang. Vikar, Alzenau, S. 175

Weigand, Dr., Engelbert, kath. Pfarrer, Laufach, S. 111 ff.

Welzbacher, Standesbeamter, AB-Schweinheim, S. 231

Wenzel, Anna, Hösbach, S. 95

Wenzel, Ludwig, KPD-Funktionär, Hösbach, S. 82

Wenzel, Peter, Arbeiter, KPD-Mitglied, Hösbach, S. 94 f.

Werner, Rosalie, Arbeiterehefrau, KPD-Funktionärin, Frankfurt a. M., S. 87 f.

Windischmann, Elsa, Goldbach, S. 45

Windischmann, Emil, Goldbach, S. 45

Windischmann, Lina, Goldbach, S. 45

Windischmann, Martha, Goldbach, S. 45

W., Klara, Hebamme, Mömbris, S. 139

Wörner, August, kath. Pfarrer, Mömbris/Hettstadt, S. 134 ff., 151, 190

Wohlgemuth, Wilhelm, Oberbürgermeister und NSDAP-Kreisleiter, Aschaffenburg, S. 28, 32, 127, 155, 218, 222, 229 f., 236 ff.

Zaenglein, Dionysius, kath. Kuratus, Oberwestern, S. 114

Zeller, Adolph, Ziegeleibesitzer, BVP-Funktionär, Alzenau, S. 45, 109 f.

Zieger, Valentin, Landwirt, Großostheim, S. 204

Ortsregister

Alzenau, S. 22 f., 25, 38 ff., 45, 80 f., 90 f., 95, 97, 103, 109 f., 142, 154, 156, 158, 165, 173 f., 183 ff., 210, 227 f.
Amorbach, S. 88, 165, 202
Ansbach, S. 163
Aschaffenburg, S. 18 ff., 28 ff., 43 f., 46 ff., 56 ff., 61 ff., 76, 78 ff., 84 ff., 94, 103, 105 f., 125, 150, 152 f., 155, 158 ff., 182 f., 191 ff., 206 ff., 218, 220 ff., 224 ff., 236 ff.
Babenhausen, S. 170
Bad Nauheim, S. 170
Bad Orb, S. 213, 216
Brücken, S. 135
Dachau, KZ, S. 56, 58, 61, 67, 80, 84 f., 88 f., 94 f., 96 f., 102, 105, 107, 143, 159
Dettingen, S. 80, 98, 173
Dörrmorsbach, S. 34
Dorfprozelten, S. 131
Ebrach, Haftanstalt, S. 85
Eichenberg, S. 149
Elsenfeld, S. 215
Eschau, S. 165
Feldkahl, S. 26, 142, 203
Flossenbürg, KZ, S. 159
Frankfurt am Main, S. 21, 23 f., 35, 47, 77, 83 f., 88, 90, 170, 172
Frohnhofen, S. 26, 115, 135, 158
Geiselbach, S. 24, 109, 113, 150, 157
Goldbach, S. 20, 45, 73 ff., 109, 117 ff., 123 f., 177, 226
Großauheim, S. 104
Großblankenbach, S. 26, 149, 181
Großheubach, S. 87 f.
Großkrotzenburg, S. 25
Großlaudenbach, S. 26, 149
Großostheim, S. 35 f., 80 f., 198 ff., 204, 211
Großwelzheim, S. 23, 25 f., 80 f., 96 f., 98 f., 100 f., 154
Grünmorsbach, S. 35 f., 99
Gunzenbach, S. 24, 80, 109, 138 f., 146, 149, 150 f.
Haibach, S. 35, 75, 81
Hain i. Sp., S. 114 f., 158, 188 f.
Hainstadt, S. 25
Hanau, S. 21, 23, 35, 83, 90, 100 f.

Heimbach, S. 135
Heimbuchenthal, S. 81 f.
Heinrichsthal, S. 109 f.
Hettstadt b. Würzburg, S. 140
Hörstein, S. 22 f., 42, 57, 80, 98, 104, 181, 184 ff., 228 f.
Hösbach, S. 20, 35 f., 73, 80, 82, 94 f., 219, 225 ff.
Hösbach-Bahnhof, S. 20
Hofstädten, S. 40
Hohl, S. 138
Johannesberg, S. 34, 158
Kahl, S. 21, 23, 25, 38, 40, 45, 58, 90 f., 97, 101 f., 104, 115 ff., 175, 177, 184
Kirchmoor (Pfalz), S. 122
Kirchzell, Kr. Miltenberg, S. 201
Kleinblankenbach, S. 149, 178
Kleinheubach, S. 88, 165
Kleinostheim, S. 83, 156
Kleinwallstadt, S. 190
Königshofen, S. 26, 148
Kreuzwertheim, S. 165
Krombach, S. 26, 80, 103, 109, 149, 151
Langenselbold, S. 90, 102
Laufach, S. 20, 111 ff., 158, 188
Mainaschaff, S. 102, 219, 225 f.
Maria Buchen, S. 122
Marktheidenfeld, S. 71
Mehlheiden b. Kassel, Haftanstalt, S. 91
Mensengesäß, S. 23, 26, 40 f., 135
Michelbach, S. 109
Miltenberg, S. 87, 165, 203, 210
Mömbris, S. 23, 26, 40, 134 ff., 145, 151, 178, 186, 190
Niedersteinbach, S. 23, 135
Oberafferbach, S. 158, 226
Oberbessenbach, S. 35, 80
Obernburg, S. 210
Oberwestern, S. 113
Offenbach, S. 21, 23, 35, 83, 90, 169 f.
Omersbach, S. 109
Plötzensee/Berlin, Zuchthaus, S. 223
Radheim b. Frankfurt, S. 83
Rappach, S. 135, 151
Rockershausen (Saarland), S. 100
Rottenberg, S. 20
Rückersbach, S. 98
Sachsenhausen, KZ, S. 159, 204

Sailauf, S. 20
Schimborn, S. 23, 26, 39 ff., 57, 151
Schneppenbach, S. 26, 149
Schöllkrippen, S. 22 f., 27, 38 f., 52, 142, 148 f., 180 f.
Schweinheim, S. 75, 129 ff., 181, 211, 224, 231 f.
Seligenstadt, S. 23 f., 25
Sommerkahl, S. 80, 100, 149
Stockstadt, S. 35, 80 f., 218
Strötzbach, S. 26, 135
Trennfurt, S. 88
Unterafferbach, S. 34
Vicht, Polizeihaftlager, S. 100
Vormwald, S. 109
Waldaschaff, S. 35 f., 81
Wasserlos, S. 156
Wasserlosen, Kr. Hammelburg, S. 154
Weibersbrunn, S. 35, 177 f.
Weilbach, S. 88
Wintersbach, S. 82
Wörth a. M., S. 88, 117
Worms, S. 170
Würzburg, S. 107 f., 114

CARSTEN POLLNICK

Die Entwicklung
des Nationalsozialismus und Antisemitismus
in Aschaffenburg 1919—1933

Mit einer Einführung von Renate Welsch

Aschaffenburg 1984
Geschichts- und Kunstverein Aschaffenburg e.V.

251 Seiten, mit zahlreichen Dokumenten, DM 36,-. Zu beziehen über Stadt-
und Stiftsarchiv, Schönborner Hof, 8750 Aschaffenburg.